教育部人文社会科学青年项目结项成果，编号：13YJC740131；

该著作获得了贵州财经大学科研经费专项出版基金的资助

彝语东部方言参考语法

翟会锋 ◎ 著

中国社会科学出版社

图书在版编目（CIP）数据

彝语东部方言参考语法 / 翟会锋著. —北京：中国社会科学出版社，2021.5
ISBN 978-7-5203-7949-6

Ⅰ.①彝… Ⅱ.①翟… Ⅲ.①彝语–方言研究 Ⅳ.①H217.7

中国版本图书馆 CIP 数据核字（2021）第 033250 号

出 版 人	赵剑英
责任编辑	任　明
责任校对	韩天炜
责任印制	郝美娜

出　　版	中国社会科学出版社
社　　址	北京鼓楼西大街甲 158 号
邮　　编	100720
网　　址	http://www.csspw.cn
发 行 部	010-84083685
门 市 部	010-84029450
经　　销	新华书店及其他书店

印刷装订	北京君升印刷有限公司
版　　次	2021 年 5 月第 1 版
印　　次	2021 年 5 月第 1 次印刷

开　　本	710×1000　1/16
印　　张	19.5
字　　数	360 千字
定　　价	118.00 元

凡购买中国社会科学出版社图书，如有质量问题请与本社营销中心联系调换
电话：010-84083683
版权所有　侵权必究

前　言

　　自从著名的地质学家丁文江先生1935年路经贵州大方，闲来无事，遂对彝文的文献进行编撰整理，彝文文献才为学界所熟知，对彝语各个方言的调查和研究才不断展开。民国时期，对彝语方言的调查主要集中在云南昆明一带，这显然是由于战争造成的；新中国成立后，彝语方言的调查和研究以四川凉山地区为主要调查和研究的对象，这可能是由于该地区的彝语保留得最完整。而贵州地区彝语的研究却由于种种原因没有得到应有的重视，目前能够看到的语言学研究著作，仅有丁椿寿的《彝语通论》和柳远超的《彝语盘县次方言研究》。我本人曾经对贵州省毕节地区的大屯彝族乡三官寨的彝语进行过调查，并于2011年写成博士毕业论文，但遗憾的是到现在还没有出版出来。2013年我获批教育部的人文社会科学青年项目：彝语东部方言参考语法，并于2018年结项。这就是大家目前看到的书稿。

　　2008年我有幸考入中央民族大学，师从胡素华教授，是她把我引入了这个领域。今天这本小书，也算是对恩师的一种汇报，并请她检阅我这几年来彝语调查和研究方面的成果。

　　该书的调查得到了很多朋友的热心帮助。在这里挂一漏万的表示感激。首先要感谢中央民族大学老干部处的杨恩勋老师，他是毕节市大方人，是他一直配合我的调查工作，并介绍我到毕节大屯彝族乡三官寨进行调查。其次要感谢原毕节县民宗局的杨局长和陈思雨以及大屯彝族乡的乡长等干部把我介绍到陈大彬老师家进行调查。感谢毕节彝文文献翻译研究中心的陈大进老师，他是三官寨人，在调查期间不仅给予了非常大的帮助，而且也积极参与到调查中来。感谢大方县百纳乡的彝语发音人王世学和王世为、盘县淤泥乡发音人杜良高三位老师，在调查期间付出的辛劳。感谢在威宁县板底乡的发音人罗德会老师，虽然最终没有完成调查，或许还给她增添了一些麻烦，在此也只能说声感激以表谢意。还有毕节彝文文献翻译研究中心的文建菊老师古道热肠，为我的彝语调查研究奔走帮忙，在此向她表示衷心的感激。陈大进老师全家和陈大彬老师全家在调查期间都非常照顾我的起居和饮食，在这里表示感谢，尤其是陈大进老师的女儿范艳和儿子范钱在调查期间对我更是照顾有加，在此也向他们表示感谢！

最后，我还要感谢我的家人。感谢父母、感谢妻子、感谢女儿和儿子！感谢他们对我的理解和支持！

翟会锋

目　录

第一章　绪论 ……………………………………………………………… 1
第二章　彝语东部方言的语音系统及其各语音点的比较研究 ………… 3
　　第一节　彝语东部方言的语音系统 ………………………………… 3
　　第二节　彝语东部方言的语流音变现象 …………………………… 14
第三章　词法 ……………………………………………………………… 17
　　第一节　单纯词 ……………………………………………………… 17
　　第二节　合成词 ……………………………………………………… 19
　　第三节　汉语借词 …………………………………………………… 24
　　第四节　构词词缀及其由来探索 …………………………………… 25
第四章　词类 ……………………………………………………………… 31
　　第一节　名词 ………………………………………………………… 31
　　第二节　代词 ………………………………………………………… 36
　　第三节　数词 ………………………………………………………… 54
　　第四节　量词 ………………………………………………………… 60
　　第五节　动词 ………………………………………………………… 66
　　第六节　形容词 ……………………………………………………… 75
　　第八节　副词 ………………………………………………………… 77
　　第九节　介词 ………………………………………………………… 90
　　第十节　连词 ………………………………………………………… 103
　　第十一节　助词 ……………………………………………………… 108
第五章　短语结构 ………………………………………………………… 117
　　第一节　并列短语 …………………………………………………… 117
　　第二节　偏正短语 …………………………………………………… 118
　　第三节　动宾短语 …………………………………………………… 121
　　第四节　动补短语 …………………………………………………… 122
　　第五节　主谓短语 …………………………………………………… 124
　　第六节　名物化短语 ………………………………………………… 124

第六章　句法成分 ················· 126
  第一节　主语 ····················· 126
  第二节　谓语 ····················· 128
  第三节　宾语 ····················· 130
  第四节　定语 ····················· 133
  第五节　状语 ····················· 135
  第六节　补语 ····················· 138

第七章　单句 ····················· 140
  第一节　动词谓语句 ··············· 140
  第二节　形容词谓语句 ············· 144
  第三节　体词谓语句 ··············· 145
  第四节　主谓谓语句 ··············· 145
  第五节　比较句 ··················· 146
  第六节　话题句 ··················· 148
  第七节　非主谓句 ················· 149

第八章　复句 ····················· 151
  第一节　联合复句 ················· 151
  第二节　主从复句 ················· 154

第九章　句类 ····················· 161
  第一节　陈述句 ··················· 161
  第二节　疑问句 ··················· 162
  第三节　祈使句 ··················· 164
  第四节　感叹句 ··················· 165

第十章　盘州淤泥音点话题句和比较句举要 ··· 166
  第一节　话题和话题结构 ··········· 166
  第二节　比较句 ··················· 167

附录1　彝语东部方言词汇对比 ········ 172

附录2　彝语东部方言语法一百句 ······ 271

参考文献 ··························· 301

后记 ······························· 306

第一章　绪论

一　理论框架与研究方法

本书基于参考语法理论框架，采用的调查问卷主要有：藏缅语族词汇调查表和语法调问卷、语保工程的调查问卷和中国社会科学院语言研究所唐正大研究员提供的语法专题调查问卷。

本书主要的研究方法包括田野调查法、问卷调查法、归纳法和描写法等。

二　研究对象与研究意义

彝语属汉藏语系藏缅语族彝语支，是彝族人民日常使用的主要交际工具。

彝语一般分为六大方言：北部方言、东部方言、南部方言、西部方言、东南部方言、中部方言。其中东部方言又分为：滇黔、盘县、滇东北三个次方言。而滇黔次方言又包括水西、乌撒、芒部和乌蒙四个土语。本文以毕节三官、大方百纳、盘县淤泥为调查点，结合彝语东部方言的已有研究成果，对彝语东部方言进行较为深入的描写和分析。

彝语是一个方言与土语众多的语言，对彝语不同方言进行调查和描写有着非常重要的意义。对方言土语进行共时的描写与分析，具有以下几点重要价值：一、为彝语方言土语的进一步深入研究提供有价值的参考；二、对彝语的历时研究提供有价值的素材；三、为彝语不同方言以及彝语与其他语言之间的比较研究提供真实可靠的文本语料；四、为语言类型学和藏缅语的研究提供较为详细的可以方便使用的一手材料。

三　语料收集和语料来源

本书语料主要来源为：翟会锋（2011）、王国旭（2011）[①]、普忠良（2016）以及田野调查的毕节三官寨、大方县百纳乡新华村小坡组、盘县淤泥乡等方言调查点。

---

① 王国旭（2011）调查的彝语为中部方言。作为与彝语东部方言的比较音点。

四　前人研究成果回顾

（一）彝语的研究成果回顾

彝语的研究成果主要集中在对北部方言的研究，东部方言研究成果很少。

1. 彝语研究的拓荒阶段

（1）古籍的整理

丁文江先生是地质学家，在贵州大定（今大方县）收集整理彝文典籍，并于1936年1月由商务印书馆出版《爨文丛刻》。这不仅是较早的彝文整理和研究，且整理的彝语文献大部分来源于彝语东部方言地区——贵州。

（2）彝语的调查研究

抗战期间，对语言学感兴趣的年轻学者在语言学家李方桂、罗常培等先生的带领和指导下，对昆明附近及其周边市县进行了田野调查工作。这一时期有代表性的彝语调查成果为：傅懋勣（1939）《蒙自附近的一种倮罗语研究》（北京大学国文系毕业论文），傅懋勣（1940）《利波语研究》，马学良（1940）《撒尼倮语研究》（北京大学文科研究所毕业论文），袁家骅（1946）《阿细民歌及其语言》（南开大学边疆人文三卷五、六期）。上面的研究成果，我们能看到的大都是新中国成立后，又重新整理出版的：马学良（1951）《撒尼彝语研究》，袁家骅（1953）《阿细民歌及其语言》，高华年（1958）《彝语语法研究》。该阶段的语言调查研究，调查的范围局限于云南昆明一带。

2. 彝语的普查阶段

中华人民共和国成立后的五六十年代，在少数民族地区开展语言普查工作。中国社会科学院原川康工作队和中国社会科学院少数民族语言调查第四工作队对四川、云南、贵州、广西的彝语进行了全面的普查工作。开始了《彝语简志》的编写工作。由于"文化大革命"，1985年才出版了《彝语简志》。

（二）彝语东部方言研究

对贵州地区彝语方言土语的研究，除了丁椿寿（1985）《彝语通论》，以及《彝语简志》中在彝语方言部分概况性的涉及到彝语东部方言外，成果较少。能看到的系统研究成果，主要有：柳远超（2009）、翟会锋（2011）和普忠良（2016）。其中翟会锋（2011）和普忠良（2016）为博士学位论文。尽管彝语东部方言的研究还没有全面展开，但是目前来看也取得了相当的进展，为彝语东部方言各个语音点的语法描写铺平了道路。

第二章　彝语东部方言的语音系统及其各语音点的比较研究

第一节　彝语东部方言的语音系统

一　彝语东部方言的语音系统

三官寨彝语参考翟会锋（2011）①、禄劝彝语参考普忠良（2016）、大方百纳彝语参考翟会锋（2016）——国家语委语保工程项目成果。为了比较，彝语中部方言的调查成果新平腊鲁彝语——王国旭（2011）也引用了。下文不再一一交代，只以三官寨彝语、新平腊鲁彝语、禄劝彝语和大方百纳彝语标明。

（一）声母辅音

1. 三官寨彝语

三官寨彝语的辅音声母有 46 个。

塞音有：p、pʰ、b、t、tʰ、d、ʈ、ʈʰ、ɖ、k、kʰ、g、ʔ。

塞擦音有：ts、tsʰ、dz、tʂ、tʂʰ、dʐ、tɕ、tɕʰ、dʑ。

擦音有：f、v、s、z、ʂ、ɕ、ʑ、x、ɣ、h。

边音有：l、ɬ。

鼻音有：m、n、ɲ、ɳ、ŋ。

鼻冠音有：mb、ndʐ、nd、ɳɖ、ndz、ndʑ、ŋg。

---

① 附录部分三官寨彝语词汇和语法部分使用了 2018 年语保工程项目：贵州毕节彝语东部三官寨话的调查成果。

表 1　　　　　　　　　三官寨彝语辅音音素表

发音方法 \ 发音部位			双唇音	唇齿音	舌尖前音	舌尖中音	舌尖后音	舌面音	舌根音	喉音
塞音	清音	不送气	p			t	ʈ		k	ʔ
		送气	pʰ			tʰ	ʈʰ		kʰ	
	浊音		b			d	ɖ		g	
塞擦音	清音	不送气			ts		tʂ	tɕ		
		送气			tsʰ		tʂʰ	tɕʰ		
	浊音				dz		dʐ	dʑ		
擦音	清音			f	s		ʂ	ɕ	x	h
	浊音			v	z		ʐ		ɣ	
边音	清音					ɬ				
	浊音					l				
鼻音			m		n		ɳ	ȵ	ŋ	
鼻冠音			mb		ndz	nd	ɳɖ\ndʐ	ndʑ	ŋg	

声母说明：

（1）有一部分鼻冠浊辅音中的浊塞音或浊塞擦音读为清塞音或清塞擦音。例如：mbei³³ "寄（信）"，实际读为 mpei³³；ndʑie²¹ "相信"，实际读为 ntɕie²¹。

（2）三官寨 50 岁以下的人中，大多数的舌尖后塞擦音消失，包含这些舌尖后音的词，读为舌尖前音。例如：dʐo²¹ "有"，读为 dzo²¹；ndʐo²¹ "绕（道）"，读为 ndzo²¹。

（3）舌尖后塞擦音，发音时舌尖微翘，发音部位处于舌尖前稍上的位置。①

（4）只有少量喉塞音声母 ʔ。

2. 新平腊鲁彝语

新平腊鲁话的辅音声母有 30 个：（参见王国旭 2011:22）

---

① 发音人陈大进老师舌尖后音还比较好地保留着。

塞音 9 个: p、pʰ、b、t、tʰ、d、k、kʰ、g
鼻音 4 个: m、n、ȵ、ŋ
边音 1 个: l
塞擦音 6 个: ts、tsʰ、dz、tɕ、tɕʰ、dʑ
擦音 9 个: f、v、s、z、ɕ、ʑ、ç、x、ɣ

表 2　　　　　　　　　新平腊鲁彝语辅音音素表

发音方法	发音部位		双唇音	唇齿音	舌尖前音	舌尖中音	舌面音 前	舌面音 中	舌根音
塞音	清音	不送气	p			t			k
		送气	pʰ			tʰ			kʰ
	浊音		b			d			g
塞擦音	清音	不送气			ts		tɕ		
		送气			tsʰ		tɕʰ		
	浊音				dz		dʑ		
擦音	清音			f	s		ɕ	ç	x
	浊音			v	z		ʑ		ɣ
边音	清音					ɬ			
	浊音					l			
鼻音			m			n	ȵ		ŋ

3. 禄劝彝语

禄劝彝语方言：(参见普忠良 2016:22)

辅音声母 47 个：

塞音 13 个: p、pʰ、b、t、tʰ、d、ʈ、ʈʰ、ɖ、k、kʰ、g、ʔ

塞擦音 9 个: ts、tsʰ、dz、tʂ、tʂʰ、dʐ、tɕ、tɕʰ、dʑ

擦音 11 个: f、v、s、z、ʂ、ʐ、ɕ、ʑ、χ、ɣ、ɦ

边音 2 个: l、ɬ

鼻音 5 个: m、n、ɲ、ȵ、ŋ

鼻冠音 7 个: mbʰ、ndzʰ、ndʰ、ɳɖʰ、ndʑʰ、ndʐʰ、ŋgʰ

表 3　　　　　　　　　禄劝彝语辅音音素表

发音方法		发音部位	双唇音	唇齿音	舌尖前音	舌尖中音	舌尖后音	舌面音	舌根音	喉音
塞音	清音	不送气	p			t	ʈ		k	ʔ
		送气	pʰ			tʰ	ʈʰ		kʰ	
	浊音		b			d	ɖ		g	
塞擦音	清音	不送气			ts		tʂ	tɕ		
		送气			tsʰ		tʂʰ	tɕʰ		
	浊音				dz		dʐ	dʑ		
擦音	清音			f	s		ʂ	ɕ	χ	
	浊音			v	z		ʐ	ʑ	ɣ	ɦ
边音	清音					ɬ				
	浊音					l				
鼻音			m		n		ɳ	ɲ	ŋ	
鼻冠音			mbʰ		ndz	nd	ɳɖʰ / ndʐʰ	ndʑ	ŋgʰ	

4. 大方彝语

大方彝语方言：（大方县百纳乡新华村小坡组，翟会锋 2016 年实地调查）

辅音声母 41 个：

塞音 13 个：p、pʰ、b、t、tʰ、d、ʈ、ʈʰ、ɖ、k、kʰ、g、ʔ

塞擦音 6 个：ts、tsʰ、dz、tɕ、tɕʰ、dʑ

擦音 9 个：f、v、s、z、ɕ、ʑ、x、ɣ、h

边音 2 个：l、ɬ

鼻音 5 个：m、n、ɲ、ɳ、ŋ

鼻冠音 6 个：mb、ndz、nd、ɳɖ、ndʑ、ŋg

表 4　　　　　　　　　大方彝语辅音音素表

发音方法		发音部位	双唇音	唇齿音	舌尖前音	舌尖中音	舌尖后音	舌面音	舌根音	喉音
塞音	清音	不送气	p			t	ʈ		k	ʔ
		送气	pʰ			tʰ	ʈʰ		kʰ	
	浊音		b			d	ɖ		g	

续表

发音方法 \ 发音部位		双唇音	唇齿音	舌尖前音	舌尖中音	舌尖后音	舌面音	舌根音	喉音
塞擦音	清音 不送气			ts		tʂ	tɕ		
	清音 送气			tsʰ		tʂʰ	tɕʰ		
	浊音			dz		dʐ	dʑ		
擦音	清音		f	s		ʂ	ɕ	x	
	浊音		v	z		ʐ	ʑ	ɣ	ɦ
边音	清音				ɬ				
	浊音				l				
鼻音		m			n	ɳ	ɲ	ŋ	
鼻冠音		mb		ndz	nd	ɳdʐ	ɲdʑ	ŋg	

根据陈士林、边世明、李秀清（1985：180），彝语东部方言的辅音声母明显具有以下特征：

（1）辅音、元音的数量很悬殊。以威宁为例，辅音和元音的比例为46∶9。

（2）辅音清浊对立。浊辅音的数量为各方言之冠。

（3）有舌尖后音ʈ、ʈʰ、ɖ、ɳɖ、ɳ。

（4）东部方言内部云贵的语音差异很明显：贵州威宁鼻冠浊音不吐气，云南禄劝、寻甸的鼻冠浊音都吐气；喉门擦音威宁作h，禄劝作ɦ。

陈士林等（1985）认为的彝语东部方言的几个特征，单独涉及到辅音的是清浊对立，浊辅音数量多，有舌尖后音ʈ、ʈʰ、ɖ、ɳɖ、ɳ。通过比较以上我们所掌握的情况，经过三十几年的语言演变，彝语东部方言的某些语音点发生了比较明显的变化。新平腊鲁彝语方言语音变得简化，只有30个辅音声母，没有舌尖后音ʈ、ʈʰ、ɖ、ɳɖ、ɳ这一组，没有鼻冠音——这是大多数藏缅语言所具有的特征，清化边音消失。尽管这样其他方言点还保持了彝语东部方言的特征——清浊对立、舌尖后音和鼻冠音等特征。值得注意的是，彝语东部方言的这几个点，尤其是三官寨和大方百纳能够坚持说彝语的人群在锐减，且大多采用了汉语方言。

（二）韵母

1. 三官寨彝语

三官寨彝语方言的韵母有28个。其中，单元音韵母有10个：a、o、ɤ、e、i、ɯ、u、ʊ、y、ʅ。复元音韵母有6个：ei、ie、ua、ue、uei、ye。鼻化元音韵母有 12 个：ã、ĩ、ũ、õ、ɤ̃、ẽi、iã、iẽ、iõ、iũ、uã、uẽi。

表 5　　　　　　　　　　三官寨彝语韵母表

单元音韵母	复元音韵母	单鼻化元音	复合鼻化元音
a	ua	ã	iã、uã
o		õ	iõ
ɤ		ɤ̃	
e	ei、ie、ue、uei、ye		ẽi、iẽ、uẽi
i		ĩ	
ɯ			
u			
ʊ		ʊ̃	iʊ̃
y			
ɿ			

韵母说明：

（1）中青年一般把 ɤ 音变为 ɯ，年龄较大的人中还发 ɤ。

（2）韵母 ie 可以与 p、ph、b、th、d、n̠、l、m、tɕ、tɕh、dʑ、ndʑ、ɕ、d̠、nd̠、ŋ 组合，因此，在归纳音位时，把 ie 与 e 区分开来。

（3）韵母 y 和 ye 只与舌面音 tɕ、tɕh、dʑ、ɕ、z、n̠ 组合。

（4）韵母 ɿ 与舌尖前音 ts、tsh、dz、s、z、ndz 组合。

（5）韵母 ʅ 与舌尖后塞音和舌尖后塞擦音 ʈ、ʈh、ɖ、nɖ、tʂ、tʂh、dʐ、ndʐ 组合。

（6）韵母 ua 只与 k 组合，韵母 ue 只与舌根音 k、kh、g、ŋ 组合。

（7）鼻化元音韵母，与喉音 h 和 ʔ 组合。

2. 新平腊鲁彝语

新平腊鲁彝语有 25 个元音音位，10 个松元音韵母，7 个紧元音韵母，8 个复合元音韵母。如下：

表 6　　　　　　　　　　新平腊鲁彝语韵母表

松元音	a	æ	e	ə	i	ʅ	u	y	ɯ	o
紧元音	a̠	æ̠	e̠	ə̠	i̠		u̠			o̠
复合元音	ua	uæ	ie	ue	iu					io
	ua̠									io̠

说明：
（1）在单元音音位中，松紧对立是其主要特征。
（2）复合元音出现的频率不高，多用于拼写汉语借词。
（3）汉语借词中，鼻音韵尾脱落，只是新派的发音中多在主要元音的后面顺带不明显的鼻化，但不稳定。
（4）在磨味的腊鲁话中，部分词汇的元音 u 逐渐向不圆唇的ɯ推进，形成自由变体。
（5）新派发音中，松紧对立已呈弱化的态势，多数发音在音感上区别不明显。
（6）a 音在实际读音中音值是前低不圆唇元音，在实际音节中[ʌ][ɐ][ɑ]还有三个自由变体。

3. 禄劝彝语

禄劝彝语方言主要以单元音韵母为主，复元音韵母大都出现在部分汉语借词中和叹词中。有 24 个单元音韵母，12 个松元音，12 个紧元音，对应整齐。如下：

松元音：i、e、a、ɔ、ɒ、o、ə、ɚ、ɯ、u、ʅ、ɿ
紧元音：i̠、e̠、a̠、ɔ̠、ɒ̠、o̠、ə̠、ɚ̠、ɯ̠、u̠、ʅ̠、ɿ̠

表 7　　　　　　　　　　　禄劝彝语韵母表

松元音	i	e	a	ɔ	ɒ	o	ə	ɚ	ɯ	u	ʅ	ɿ
紧元音	i̠	e̠	a̠	ɔ̠	ɒ̠	o̠	ə̠	ɚ̠	ɯ̠	u̠	ʅ̠	ɿ̠

4. 大方百纳彝语

大方百纳彝语有 24 个元音韵母：
单元音韵母有 13 个：i、y、e、ɛ、ɯ、u、ʊ、ɤ、o、ɔ、ɑ、ʅ、ɿ
鼻化元音韵母有 8 个：ĩ、ũ、ẽ、õ、ɔ̃、ɤ̃、ɑ̃、ɯ̃
复合元音韵母 3 个：iɛ　uɛ　ue

表 8　　　　　　　　　　　大方百纳彝语韵母表

单元音韵母	单鼻化元音韵母	复合元音韵母
i	ĩ	
y		
e	ẽ	ue
ɛ		iɛ、uɛ

续表

单元音韵母	单鼻化元音韵母	复合元音韵母
ɯ	ɯ̃	
u		
ʊ	ʊ̃	
ɤ	ɤ̃	
o	õ	
ɔ	ɔ̃	
ɑ	ɑ̃	
ɿ		
ʅ		

5. 元音韵母的特点

根据陈士林等（1985：180-181）有关元音的论述，如下：

（1）辅音与元音的数量很悬殊。即，辅音多元音少。威宁音点在46:9。

（2）彝语东部方言在汉语借词的读音上出现了鼻化音，但不稳定。复元音不发达，出现频率不高，复合元音出现在汉语借词中，读音不稳定，有多种读法。

由以上的描写可知，彝语东部方言的元音韵母少的有24个，多的有28个，这说明从数量上看，元音韵母有明显的增加。从元音韵母的种类上看，也有明显的变化，彝语的元音韵母是单元音韵母，在陈士林（1985）中，单元音韵母还是主流，鼻化元音和复合元音只是在汉语借词中存在，但是到了现在，彝语东部方言贵州境内存在大量的鼻化元音韵母和复合元音韵母，即使云南境内的也存在复合元音韵母。

（三）声调

1. 三官寨彝语的声调

三官彝语声调有四个：高平调55、中平调33、低降调21和低升调13。

55	ti^{55} 痰	be^{55}鸭子
33	vu^{33}雪	fe^{33}摇（头）
21	m̥^{21}做（事情）	ve^{21}买
13	na^{13}深	la^{13}手

2. 新平腊鲁彝语的声调

新平腊鲁彝语有三个声调，高平55，中平33，低降21。例如：

55	mə⁵⁵热		pi⁵⁵挑
33	ʑi³³水		mə³³xə³³云
21	mə²¹天		pi²¹比

说明：在某些音节中出现了为数不多的曲折调和高降调，高平调略微有些下降。

3. 禄劝彝语的声调

禄劝彝语方言有 3 个基本调：高平调 55，中平调 33 和低降 21 调。

55	na⁵⁵深		vɚ⁵⁵搓
33	na³³你		vɚ³³黄昏
21	na²¹黑		vɚ²¹拥抱

4. 大方百纳彝语的声调

大方百纳彝语方言有四个声调，高平调 55，中平调 33，低升调 13 和低降调 21。

55	mɑ⁵⁵梦		pi⁵⁵关
33	mɑ³³妈		pi³³容易
13	mɑ¹³兵		pi¹³秸秆
21	mɑ²¹不		pi²¹锋利

由四个彝语东部方言点的声调可以看出，云南境内的新平腊鲁彝语和禄劝彝语只有 3 个声调，其中，新平腊鲁彝语还有一些不稳定的声调（极有可能是一些特定语调的遗留），而贵州境内的彝语方言都有四个声调。

（四）音节结构

C 表示辅音，V 表示元音，V̱ 表示紧元音，Ṽ 表示鼻化元音，T 表示声调。这样来看一下，彝语东部方言的音节结构情况。需要说明的是彝语中的鼻冠音，我们也用 C 来表示，而不用 CC 来表示。

1. 三官寨彝语

三官寨彝语有如下音节结构：

（1）VT：

e¹³醉　　　　　　　ʊ³³gu⁵⁵头（脑袋）

（2）CVT：

n̪a³³踩　　　　　　　sa¹³气

（3）CVVT：

n̪ei¹³按　　　　　　　phie²¹辣

（4）CVVVT：

guei³³（衣服）破　　kuei³³扣子

（5）CVT：

hã²¹ 张（嘴）　　　　hõ²¹ 染（布）

（6）CVVT：

hiã¹³（一）夜　　　　hiẽ²¹ 房间

（7）CVVT：

hẽi¹³ 站　　　　　　lo³³ʔẽi⁵⁵ 豆瓣草

（8）CVVVT：

huẽi³³（用鞭）抽打

2. 新平腊鲁彝语

新平腊鲁彝语的音节结构有以下 5 种：

（1）VT：o³³ 鹅

（2）CT：n²¹ 不

（3）CVT：ko³³ 走

（4）CVT：lu³³ 绿

（5）CVVT：tʰie²¹

（6）CVVT：kua³³ 摔

3. 禄劝彝语

禄劝彝语的音节结构：

（1）VT：ɛ³³ 唉

（2）CVT：ɣa²¹ 鸡

（3）VVT：ei³³ 哎

（4）CVVT：kua²¹ 刮

4. 大方百纳彝语

大方百纳彝语的音节结构主要有以下几种：

（1）VT：ɑ³³be³³ 公公

（2）CVT：bi²¹ 发抖

（3）CVVT：kuɛ³³ 杯子

（4）CVT：hõ³³ 混合

二　彝语东部方言语音系统的发展趋势和特征演变

1. 彝语东部方言语音系统的基本特征

彝语属于藏缅语族语言，根据陈士林等（1985：7-8）一般具有以下特征：(1) 辅音清浊对立。(2) 舌尖后音、小舌音和喉音不发达。(3) 复辅音很罕见。(4) 特殊性的音节辅音颇多。(5) 元音松紧对立。(6) 韵母多有单元音构成，没有塞辅音韵尾。(7) 声调一般有 3—4 个调，少数方言有 5 个调。(8) 音节结构以 CVT 和 VT 为主。

就彝语东部方言的情况来看，还保留了某些彝语的共同特征，如下：

清浊对立。所调查的彝语东部方言语音点保留了这一特征，但是应该指出的是，在彝语东部方言区，清浊对立出现消解的倾向，有些浊音有明显清化的倾向，首先在彝语东部方言的鼻冠音中，鼻音后面的塞音已经从浊塞音变为清塞音，这在贵州境内的三官寨、大方等方言点表现明显。而且更为重要的是部分浊塞音、浊塞擦音、浊擦音在不同的年龄段上也有不同的差异，年龄越大清浊对立明显，年龄越小清浊对立逐渐减小和模糊，中青年以下有的就不会讲彝语了。

舌尖后音、小舌音和喉音不发达。这是整个彝语的语音特征，但是对于东部方言而言，舌尖后音发达。在有些方言点，如三官、大方，不仅有舌尖后的塞擦音 tʂ、tʂʰ、dʐ、ʂ、ʐ，而且还有舌尖后的塞音 t、tʰ、ɖ、ɳ。

复辅音很罕见。虽然复辅音很罕见，但是鼻冠音却大量存在于彝语东部方言之中，除了新平腊鲁话外，三官、大方、禄劝等都有鼻冠音。

元音的松紧对立。彝语东部方言在元音松紧对立上，内部存在差异，基本上是贵州境内的彝语方言元音的松紧对立消失，而云南境内的彝语方言依然保存着松紧元音的对立。由此可见行政区划对方言的发展和演变存在一定的制约关系。

韵母以单元音构成，没有塞音韵尾。这一点在彝语北部方言中表现明显。但是在东部方言中出现了分化。彝语东部方言云南境内的方言点，复合元音只存在于汉语借词上，彝语固有词汇上还没有出现复合元音，同时也没有鼻化元音。但是在贵州境内的彝语方言点，复合元音不仅存在于汉语借词上，而且还大量出现在彝语固有词汇上，同时有大量的鼻化元音。但是没有塞音韵尾，这一点东部方言保持了绝对的一致。

音节结构以 CVT 和 VT 为主。由于韵母构成的变化，因此东部方言的三官寨和大方出现了复合元音韵母，从而导致了音节结构的复杂化。

2. 彝语东部方言语音系统演变的基本趋势及其期待解决的问题

语音发展的基本方向基本是从复杂到简单的趋势。在汉语的语音演变上就曾经出现过语音简化的历史阶段。彝语的语音演变也基本上是这样。

首先，浊音清化。浊音清化这一现象很早就引起了部分彝语专家，比如戴庆厦、陈康等的关注，但是彝语语言系统内部浊音清化的规律、浊音清化与元音松紧的关系等的梳理还有进一步探索的空间。

其次，舌尖后音的消失。一般来说在彝语东部方言中都有两套舌尖后音：一套是塞擦音，一套是塞音。这在年龄较长的母语人那里分得很清楚，但是到了年轻人那里就变得分不清楚。这说明至少彝语东部方言在较早的历史阶段是存在舌尖后音的。那么这类音在彝语其他方言很少存在，怎么解释这种现象？此外，在彝语东部方言的有些方言点并不存在这类音，这又是为什么？

再次，彝语东部方言存在大量的鼻化元音。这些鼻化元音是如何产生的？是彝语较为古老的语音遗存，还是新近发生语音变化？

第二节　彝语东部方言的语流音变现象

彝语东部方言的语流音变现象，目前看还没有梳理出具有非常共性的一些结论。但大体上有以下一些音变现象。因为贵州境内的大方和三官在语流音变表现基本一致，因此，以三官彝语加以说明。故主要有三官、腊鲁和禄劝三个点来加以说明。

一　三官彝语的音变——合音

在三官彝语中，语流中的两个音节，由于说话时的语速加快或为了强调等因素，从而导致语义上关系紧密且相邻的两个音节合为一个音节的语音现象。从另一个角度看，合音现象往往伴随着音素的弱化和脱落。

单数的代词表示领属时，往往与它领属的音节合并。此外，有些副词也是合音词。

代词的合音现象，如：

合音	合音前的音节情况	合音后的组合情况
ŋɔ¹³ 我（家）的	ŋʊ²¹bo⁵⁵我家	ŋɔ¹³ma³³我的妈妈
ŋɔ⁵⁵ 我的	ŋʊ²¹ ɣo⁵⁵我内	ŋɔ⁵⁵bo⁵⁵我的家
na¹³ 你（家）的	na²¹bo⁵⁵你家	na¹³ma³³你的妈妈
thiɔ⁵⁵他 的	合音前的音节不明	thiɔ⁵⁵hiẽ²¹他的房
thie¹³他（家）的	thi²¹bo⁵⁵他家	thie¹³ma³³他的妈妈
tʂho¹³这里	tʂʅ²¹ko³³这里	tʂho¹³n̩i³³坐这儿

合音词是副词的情况不是很多。如：

合音	合音前的音节情况
ʔɔ⁵⁵都	ʔa⁵⁵ko³³ 那里（直译）
dzʊ⁵³就	dzʊ⁵⁵ɣʊ²¹直后（直译）

有的发音符合彝语固有的语音习惯，但有些发音是与彝语固有的发音习惯相违背。例如：

dzʊ⁵³在彝语中没有53这个调类，但是由于合音的发生，原来的两个音节音长并没有缩短，且为了强调一般也不发生弱化，只是脱落了声母ɣ，声调也没有降低到原来那么低的程度。

有的合音虽然符合彝语的音节结构，但这种音素与音素的组合在彝语中很少见，在调查的语料中属于孤例，如：

ʔɔ⁵⁵ 都　　　　　thiɔ⁵⁵ 他的

二　新平腊鲁话中的音变（参考王国旭 2011）

1. ne²¹ 的变调

程度副词修饰形容词或表示心理变化的动词，当形容词或心理变化动词是 21 调时要变为曲折调 213，55 调和 33 调时，不发生变调。例如：

xɯ⁵⁵臭:xɯ⁵⁵ne²¹很臭　　　　to³³瘦:to³³ne²¹很瘦
nu²¹软:nu²¹³ne²¹很软　　　　ne²¹聪明:ne²¹³ne²¹很聪明

2. 形容词重叠变调

形容词重叠时，原调为 55，则重叠后不发生变调。原调为 33，则重叠后第一个音节变为 55，第二音节保持不变；原调为 21，则第二个音节变为 213，第一个音节可变为 55，也可以不变。如下：

33 的变调：fæ³³干:fæ⁵⁵fæ³³干生生　　　ne³³黑:ne⁵⁵ne³³黑黢黢
kʰa²¹苦:kʰa²¹kʰa²¹³苦苦的　　　　　dza²¹直:dza⁵⁵dza²¹³直直的

3. 同化和脱落

同化主要表现为否定副词 n̩²¹ 的逆同化，由于受到其后音节双唇辅音的影响，同化为相同部位的读音 m̩²¹。例如：

（32）ʐa²¹n̩²¹be³³　　　　　ʐa²¹m̩²¹be³³.
　　　 他　不　说　　　　　 他　不　说

脱落有可能是韵母脱落，也可能是辅音脱落，脱落后也可能造成合音现象。例如：

（33）ʐa²²na²¹to⁵⁵ni³³ʐa²¹le⁵⁵ɕa³³la⁵⁵n̩²¹sæ⁵⁵dzæ³¹（dza³³ æ²¹）?
　　　 他　难道　你　他 （助）等（助）不　知道（助）
　　　 他难道不知道你等他吗？

（34）be̠³³xo⁵⁵le³³.　　be̠³³e⁵⁵le³³.说回来。
　　　 说　回　来　　　 说　回　来

三　禄劝彝语的音变（参考普忠良 2016）

1. 同化：顺同化和逆同化
顺同化：

pʰu³³（价值）lɔ²¹（轻）　　　　pʰu³³lɔ³³廉价
bu³³（虫）tɕʰəʴ²¹（线）　　　　bu³³tɕʰəʴ³³蚕丝
tsʰo³³（盐）ʑi²¹（水）　　　　tsʰo³³ʑi³³菜汤

逆同化：

po̠²¹（回）le³³（来）　　　　　po̠³³le³³ 回来
pe³³（做法事）mo²¹（师者）　　pe²¹mo²¹经师
və³³（雪）ŋdʐʰu²¹（条状）　　 və²¹ŋdʐʰu²¹冰柱

2. 异化

主要见于部分复合数词和形容词的重叠中。

"十一"和"二十"中发生异化现象：

ta²¹一　　　　　tsʰe²¹十　　　　　tse²¹ti³³十一
ȵi⁵⁵二　　　　　tsʰe²¹十　　　　　ȵi⁵⁵tse³³二十

形容词的重叠：单音节基式重叠和单音节基式反复重叠

单音节基式重叠，重叠后的第一个音节变为高平调 55。例如：

ɕe³³早　　ɕe⁵⁵ɕe³³早早的　　　dɔ²¹平　　　dɔ⁵⁵dɔ²¹平平的

单音节基式反复式，重叠后形成四音格式，前三个音节为高平 55，最后一个音节读原调，原调为 55 的最后一个音节读 33 和 21。例如：

və²¹圆　　　　　　　　　　və⁵⁵və⁵⁵və⁵⁵və²¹最圆
tʰu²¹白　　　　　　　　　　tʰu⁵⁵tʰu⁵⁵tʰu⁵⁵tʰu²¹最白
dzɔ⁵⁵直　　　　　　　　　 dzɔ⁵⁵dzɔ⁵⁵dzɔ⁵⁵dzɔ²¹最直

四　小结

彝语东部方言的语流音变现象，至少从描写到的情况看，是比较零星的，还没有成系统的规律整理和归纳出来，也许需要进一步的挖掘才能找到真正成系统的规律。或者换个角度来讲，从这些零星的规律中，我们怎么才能挖掘其产生的条件，从而揭示这些貌似例外的现象背后所蕴含的规律，这是值得进一步发掘的。

第三章　词法

根据构成语素的多少，可以把词分成单纯词与合成词。单纯词只有一个语素构成，合成词由两个或两个以上语素构成。单纯词可以分单音节单纯词、双音节单纯词和多音节单纯词。合成词可以根据词语中语素的性质以及语素与语素组合的方式分为：复合式、重叠式和附加式三种类型。

第一节　单纯词

单纯词包括单音节单纯词、双音节单纯词和多音节单纯词。其中单音节单纯词分布于各个词类中，是彝语东部方言的基本词汇。

一　单音节单纯词

1. 三官彝语

三官彝语中，大多数的单音节词是动词，其次是名词、形容词和量词等。这些单音节的单纯词大多是基本词汇，构词能力很强。例如：

tɕhei^{13}咬	tshei^{13}冻	ndu^{21}打	ndʑu^{55}爱
tʂho^{13}编（辫子）	di^{13}舂（米）	ɳɖu^{13}钉（钉子）	ti^{13}跺（脚）
ɣe^{33}大	ba^{21}小	ɕie^{33}长	di^{33}短
vei^{13}蚂蟥	kho^{13}年	hiã^{13}夜	sei^{33}树
mʊ^{33}个	khu^{33}句	tu^{33}张	

2. 新平腊鲁彝语

| tʰə^{55}跪 | dʐu^{33}害怕 | ŋa^{33}鸟 | ʑi^{33}水 |
| a^{33}鸭子 | lo^{33}舌头 | xo^{21}肉 | ʂɿ^{21}牙 |

3. 禄劝彝语

| ȵɯ^{21}绿 | na^{21}黑 | ne^{21}红 | tʰu^{21}白 |
| dʐo^{21}路 | po^{21}丝绸 | dʐɔ^{21}次 | ɖe^{21}跑 |

4. 大方百纳彝语

| ɳdʐʅ^{33}太阳 | hĩ^{33}风 | ɬi^{13}晒 | ȵi^{13}霜 |

nɑ³³看   nʊ³³听   ndo²¹吸   lɛ¹³舔
ɣɯ³³大   bɑ²¹小   tɕʰi³³粗   tɕʰiɛ³³细
ŋʊ²¹我   nɑ²¹你   ɲi¹³您   tʰi²¹他

二　双音节单纯词

双音节单纯词包括本族固有词和汉语借词。由于时间的久远，本族固有词的单个音节所表示的意义已经找不到或暂时找不到了，只能把这类词看作单纯词。

1. 三官彝语

a²¹kho²¹燕子   ɖʐ²¹va²¹蝙蝠   a³³kuei³³啄木鸟   kʊ⁵⁵ku³³布谷鸟
khue³³khue³³糠   mi³³mi³³布

单纯词中，双音节的汉语借词有：

ŋuei¹³tʂʅ²¹胡子   xia¹³pha²¹下巴   pa⁵⁵tsɿ²¹疤   ma²¹tsɿ²¹麻子
ʐa²¹pa³³哑巴   ʑi⁵⁵mie²¹玉米（苞谷）   tuŋ³³ɕi³³东西

2.新平腊鲁彝语：

ba³³bu³³棍子   tsa³³tsɿ³³桌子   lo²¹lo³³彝族   mæ⁵⁵mæ²¹³全部

3. 禄劝彝语：

lɔ²¹vi⁵⁵飞蛇   ɖo²¹tu³³老土蜂   ɖo³³ma⁵⁵苍蝇蜂   tʰɔ³³mu³³骡
ʔa³³ŋo⁵⁵猴   pa⁵⁵ŋgo³³八哥   a²¹ɲɔ²¹蜘蛛   ʔo⁵⁵dɯ³³狐

4. 大方百纳彝语：

ɑ²¹kʰo³³燕子   bu³³lɤ³³飞蛾   ʔo³³lɤ⁵⁵蝌蚪   so³³piɔ³³长矛

三　三音节及三音节以上的单纯词

三音节单纯词主要为汉语借词。

1. 三官彝语

lo²¹ɚ³³fu²¹连须胡   xɤ¹³tɕin²¹o³³后颈窝   ma³³ma³³diŋ⁵⁵蜻蜓
luei¹³kuŋ³³tʂhuŋ²¹蜈蚣   ʐo¹³ʂɿ²¹pʊ³³荷包

2. 新平腊鲁彝语

mæ⁵⁵tæ⁵⁵læ⁵⁵黄鼠狼   pʰu²¹tɕʰu²¹lu²¹球   mə³³nə³³kə³³lə³³木耳

3. 禄劝彝语

ʔa⁵⁵pʰi³³pʰo²¹tʰə²¹展布虫   mbə²¹mu³³tsi³³毛毛虫
ʔo⁵⁵ɲi³³ɖo³³mu⁵⁵黄蜂   tsʰɔ²¹mbi²¹ndi³³蚯蚓

四　小结

从单纯词的构成来看，单音节的单纯词是彝语东部方言的主要词汇成员，在基本词汇中起到核心词汇的功能，它们是动词、形容词和名词；双音节单纯词也是彝语东部方言词汇的主要成员，但不可避免的是汉语借词也渗入其中，从而成为单纯词的一个来源，它们主要由名词组成；三音节及三音节以上的单纯词一部分是由于其使用频率的降低，彝语母语人已经对其中各个构成音节的语义已经完全遗忘，而要考察每个音节的意义需要作词源上的考证，此外，较为常见的是汉语借词造成的三音节及其以上的单纯词。

第二节 合成词

合成词是由两个或两个以上语素构成的词。合成词有三种类别：复合式合成词、重叠式合成词和附加式合成词。从历时的角度来看，语素在历时的过程中曾经是以词的身份出现的。因此，我们把语素分成名语素、动语素、形语素等。

一 复合式合成词

复合式合成词由主谓式、动宾式、动补式、并列式、偏正式等。

1. 主谓式

主谓式合成词基本上是由两个语素构成，这两个语素之间形成了陈述关系。在彝语中，主谓式和定中式基本上都有"名+形"的结构类型，这个类型实际上很难区别是主谓还是定中。我们依据的标准主要是比对那种类型更符合词语本身的词义来进行判断。如果把"名+形"结构的复合词看作主谓更符合该词的词义，我们就确定为主谓式，如果看作定中结构更符合词语的本义，则为定中式结构。根据主谓式语素的构成情况，可以把主谓式分为：名语素+形语素；名语素+动语素。总的来看，主谓式合成词在整个合成词中的比例少于偏正式合成词，多于状中式合成词与重叠式合成词。

（1）三官彝语

名语素+形语素

名语素是形语素描述的对象，形语素是对名语素的描述，两者构成陈述关系。

| hõ^{21}bʊ^{21} 月亮 | na^{33}dʑi^{33} 瞎子 | tɕho^{21}m̩^{33} 高 | nei^{33}go^{33} 聪明 |
| 月 亮 | 眼 瞎 | 样 高 | 心 巧 |

名语素+动语素

名语素是动语素陈述的对象，动语素是对名语素的陈述，两者构成陈述关系。

nei³³ʑi⁵⁵朋友　m̥³³kɯ³³烟　la¹³ɣei⁵⁵二胡　la¹³ba⁵⁵帮助
心　依靠　　　天　冒烟　　手　拉　　　手　帮

（2）新平腊鲁彝语
名语素+形语素
mə²¹tʰe²¹天亮　　　　　me̠³³du²¹xua³³眼花
天　亮　　　　　　　　眼睛　花

名语素+动语素
tsʰa³³tʰæ³³疯子　　　　mi³³ȵa³³地震
人　疯　　　　　　　　地　动

（3）禄劝彝语
mi³³tʂhe³³地震　　　　tshɔ²¹ɣu³³疯子
地　抖动　　　　　　　人　私语

2. 动宾式
　　动宾式合成词，既有两个语素构成，又有三个语素构成。动宾式合成词的语素构成方式为：名语素+动语素。
　　（1）三官寨彝语：
　　动语素支配名语素，名语素在前，动语素在后，两者形成动宾关系。彝语是 SOV 型语言，其动宾式的合成词也是 OV 式的。

dzo¹³ʂei⁵⁵腰带　tɕhi⁵⁵thi³³袜子　to¹³tɕhu⁵⁵灯罩　ȵi⁵⁵ŋa¹³打猎
腰　套　　　　　脚　兜　　　　　火　盖　　　　　野　追赶
sa¹³guei⁵⁵断气　nei³³tʰɹ̩⁵⁵放心　tɕhi³³ŋa²¹赶集　la¹³tʊ³³接住
气　断　　　　　心　放　　　　　集　赶　　　　　手　换

（2）新平腊鲁彝语：
tsha³³phæ⁵⁵派人　o⁵⁵dɯ³³thə⁵⁵拜　zo²¹mæ²¹fu²¹嫁姑
人　派　　　　　　头　跪　　　　　姑娘　嫁
tɕhi²¹mo³³xo³³娶媳妇
媳妇　娶

（3）禄劝彝语：
so²¹tsɯ⁵⁵诬告　tshe³³ŋghɕɔ³³抽签　ʑi²¹tshɯ⁵⁵蘸水
人　告密　　　　签　拉　　　　　　水　蘸
ʔu³³li̠²¹头帕　　ʔu³³the⁵⁵磕头
头　缠绕　　　　头　拜

3. 动补式
　　动补式合成词的语素构成方式有两种：动语素＋形语素；动语素＋动语素。

（1）三官彝语：

形语素充当动语素的补充说明成分，动语素与形语素构成动补关系。

ŋgʊ¹³nʊ²¹刺痛　　ndi³³de²¹充满　　ʂei³³tɕi²¹捆紧　　ndei³³da³³打破
刺 疼　　　　　　装 满　　　　　　捆 紧　　　　　　打 破

后一个动语素对前一个动语素进行补充说明。前一个动语素与后一个动语素构成动补关系。

ʐu²¹bei²¹取出　　ndu²¹tʂ̢ʐ⁵⁵打散　　ndu²¹the³³打倒　　do³³li³³发酵
拿 出　　　　　　打 散　　　　　　　敲 跑　　　　　　　发 来

（2）新平腊鲁彝语：

dæ²¹sa²¹打散　　to²¹du³³戳破　　te⁵⁵di²¹捣碎　　phu³³khæ³³解开
打 散　　　　　　戳 出　　　　　打 碎　　　　　解 开

4. 并列式

同类语素才能构成并列关系，且语素与语素之间不存在修饰、支配等关系。

（1）三官寨彝语：

fa¹³lo³³岩石　　te³³mi³³田地　　bu²¹gɯ³³背　　ndʐi²¹ko³³皮肤
岩 石　　　　　　田 地　　　　　背 躯体　　　　皮 面

khei³³pei³³跳舞　　ɣɯ²¹na³³算　　ndi³³thʊ⁵⁵安装　　ndei³³ndu²¹捶打
抢 跳　　　　　　　读 看　　　　装 装　　　　　　敲 打

bʊ³³lɤ³³明亮　　n̩ʊ³³ndʐu³³上等　　dʑie²¹dʊ³³明白　　ŋie²¹khu³³滋味
亮 明　　　　　　好 好　　　　　　清楚 清　　　　　　香 苦

（2）新平腊鲁彝语：

tsha³³pho²¹丈夫　　ni²¹n̩a³³兄妹　　ʂŋ³³n̩u⁵⁵长短　　tshu³³to³³肥瘦
人 人　　　　　　　妹 兄　　　　　长 短　　　　　　肥 瘦

5. 偏正式

偏正式是合成词中数量较多的类型，偏正式的语素构成为：名语素＋名语素；名语素＋形语素；动语素＋名语素；数语素＋量语素。

（1）三官寨彝语：

名语素＋名语素

m̩³³dʐ̩³³雷　　mi³³hĩ³³风　　m̩³³hũ³³雨　　m̩³³no¹³雾
天 雷　　　　　地 风　　　　天 雨　　　　天 雾

lo²¹go¹³山谷　　mi³³bu⁵⁵坟　　vu³³lo²¹雹子　　ʑi²¹te³³水田
石 弯儿　　　　地 山　　　　　雪 石　　　　　水 田

la¹³dʐu³³手脉　　bu²¹dʐu³³脊椎骨　　ʊ³³tsʰɤ³³头发　　na³³tɕie³³睫毛
手 脉　　　　　　背 脉　　　　　　　头 毛　　　　　　眼 芒刺

包容关系的，如：

na³³du³³眼睛　　　bʊ³³hiẽ³³寺庙　　　ʑi²¹du³³井　　　ɣʊ⁵⁵di³³盘子
眼　洞　　　　　　雕塑　房　　　　　水　坑　　　　菜　碗

名语素＋形语素

形语素位于名语素之后修饰名语素的情况，如：

vu³³n̩i²¹冰　　　xɯ²¹ba²¹池塘　　ndi²¹mʊ²¹平坝子　　ɬʊ³³di³³结巴
雪　青　　　　　海　小　　　　　平坝　大　　　　　舌　短

形语素位于名语素之前修饰名语素的情况：

na³³ʑi²¹乌江　　yo¹³ʑi²¹卧牛河　　ɣe³³su³³大人　　m̩⁵⁵su³³老人
黑　水　　　　　蓝　水　　　　　　大　人　　　　　老　人

动语素＋名语素

动语素位于名语素之前修饰名语素，两个语素之间构成偏正关系。如：

vʊ⁵⁵hiẽ²¹商店　　m̩⁵⁵ɕie²¹老师　　tʂo³³tɕhu³³回声　　gʊ⁵⁵ʥʊ²¹裂缝
卖　房　　　　　教　主人　　　　转　声　　　　　　裂　缝（路）

数语素＋量语素

数语素位于量语素之前修饰量语素，两个语素之间构成偏正关系。如：

tha³³ɕi²¹马上　　　　tha²¹ʥʊ³³一起
一　下　　　　　　　一　排

（2）新平腊鲁彝语：

xo⁵⁵vu²¹xe³³商店　　li⁵⁵po⁵⁵孙子　　tsha³³le⁵⁵小伙子　　gæ²¹sæ²¹læ²¹疹子
物品　房　　　　　　苗　男　　　　　人　嫩　　　　　　疮　颗粒

n̩i³³ɕi²¹好看　　dzo²¹so³³难吃　　ɣə²¹ɕi²¹舒服　　dzo²¹xɯ³³好吃
看　好　　　　　吃　难　　　　　在　好　　　　　吃　爱

二　重叠式合成词

由重叠构成的合成词不多，如下：

1. 三官寨彝语

tʰu³³tʰu³³叶子　　　　tɕo³³tɕo⁵⁵急忙　　　　ɣa¹³ɣa³³纺（纱）
叶　叶　　　　　　　快　快　　　　　　　　纺　纺

2. 新平腊鲁彝语

gæ²¹gæ²¹疮　　　　　ga²¹ga²¹骨头　　　　　gu³³gu³³高兴
疮　疮　　　　　　　骨　骨　　　　　　　　高兴高兴

bi⁵⁵bi³³满　　　　　　tɕho²¹tɕho²¹³悄悄
满　满　　　　　　　　快　快

三 附加式合成词

附加式合成词可分为：前加式和后附式。

（一）三官寨彝语

1. 前加式

前加式一般有前缀 a³³ 与词根语素构成。a³³ 前缀没有任何实在的语义。

a³³bu³³爷爷　　　　a³³da³³奶奶　　　a³³ba³³爸爸　　　a³³ma³³妈妈
a³³ɣe³³哥哥　　　　a²¹vei¹³伯父　　a²¹mʊ⁵⁵伯母　　　a²¹ve²¹叔叔

2. 后附式

充当后缀的有：va²¹、ba²¹、mʊ²¹、mʊ³³、mʊ⁵⁵、phu⁵⁵、lu³³等。后缀一般来源于实义语素，但是有的后缀来源无考。

lie²¹ va²¹脖子　　　ɬi³³va²¹孙子　　　zu³³ va²¹儿子　　so³³ba²¹学生
tʂʊ¹³mʊ²¹乳房　　　no³³na⁵⁵mʊ²¹黑豆　ndʊ²¹mʊ²¹头人　ʂɿ⁵⁵ mʊ²¹种子
tsho²¹vu³³ phu⁵⁵疯子　ʊ³³ŋɯ³³lu³³枕头　　thʊ⁵⁵ndi³³lu³³装饰品

3. 叠音后缀

叠音后缀是指通过重叠音节形成的一种后缀形式，这种后缀表示状态，用于性质形容词之后，构成状态形容词。例如：

na³³kɯ³³kɯ³³暗　　　tshʊ²¹mʊ³³mʊ²¹暖和　　ɖa³³ɕi²¹ɕi²¹破烂烂
tɕye³³ lie³³lie⁵⁵蜷缩

（二）新平腊鲁彝语

1. 新平腊鲁话的前加式中，词头主要有 a⁵⁵、a²¹、a³³、o³³，主要加在动植物、物体和亲属称谓等词的前面。如：

a⁵⁵phɯ⁵⁵祖宗　　　　a⁵⁵nu⁵⁵狗　　　　　　a⁵⁵mə²¹雨
a²¹lo²¹嫂子　　　　　a²¹mo³³ʐa³³继母　　　a²¹bo²¹ʐa³³继父
a³³ma³³母亲　　　　　a³³va³³叔叔　　　　　a³³zi³³o²¹婶母
o³³thɯ³³罐子　　　　o³³tɕi³³dʑi³³罗筛　　o³³tɕi³³tɕa³³筛子

2. 新平腊鲁话的后加词主要有 mo³³ge³³、mo³³、lo²¹bə³³、po⁵⁵等。一般加在词根后面表示性别、性质等。如：

mu²¹mo³³ge³³母马　　　ʐa³³mo³³ge³³母绵羊　　lo³³mo³³ge³³石头
ʂɿ³³ȵa³³mo³³巫婆　　　tɕhi²¹mo³³儿媳妇　　　nə⁵⁵mo³³妹妹
ȵu²¹lo²¹bə³³公黄牛　　o⁵⁵ȵu⁵⁵lo²¹bə³³公水牛
mu²¹po⁵⁵公马　　　　　ʐa³³po⁵⁵公绵羊

第三节　汉语借词

彝语东部方言与汉语有着非常密切的接触，这种接触不仅来源于民间自发的接触，更重要的是，从当时的统治者来说，也大力鼓励彝族民众与汉族接触。主要表现在学习汉族的先进文化、教育和儒家的传统知识等。表现最为明显的就是明朝时期，奢香夫人推行的一系列加强与中央的政策，修驿道、建私塾等积极的巩固国家统一和民族团结的政策。新中国成立后，尤其是1980年以后，彝族和汉族之间的接触不断加深，汉语借词大量的进入彝语，同时，彝语也大面积消退，处于濒临灭绝的境地。现在彝语东部方言能够说彝语的彝族同胞出现了断层的局面，大部分地区，高中及高中以下年龄段的学生基本已经使用汉语进行交流，彝语也只会个别的词语，部分地区的彝族同胞已经完全改用汉语，只有六十岁或更大年龄的人会说彝语。因此，即使在彝语通行区域，在词汇上也出现了彝语词汇和汉语词汇同时并行，彝语与汉语夹杂使用的情况。

王国旭（2011：172）认为：个体是否自觉地使用母语，与母语的生态环境有关，也与本民族的心理认同和母语习得的熟练程度有关。母语的生态环境良性的循环系统中，即双语人能根据自身掌握的语言情况，采取功能互补的交际策略，在不同的场合中使用不同的语言，突出多语的便利性和经济性，那么母语延续的条件就相对稳定，反之，则面临危机。另外，母语人如果母语熟练程度不高，那么母语与共同语竞争时将处于劣势。通过对彝语东部方言贵州省内的考察可以看到，彝语母语的使用在偏远的彝族聚集区还基本保持了一定的活力，但是主要使用者仍然是老人，随着商业往来的加强，大部分青壮劳力都外出打工，以及学生上学多使用普通话，为了提升自己在就业等方面的竞争力，多数彝族同胞并不强求自己的小孩说彝语，反而鼓励他们学说汉语和英语，这加剧了彝语母语使用人群的不断萎缩。彝语东部方言的这种语言使用生态决定了汉语借词的大量借入。就汉语借词的情况来看，分为完全借入、半借入。

（一）完全借入

完全借入是指直接借入汉语的某个词汇，并对该词汇的语音加以改造以适应本族语音系统，有的甚至直接借用汉语的语音而未加改造。例如：

新平腊鲁彝语：

tshu^{55}醋　　　pə^{21}sa^{33}tha^{21}白砂糖　　yo^{33}sue^{21}莴笋　　phi^{21}xæ^{21}皮鞋

po^{33}li^{21}玻璃　　tə^{33}pho^{33}灯　　　ʑa^{21}tsha^{21}火柴

（二）半借入

半借入是指只借入了该词语中的某一个语素，而另外的语素依然使用了本民族的语言。借入的语素往往是本族语中没有的语素。半借入借词中借入时间较早的语素之间的组合符合母语的构词法规则，而借入较晚的词则有的已经开始按照汉语的构词规则。例如：

1. 新平腊鲁彝语

mu²¹tshə³³马车　　kho⁵⁵ɕi⁵⁵新年　　mə²¹dẓ³³dẓ³³麦秸　　xe³³pa³³搬家

2. 三官寨彝语

mie³³tɕhʊ³³名声　　ɻ̍⁵⁵na³³试　　ʑie³³thu³³烟叶　　m³³luŋ²¹thuŋ³³马笼头

第四节　构词词缀及其由来探索

就整个彝语东部方言来看，复合构词法依然是重要的构成词的手段，除此之外，附加构词法和重叠是构词法的重要补充。本节主要探讨一下一些构成词缀的源头。我们坚信词缀是由意义实在的构词语素一步一步虚化而成为了词缀。其中词缀又分为前缀和后缀。彝语东部方言中的前缀主要有：a³³以及 a³³的变体 a²¹、a⁵⁵。后缀主要有：va²¹、ba²¹、mʊ²¹（mʊ³³和mʊ⁵⁵）、phu⁵⁵、lu³³等。

一　前缀 a³³及其来源考察

在彝语中普遍存在前缀 a³³，但是它的来源一直没有一个明确的说法。有鉴于此，我们以三官寨彝语中的词汇为切入点，统计分析词头 a³³的分布情况，并以此来推断它的可能来源；然后，在此基础上，看其他彝语方言是否有比较相同的分布。

三官寨彝语中共有 70 个含有 a³³词头的词语。现列举如下：

表 9　　　　　　　三官寨彝语种的词头（前缀）a³³

人或亲属称谓	小孩儿 a³³ŋa⁵⁵va²¹婴儿 a³³ŋa⁵⁵va²¹老头儿 a³³bu²¹m⁵⁵老太太 a³³da³³m⁵⁵姑娘 a²¹me³³va²¹天祖 a²¹phi³³天祖母 a²¹phi³³mʊ⁵⁵高祖 a²¹phu³³高祖母 a²¹phu³³mʊ⁵⁵曾祖 a²¹ʐa⁵⁵曾祖母 a²¹ʐa⁵⁵mʊ²¹爷爷 a³³bu³³奶奶 a³³da³³父亲 a³³ba³³母亲 a³³ma³³女儿 a²¹me³³va²¹女婿 a²¹me³³ɕi²¹ɣu¹²¹哥哥 a³³ɣe³³姐姐 a³³nɤ³³大哥 a³³ɣe³³二哥 a³³m³³tɕu⁵⁵二姐 a³³tɕu¹³³三姐 a³³tɕa³³mʊ⁵⁵表妹 a²¹ɣw³³me³³伯父 a²¹vei¹³伯母 a²¹mʊ⁵⁵叔叔 a²¹ve¹³姊母 a²¹mʊ²¹嫂子 a³³m⁵⁵舅父 a³³ɣw³³舅母 a³³la¹³姨父（小）a²¹ve¹³姨父（大）a²¹vei¹³姨母（小）a²¹mʊ²¹姨母（大）a²¹mʊ⁵⁵姑母 a³³ɲi³³bu³³岳父 a³³ɣw³³bu³³岳母 a³³phu²¹继母 a³³ma³³ndʑi²¹继父 a³³ba³³ndʑi²¹
动物	猫 a³³mie⁵⁵燕子 a²¹kho²¹喜鹊 a³³tʂe⁵⁵乌鸦 a³³na³³啄木鸟 a²¹kuei³³蚕 a²¹me³³ła¹³

植物	木耳 a³³mie⁵⁵lo²¹po³³冬青树 a²¹go¹³dʐu¹³臭椿树 a²¹gɯ²¹tɕy²¹红花菜 a²¹tɕo²¹va²¹鸡骨菜 a³³tse⁵⁵m̩²¹ʂ̩²¹乌鸦蒜 a³³na³³khɤ²¹ʂ̩¹³酸姜草 a³³dʑi³³dʑi³³野油菜 a²¹di²¹va²¹
物件	勺子 a²¹gɯ²¹瓢 a²¹gɯ²¹镰刀 a³³kho⁵⁵/pa²¹lie³³弯刀 a³³go³³
时间	昨天 a²¹n̩i²¹明天 a²¹ŋɯ²¹n̩i³³明晚 a²¹ŋɯ²¹mi³³hiã³³昨晚 a²¹mi¹³hiã¹³去年 a²¹n̩i²¹kho¹³
指代	咱们 a³³ɕi⁵⁵咱们俩 a³³ɕi⁵⁵n̩ie³³谁 a³³ɕie³³哪个 a²¹dɤ⁵⁵lɤ³³哪里 a²¹dɤ⁵⁵ko³³
其他	区别 a²¹dʑie¹³ma²¹ɕi⁵⁵关系（互相）a²¹dʑie¹³

从表9可以归纳如下：

（1）"a³³"词头与汉语中的"阿"词头由比较相近的用法，都表示亲昵等感情意义；（2）"a³³"词头显然可以分为两类，一类表示亲昵关系，另一类无亲密关系可言，应该是另有来源。

如果按照上面的思路，则可以看到，三官寨彝语可以分为表示亲昵或亲密关系的前缀"a³³"和表示非亲密关系的前缀"a³³"。总的看来，表人、动物、植物和物件的为一类表示亲密关系类，表示时间、指代和其他为一类表示非亲密关系。表示亲密关系的"a³³"中，显然表人为其核心成员，动物、植物和物件为非核心成员。如果进一步看表亲密关系内部的话，还可以看到，"a³³"词头是以父系关系进行的，超出父系关系则"a³³"词头消失，如：姑母 a³³n̩i³³bu³³，姑父 ʐo¹³phu³³。姑父是以姑妈为基准的称呼，就没有了"a³³"词头。此外，"a³³"词头在父系关系中以宗法伦理为基础，与具体的称呼直接相关，比较宽泛的指称，则不出现"a³³"词头，例如：兄弟（弟兄）vei¹³n̩ie²¹姐妹 m̩²¹nɤ³³。值得注意的是，侄子 zu³³ndu³³属于父系关系竟然没有用"a³³"词头，这主要有两方面的原因：一个是彝语中有表示小孩儿的专门称呼 a³³ŋa⁵⁵va²¹；另一个是彝语有可能只有对长辈和平辈称呼用 a³³词头，而晚辈往往用非 a³³词头。①

由以上分析可以知道，a³³词头最初有可能是存在于以父系关系为基础的宗法制度之上的亲属称谓，由于这些称谓都是家族成员内部使用的具有了亲密或亲昵的属性，以至于在表示"小孩儿、婴儿、老头、老太太、姑娘"等具有亲密关系的称谓之上。并进一步扩展到与人有密切关系的动物、植物和物件之上。

非亲密关系的 a³³词头则有不同的来源，我们认为与指示代词 a⁵⁵ "那"

---

① 虽然还存在例外，比如弟弟、妹妹依然没有用 a³³词头，这有可能反映了弟弟妹妹在父系关系中的地位是最低的。

有密切关系，这些词头是表示远指 a^{55}的泛化。这一类中表示时间、指代和其他的词中，都有表示指代的义素在里面。具体它们是如何形成的，还要通过历史语言的研究获取证据。实际上，禄劝彝语 a^{33}的前缀更多，更广泛。下面请看禄劝彝语的情况：

表 10　　　　　　　　禄劝彝语种的词头（前缀）a^{33}

	例词
人或亲属称谓	ʔa^{55}tshi^{33}始祖 ʔa^{55}ʔə^{21}重祖 ʔa^{55}nda^{55}曾祖 ʔa^{55}mbə^{33}高祖 ʔa^{55}nde^{33}父 ʔa^{55}me^{33}母 ʔa^{55}phu^{55}爷爷 a^{55}nde^{33}ɣo^{33}伯父 a^{55}me^{33}ɣo^{33}伯母 a^{55}nde^{33}tɕo^{55}二叔父 ʔa^{55}me^{33}tɕo^{55}二叔母 a^{55}nde^{33}tɕi^{33}三叔父 a^{55}me^{33}tɕi^{33}三叔母 a^{55}nde^{33}dʑi^{55}四叔父 ʔa^{55}me^{33}dʑi^{55}四叔母 a^{55}nde^{33}no^{33}小叔父 ʔa^{55}me^{33}no^{33}小叔母 a^{55}mu^{33}ɣo^{33}伯兄 a^{55}mu^{33}tɕi^{33}三兄 a^{55}mu^{33}tɕo^{55}二兄 a^{55}mu^{33}从兄 a^{21}me^{55}ɣo^{33}长嫂 a^{21}ɬa^{55}岳母 a^{21}me^{55}tɕo^{55}二嫂 a^{21}me^{55}tɕi^{33}三嫂 a^{21}ɲi^{21}zo^{33}从弟 a^{21}ɲi^{21}me^{55}妹 a^{21}ɲi^{21}zo^{33}弟 a^{21}mo^{33}ndhu^{33}侄女 a^{21}mo^{33}tɕhi^{55}新娘 a^{21}ɲi^{21}姑姑 a^{21}mo^{33}女 a^{33}ne^{55}姐 a^{33}ɲi^{33}姐夫、妹夫 a^{33}ɣɯ^{33}岳父　a^{21}mo^{33}sɯ^{55}ɣɯ^{21}女婿 a^{33}ɲi^{33}婆婆 a^{33}mo^{33}（姑）表姐（妹）a^{33}ɲi^{33}zo^{33}（姑）表兄（弟）　a^{33}ɣɯ^{33}ɬa^{55}（舅）表兄（弟）a^{33}ɣɯ^{33}mo^{33}（舅）表姐（妹）
动植物	a^{55}dʑe^{33}ɣo^{33}tɕi^{55}sj^{33}乌鸦梳子树 a^{55}lɔ^{21}fa^{55}阿拉法　a^{55}dʑe^{33}lɯ^{21}阿基里 a^{55}tɕa^{21}la^{21}螃蟹 a^{33}ŋo^{55}sɔ^{21}pu^{55}猴子多椰 a^{33}ŋo^{55}sɔ^{21}me^{21}猴子核桃 a^{33}mɤ^{55}tshɔ^{21}lɔ^{21}猫草莓 a^{33}mɤ^{55}sɔ^{21}tɕe^{33}野黄瓜　a^{33}dʑe^{33}χɤ^{21}阿宗海 a^{33}tsɤ^{55}kha^{33}阿榨卡 a^{21}ɲɔ^{21}蜘蛛 a^{21}tʂhə^{21}蜻蜓
物件	a^{55}dʐu^{21}筷子　a^{55}pa^{21}乳房 a^{55}le^{21}tʂa^{55}面汤 a^{55}phu^{33}ŋo^{55}sj^{33}祖灵牌 a^{21}dʑe^{21}勺子 a^{33}zo^{55}调羹 a^{55}ku^{21}羊角号 a^{55}mu^{33}sa^{55}zi^{21}彩虹
族称	a^{33}lo^{33}pho^{55}阿倮颇 a^{21}dʑə^{21}pho^{55}阿者颇 a^{33}tɕɔ^{55}pho^{55}阿觉颇 a^{21}tu^{33}pho^{55}阿都颇
时间	a^{21}ɲi^{33}昨天　a^{21}dʑi^{33}ɲi^{21}　明天　a^{21}ʂe^{33}ɲi^{21}　前天　a^{21}ʂe^{55}ke^{55}ɲi^{21}上前天 a^{21}dʑi^{33}pha^{55}以后 a^{21}dʑi^{33}pha^{55}tɕhi^{55}今后 a^{21}ɣɯ^{55}a^{21}ɲi^{21}古代 a^{33}pha^{33}将来 a^{21}ɲi^{21}ʂe^{33}ɲi^{21}从前 a^{21}vi^{33}vi^{55}天蒙蒙亮

　　由表 10 可以看出，禄劝彝语不仅所有的有血缘关系的称谓都使用了 a^{33}（或其变体）前缀，显然这种亲密或亲近关系更加广泛，而且还进一步扩展到对自己同族但不同支系的称谓上。

　　由此可以认为，a^{33}（或其变体）前缀在彝语东部方言中大量使用，并具有一定的延展性和类推性，是比较彻底的词缀形式。

二　后缀 va^{21}、ba^{21}的来源

　　ba^{21}本义为"小"，ba^{21}和 va^{21}是可以自由替换的两个语素，va^{21}是 ba^{21}的音变形式，三官彝语中，六十岁左右的人读 ba^{21}，五十岁左右的人两读，四十岁左右的人读 va^{21}。因此，后缀的 va^{21}、ba^{21}来源清晰，没有异议。

后缀 ba²¹：
xɯ²¹ba²¹池塘　　so³³ba²¹学生　　m̩³³ba²¹马驹　　n̩ie²¹ba²¹弟弟
后缀 va⁵⁵是 va²¹的音变形式。
后缀 va²¹：
lie²¹va²¹脖子　　a³³ŋa⁵⁵va²¹婴儿　　a²¹me³³va²¹姑娘　　ɬi³³va²¹孙子、孙女
后缀 va⁵⁵：
ɬʊ³³va⁵⁵舌头　　la¹³va⁵⁵把儿　　kue³³va⁵⁵杯子　　ɕy³³ʂo¹³va⁵⁵细蒿

三 后缀 mʊ³³ 及其来源

mʊ²¹、mʊ³³、和 mʊ⁵⁵，这些后缀非常接近，来源于"天 m̩³³、大 mʊ²¹、老 m̩³³"等语素。彝语中"天为大，大为老"，这几个语素有可能由其中的一个语素演化而来，但目前还没有考证。

表 11　　　　　　　　　三官寨彝语中的后缀 mʊ³³

mʊ³³义项	后缀例词
颗粒形状	星星tɕie³³mʊ³³石头 lo³³mʊ²¹ 沙子 lo³³xe³³mʊ³³肢体gɯ²¹mʊ²¹乳房 tʂʊ¹³mʊ²¹ 肚子 ɣo¹³mʊ⁵⁵膝盖 bu²¹tsə³³mʊ³³拇指 la¹³tʂɹ̩³³mʊ⁵⁵睾丸 dʑu¹³mʊ⁵⁵mʊ²¹睾丸 ndu⁵⁵lu⁵⁵mʊ²¹疮 bo³³mʊ³³牙齿 dze²¹mʊ²¹喉结guei³³mʊ¹³ 心脏（心）nei³³mʊ²¹ 跳蚤tɕhy²¹ɕi³³mʊ⁵⁵ 虱ɕi³³mʊ⁵⁵蜘蛛 bi²¹n̩o²¹mʊ²¹ 茧 bu³³mʊ³³ 蜜蜂du³³mʊ³³ 树梢 sei³³mʊ³³ 水果 sei³³mʊ³³ 蓓蕾 vei³³mʊ³³ 松明子 thʊ³³mʊ²¹ 桃子ɕie²¹vu³³mʊ²¹梨 ɕie²¹ndʊ²¹mʊ²¹ 李子ɕie²¹tɕu³³mʊ²¹杏儿ɕie²¹kue³³mʊ²¹ 桔子ɕie²¹lʊ²¹mʊ²¹柿子ɕie²¹be²¹mʊ²¹ 板栗 mi²¹tse³³mʊ³³粮食dʑʊ²¹mʊ²¹种子 ʂɹ̩⁵⁵mʊ²¹ 谷粒 tɕhi²¹mʊ²¹ 麦子 ʂʊ³³mʊ³³ 黄豆 no³³mʊ³³　黑豆 no³³na⁵⁵mʊ²¹肥猪苗（小）va¹³huē²¹mʊ⁵⁵红枣ɕie²¹tʂh̩³³mʊ³³红子刺果ɕi⁵⁵mʊ²¹懒豆 no³³dze⁵⁵mʊ³³葵花籽 bi²¹dzo³³mʊ³³香复草子tɕhie³³tɕu³³mʊ³³母猪菜 va¹³huē²¹mʊ³³三皮风虱 bu³³ʂe³³ʔe⁵⁵mʊ³³胡豆 no³³la²¹mʊ⁵⁵小豆 no³³tɕhie²¹mʊ³³花椒dʑi²¹mʊ²¹圆麻团tɕhie²¹thi⁵⁵mʊ²¹扣子n̩ie²¹tʂɹ̩²¹mʊ²¹宝贝 ndzu⁵⁵mʊ²¹珍珠 ndzu⁵⁵mʊ²¹ 火石 va²¹lo³³mʊ²¹ 秤砣 tʂɹ̩²¹lo³³mʊ²¹犁底 vu³³mʊ³³字 su⁵⁵na³³mʊ³³ 鼓dʑie²¹mʊ²¹ 疙瘩 thi⁵⁵mʊ²¹样子 lu²¹mʊ²¹
母	天祖母 a²¹phi³³mʊ⁵⁵高祖母 a²¹phu³³mʊ⁵⁵曾祖母 a²¹za⁵⁵mʊ²¹三姐 a³³tɕa³³mʊ⁵⁵伯母 a²¹mʊ⁵⁵姊母 a²¹mʊ²¹姨母（小）a²¹mʊ²¹姨母（大）a²¹mʊ⁵⁵母牛n̩i³³mʊ²¹母马 m̩³³mʊ²¹ 母猪 va¹³mʊ⁵⁵母鸡ɣa³³mʊ²¹
大	平坝子 ndi²¹mʊ²¹ 大平坝子 ndi²¹mʊ²¹m⁵⁵大水 zi²¹mʊ²¹头人（寨老）ndʑʊ²¹mʊ²¹老鹰ta¹³mʊ⁵⁵楼房 hiē²¹mʊ³³柱子 ze²¹mʊ³³ 大门 hiē²¹ŋgu³³mʊ²¹簸箕 xʊ³³mʊ⁵⁵炮 do¹³phu²¹mʊ³³
其他	暖和tshʊ²¹mʊ³³mʊ²¹ 依靠gu⁵⁵mʊ²¹

从以上的列举可以看到，mʊ²¹最初的意义是表示"女性或母"的后缀，是专门用在女性称呼后面，是对女性称呼的明确和加强。由于其使用频率是非常高的，以至于它在日常生活中进一步延伸到"雌性"的动物身上。一般来看由于处于词的末尾，受到整个语流的影响读低降调，但是有时受到前后音节和其他因素的影响读为高平或中平调。当由表人的"母"到表

动物的"雌"这就说明了 mʊ²¹ 已经可以作为一个后缀而进一步扩展。它的进一步扩展是由于其共同的"女性或雌性"特征——乳房 tsʊ¹³mʊ²¹ 决定的。当女性的这一明显特征与 mʊ²¹ 发生关联的时候，表明先民逐渐对其代表的形状产生了深刻认知，并把这种认知扩展到其他形状相似的物体、植物等之上。因此，凡是具有"圆形、块状"等形状的事物都可以由 mʊ²¹ 作为构词成分来构成。此外，有不少学者认为，mʊ²¹ 从"母"义进一步引申出"大"义，因为彝族特别是凉山彝族在新中国成立前还处于奴隶社会，因此大家认为该引申出的"大"义有可能是母系社会的遗留。虽然已经很难有确切的考证来加以证明，但是承认两者之间具有一定的联系也不无道理。而由 mʊ²¹ 构成的其他类，则很难找到这几个义项之间的关联，可能另有来源。故此，可以把 mʊ²¹ 演变的路径表示如下：

母 ——→ 特征义显化为"乳房"构成成分 ——→ "圆形、块状"物体后缀
　　　↘ "表大"义

四　后缀 phu⁵⁵ 及其来源

作为词缀的 phu⁵⁵ 使用的范围并不是很广，其来源比较难以确定。例如：

表 12　　　　　　　　　三官寨彝语中的后缀 phu⁵⁵

phu⁵⁵ 的义项	后缀例词
"男性或雄性"	彝族 ɲi³³su³³phu⁵⁵ 汉族 sa²¹phu⁵⁵ 南京人 a²¹vu³³phu⁵⁵ 乞丐 dʑʊ²¹lɤ²¹phu⁵⁵ 贼（小偷）khɯ³³phu⁵⁵ 土匪（强盗）khei³³phu⁵⁵ 疯子 tsho²¹vu³³phu⁵⁵ 高祖 a²¹phu³³ 姑父 zo¹³phu³³ 单身汉 zu¹³dʊ¹³phu⁵⁵ 公鸡 ɣa³³phu³³
"具有平面的物体"	嘴唇 ɲi³³pu²¹phu⁵⁵ 围裙 la¹³tɕhu⁵⁵phu³³ 毛巾 ʈhu⁵⁵tɕhu³³ 手绢儿 la¹³tɕhu⁵⁵phu³³ 凳子 sei³³phu⁵⁵ 抹布 dʑʊ³³tʰɤ³³tɕhu³³ 瓶子 lo³³phu³³ 壶 lo³³phu³³ 钱（货币）dzo¹³phu⁵⁵ 盘缠（路费）dʑʊ²¹phu³³ 手巾 la¹³tɕhu⁵⁵phu³³ 枪，手枪 do¹³phu²¹ 枪，手枪 la¹³do¹³phu²¹ 铳 ti⁵⁵phu²¹ 宽展展 dʑe²¹phu³³phu²¹
其他	凸 phu²¹ 宽敞 dʑe²¹phu³³ 鼓（起肚子）phu²¹ 磨（面）tʂhu³³/phu⁵⁵ 膨胀 mbo³³phu²¹ 遇见 dʑʊ³³phu⁵⁵

显然，表示"男性或雄性"与表示"具有平面的物体"及"其他"类没有必然的联系。该后缀的扩展性能很差，同表示男性的情况下，也只是个别用 phu⁵⁵，大部分并不用 phu⁵⁵。显然这种词缀的性质比较弱，而表示"具有平面的物体"该义项则具有一定的扩展性。

五　小结

总的来看，彝语东部方言通过词缀来构成的造词法并不普遍，从数量

上看还是少数，从词缀的扩展性上看，除了个别的 a³³和 mʊ³³词缀，其他的大多数词缀只能算作准词缀。由于这些词缀或准词缀在使用的过程中实在意义已丢失，需要通过历史比较才能构建其原始形式和意义。这可能是彝语研究尤其是东部彝语方言研究需要加强的地方。

第四章　词类

依据词的语法意义和语法功能，彝语东部方言词汇可以分为名词、代词、数词、量词、形容词、动词、助动词、副词、介词、连词、助词和应答词十二类。

第一节　名词

名词表示人或事物的名称。名词包括普通名词、专有名词、方位名词和时间名词。名词主要充当句法结构中的主语和宾语，其次是定语和谓语。名词是一个开放的类，因此本节主要以三官彝语代表彝语东部方言。

一　普通名词

普通名词是名词这个家族中最常用的一个成员，涉及人们日常生活的各个领域，如天文、地理、动物、植物、食品、服装、用品以及文化和宗教等。

m̥^{33}天　　　　　ɲi^{21}dʐy^{33}太阳　　　bʊ^{21}光　　　　hũ^{21}bʊ^{21}月亮

tɕie^{33}mʊ^{33}星星　　die^{33}云　　　　　m̥^{33}dʐɿ^{33}雷　　mi^{33}hĩ^{33}风

二　专有名词

专有名词包括人物名词和地点名词。三官彝语中人物名词已经转用汉语，一部分地点名词保留了下来。① 如：

tshu^{33}thu^{33}lʊ^{21}北京　　　　lʊ^{21}gɯ^{55}毕节　　　　　nɤ^{21}gu^{55}成都

kɯ^{33}no^{13}mi^{33}贵州　　　　xɯ^{21}dʐʊ^{33}赫章　　　　lo^{33}xe^{33}da^{33}金沙

tɕi^{33}thu^{21}kʊ^{33}昆明　　　　ze^{33}mi^{33}郎岱　　　　po^{33}bu^{33}mi^{33}凉山

tɕho^{13}pa^{55}六枝　　　　　kʊ^{33}dzʊ^{55}黔西

---

① 这些地名，日常口语很少使用，只有懂彝文的人知道这些地名的彝语称谓。

三 方位名词

表示方位的名词叫方位名词，方位名词可分为两部分：可以独立使用的方位名词；不能独立使用的方位名词。

可以独立使用的方位名词，如：

fei⁵⁵bo⁵⁵ 东方　　ɬo⁵⁵bo⁵⁵ 西方　　tʰʊ⁵⁵bo⁵⁵ 前边　　nʊ³³bo⁵⁵ 后边
die¹³bo⁵⁵ 外边　　thi²¹tho¹³ 里边

1) m̩³³tsho¹³　fi⁵⁵bo⁵⁵　do³³　li³³，ɬo⁵⁵bo⁵⁵　be³³　za¹³　thei³³。
　　太阳　　东方　　升起　　西方　　落　下　去

不能独立使用的方位名词，必须与其他名词组合构成方位短语才能独立使用，组合时，方位名词位于名词之后。如：

ndo³³/nde³³ 顶上　　　　　　　tho³³ 下

2) bu²¹ʔʊ³³ nde³³ tʂaŋ⁵⁵miŋ²¹ hiẽ²¹ tha²¹tɕy³³ dzo³³ dʊ³³。
　 山头　　上　　张明　　房　一　间　建　(完整)
　 山头上张明建了一间房子。

四 时间名词

ɣ²¹ȵi²¹ 今天　　　a²¹ȵi²¹ 昨天　　　ʂŋ³³ȵi²¹ 前天　　　a²¹ŋɯ²¹ȵi³³ 明天
tsʰŋ³³ȵi²¹ 后天　　tʰŋ⁵⁵ȵi²¹ 大后天　　xɯ³³xɯ⁵⁵ 早晨　　　da³³ȵi⁵⁵ 初二

五 有生名词的性别表示

彝语东部方言名词没有表示性别的形态变化，要表示性别往往要用表示男女或公母的语素来予以表明。但往往这种性别表示方法没有通用性，可能只在一部分有生名词上有体现，这充分反映了彝语名词没有性的屈折变化，表示性别只是为了强调某一种或某一类很有特点的人或动物。

（一）指人的性别时，男性的加词缀 phu⁵⁵ 或 phu³³

zu³³dʊ³³phu⁵⁵ 单身汉　　khei³³phu⁵⁵ 土匪　　zo¹³phu³³ 姑父　　khɯ³³phu⁵⁵ 贼

凡是要加上 phu⁵⁵ 或 phu³³ 的都是为了与其他的人加以区别。上面的"单身汉、土匪、贼"无一不是具有明显的自身特征，虽然"姑父"只是一般的亲属称谓，但是"姑父"在父系关系中却是属于族群外的人，有必要加以区别的，因此用 phu³³ 来加以表明。

（二）女性加词缀 mʊ²¹ 或 mʊ⁵⁵

a²¹mʊ²¹ 婶母、小姨母　　a²¹mʊ⁵⁵ 伯母、大姨母

彝语东部方言中，能够在女性的亲属称谓后加 mʊ²¹ 或 mʊ⁵⁵ 的往往都是家族内的人，家族以外的人往往不能加 mʊ²¹ 或 mʊ⁵⁵ 等词缀。女儿为 a²¹me³³ va²¹，就没有这个后缀，而嫂子为 a³³m̩⁵⁵，如果说 m̩⁵⁵ 与 mʊ⁵⁵ 有联系的话，也正好证明了能被加上词缀 mʊ²¹ 或 mʊ⁵⁵ 所体现的在家族中的地位。"姐姐"也好，"妹妹"也罢，都是要出嫁的，因此，a³³nɤ³³ 姐姐，tʂhʊ²¹khu³³ 妹妹，这两个词也许反映了父系关系的这种特征。而更为有意思的是，大姐、二姐、三姐等的构词：a³³nɤ³³ 大姐、a³³tɕu³³ 二姐、a³³tɕa³³mʊ⁵⁵ 三姐，在彝语东部方言中"三姐"以下一般都加 mʊ⁵⁵。换一个角度来讲的话，是不是大姐、二姐被看作了外面家族的人，因而在命名的时候就没有加上表示自己家族的词缀 mʊ⁵⁵，三姐及以下都加了词缀 mʊ⁵⁵，被看成了自己家族的人。单独从语言学上作这种解释可能有些荒唐可笑，这需要其他学科的进一步验证。

实际上，在彝语东部方言中，除了以上列出的外，其他的词汇很少使用词缀表示男性或女性。表示人的男女性别主要使用不同的词汇来表示。如：

a³³bu³³ 爷爷　　a³³da³³ 奶奶　　　　a³³ba³³ 爸爸　　　a³³ma³³ 妈妈
zu³³va²¹ 儿子　　tʂhei¹³tɕhi⁵⁵ 儿媳妇　a²¹me³³va²¹ 女儿　ɕi⁵⁵ɣɯ⁵⁵ 女婿

（三）指动物的性别时，雄性加 phu³³ 或 ʂʅ⁵⁵，雌性加 mʊ²¹ 或 mʊ⁵⁵
ɣa³³phu³³ 公鸡　　ɲi³³ʂʅ⁵⁵ 公牛　　va¹³ʂʅ⁵⁵ 公猪　　ɲi³³mʊ²¹ 母牛
m̩³³mʊ²¹ 母马　　va¹³mʊ⁵⁵ 母猪　　ɣa³³mʊ²¹ 母鸡

同样，使用词缀来表动物雄性和雌性的词也不多，除了以上的词外，其他的词还没有发现。

这表明使用男女或公母的词缀来表性别在彝语东部方言中不具有普遍性。

六 名词的数表示法

东部方言名词没有数范畴的形态变化。数主要通过两种显性方式来表示：一是后加数量短语；二是后加表示复数的成分。

（一）加数量短语，语序为"名词+数词+量词"
su³³ ʂʅ³³phei²¹　三本书　　　　　tho¹³ tha²¹thi²¹　一件衣服
ŋa³³ tha²¹tɕhie³³　一只鸟　　　　ʊ³³tsho³³ ɲi⁵⁵zo²¹　两个人

（二）后加表示复数的成分
1. 在人称代词后面直接加 xɯ³³
ŋʊ²¹xɯ³³ 我们　　　　　　na²¹xɯ³³ 你们　　　　　　thi²¹xɯ³³ 他们
2. 在名词或指示代词后面直接加 ge²¹
su³³ʐye⁵⁵ ge²¹ 客人们　　　　tʂʅ²¹ ge²¹ 这些

七 部分名词中出现的偏义性

还有一部分名词，其中一个语素的实在意义已经丧失，在整个词里面其表示意义的主要是另外一个语素。它们是：ɕie²¹（主人）、mi³³（地）、m̩³³（天）。如：

ɕie²¹vu³³桃树　　　　ɕie²¹dʑu³³李树　　　　ɕie²¹kue³³杏树
ɕie²¹mie²¹核桃　　　ɕie²¹ɲie²¹香椿　　　　ɕie²¹ndʊ²¹梨树
mi³³hĩ³³风　　　　　mi²¹tʂe³³板栗　　　　m̩³³ŋo¹³雾
m̩³³ɣei³³ɲ̟i²¹阴天　　m̩³³hũ³³雨　　　　　m̩³³kɯ³³烟
m̩³³to⁵⁵火　　　　　m̩³³dʐʅ³³雷

八 名词的句法功能

名词在句中主要作主语、宾语，其次作定语、状语，也可以作谓语。普通名词、专有名词不能作状语，时间名词和方位名词可以作状语。

（一）作主语

主语主要有普通名词和专有名词充当。时间名词作主语用于对时间进行判断的判断句。例如：

3）ŋo¹³hũ⁵⁵ tʂʅ²¹ʂʅ³³ ʐye¹³pan¹³ ŋɯ²¹. 七月十三是月半。
　　七月　　十三　　月半　　是

（二）作宾语

宾语主要有普通名词和专有名词充当。时间名词和方位名词也可以作宾语。

4）ko³³tɕhiŋ¹³tɕie²¹ ʂʅ⁵⁵ va¹³hũ⁵⁵ da³³thi⁵⁵ ɲ̟i²¹. 国庆节是十月一日。
　　国庆节　　　　是　十月　　初一　　日

（三）作定语

名词作定语用于被修饰名词之前，普通名词作定语表示被修饰的中心名词的质料，专有名词和称谓名词作定语表示对中心名词的领属。

普通名词作定语，表示中心名词所具有的质料。如：

5）sei³³ dʑu³³the³³ vi²¹tʂhe²¹. 木头桌子耐用。
　　木头　桌子　　用　耐

（四）作状语

1. 时间名词作状语

时间名词作状语，位置相对自由，可在句首，也可在主语之后，谓语之前。

6）ʔa²¹ŋgɯ²¹n̥i⁵⁵ tʂaŋ⁵⁵miŋ²¹ khɯ²¹s²¹ kʊ²¹? 明天张明怎么走？
　　明天　　　　张明　　　怎么　走
7）ʔa³³ɕie³³ ʔa²¹n̥i²¹ nʊ²¹ŋgu²¹dʑi³³ lɤ⁵⁵ tʂaŋ⁵⁵miŋ²¹ na³³ xɯ³³?
　　谁　　　昨天　　医院　　　去　张明　　　看（陈述）
　　谁昨天去医院看张明的？

2. 方位名词作状语

方位名词要与其他词组合构成方位短语才能作状语。如：

8）ŋʊ²¹ bu²¹ da³³ kʊ⁵⁵, na²¹ bu²¹ thi³³ kʊ⁵⁵.
　　我　山　上　走　你　山　下　走
　　我走（坎）上边，你走（坎）下边。

9）tʂhu³³ ʔa⁵⁵tʂhu³³ khue³³bo⁵⁵ ka³³ ŋo²¹ thei³³ dʊ³³.
　　车　　那辆　　　北面　（位格）　　撑去　（完整）
　　那辆车从北面开走了。

通过以上简单的列举，可以看出名词可以充当的语法成分主要是主语、宾语和定语。作状语是表示方所和时间名词来充当，一般来说，时间和方所是比较特殊的名词，往往表示时间和处所，因此可以作状语表示动作行为的时间和位置。

九　施事名词和受事名词的介引方式

彝语东部方言介引施事、受事的介词为：
三官寨彝语的施事介词为：bi⁵⁵、ka³³…bi⁵⁵、ke³³…bi⁵⁵。
三官寨彝语的受事介词为：ka³³

10）ŋʊ²¹xɯ³³thi²¹ka³³"lao³³san⁵⁵"ndzʊ⁵⁵。
　　我　们　他　把　"老三"　　叫

禄劝彝语的施事介词为：tɕha³³和ʐo³³。
禄劝彝语的受事介词为：no³³

11）ŋo³³a⁵⁵me³³tɕha³³ndhu²¹. 我被妈妈打。
　　我　妈妈　施事介词　打

12）tʂhe²¹n̥i³³ʐo³³khə⁵⁵χə²¹. 谷子被牛吃了。
　　谷子　牛　施事介词　吃　了

13）mbhe³³ne²¹go⁵⁵mo³³ʔa²¹mɔ³³no³³thi²¹tɕha³³ʂo²¹ʂo³³n̥o³³.
　　衣服　红　穿　个　女孩　受事格　他　施事格　喜欢　是
　　穿红衣服那个女孩就是被他喜欢的。

十 名词的领属表达方式

如果表示一个名词领属另一个名词，往往需要一个专门的领属格标记来表示。在三官寨彝语中，主要是 bu¹³。

tʂaŋ⁵⁵miŋ²¹bu¹³nʊ⁵⁵tʂhʊ⁵⁵　　　tʂaŋ⁵⁵miŋ²¹bu¹³nei³³ʑi⁵⁵
张明　　的　同事　　　　　　张明　　的　朋友

在三官彝语中，领属性的 bu¹³ 表示领有、占有等意义，如果表示名词、动词和形容词等对另一个名词的描写，则要用到描写性的名词 xɯ³³。因此，bu¹³ 和 xɯ³³ 都能构成名词性的短语结构。例如：

tʂaŋ⁵⁵miŋ²¹bu¹³张明的　　　　　　tshʊ³³xɯ³³切的

禄劝彝语的领属格表达方式主要有：bə²¹。例如：

thi⁵⁵bə²¹mi³³他的地　　　　　　tʂhɔ³³khɔ³³bə²¹ŋɔ⁵⁵今年的活儿
他　的　地　　　　　　　　　今年　的　活儿

禄劝彝语构成名词性结构的标记主要是 so³³。例如：

dzo³³so³³吃的　　　thu²¹so³³白的　　　ne²¹so³³红的

第二节　代词

代替名词、动词、形容词、副词和数量短语的词叫代词。根据代词的语法意义和语法功能可以把代词分为人称代词、指示代词和疑问代词。代词在句法结构中主要充当主语、宾语、定语和状语。

一 人称代词

人称代词有数和格的区别，没有性的区别。第一人称双数和多数分包括式和排除式。

1. 人称代词的数

三官寨彝语：

人称代词分单数、双数和多数。双数是在单数的基础上加上 ȵie⁵⁵ 构成；多数是在单数的基础上加上 xɯ³³ 构成。如：

ŋʊ²¹我　　　　　ŋʊ²¹ȵie⁵⁵我俩　　　　　ŋʊ²¹xɯ³³我们
na²¹你　　　　　na²¹ȵie⁵⁵你俩　　　　　na²¹xɯ³³你们
thi²¹他　　　　　thi²¹ȵie⁵⁵他俩　　　　　thi²¹xɯ³³他们

第一人称的双数和多数都有包括式和排除式。包括式是 a²¹ɕi⁵⁵ 和 a²¹ɕi⁵⁵ȵie⁵⁵，a²¹ɕi⁵⁵ 表示多数，加上 ȵie⁵⁵ 后表示双数。排除式是 ŋʊ²¹xɯ³³ 和 ŋʊ²¹xɯ³³ȵie⁵⁵。ŋʊ²¹xɯ³³ 表示多数，ŋʊ²¹xɯ³³ȵie⁵⁵ 表示双数。

新平腊鲁彝语：

人称代词分单数、双数和多数。在单数的基础上构成多数，构成的方式为，在单数后面加上表示多数的标记 ke^{33}"们"，且除了第三人称单数外，第一和第二人称单数都发生了一定的变化。在多数的基础上在其后加上表示双数的形式就构成了双数，双数标记为 ni^{21}o^{33}"俩"。如下：

ŋo^{33}a^{55}ke^{33}ni^{21}o^{33}/ɣo^{55}a^{33}ni^{21}o^{33} 我们俩 a^{55}ke^{33}咱们、ņ^{21}ke^{33}/ɣo^{55}a^{33}我们

ni^{33}你 næ^{21}ke^{33}ni^{21}o^{33}你们俩 næ^{21}ke^{33}你们

ʐa^{21}他 ʐa^{21}ke^{33}ni^{21}o^{33}/ʐa^{21}a^{33}ni^{21}o^{33}他们俩 ʐa^{21}ke^{33}/ʐa^{21}a^{33}他们

从新平腊鲁彝语可以看到以下几点：

首先，双数是在多数的基础上构成的。

其次，从单数向多数的变化中，单数的声母或韵母发生了一定屈折变化。

再次，我们可以根据第三人称的变化清晰地看到，在单数的基础上添加多数标记 ke^{33}就构成了第三人称的多数形式，在第三人称多数的基础上再添加 ni^{21}o^{33}就构成了第三人称双数。此外，多数的标记似乎还有一个 a^{33}，第三人称单数加上 a^{33}形成第三人称多数，在多数基础上再加 ni^{21}o^{33}形成第三人称双数。

最后，根据以上三点，可以假定第一和第二人称也是通过加多数标记 ke^{33}和 a^{33}形成多数，并在多数的基础上加 ni^{21}o^{33}形成双数。只不过第二人称单数在构成多数和双数时，元音发生了屈折变化。至于这种屈折变化的形成原因还有待进一步考证。比较特殊的是第一人称单数在形成第一人称多数时发生了较大的变化：一是辅音发生擦音化，由ŋ到ɣ，同时声调也由 33 变为 55；二是由ŋo^{33}变为自成音节的 ņ。显然，这两种音变现象都是有一定联系的，据此可以认为第一人称单数发生了以下的变化：ŋo^{33} ⟶ ɣo^{55}
　　　　　　　　⟶ ņ^{21}

总的来看，腊鲁彝语的单数可以通过添加表示复数的标记形成多数，多数可以通过表示双数的标记形成双数。按照形成的过程来看：单数、多数、双数，这种顺序似乎违背了人类语言的蕴含共性：单数、双数和多数，但是事实上，却不是那样，彝语东部方言中的多数实际上包括双数，而双数无非是多数的特殊情况。不仅在腊鲁彝语中是这样，即使在三官寨彝语中也是这样，可以在多数的基础上形成双数，只不过，三官寨彝语不仅有在多数基础上的双数形式，而且还有双数的专门形式。

禄劝彝语：

禄劝彝语的人称代词也可以分为单数、双数和复数。如下：

	单数	双数	多数
第一人称	ŋo³³	ŋə⁵⁵ȵi⁵⁵	ʔa³³se⁵⁵/ʔa³³se⁵⁵ȵi⁵⁵/ŋə⁵⁵/ŋə⁵⁵ȵi⁵⁵
第二人称	na³³	nə⁵⁵ȵi⁵⁵	nə⁵⁵
第三人称	thi³³	thə⁵⁵ȵi⁵⁵	thə⁵⁵

禄劝彝语基本上与三官寨彝语的格局相同，对应也比较清晰。都是在单数的基础上形成多数，在多数的基础上形成了双数。基本遵循以下相同的路线：ŋo³³-ŋə⁵⁵-ŋə⁵⁵ȵi⁵⁵，na³³-nə⁵⁵-nə⁵⁵ȵi⁵⁵，thi³³-thə⁵⁵-thə⁵⁵ȵi⁵⁵。不过要注意的是，从单数到复数经历了一个屈折变化，从原来单数的 o、a、i 变为复数的 ə，导致这种统一变化的原因非常有可能是由于单数后面一定有一个复数标记，正是这个复数标记导致了三个人称的单数发生了统一的变化。不过目前还没有学者专门讨论这个问题。同样，在多数的基础上通过添加ȵi⁵⁵进一步产生了双数，双数只不过是特殊的多数而已。

故此，我们可以把彝语东部方言的人称构成可以排列为以下顺序：

单数 ⟶ 多数 ⟶ 双数

2. 人称代词的格

彝语东部方言的格中，主格和宾格没有额外的标记来表示，且主格和宾格基本一致，领有格则需要专门的标记来表示。

三官寨彝语：

三官寨彝语领有格要加表领有的助词 bu¹³ 表示。如：

单数人称的领格	双数人称的领格	多数人称的领格
ŋʊ²¹bu¹³我的	ŋʊ²¹ȵie⁵⁵bu¹³我俩的	ŋʊ²¹xɯ³³bu¹³我们的
na²¹bu¹³你的	na²¹ȵie⁵⁵bu¹³你俩的	na²¹xɯ³³bu¹³你们的
thi²¹bu¹³他的	thi²¹ȵie⁵⁵bu¹³他俩的	thi²¹xɯ³³bu¹³他们的

但在单数人称的领格中，往往有合音现象。如：

ŋʊ²¹bu¹³我的	ŋo¹³我的
na²¹bu¹³你的	na¹³你的
thi²¹bu¹³他的	thie¹³他的

新平腊鲁彝语：

新平腊鲁彝语人称代词的领属格形式是在相应的人称代词后面加助词 de³³，例如：

单数人称领属形式	双数人称领属形式	多数人称领属形式
ŋo³³de³³ a⁵⁵ke³³	ni²¹o³³de³³/ɣo⁵⁵a³³ni²¹o³³de³³	a⁵⁵ke³³de³³/n²¹ke³³de³³
ni³³de³³	næ²¹ke³³ni²¹o³³de³³	næ²¹ke³³de³³
ʐa²¹de³³	ʐa²¹a³³ni²¹o³³de³ ³	ʐa²¹ke³³de³³/ʐa²¹a³³de³³

王国旭（2011：82）指出人称代词的领属格作为定语时，如果表示不

可变更的亲属关系时，de³³以不用为常。

云南禄劝彝语：

禄劝彝语人称代词的领属格形式主要是在相应的人称代词后加上助词 be²¹，而双数的领属格后要加上助词 lə³³bə²¹。例如：

单数人称领属形式	双数人称领属形式	多数人称领属形式
ŋo²¹/ŋo²¹bə²¹	ŋə⁵⁵n̩i⁵⁵lə³³bə²¹/ʔa³³se⁵⁵n̩i⁵⁵lə³³bə²¹	ŋə⁵⁵/ŋə⁵⁵bə²¹, ʔa³³se⁵⁵bə²¹
na²¹/na²¹bə²¹	na²¹n̩i⁵⁵lə³³bə²¹	nə⁵⁵bə²¹
thi²¹/thi⁵⁵/thi²¹bə²¹/thi⁵⁵bə²¹	thə⁵⁵n̩i⁵⁵lə³³bə²¹	thə⁵⁵bə²¹

禄劝彝语除了以上的领属形式外，还有一些特殊的变化存在于单数人称的领属形式上。当领属的对象为亲属称谓时，有三种情况：一是第二人称单数的人称代词 na³³与其后的亲属称谓合音——保持第二人称代词辅音和元音不变，而声调变为亲属称谓第一个音节的声调；二是第一人称和第三人称单数在亲属称谓前都变为ŋo²¹和thi²¹，但没有ŋo²¹bə²¹和thi²¹bə²¹形式；三是第三人称单数在与其关系疏远和不亲近的亲属称谓之前，变调为55调，即thi⁵⁵表示"他家的"，表示亲属关系不近或稍疏远。例如：

第一种情况：ʔa⁵⁵tshi³³始祖　　　　na⁵⁵tshi³³你的始祖
　　　　　　a³³ne⁵⁵姐姐　　　　　na³³ne⁵⁵你的姐姐
　　　　　　a²¹n̩i²¹zo³³弟弟　　　na²¹n̩i²¹zo³³你的弟弟
第二种情况：a²¹ɬa⁵⁵岳母　　　　　ŋo²¹a²¹ɬa⁵⁵我的岳母
　　　　　　ʔa⁵⁵tshi³³始祖　　　　thi²¹ʔa⁵⁵tshi³³他的始祖
第三种情况：a²¹me⁵⁵ɣo³³大嫂　　　thi⁵⁵a²¹me⁵⁵ɣo³³他家的大嫂
　　　　　　a²¹ɬa⁵⁵岳母　　　　　thi⁵⁵a²¹ɬa⁵⁵他家的岳母

通过上面的列举可以看到，三官寨彝语的领属形式相对比较简单，而腊鲁彝语和禄劝彝语相对比较复杂一些。总的来说，彝语东部方言的领属形式一般都是后加表示领属的助词来表示，而当表示领属的结构助词用于对不可变更或转移的亲属关系进行领属时，往往可以省略表示领属的助词。省略了表示领属的结构助词，在腊鲁彝语中没有发生变调，保持了原来单数人称的声调，但是在禄劝彝语中发生了变调，并且是强制性的变调：第二人称单数根据后面紧跟的音节发生同化性的合音；第一人称和第三人称单数则都变为21调；同时，第三人称单数疏远的亲属关系可以变为55调来予以强化这种对说话人的认知。如果一定要探讨为什么腊鲁彝语没有发生变调，而禄劝彝语却发生了变调，目前还没有确切的结论，但是，可以初步认为不发生变调是通过人称的指称来确认对其后亲属称谓的领属，变调则是通过声调的改变来加强人称代词具有领有的功能并与表示指称的代词加以区别。显然以上现象发生的根本，还在于一个比较现实的前提，那就是领有者与被领有者之间关系的不可变更和不可转移上。基于现实关系中的这种"固定性",语言采用了最为简洁的方式来表达,这是语言的经济性原则在发挥效应。

二 反身代词

(一) 反身代词的形式

三官寨彝语的反身代词通过在人称代词后面添加 $ʐo^{21}ʐo^{33}$ 来表示。例如:

表 13　　　　　　　　三官寨彝语的人称代词系统

$ŋʋ^{21}$ 我	$ŋʋ^{21}ʐo^{21}ʐo^{33}$ 我自己
na^{21} 你	$na^{21}ʐo^{21}ʐo^{33}$ 你自己
thi^{21} 他	$thi^{21}ʐo^{21}ʐo^{33}$ 他自己
$ŋʋ^{21}ȵie^{55}$ 我俩	$ŋʋ^{21}ȵie^{55}ʐo^{21}ʐo^{33}$ 我俩自己
$na^{21}ȵie^{55}$ 你俩	$na^{21}ȵie^{55}ʐo^{21}ʐo^{33}$ 你俩自己
$thi^{21}ȵie^{55}$ 他俩	$thi^{21}ȵie^{55}ʐo^{21}ʐo^{33}$ 他俩自己
$ŋʋ^{21}xɯ^{33}$ 我们	$ŋʋ^{21}xɯ^{33}ʐo^{21}ʐo^{33}$ 我们自己
$na^{21}xɯ^{33}$ 你们	$na^{21}xɯ^{33}ʐo^{21}ʐo^{33}$ 你们自己
$thi^{21}xɯ^{33}$ 他们	$thi^{21}xɯ^{33}$ $ʐo^{21}ʐo^{33}$ 他们
	$ʐo^{21}ʐo^{33}$ "自己"(单独使用比较泛化可以指"我自己、他自己或你自己")

新平腊鲁彝语的反身代词主要通过人称代词自身的重复实现构成反身代词,为了确认或强调,往往也可以用 $mæ^{55}mæ^{55}æ^{21}$ "自己"来表达。

表 14　　　　　　　　新平腊鲁彝语的人称代词系统

$ŋo^{33}$ 我	$ŋo^{33}ŋo^{33}$ 我自己
ni^{33} 你	$ni^{33}ni^{33}$ 你自己
$ʑa^{21}$ 他	$ʑa^{21-213}ʑa^{21}$ 他自己
$a^{55}ke^{33}ni^{21}o^{21}$ 我们俩	$a^{55}ke^{33}ni^{21}o^{21}a^{55}ke^{33}ni^{21}o^{21}$ 我俩自己
$næ^{21}ke^{33}ni^{21}o^{21}$ 你们俩	$næ^{21}ke^{33}ni^{21}o^{21}næ^{21}ke^{33}ni^{21}o^{21}$ 你们俩自己
$ʑa^{21}ke^{33}ni^{21}o^{21}$ 他们俩	$ʑa^{21}ke^{33}ni^{21}o^{21}ʑa^{21}ke^{33}ni^{21}o^{21}$ 他们俩自己
$a^{55}ke^{33}$ 我们	$a^{55}ke^{33}a^{55}ke^{33}$ 我们自己
$næ^{21}ke^{33}$ 你们	$næ^{21}ke^{33}næ^{21}ke^{33}$ 你们自己
$ʑa^{21}ke^{33}$ 他们	$ʑa^{21}ke^{33}ʑa^{21}ke^{33}$ 他们自己
	$mæ^{55}mæ^{55}æ^{21}$ 自己

禄劝彝语的反身代词有三种表达形式：ʐɔ²¹ "自己"； ʐɔ²¹+助词+ʐɔ²¹ "自己"；人称代词（单数或复数）+bə²¹+人称代词（单数或复数）"自己"。

表 15　　　　　　　　　禄劝彝语的人称代词系统

人称代词	"ʐɔ²¹+助词+ʐɔ²¹"	"人称代词+bə²¹+人称代词"
ŋo³³我	ŋo³³+ʐɔ²¹+助词+ʐɔ²¹ "我自己"	ŋo³³+bə²¹+ŋo³³ "我自己"
na³³你	na³³+ʐɔ²¹+助词+ʐɔ²¹ "你自己"	na³³+bə²¹+na³³ "你自己"
thi³³他	thi³³+ʐɔ²¹+助词+ʐɔ²¹ "他自己"	thi³³+bə²¹+thi³³ "他自己"
ŋə⁵⁵我们	ŋə⁵⁵+ʐɔ²¹+助词+ʐɔ²¹ "我们自己"	ŋə⁵⁵+bə²¹+ŋə⁵⁵ "我们自己"
nə⁵⁵你们	nə⁵⁵+ʐɔ²¹+助词+ʐɔ²¹ "你们自己"	nə⁵⁵+bə²¹+nə⁵⁵ "你们自己"
thə⁵⁵他们	thə⁵⁵+ʐɔ²¹+助词+ʐɔ²¹ "他们自己"	thə⁵⁵+bə²¹+thə⁵⁵ "他们自己"
	ʐɔ²¹ "自己"（单独用表示"我自己"）	
	ʐɔ²¹+助词+ʐɔ²¹ "自己"（单独用表示"我自己"）	

通过上面的列举，可以看到彝语东部方言的反身代词可能有三种方式来表示：一是直接用ʐɔ²¹或"ʐɔ²¹+助词+ʐɔ²¹"表示反身代词；二是用"人称代词+ʐɔ²¹+助词+ʐɔ²¹"来表示反身代词；三是用"人称代词（单数或复数）+bə²¹+人称代词（单数或复数）"格式来表示反身代词。

可以认为，ʐɔ²¹是反身代词出现的较早阶段，但这种语言现象只在禄劝彝语中保留，可以推想，ʐɔ²¹表示"自己"默认指向了"我自己"，要表示"你自己"和"他自己"时要通过在其前加上第二人称或第三人称的代词，可是遗憾的是，我们没有发现在禄劝彝语中有类似的形式，因此，我们期待在其他彝语方言中有相类似的形式被发现。"ʐɔ²¹+助词+ʐɔ²¹"格式很可能是ʐɔ²¹"自己"在某种语境中的特殊表达形式，其中的差异可能只是语用上的原因，但是随着这种语用情况经常出现，以至于"ʐɔ²¹+助词+ʐɔ²¹"格式"自己"成为一种常式，并可以直接加在人称代词之后构成对不同人称的回指和强调。显然，该种"ʐɔ²¹+助词+ʐɔ²¹"格式"自己"中的助词丢失的话，就形成了三官寨彝语中的ʐo²¹ʐo³³"自己"，而三官寨彝语中的ʐo²¹ʐo³³"自己"既可以单独使用，也可以加在人称代词之后表示对特定人称的回指和强调。

"人称代词（单数或复数）+bə²¹+人称代词（单数或复数）"格式则可能是彝语东部方言表示"自己"的另外一个来源。这种形式在禄劝彝语中保留着，而在腊鲁彝语中有了进一步发展，丢失了其中的助词 bə²¹，进一步发展为人称代词的重叠形式。

总的来看，彝语的反身代词的表示形式应该有两种不同的来源：一种是直接产生或是借用了表示"自己"的词语，并在此基础上形成了反身代词的指称系统；另外一种是通过表示领属关系的助词 bə²¹构成"人称代词（单数或复数）+bə²¹+人称代词（单数或复数）"格式从而达到了"某人领属某人"的意义，进而间接地表达了"自己"的意义，并且由于语流音变和语义自身[①]的影响，脱落了表示领属关系的 bə²¹，从而形成了腊鲁彝语中的不同人称代词的重叠形式表示不同人称的"自己"。

（二）反身代词的语法功能

反身代词在句法上表现为与主语或宾语表示的人称之间的照应性，下面主要根据三官寨彝语进行描写。

1. 独用

三官寨彝语的反身代词为ʐo²¹ʐo³³，它的独用是指它在句中单独充当句中的主语、宾语和定语的情况。

ʐo²¹ʐo³³单独充当主语和宾语很受限制。如：

14）*tʂaŋ⁵⁵miŋ²¹ ʐo²¹ʐo³³ ma²¹ gue²¹. 张明不喜欢自己。[②]

　　　张明　　　自己　　（否定）喜欢

句中的"ʐo²¹ʐo³³"并没有照应句中的主语"张明"，所以该句不成立。如果一定要使该句话成立，且"自己"照应"张明"的话，就要加上一个人称代词 thi²¹，句子就成立了。如：

15）tʂaŋ⁵⁵miŋ²¹ thi²¹ ʐo²¹ʐo³³ ma²¹ gue²¹. 张明不喜欢自己。

　　　张明　　　　他　自己　（否定）喜欢

ʐo²¹ʐo³³可以单独充当定语，比较自由。如：

16）ʐo²¹ʐo³³ bu¹³ ŋu³³, tsu⁵⁵tsu³³ tsʊ¹³. 自己的事情，好好做。

　　　自己　（领属）事情，好 好 做

定语位置上的修饰语和中心语之间的关系主要是领属关系和描写关系，定语位置上的反身代词和中心语的关系表现为领属关系。ʐo²¹ʐo³³在定语位置上的主要功能是表示领属关系，而指代关系的最终确定还要通过句中的其他手段。如：

[①] 某人领属某人表示"自己"是不言自明的，正是这种因素，才导致了其中表示领属的助词脱落。

[②] 汉语中，该句是有歧义的，一个意思是"张明不喜欢他自己"，另一个意思是"张明不喜欢我（说话人）自己"。也就是说，汉语中"自己"可以在句内照应，也可以在句外照应。

17）ʐo²¹ʐo³³ bu¹³ ŋʋ³³, ʐo²¹ʐo³³ tsu⁵⁵tsu³³ tsʋ¹³.
　　自己　（领属）事　自己　　好好　做
　　自己的事情，自己好好做。

18）ʐo²¹ʐo³³ bu¹³ ŋʋ³³, na²¹ ʐo²¹ʐo³³ tsu⁵⁵tsu³³ tsʋ¹³!
　　自己　（领属）事　你　自己　　好好　做
　　自己的事情，你自己好好办！

17）句中通过照应，句中的ʐo²¹ʐo³³可以指向任何人称，18）句中指示代词na²¹确认了ʐo²¹ʐo³³的指称是na²¹。

2. 非独用

ʐo²¹ʐo³³自由使用一般要求其自身有明确的先行语，这就使得它必须和其他人称代词结合使用。

充当主语的，如：

19）na²¹ ʐo²¹ʐo³³ bu¹³ ŋʋ³³, na²¹ ʐo²¹ʐo³³ tsu⁵⁵tsu³³ tsʋ¹³!
　　你　自己　（领属）事　你　自己　　好好　做
　　你自己的事情，你自己好好办！

20）ʔa³³ɕi⁵⁵ ʐo²¹ʐo³³ thei³³ ma²¹. 咱们自己去吧。
　　咱们　自己　　去（推测）

充当宾语的，如：

21）tʂaŋ⁵⁵miŋ²¹ thi²¹ ʐo²¹ʐo³³ ma²¹ gue²¹. 张明不喜欢他自己。
　　张明　　他　自己　（否定）喜欢

充当定语的，如：

22）ʔa²¹ni³³ ŋʋ²¹ na²¹ ka³³ ŋʋ²¹ ʐo²¹ʐo³³ bu¹³ tʂhu³³ ka³³ vʋ⁵⁵ xʋ²¹.
　　昨天　我　你　让　我　自己　（领属）车　（受格）卖（完成）
　　我昨天让你把我自己的车卖了。

23）na²¹pe²¹tɕiŋ⁵⁵ lɤ⁵⁵ dʋ³³, na²¹ʐo²¹ʐo³³ bu¹³ gɯ²¹phi³³ gu⁵⁵ ɕi³³ xʋ⁵⁵!
　　你　北京　　去　后　你　自己　（领属）身体　照顾　护（助动）
　　你去北京以后，要爱惜你自己的身体！

3. 反身代词ʐo²¹ʐo³³与其先行词的照应和指代

三官彝语中反身代词ʐo²¹ʐo³³和先行语的照应性很差，往往需要其他的手段。下面我们主要描写一下彝语中句法因素起作用的情况。

句法上看，ʐo²¹ʐo³³和先行语的照应的基本手段是通过先行语的前后照应完成ʐo²¹ʐo³³的指代。

先行语为名词的，通过名词的前后照应，最终确定ʐo²¹ʐo³³的指代。如：

24） tʂaŋ⁵⁵miŋ²¹ thi²¹ ʐo²¹ʐo³³ ŋo²¹ hĩ²¹ʑei¹³ ma⁵⁵ tʊ²¹, tʂaŋ⁵⁵miŋ²¹ ŋɯ³³
　　 张明　　　 他　 自己　　　 见 立卧 (否定) 起　 张明　 哭
ʈʂ̩⁵⁵ li³³. 看着他自己站不起来，张明急哭了。

淌 (起始)

25） tʂaŋ⁵⁵miŋ²¹ʐo²¹ʐo³³ hĩ²¹ʑei¹³ ma⁵⁵ tʊ²¹, tʂaŋ⁵⁵miŋ²¹ŋɯ³³ʈʂ̩⁵⁵li³³ dʊ³³.
　　 张明　　 自己　　 立卧 (否定) 起　 张明　　　 哭 淌 (起始)(完整)
自己站不起来，张明急哭了。

先行语为代词的，通过代词的前后照应，最终确定ʐo²¹ʐo³³的指代。如：

26） thi²¹ʐo²¹ʐo³³ hĩ²¹ʑei¹³ ma⁵⁵ tʊ²¹, tʂaŋ⁵⁵miŋ²¹thi²¹ ŋɯ³³ʈʂ̩⁵⁵ li³³ dʊ³³.
　　 他 自己　　 立卧 (否定) 起　 张明　　 他 哭 淌 (起始)(完整)
他自己站不起来，张明急哭了。

若不使用先行语前后的重复使用来完成照应，句子往往有歧义。如：

27） ʐo²¹ʐo³³ ŋo²¹ hĩ²¹ʑei¹³ ma⁵⁵ tʊ²¹, tʂaŋ⁵⁵miŋ²¹ ŋɯ³³ ʈʂ̩⁵⁵ li³³.
　　 自己　 见 立卧 (否定) 起　 张明　　　 哭 淌 (起始)
看着自己站不起来，张明急哭了。

该句有歧义，ʐo²¹ʐo³³的先行语为"张明"，意思是：张明自己站不起来，张明急哭了。ʐo²¹ʐo³³的先行语不是"张明"，而是"张明"以外的人，意思是：其他人自己站不起来，张明急哭了。

因此，ʐo²¹ʐo³³是通过先行语的重复照应来完成指代的。

4. 第一人称复数反身代词的包括式和排除式

第一人称复数的包括式和排除式分别为：a²¹ɕi⁵⁵ "咱们"和 ŋʊ²¹xɯ³³ "我们"。这两者的区别在于：a²¹ɕi⁵⁵包括听话人在内，ŋʊ²¹xɯ³³不包括听话人在内。

第一人称复数反身代词的包括式和排除式分别为：a²¹ɕi⁵⁵ʐo²¹ʐo³³和 ŋʊ²¹xɯ³³ʐo²¹ʐo³³。与第一人称复数的包括式和排除式一样，它们两者的区别仍是：a²¹ɕi⁵⁵ʐo²¹ʐo³³包括听话人在内，ŋʊ²¹xɯ³³ʐo²¹ʐo³³不包括听话人在内。三官彝语中即使插入表多数的数量短语，包括式和排除式的对立依然存在。如：

28） li³³kaŋ⁵⁵, waŋ²¹thao⁵⁵、tʂao²¹khai³³ bu²¹ hɤ̃⁵⁵: "ʔa³³ɕi⁵⁵ sɿ³³ʐo²¹
　　 李刚 (停顿) 王涛　　 赵凯　　 (向格) 说　 咱们　 三 个
ʐo²¹ʐo³³ the³³ ma²¹, yʊ²¹ dʑu³³, tʂaŋ⁵⁵miŋ¹³ bʊ²¹ ʈʂ̩³³ dʊ³³, ʔa²¹
自己　　 去 (推测)　 得 闻 (停顿) 张明　　　 腿 断 (完整)
n.ye²¹ nʊ²¹ŋgu²¹dʑi³³dzo⁵⁵ ɕi³³."
现在　 医院　　　 在 还

李刚对王涛、赵凯说："咱们三个自己去吧。听说张明腿折了，现在还在医院呢。"

5. 先行语为类称、全称的，反身代词 ʑo²¹ʑo³³ 的使用情况

先行语为类称或全称时，不要求具体的指代和照应关系，这时的 ʑo²¹ʑo³³ 可以自由的出现在主语、宾语和定语的位置上。如：

29) tsho³³ ʑo³³ ŋu⁵⁵ m̩²¹ ʑa¹³ ku¹³, ʑo²¹ʑo³³ ɬu³³ du³³ dzu⁵⁵³ ŋɯ³³ du³³.
    人   位 事 做 错 (助动) 自己   换   (完整) 就 好 (完整)
    人都会做错事，自己改了就行了。

30) tsho²¹ tha²¹ʑo²¹ dʑ²¹dʑ²¹ sɿ²¹ ma²¹ ŋɯ²¹ xɯ³³, tu⁵⁵ ʑo²¹ʑo³³ ŋɯ³³.
    人   一   个   最   认 (否定) 识 (陈述)   就   自己   是
    一个人最不明白的，就是自己。

31) me²¹me⁵⁵su³³, ʑo²¹ʑo³³bu¹³ ʑa¹³dʑ²¹ ʔɔ⁵⁵ sɿ²¹ŋɯ²¹ khʁ²¹ tsha³³dzu³³.
    每个   人 (停顿) 自己 (领属) 错处   都   认识   到   (助动)
    每个人都应该认识到自己的缺点。

二　指示代词

指示代词有指示和替代的作用，可以指示和替代方位、动作和性状。

（一）指示代词的分类

指示代词可以分为两分：近指和远指，也可以分为三分：近指、远指和更远指。

三官寨彝语的指示代词系统：近指、远指和更远指。如下：

近指：tʂʅ²¹　　　远指：na⁵⁵　　　更远指：ʔa⁵⁵

新平腊鲁彝语的指示系统：近指和远指。如下：

近指：e⁵⁵　　　远指：na⁵⁵

禄劝彝语的指示系统：近指和远指。如下：

近指：tʂɔ³³　　　远指：ɣɯ⁵⁵

彝语东部方言的指示代词系统一般是两分的系统，但是三官寨彝语是三分系统。根据翟会锋（2011：45）认为：na⁵⁵、ʔa⁵⁵ 有不同的分工，na⁵⁵ 为一般性指代，ʔa⁵⁵ 为强调性指代，na⁵⁵ 为汉语借词。如果 na⁵⁵ 为汉语借词，也就是说在借入汉语借词 na⁵⁵ 之前，三官寨彝语应该也是两分系统。但是借入汉语远指代词之后，该系统作出了一定的调整，na⁵⁵ 为一般性远指，与近指相对应，而 ʔa⁵⁵ 作为强调性指代往往指称更远的物体、方位等。

以上的单个个体的指代，如果要用于多个个体时，往往要与表示复数的助词组合。具体情况如下：

三官寨彝语常与 ge²¹ "些"结合，可以构成复合代词表示复数：tʂʅ²¹ge²¹、na⁵⁵ge²¹ 和 ʔa⁵⁵ge²¹。

新平腊鲁彝语往往与 pho^{33} "群" 或 tɕi^{55} "些" 结合，如：e^{55}pho^{33}这群、na^{55}pho^{33}那群、e^{55}tɕi^{55}这些、na^{55}tɕi^{55}那些。

禄劝彝语往往与 du^{21} "些" 结合，如：tʂɔ^{33}du^{21}这些、ɣɯ^{55}du^{21}那些。

（二）指示的表达

1. 指代方位

三官寨彝语：

tʂɻ^{21}ko^{33}这里　　　na^{55}ko^{33}那里　　tʂɻ^{21}bo^{55}这边　　na^{55}bo^{55}那边

表示强调时，往往用下面的形式：

tʂɻ^{13}ko^{33}这里　　　ʔa^{55}ko^{33}那里　　tʂɻ^{13}bo^{55}这边　　ʔa^{55}bo^{55}那边

新平腊鲁彝语：

e^{55}ka^{33}这里　　　na^{55}ka^{33}那里　　e^{55}bo^{21}这头　　na^{55}bo^{21}那头
e^{55}bæ^{21}这边　　　na^{55}bæ^{21}那边

禄劝彝语：

tʂɔ^{33}kɯ^{55}这里　　tʂɔ^{33}de^{33}这里　　tʂɔ^{33}tha^{55}这上边　　ɣɯ^{55}kɯ^{55}那里
ɣɯ^{55}pha^{21}那边　　ɣɯ^{55}de^{33}那里　　ɣɯ^{55}tha^{55}那上边

2. 指代人或物

三官寨彝语：

tʂɻ^{21}和 na^{55}与所有的量词都可以组合，从而形成对某一事物的指代。

tʂɻ^{21}lɤ^{33}这个　　　na^{55}lɤ^{33}那个　　tʂɻ^{21}ʑo^{21}这位　　na^{55}ʑo^{21}那位
tʂɻ^{21}na^{21}这块　　　na^{55}na^{21}那块

新平腊鲁彝语：

与量词组合指代人或物。

e^{55}va^{33}这片　　　na^{55}va^{33}那片　　e^{55}mo^{33}这个　　na^{55}mo^{33}那个

禄劝彝语：

与量词组合指代人或物。例如：

tʂɔ^{33}mo^{33}这个　　tʂɔ^{33}ɕi^{21}这种　　tʂɔ^{33}du^{21}这些
ɣɯ^{55}ɕi^{21}那种　　ɣɯ^{55}du^{21}那些　　ɣɯ^{55}mo^{33}那个

3. 指代性状的

三官寨彝语：

指代性状的指示代词是指代事物具有的性状或动作具有的情貌。这样的指示代词有：tʂɻ^{21}sɻ^{21}这样，na^{55}sɻ^{21}那样，a^{55}sɻ^{21}那样。如：

新平腊鲁彝语：

e^{55}ʐa^{55}/e^{55}væ^{33}这样　　　　na^{55}ʐa^{55}/na^{55}væ^{33}那样

腊鲁彝语：

tʂɔ^{33}le^{55}le^{33}这样　　　　　ɣɯ^{55}le^{33}le^{33}那样

4. 近指和远指代词的单独使用

彝语东部方言的三官寨彝语中,存在一组表示强调形式的近指和远指代词：tʂʂɻ¹³和ʔa⁵⁵。这组指示代词修饰名词或名词短语时,可以单独使用。如：

32）a. tʂaŋ⁵⁵miŋ²¹ dzo¹³phu³³ ȵi⁵⁵hiõ²¹ phu⁵⁵ ke³³ tsho²¹ tʂʂɻ¹³ bi⁵⁵.
　　张明　　钱　　　两百　　块 (受格) 人　这 (目标)
　　张明把两百块钱给这人。

b. tʂaŋ⁵⁵miŋ²¹ dzo¹³phu³³ ȵi⁵⁵hiõ²¹ phu⁵⁵ ke³³ tsho²¹ ʔa⁵⁵ bi⁵⁵.
　　张明　　钱　　　两百　　块 (受格) 人　那 (目标)
　　张明把两百块钱给那人。

独用远指代词时,不仅可以用ʔa⁵⁵,而且还可以用na⁵⁵,这种现象表明远指代词 na⁵⁵和ʔa⁵⁵存在共用现象。如：

33）tɕo⁵⁵ hõ³³ȵdʑi³³tʊ¹³ na⁵⁵ ka³³ ʑu²¹ ndʑʊ²¹li²¹! 快把那皮箱拿过来!
　　快　皮　　箱　　那 (受格) 拿　过来

三　疑问代词

疑问代词可以分成两类：体词性疑问代词和副词性疑问代词。体词性疑问代词主要替代人、事、时间、方位的疑问代词。副词性疑问代词主要替代动作的方式或目的的疑问代词。

（1）三官寨彝语

体词性疑问代词：a³³ɕie³³ "谁"、mʊ³³lɤ³³ "什么"、a²¹dɤ⁵⁵lɤ³³ "哪个"、a²¹dɤ⁵⁵ko³³ "哪里"、khʊ²¹thu⁵⁵ "几时"、khʊ²¹ŋʊ²¹ "多少"、khʊ²¹ŋʊ²¹ʑo³³ "多少个"等。

副词性疑问代词：khɯ²¹sɻ²¹ "怎么"、mʊ³³lɤ³³ʑi³³ "为什么"等。

（2）新平腊鲁彝语

体词性疑问代词：a²¹se²¹ "谁"、a³³tso³³/a²¹tæ³³væ³³ "什么"、a²¹di³³a⁵⁵mo³³ "哪个"、a²¹ka³³le⁵⁵ "哪里"、a²¹di³³a³³kɯ³³ "几时"、kho²¹mo³³lə²¹ "几个"、kho²¹mo³³sɻ⁵⁵ "多少"等。

副词性疑问代词：a²¹di³³ "怎么"、a²¹da³³ŋa³³ʑi³³ "为什么"等

（3）禄劝彝语

体词性疑问代词：a²¹se³³ "谁"、mo³³tso⁵⁵ "什么"、kho²¹le³³ "哪个"、kho²¹mo³³ "哪个"、kho³³ɕi²¹ "哪样"、kho³³du²¹ "哪种"、kho³³dʑe²¹ "哪回"、kho³³dʑu²¹ "哪件"、kho³³mɔ⁵⁵ "哪里"、kho⁵⁵de³³ "哪里"、khɔ⁵⁵ "哪或哪里"、kho²¹pha²¹ "哪方或哪边"、kho²¹ŋɔ²¹ "多少"、

kho²¹tho³³ "何时"。

副词性疑问代词：mo³³tʂo⁵⁵tha⁵⁵le²¹ "为什么"、mo³³tʂo⁵⁵xə²¹ "什么原因"、kho²¹se²¹ "怎么"。

为了便于观察，现在列出下面表格：

表16　　　　　三官寨、新平、禄劝的疑问代词系统比较表

	体词性疑问代词	副词性疑问代词
三官寨彝语	a³³ɕie³³ "谁"、mʊ³³lɤ³³ "什么"、a²¹dɤ⁵⁵lɤ³³ "哪个"、a²¹dɤ⁵⁵ko³³ "哪里"、khʊ²¹thu⁵⁵ "几时"、khʊ²¹ŋʊ²¹ "多少"、khʊ²¹ŋʊ²¹ʐo³³ "多少个"	khɯ²¹sʅ²¹ "怎么"、mʊ³³lɤ³³ʑi³³ "为什么"
新平腊鲁彝语	a²¹se²¹ "谁"、a³³tso³³/a²¹tæ³³væ³³ "什么"、a²¹di³³a⁵⁵mo³³ "哪个"、a²¹ka³³le⁵⁵ "哪里"、a²¹di³³a³³kɯ³³ "几时"、kho²¹mo³³lə²¹ "几个"、kho²¹mo³³sʅ⁵⁵ "多少"	a²¹di³³ "怎么"、a²¹da³³ŋa³³ʑi³³ "为什么"
禄劝彝语	a²¹se³³ "谁"、mo³³tʂo⁵⁵ "什么"、kho²¹le³³ "哪个"、kho²¹mo³³ "哪个"、kho³³ɕi²¹ "哪样"、khɔ³³du²¹ "哪种"、kho³³dʐe²¹ "哪回"、kho³³dʑu²¹ "哪件"、khɔ³³mɔ⁵⁵ "哪里"、khɔ⁵⁵de³³ "哪里"、khɔ⁵⁵ "哪或哪里"、kho²¹pha²¹ "哪方或哪边"、kho²¹ŋɔ²¹ "多少"、kho²¹tho³³ "何时"	mo³³tʂo⁵⁵tha⁵⁵le²¹ "为什么"、mo³³tʂo⁵⁵xə²¹ "什么原因"、kho²¹se²¹ "怎么"

彝语东部方言疑问代词的共同之处可以归结为以下几点：一是表人疑问代词基本来源相同。二是都由 kho²¹、khɔ⁵⁵、khʊ²¹ 等表示疑问的词头构成，该词头有共同的来源，该语素在禄劝彝语中表示"哪或哪里"，这显然是古语的遗留现象。该现象在三官寨语和新平腊鲁彝语中都有反映，在三官寨彝语中在 khʊ²¹thu⁵⁵ "几时"、khʊ²¹ŋʊ²¹ "多少" 和 khʊ²¹ŋʊ²¹ʐo³³ "多少个" 中得到体现，而新平腊鲁彝语中，在 kho²¹mo³³lə²¹ "几个" 和 kho²¹mo³³sʅ⁵⁵ "多少" 加以体现。在禄劝彝语中几乎所有的疑问代词都使用这个词头：kho²¹le³³ "哪个"、kho²¹mo³³ "哪个"、khɔ³³ɕi²¹ "哪样"、khɔ³³du²¹ "哪种"、kho³³dʐe²¹ "哪回"、kho³³dʑu²¹ "哪件"、khɔ³³mɔ⁵⁵ "哪里"、khɔ⁵⁵de³³ "哪里"、khɔ⁵⁵ "哪或哪里"、kho²¹pha²¹ "哪方或哪边"、kho²¹ŋɔ²¹ "多少"、kho²¹tho³³ "何时"。三是从新平腊鲁彝语和三官寨彝语中可以看到，疑问代词还有另外一个来源，就是与处所相关——三官寨彝语中的 a²¹dɤ⁵⁵lɤ³³ "哪个" 和 a²¹dɤ⁵⁵ko³³ "哪里" 以及新平腊鲁彝语中的 a²¹di³³a⁵⁵mo³³ "哪个" 和 a²¹di³³a³³kɯ³³ "几时"。

（一）体词性疑问代词

三官寨彝语：

第四章 词类

1. 指人的疑问代词

除了 a^{33}ɕie^{33} 表示 "谁" 外，a^{33}su^{33} 也表示 "谁"。但常用的是 a^{33}ɕie^{33}。

34）na^{21}xɯ^{33} tʂʅ^{21}ko^{33} ʔa^{33}su^{33}/ʔa^{33}ɕie^{33} ʂʅ^{55} ʔa^{21}ndʐʊ^{33}?
　　你们　　这儿　　谁　　　　　　是　领导
　　你们这儿谁是领导？

2. 指物的疑问代词

指物的疑问代词可以分成两类：一是由 tʂʅ^{55}/tʂʅ^{33}、mɤ^{33}、tʂa^{33} 语素构成的 ʔɤ^{21}tʂʅ^{55}、tʂʅ^{33}tʂhʊ^{21}、tʂʅ^{33}lɤ^{33}、tʂa^{33} lɤ^{33} 和 mɤ^{33}lɤ^{33}；另一类是由指地点的疑问代词 a^{21}dɤ^{55} 与个体量词 lɤ^{33}、tʂhʊ^{21} 组合构成的 a^{21}dɤ^{55}lɤ^{33} 和 a^{21}dɤ^{55}tʂhʊ^{21}。

（1）指物的疑问代词 mɤ^{33}lɤ^{33}

35）tʂaŋ^{55}miŋ^{21} li^{33}sʅ^{21} tʂho^{55} mɤ^{33}lɤ^{33} di^{13}bo^{21} ŋɯ^{33}?
　　张明　　　李四　（伴随）　什么　　关系　　是
　　张明跟李四是什么关系？

（2）指物的疑问代词 tʂʅ^{33}lɤ^{33}

36）ɕoŋ^{21}mɔ^{55} tʂʅ^{33}lɤ^{33} m̩^{33} dzo^{33}? 熊猫在干什么？
　　熊猫　　　什么　　干　（进行）

（3）指物的疑问代词 tʂa^{33}lɤ^{33}

37）tʂaŋ^{55}miŋ^{21} tʂʅ^{33}lɤ^{33} dʐu^{33}? 张明吃什么？
　　张明　　　什么　　吃

（4）指物的疑问代词 ʔɤ^{21}tʂʅ^{55}

38）na^{21} tʂhʅ^{21}sʅ^{21} m̩^{33}, ʔɤ^{21}tʂhʅ^{55} ŋɯ^{21} xɯ^{33} ʑi^{33}?
　　你　这样　　做，　什么　　　是　（陈述）根据
　　你这样做，根据的是什么？

（5）指物的疑问代词 tʂʅ^{33}tʂhʊ^{21}

39）ŋʊ^{21} tʂʅ^{33}tʂhʊ^{21} dʐu^{33}lu^{33} ʔɔ^{55} dʐu^{33} ndʐu^{55}. 我什么东西都想吃。
　　我　什么　　　东西　　都　　吃　想

此外，tʂa^{33} 和 tʂʅ^{33} 单独使用也是指物的疑问代词，语义是 "什么"。

（6）指物的疑问代词 tʂa^{33}

40）na^{21} tʂa^{33} dʐu^{33} zo^{33}? 你在吃什么？
　　你　什么　吃　（进行）

（7）指物的疑问代词 tʂʅ^{33}

41）na^{21}xɯ^{13} tʂʅ^{33} m̩^{33} dzo^{33}? 你们在做什么？
　　你们　　　什么　做　（进行）

以上指物的疑问代词可以指多个个体，也可以指单个个体。

（8）指物的疑问代词 a²¹dʐ⁵⁵lɤ³³

42) ȵi⁵⁵ lɤ³³ ʔɔ⁵⁵ dʑu³³ nʋ³³, thi²¹ a²¹dʐ⁵⁵lɤ³³ lɤ²¹?
　　两个　都　吃　好　他　哪个　要
　　两个都好吃，他要哪一个？

（9）指物的疑问代词 a²¹dʐ⁵⁵tʂhʋ²¹

43) m̥²¹lu³³ a²¹dʐ⁵⁵tʂhʋ²¹ gʋ³³lʋ⁵⁵ ŋʋ³³ ndʑu³³?
　　办法　哪种　　　增产　多　最
　　哪一种办法增产最多？

值得注意的是，（8）和（9）只指单个的个体。

3. 指地点的疑问代词

指地点的疑问代词有：a²¹dʐ⁵⁵、khʋ²¹dʐ⁵⁵、ʔa²¹dʐ⁵⁵kɔ³³/ʔa²¹dʐ³³kɔ³³。

（1）a²¹dʐ⁵⁵ "哪儿"

44) thi²¹ gɯ⁵⁵ a²¹dʐ⁵⁵ lɤ⁵⁵ the³³? 他往哪里去了？
　　他　往　哪里　去　(终结)

（2）khʋ²¹dʐ⁵⁵ "何处"

45) na²¹ dʐ̩³³the³³ ȵi⁵⁵thu³³ ka³³ tʰn̩³³ de³³ khʋ²¹dʐ³³ kɔ³³?
　　你　桌子　　两张　(受格) 搬　(介) 哪儿　(完成)
　　你把两张桌子搬到哪儿了？

（3）ʔa²¹dʐ⁵⁵kɔ³³/ʔa²¹dʐ³³kɔ³³ "哪儿"

46) na²¹ su³³ na⁵⁵ ka³³ tʰn̩⁵⁵ ʔa²¹dʐ⁵⁵kɔ³³ ka³³ kɔ³³.
　　你　书　那　(受格)　放　哪儿　(位格) (完成)
　　你把那书放在哪儿了？

4. 指时间的疑问代词

khʋ²¹thu⁵⁵、dʐ̩³³thu⁵⁵ 和 mɤ³³lɤ³³thu⁵⁵ 三个词都表示"什么时间"等义。

47) na²¹ȵie⁵⁵ dʐ̩³³thu⁵⁵ li²¹ xɯ³³?
　　你们俩　什么时候　来　(陈述)
　　你们俩什么时候来的？

48) na²¹ȵie⁵⁵ mɤ³³lɤ³³thu⁵⁵ li²¹ xɯ³³?
　　你们俩　什么时候　来　(陈述)
　　你们俩什么时候来的？

5. 指数量的疑问代词：khʋ²¹ɳʋ²¹、khʋ²¹ɳʋ²¹ʐo³³

khʋ²¹ɳʋ²¹ʐo³³ 是 khʋ²¹ɳʋ²¹ 加上量词ʐo³³后构成的指数量的疑问代词，它们的词义为"多少个、多少"，两者可以替换。如：

49）na²¹xɯ³³ so³³hiẽ²¹ m̥⁵⁵ɕie²¹ ʑi³³po²¹ khʊ²¹ɲʊ²¹ ʐo³³ dzo²¹？
　　你们　学校　　老师　　共　　多少　　个　有
　　你们学校共有多少位老师？

禄劝彝语：

1. 指人疑问代词 a²¹se³³

50）na³³a²¹se³³ȵe³³？你是谁？
　　你　谁　是

2. 指物的疑问代词

（1）mo³³tʂo⁵⁵ "什么"

51）tʂhe³³mo³³tʂo⁵⁵ȵe³³？这是什么？
　　这　什么　是

（2）kho²¹le³³/kho²¹mo³³ "哪个"

该词可以用来替代人或物。例如：

52）na³³kho²¹le³³ȵe³³？你是哪个？
　　你　哪个　是

（3）khɔ³³ɕi²¹ "哪样"

53）ɣɔ⁵⁵tʂhe³³khɔ³³ɕi²¹ȵe³³？这是哪样菜？
　　菜　这　哪样　是

（4）khɔ³³du²¹ "哪种"

54）ʐa²¹ʑu⁵⁵tʂhe³³khɔ³³du²¹ȵe³³？这是哪种洋芋？
　　洋芋　这　哪种　是

（5）kho³³dʑe²¹ "哪回"

55）tʂhe³³kho³³dʑe²¹ŋ⁵⁵ȵe³³？这是哪回事？
　　这　哪回　　事　是

（6）kho³³dʑu²¹ "哪件"

56）na³³ŋ⁵⁵kho³³dʑu²¹pe³³？你做哪件事情？
　　你　事　哪件　做

3. 指处所的疑问代词

（1）khɔ⁵⁵\khɔ³³mɔ⁵⁵\khɔ⁵⁵de³³ "哪里"

57）na³³khɔ⁵⁵dzɔ³³？你在哪里？
　　你　哪里　在

（2）kho²¹pha²¹ "哪方、那边"

58）mu³³ka⁵⁵na³³kho²¹pha²¹li²¹de²¹ŋɔ²¹？木呷你打算去哪方？
　　木呷　你　哪方　去　的　打算

4. 指数量的疑问代词 kho²¹ŋɔ²¹ "多少"

59) ŋgho³³kho²¹ŋɔ²¹tɕi³³dzɔ²¹？荞子有多少斤？
　　荞子　多少　斤　有

5. 指时间的疑问代词 kho²¹tho³³ "何时"

60) a²¹n̻i²¹kho²¹tho³³le³³ʂo³³n̻e³³？昨天是何时来的？
　　昨天　何时　　来　的　是

(二) 副词性疑问代词

副词性疑问代词主要是表示动作方式和目的的疑问代词，在句法结构中处于附加语的位置。

三官寨彝语：

1. 表示动作方式的疑问代词 khɯ²¹sɿ²¹

khɯ²¹sɿ²¹语义为"怎么"，它的典型句法功能是作方式状语，就动作行为的方式进行发问。如：

61) ŋgo²¹xɯ²¹dʑi³³ khɯ²¹sɿ²¹ phu²¹？拖拉机怎么开？
　　拖拉机　　　怎么　　开

由于不同的动作方式往往会导致不同的行为结果，动作的方式往往又是造成行为结果的原因，所以 khɯ²¹sɿ²¹又可以就产生某种结果的原因发问。如：

62) na²¹ n̻i⁵⁵ʐo²¹ khɯ²¹ sɿ²¹ li²¹ ɖe⁵⁵ dʊ³³？你们俩怎么迟到了？
　　你　二个　　怎么　　来　晚　(完整)

动作发生的方式往往决定动作行为的结果，所以动作的方式又可以替代整个动作行为。如：

63) ʔa⁵⁵bo⁵⁵ khɯ³³sɿ²¹ dʊ³³？那边怎么了？
　　那边　　怎么　　(完整)

2. 表示动作目的的疑问代词 mʊ³³lɤ³³ʑi³³等

mʊ³³lɤ³³ʑi³³的语义是"为什么"，该词是就事件引起的原因进行发问的疑问代词。除了这一形式外，还有 tʂɿ³³lɤ³³ʑi³³。两者可以自由替换。如：

64) tɕie²¹faŋ¹³tɕhien²¹mi²¹gʊ³³su³³ mʊ³³lɤ³³ʑi³³/tʂɿ³³lɤ³³ʑi³³ a³³sɿ²¹su³³？
　　解放前　　　农民　　　为什么　　　　　　　那样 苦
　　解放前农民为什么那样苦？

疑问代词 mʊ³³lɤ³³ʑi³³是就事件的原因进行发问，如果侧重于动作行为的原因进行发问往往要用另外的词 khɯ²¹ sɿ²¹或 khɯ³³sɿ²¹m̩²¹，khɯ²¹sɿ²¹语义是"为什么（怎么）"，khɯ³³sɿ²¹m̩²¹的语义也是"为什么（怎么）"。如：

65）na²¹ khɯ²¹sʅ²¹ tɕhi²¹mʊ²¹ ka³³ ɬi¹³ ma²¹ fe²¹. 你为什么不把谷子晒干？

  你 为什么 谷子 (受格) 晒 (否定) 干

禄劝彝语：

1. 表示探寻原因的疑问代词 mo³³tʂo⁵⁵tha⁵⁵le²¹ "为什么"

66）na³³mo³³tʂo⁵⁵tha⁵⁵le²¹ŋɔ⁵⁵ma²¹mu²¹? 你为什么不干活？

  你 为什么   活儿不 干

2. 表示对整个状况或方式探寻的疑问代词 mo³³tʂo⁵⁵xɚ²¹\kho²¹sẹ²¹ "怎么"

67）thi³³kho²¹sẹ²¹pe³³so³³ɳe³³? 他是怎么搞的？

  他 怎么 搞 的是

（三）疑问代词的虚指

  疑问代词本身就是句子的焦点所在，往往标志着说话人对某人、某事、何时、何地等等信息的一种索取，是说话人最关心的和最迫切要求听话人予以解答的内容。因此，当疑问代词本身不再作为说话人所关注的焦点，而处于非焦点的位置时，疑问代词就开始泛化或虚化，从而形成疑问代词的虚指用法。下面以三官寨彝语为例加以说明。

1. 通过同一个疑问代词的对举，从而取消疑问代词的焦点功能。

68）khʊ²¹thu⁵⁵ ŋuei¹³ li²¹, khʊ²¹thu⁵⁵ dʑu³³.

  什么时候 饿 (起始) 什么时候 吃

  什么时候饿了，什么时候吃

2. 把疑问代词置于话题的位置，从而取消其焦点功能。

69）dʑu³³ xɯ³³ ɳi³³dzo²¹, vei¹³ xɯ³³ ɳi³³ dzo²¹, mɤ³³hɤ³³ ʔɔ⁵⁵ ma²¹ne³³.

  吃 (描写) 也 有 穿 (描写) 也 有 什么 都 (否定) 少

  吃的也有，穿的也有，什么都不缺。

  疑问代词通过对举的方式取消其焦点功能，实质上也是一种话题化的策略，因此，疑问代词的虚指或泛指涉及到疑问代词在句法上的话题化。具体的操作过程为：隐性的方式为疑问代词移至述语之前，话题的位置；显性的方式为插入总括性的副词ʔɔ⁵⁵。如：

70）a³³ɕie³³ ʔɔ⁵⁵ lao²¹tuŋ²¹mo²¹fan¹³ ŋo²¹ ndʑu³³. 谁都想见劳动模范。

  谁 都 劳动模范 见 想

  显然，总括性的副词ʔɔ⁵⁵也具有一定的话题标记的功能。

第三节 数词

数词是表示数目的词。包括基数、序数、概数、分数和倍数。

一 基数

基数表示数目的多少。基数词可以分单纯基数词与合成基数词。

（一）单纯基数词

单纯基数词包括从 1 到 9 的个位数词和表示十、百、千、万、亿等位数数词，一共 14 个。排列如下：

表17　　　　　三官、新平和禄劝的单纯基数词比较表

单纯基数词	三官寨彝语	新平腊鲁彝语	禄劝彝语
一	tha^{21}	the^{21}	tha^{21}
二	ηi^{55}	ni^{21}	ηi^{55}
三	$s\gamma^{33}$	so^{33}	$sɔ^{33}$
四	$ɬi^{33}$	li^{33}	$ɬi^{33}$
五	ηo^{33}	ηo^{21}	ηo^{33}
六	$tɕho^{13}$	$tɕho^{55}$	$tɕho^{55}$
七	$ɕi^{55}$	$ɕi^{21}$	$ɕi^{55}$
八	he^{13}	xe^{55}	fi^{55}
九	$kɯ^{33}$	$kɯ^{33}$	$kɯ^{33}$
十	$tsh\gamma^{21}$	$tshe^{33}$	$tshe^{21}$
百	$hiõ^{21}$	$ɕyo^{33}$	fio^{21}
千	tu^{33}	tu^{33}	tu^{33}
万	ηy^{33}	va^{55}	ne^{21}
亿	γo^{13}	zi^{55}	zi^{55}

通过上表可以看到：（1）彝语东部方言在常用的数词上使用本族固有词汇，但是在不常用的基数词上，新平腊鲁彝语和禄劝彝语不同程度的借用了汉语的数词，新平腊鲁彝语"万"和"亿"都是汉语借词，而禄劝彝语只有"亿"为汉语借词。（2）鼻化元音在三官寨彝语中还较好的保留着，

而在新平腊鲁彝语和禄劝彝语中已经消失，单从数词"百"来看，鼻化消失后，禄劝彝语表现为喉门擦音的浊音化，新平腊鲁彝语的则变化为舌面中擦音——颚化，可能是由于介音 y 的出现导致的，从而使得喉门擦音受到介音 y 的影响而变成了舌面中擦音。（3）清边音的浊化，彝语中一般都有一套清的鼻音和边音，但是在彝语东部方言中，只保留了清边音，没有清鼻音，但是在新平腊鲁彝语中，连清边音也发生了浊化。（4）三官寨彝语中的部分元音发生高化。比如："三"和"十"在三官彝语中明显高化。

彝语东部方言在数词"一"和"十"上有比较相同的变化：

1. 数词"一"单独出现时，读为本读，三官彝语为 tha^{21}、新平腊鲁彝语为 the^{21}、禄劝彝语为 tha^{21}。其他情况下，有如下变化：

表 18　　　　　　　　三官、新平和禄劝数词"一"比较表

	本读	变读一	变读二
三官寨彝语	tha^{21}	ti^{33}	thi^{55}
新平腊鲁彝语	the^{21}	ti^{55}	无
禄劝彝语	tha^{21}	ti^{33}	无

三官寨彝语中，只有"十一"中用 ti^{33} 其余包含"一"的合成数词都用 thi^{55}，而一百以上包含"一"的数词要用 tha^{21}。如下：

tsʅ^{21}ti^{33}十一　　　　ȵi^{21}tsʅ^{33}thi^{55}二十一　　sʅ^{33}tsʅ^{33}thi^{55}三十一
tha^{21}hiõ^{21}ȵi^{33}tha^{21}一百零一　　　　　tha^{21}tʊ^{33}ȵi^{33}tha^{21}一千零一

禄劝彝语中，单说"一"为 tha^{21}，但是"十一、二十一、三十一、四十一、五十一、六十一、七十一、八十一、九十一"包含的数词"一"为 ti^{33}，百以上包含数词"一"的为 tha^{21}。

从三官寨彝语和禄劝彝语的情况可以看出，三官寨彝语中数词"一"仅在"十一"中读为 ti^{33}，其他情况下读为 thi^{55}。但是两者"一百"以上含有数词"一"的均读为本读。显然，禄劝彝语中一百以内包含"一"的复合数词都读为了 ti^{33}，而三官寨彝语中一百以内包含"一"的复合数词除了"十一"都读为了 thi^{55}。可以假定：thi^{55} 是先于 ti^{33}，在三官彝语中只有"十一"发生了音变，其他都保留了原来的读音，而禄劝彝语中全部发生了音变都读为了 ti^{33}。当然这种假定还需要一系列的证据和论证。从而建立起下面一个完整的链条：

tha^{21} → thi^{55} → ti^{33}

2. 基数词 "十"

三官寨彝语：

三官寨彝语的基数词 "十" 有三个形式：tsʅ²¹、tsʅ³³和tshʅ³³。

1. tsʅ³³

n̠i²¹与tshʅ²¹组合，tshʅ²¹变读为tsʅ³³，基数词 "二十" 到 "二十九" 中的 "十" 用tsʅ³³。如：

n̠i²¹ tsʅ³³二十　　　　n̠i²¹ tsʅ³³thi⁵⁵二十一　　　n̠i²¹ tsʅ³³n̠i⁵⁵二十二
n̠i²¹ tsʅ³³sʅ³³二十三　　n̠i²¹ tsʅ³³ɬi³³二十四　　　n̠i²¹ tsʅ³³ŋʊ³³二十五

2. tshʅ²¹和tshʅ³³

除了 "二十一—二十九"，由 "十" 构成的复合数词都用tshʅ²¹，其中tshʅ²¹在前一个音节声调为33的读为tshʅ³³。如：

（1）tshʅ²¹

tshʅ²¹十　　　　　tshʅ²¹ti³³十一　　　tshʅ²¹n̠i⁵⁵十二　　　tshʅ²¹sʅ³³十三
tshʅ²¹ɬi³³十四　　tshʅ²¹ŋʊ³³十五　　tshʅ²¹tɕho¹³十六　　tshʅ²¹ɕi⁵⁵十七
tshʅ²¹he¹³十八　　tshʅ²¹kɯ³³十九　　tɕho¹³ tshʅ²¹六十　　ɕi⁵⁵ tshʅ²¹七十
he¹³ tshʅ²¹八十　　he¹³ tshʅ²¹thi⁵⁵八十一

（2）tshʅ³³

sʅ³³tshʅ³³三十　　　　sʅ³³tshʅ³³thi⁵⁵三十一　　　ɬi³³tshʅ³³四十
ɬi³³tshʅ³³thi⁵⁵四十一　　kɯ³³tshʅ³³九十　　　　kɯ³³tshʅ³³thi⁵⁵九十一

禄劝彝语：

n̠i⁵⁵ "二" 与tshe²¹ "十" 组合时，发生音变tse³³，其他情况有两种：一是在33调之后读为33调，即tshe³³，在非33调后面，有两读，可以是33调，也可以是21调。比如：tɕho⁵⁵tshe²¹六十、tɕho⁵⁵tshe³³六十。

显然，彝语东部方言中的 "十" 在 "二" 之后，要发生音变，由原来送气的塞擦音变为不送气的塞擦音；在其他数词之后往往会受到前一个音节声调的影响，一般是在33调之后变为33调，在非33调之后保持原调，但是在禄劝彝语中这种格局被打破，"十" tshe³³的33调读法进一步扩张，势力范围进入到非33调之后，出现了可以两读的情况。

（二）复合基数词

彝语是用十进制进行计数的，因此，10以上的数目用复合数词表示。复合数词的合成方式有以下一些特点：

三官寨彝语：

1. 个位数词、位数词与复合数词

个位数词放在十位、百位、千位、万位、亿位数词之前是相乘的关系，放在后面是相加的关系。十位、百位、千位、万位、亿位数词相连是相乘的关系。例如：

（1）个位数词与十位、百位等数词复合

tɕho¹³tshŋ²¹ 六十　　　tshŋ²¹tɕho¹³ 十六　　　tha²¹hiõ²¹n̩i³³tha²¹ 一百零一

（2）十位、百位、千位、万位和亿位数词相连

tshŋ²¹n̩y³³ 十万　　　hiõ³³n̩y²¹ 百万　　　tʊ³³n̩y²¹ 千万

2. n̩i³³ 在一百以上数目中的使用

在较大的数词中，一般一百以上，往往要使用"××百零×"、"××千零×"等，当"零"后面为个位数词时要用到 n̩i³³ 连接，若"零"后不是个位数词时，则不用 n̩i³³ 来连接。例如：

（1）需要使用 n̩i³³ 连接

tha²¹hiõ²¹n̩i³³tha²¹ 一百零一　　　tha²¹hiõ²¹n̩i³³n̩i⁵⁵ 一百零二

tha²¹tʊ³³n̩i³³tha² 一千零一　　　tha²¹n̩y³³n̩i³³tha²¹ 一万零一

（2）不需要用 n̩i³³ 连接

sŋ³³tʊ³³ŋʊ³³tshŋ³³ 三千零五十　　　sŋ³³hiõ²¹ŋʊ³³tshŋ³³thi⁵⁵ 三百五十一

禄劝彝语：

禄劝彝语复合数词的构成与三官寨彝语基本一致，个位数词放在十位、百位、千位、万位、亿位数词之前是相乘的关系，放在后面是相加的关系。十位、百位、千位、万位、亿位数词相连是相乘的关系。当构成"××百零×"、"××千零×"等复合数词时，都不使用连接词，而是直接由个位数词与位数词组合直接构成。例如：

（1）不带"零"数词的构成形式

sɔ³³tshe³³ 三十　　　sɔ³³fio²¹ 三百　　　ŋo⁵⁵tu³³ 五千　　　ɕi⁵⁵ne²¹ 七万

ɬi³³fio²¹kɯ³³tshe³³kɯ³³ 四百九十九　　　sa³³ʑi⁵⁵ 三亿

（2）带"零"数词的组合形式

tha²¹fio²¹tha²¹ 一百零一　　　tha²¹fio²¹n̩i⁵⁵ 一百零二

ŋo⁵⁵tu³³tha²¹ 五千零一

二　序数

三官寨彝语：

序数表示次序的先后。在三官彝语中，没有专门表示序数的手段，表示序数主要借用汉语的表示方法，一般是借用汉语中的"第"ti³³加上基数词构成。如：

ti³³thi⁵⁵ 第一　　　ti³³n̩i⁵⁵ 第二　　　ti³³tshŋ²¹ 第十　　　ti³³tshŋ²¹ti³³ 第十一

此外，农历记月、记日时，有一套专用的方法。

记月一般用属相记月，如：

lu⁵⁵hõ²¹一月（虎月）　tha²¹ɬu²¹hõ³³二月（兔月）　lʊ³³hõ²¹三月（龙月）
ʂe³³hõ⁵⁵四月（蛇月）　m̩³³hõ²¹五月（马月）　　hiõ²¹hõ³³六月（羊月）
ŋo¹³hõ⁵⁵七月（猴月）　ɣa¹³hõ²¹八月（鸡月）　tɕhy³³hõ²¹九月（狗月）
va¹³hõ⁵⁵十月（猪月）　huã³³hõ²¹十一月（鼠月）　n̩i³³hõ²¹十二月（牛月）

记日时，"初一"到"初十"用 da³³ "初"表示，"十一"到"三十"用基数词表示。如：

da³³thi⁵⁵初一　　da³³n̩i⁵⁵初二　　da³³sɿ³³初三　　da³³tʂhɿ³³初十
tshɿ²¹ti³³十一　　tshɿ²¹n̩i⁵⁵十二　　n̩i²¹tsɿ³³二十　　sɿ³³tshɿ³³三十

禄劝彝语：

禄劝彝语同样没有专门表示序数的手段，生活中表达序数时基本上常借用汉语。除了借用汉语外，禄劝彝语还有其他一些表示序数的手段，具体可以参看普忠良（2016:105）。下面看一下，禄劝彝语记月和记日。

记月：

kho⁵⁵ɕi³³ŋo²¹一月　　bu²¹sɯ³³ŋo²¹二月　　sɔ²¹n̩i³³ŋo²¹三月
ɬi³³ŋo²¹四月　　　　ŋo³³ŋo²¹五月　　　　tɕho⁵⁵ŋo²¹六月
ɕi⁵⁵ŋo²¹七月　　　　ɦi⁵⁵ŋo²¹八月　　　　kɯ³³ŋo²¹九月
tshe²¹ŋo²¹十月　　　tshe²¹ti³³ŋo²¹十一月　tʂɔ³³ŋo²¹十二月

记日：

da²¹thə⁵⁵初一　　da²¹n̩i⁵⁵初二　　da²¹sɔ³³初三　　da²¹ɬi³³初四
da²¹ŋo³³初五　　da²¹tɕho⁵⁵初六　　da²¹ɕi⁵⁵初七　　da²¹ɦi⁵⁵初八
da²¹kɯ³³初九　　da²¹tshe³³初十

总的来看，彝语东部方言在固有词语中存在不同层次和变迁。三官寨彝语在记月的时候还保留了用属相记月的固有习俗，而禄劝彝语基本上采用了基数+月来记月的方式，这可能是受到了现代汉语记月方式的影响。

三　概数

概数或约数是表示数目大概或大致的范围。概数或约数在表达手段上有两种：一是通过基数词的连用，一般是相邻的基数连用，偶尔也可以邻近的基数连用，比如：三五个；二是通过在数词后面加上表示大约、大概等意义的词或语素来表达。

三官寨彝语：

1. 两个相邻基数相连表示概数

"个位数词+个位数词"连用，数目小的在前，数目大的在后。如：

ɕie²¹ndʊ²¹mʊ²¹ŋo²¹tɕho¹³mʊ³³　五六个梨
　梨　　　五　六　颗

"个位数词+个位数词+位数词"连用。例如：

ŋʊ³³tɕho¹³hiũ²¹ʐo³³ 五六百个
五　六　百　个

"位数+个位数词+个位数词"连用的，例如：

tshŋ²¹ŋʊ³³tɕho¹³kho¹³十五六岁　　　n̠i²¹tsŋ³³n̠i⁵⁵sŋ³³kho¹³ 二十二三岁
十　五　六　岁　　　　　　　　　　二　十　二　三　岁

2. 在数词的后面或前面加上表示概数的词表示概数

ndʐe³³ "多"、tʂho⁵⁵ "约"、gɯ⁵⁵ka²¹ "周围"、da³³ʐa¹³ "上下"、ʔa²¹lʊ²¹ "大概"、tha²¹ "一"、sŋ⁵⁵ "约、似"。

ndʐe³³的语义为"多"，其前面的数词只能是位数词。例如：

tshŋ²¹ndʐe³³ʐo⁵⁵十多户　　　　　hiũ²¹ndʐe³³ʐo⁵⁵百把户
十　多　户　　　　　　　　　　　百　多　户

tʂho⁵⁵的语义为"约"，用于整百万以上的基数之后表示概数。例如：

tsho²¹khu³³hiũ²¹n̠y²¹tʂho³³百把万人口
人　口　百　万　把

gɯ⁵⁵ka²¹和 da³³ʐa¹³：

tɕho¹³na⁵⁵gɯ⁵⁵ka²¹六点左右　　　ɕi⁵⁵tshŋ²¹kho¹³da³³ʐa¹³七十岁上下
六　点　周围　　　　　　　　　七　十　岁　上　下

sŋ⁵⁵：sŋ⁵⁵借自汉语，表示"约、似"。如：

hiũ²¹lɤ³³sŋ⁵⁵百来个　　tʊ³³lɤ³³sŋ⁵⁵千来个　　n̠y²¹lɤ³³sŋ⁵⁵万来个
百　个　约　　　　　　千　个　约　　　　　　万　个　约

禄劝彝语：

1. 相邻基数词相连表示概数。这可以分为两种情况：一是"个位+个位+位数（百、千等）"；二是"'个位+十位'+'个位+十位'"。例如：

sɔ²¹ɬi³³mo³³三四个　　　n̠i⁵⁵sɔ³³fio²¹两三百　　　ŋo³³tɕho⁵⁵tu³³五六千
三　四　个　　　　　　二　三　百　　　　　　五　六　千

tɕho⁵⁵tshe²¹ɕi⁵⁵tshe²¹六七十　　　　　sɔ³³tshe³³ɬi³³tshe³³三四十
六十　　七十　　　　　　　　　　　三十　　四十

2. 使用表示概数的词表示概数。

（1）使用表示揣测的语气 de³³dzɔ²¹并置于数词之后。

ŋo³³fio³³dɚ²¹de³³dzɔ²¹. 五百元左右
五　百　元　（揣测语助）

（2）使用表示"以上，多" ma²¹bo³³，或"不足，以下" ma²¹tɕhi²¹。

kɯ³³tshe³³tɕɚ³³ma²¹bo³³不止九十头
九　十　头　不止

tha²¹ɦo²¹dʑ²¹ma²¹tɕhi²¹不足一百元
一　百　元　不足

3. 借用汉语的"左右"tso²¹ʐo⁵⁵表示概数。

ŋo³³ɦo³³dʑ²¹tso²¹ʐo⁵⁵. 五百元左右
五　百　元　左右

四　分数和倍数

分数和倍数只以三官寨彝语为例。

（一）分数是表示一个单位的几分之几的数。分数用"数词+ku²¹（份）+数词+ku²¹（份）"格式表示。分母在前，分子在后。例如：

71）a²¹ŋa⁵⁵va²¹ dʐu³³ xɯ³³ dʐu²¹mu³³ ɣe³³su³³ bu¹³ ʂŋ³³ku²¹ȵi⁵⁵ku²¹
　　小孩　　　吃　(描写)　粮食　　大人　(领属)　三 份　二 份
ȵie³³dzo²¹. 小孩吃的粮食只有大人的三分之二。
只有

"二分之一"用 tha²¹pha²¹ 来代替。tha²¹pha²¹ 的语义为"一半"。例如：

72）vu³³la¹³ tha²¹pha²¹ ka³³ xɯ²¹ tʂhu³³, vu³³la¹³ tha²¹pha²¹ gʊ³³ɬo¹³ m̩³³.
　　劳力　　一半　　拿　钢　炼　　劳力　一　半　农业　搞
　　拿一半劳动力炼钢，一半劳动力搞农业。

（二）倍数的表达方式是：基数后面加 tʂe¹³（倍、折）表示。如：

73）a³³ba³³ bu¹³ kho¹³ ʂŋ⁵⁵ zu³³va²¹ bu¹³ ʂŋ³³tʂe¹³.
　　父亲　(领属) 年龄 是 儿子　(领属) 三　倍
　　父亲的年龄为儿子的三倍。

74）tɕie³³faŋ¹³xɤ¹³ so³³ba²¹ ɕi⁵⁵he¹³tʂe¹³ lʊ⁵⁵tɕʊ⁵⁵ dʊ³³.
　　解放后　　　　学生　　七 八 倍　　　增加　(完整)
　　解放后学生增加了七八倍。

第四节　量词

量词是表示人、事物和动作单位的词。与亲属语言相比，彝语的量词相对比较发达，名词在计量时，一般必须用数词和量词构成的数量短语来表达。

一　量词的分类

量词可以分为名量词和动量词两大类。

(一) 名量词

名量词是表示事物数量单位的词。蒋颖（2009：102），把量词的历史层次分为三个层次：非标准度量衡量词和集合量词、反响型量词和性状、类别、通用量词。但是，在彝语东部方言中存在不平衡，三官寨彝语已经找不到反响型量词或者说已经找不到反响型量词存在的痕迹，而在新平腊鲁彝语和禄劝彝语中存在反响型量词。下面简单列举三官寨彝语和腊鲁彝语的名量词的类别。

三官寨彝语：

1. 度量衡量词

度量衡和货币单位量词，该类量词是一个基本封闭的类，如：

计算长度的有：

tṣa^{33}里　　　lɤ^{21}庹　　　tɕhi^{55}尺　　　thɤ^{21}拃
la^{13}tṣ^{33}（一）指　　　bu^{21}步　　　tsei^{13}寸

计算重量的量词有：

tṣ^{21}斤　　　sa^{21}两　　　z^{33}钱

计算容量的量词有：

lu^{33}石　　　ɕie^{33}升　　　ɕie^{33}mʊ^{55}斗

计算货币的量词有：

ko^{33}元　　　ɕye^{33}分　　　tɕhi^{33}tɕa^{33}角

时间量词：

na^{33}点钟　　　ȵi^{21}天　　　hiã^{13}夜　　　hũ^{21}月
kho^{13}年、岁　　　lu^{21}ze^{33}辈子　　　tshei^{33}代

2. 集合量词

集体的量词：

dʑ^{21}对（兔子），双（鞋）　　　ndzu^{21}串（葡萄）　　　dʑʊ^{21}行（麦子）
tɕa^{21}把（米）　　　ndi^{21}群（羊）　　　bu^{21}堆（石头）
fa^{33}批（货）　　　dʑʊ^{21}排（房子）

用容器表示量的量词：

pʊ^{33}桶（水）　　　di^{21}碗（饭）　　　kha^{21}兜、筐（禾）
hũ^{21}tɕhie^{21}袋（米）　　　lo^{33}phu^{33}瓶（酒）　　　xo^{13}盒（药）

3. 个体类别量词

用于对个体人、事物的计数和分类。下面列举常用的量词。

ʑo^{21}个（人）　　　lɤ^{33}个（人或物）　　　tɕhie^{33}条（条状物）
tu^{33}张（纸等）　　　mʊ^{33}粒（颗粒状物）　　　tsho^{21}把（扫帚）

4. 不定量单位量词

表示不确定数量的量词。

tha²¹ge²¹一些　　　　　　tha²¹dʑi³³一点

新平腊鲁彝语：

1. 度量衡量词

tsʅ²¹尺　　　tsa⁵⁵丈　　　tshue⁵⁵寸　　　li²¹里　　　lɯ³³庹
tɕi³³斤　　　ko³³tɕi³³公斤　lo²¹两　　　　tɯ³³斗　　sʅ³³升
bo²¹元　　　tu³³脚　　　　fə³³分

2. 反响型量词

腊鲁话的反响型量词可以从音节的多少上分为单音节和多音节两种。单音节反响型量词是完全拷贝，而多音节则一般只拷贝最后一个音节。例如：

ɣə²¹the²¹ɣə²¹一家人　　　　　kha̠³³the²¹kha̠³³一个村子
la³³dza²¹the²¹dza²¹一条河　　　ʑi³³du²¹the²¹du²¹一口井

3. 性状、类别、通用量词

phe⁵⁵:a⁵⁵du²¹the²¹phe⁵⁵一扇门　　se̠³³phe³³the²¹phe⁵⁵一片树叶
pɯ³³:ve̠³³lu³³the²¹pɯ³³一朵花　　su⁵⁵pə²¹the²¹pɯ³³一堆书
dʐʅ³³:se̠³³dʐʅ³³the²¹dʐʅ³³一棵树　sə³³pə³³ni²¹dʐʅ³³两颗玉米

（二）动量词

相对于名量词，动量词的数量很少。如：

tɕho²¹次、回　　　　dʐʅ²¹顿　　　　khu³³声　　　　ɕi²¹下
tɕhi³³tɕa³³脚　　　khu³³口

二　量词的语法特征

（一）量词在短语中的组合特征

量词在句法上的主要功能是与数词、指示代词等组合，构成数量短语和指量短语，对名词表示的事物或动词表示的动作行为进行修饰，使它们成为确定的个体或动作。单个的名量词可以与名词组合，从而使事物成为谈话双方共知的内容。由于语法功能基本一样，且三官彝寨语量词的表达手段和方式更加丰富，因此，以三官寨彝语为例。

1. 量词与数词构成数量短语修饰中心语

数量短语修饰中心语包括三种结构："中心语+数词+名量词""中心语+形容词+数词+量词""数词+动量词+中心语"。

（1）"中心语+数词+名量词"结构

数词与名量词构成的数量短语修饰名词时，数量短语在中心语之后，结构为"中心语+数词+名量词"。

ʔʊ³³tsho³³tha²¹ʐo²¹一个人　　　　　sei³³phu⁵⁵tha²¹thu³³一条板凳
人　　一　个　　　　　　　　　板凳　　一　张
ȵi³³tha²¹tɕhie³³一头牛　　　　　　tɕhi³³thi³³tha²¹dʑ²¹一双袜子
牛　一　条　　　　　　　　　　袜子　　一　双
m̥³³tha²¹dʑe³³一匹马　　　　　　sei³³tha²¹dʑie³³一棵树
马　一　匹　　　　　　　　　　树　一　棵

（2）"中心语+形容词+数词+量词"结构

数量短语修饰定中短语，数量短语在定中短语之后。

hiẽ²¹mʊ²¹m̥⁵⁵tha²¹tɕy³³一个大房间
房　大　高　一　间
phiŋ²¹ko³³nɤ²¹tha²¹tʂɿ²¹一斤红苹果
苹果　红　一　斤

（3）"数词+动量词+中心语"结构

数词与动量词组合构成的数量短语修饰动词时，数量短语在中心语之前，结构为"数词+动量词+中心语"。

tha²¹tɕho²¹ɣɯ³³读一遍　　　　　tha²¹khu³³ʔɤ²¹喊一声
一　遍　读　　　　　　　　　　一　声　喊
tha²¹mbe³³mbe⁵⁵捆一捆　　　　　tha²¹pi²¹ŋo³³写一笔
一　捆　捆　　　　　　　　　　一　笔　写
tha²¹xɯ²¹tho³³砍一刀　　　　　　tha²¹tɕa²¹vi³³抓一把
一　刀　砍　　　　　　　　　　一　把　抓

2. 量词与指示代词构成指量短语修饰中心语

指量短语修饰中心语包括："中心语+指示代词+量词""中心语+指示代词+数词+量词""中心语+形容词+指示代词+量词"三种结构。这三种组合，量词与指示代词的组合是基础，所以，把这三个组合统称为量词与指示代词的组合。

（1）"中心语+指示代词+量词"结构

指示代词与量词组合构成指量短语，指量短语修饰中心语，位于中心语之后。

hiẽ²¹tʂɿ²¹tɕy⁵⁵这间房　　　　　ʔa²¹me¹³tʂɿ²¹ʐo²¹这个姑娘
房　这　间　　　　　　　　　　姑娘　这　个

（2）"中心语+指示代词+数词+量词"结构

指示代词与数量短语组合构成指量短语，指量短语修饰中心语，位于中心语之后。

ʔʊ³³tsho³³tʂʅ²¹ni⁵⁵ʐo²¹ 这两个人
人　　这　　两　个

（3）"中心语+形容词+指示代词+量词"结构

指示代词与量词组合构成指量短语修饰定中短语，位于定中短语之后。

ɬu⁵⁵na³³ʔa⁵⁵phu³³那条黑裤子　　sei³³m̥⁵⁵ʔa⁵⁵ʥie²¹那棵高树
裤子黑　那　条　　　　　　　树　高　那棵

（二）量词在句子中的特征

1. 量词直接修饰名词

在三官彝语中，单独的量词在句中可以修饰名词，表示定指。如：

75）tsho³³ ʐo²¹ ŋuei¹³ ma⁵⁵ dʊ²¹. 这个人我不喜欢。
　　　人　 个　 我 （否定）喜欢

76）ʑi²¹ tʂo³³gʊ³¹ ʔa²¹ȵie²¹ hã²¹, ndo²¹ ma⁵⁵ de³³ ɕi³³.
　　水　锅　　　刚　　开　　喝（否定）(助词)还
　　这锅水刚开，还不能喝。

量词可以通过移位至句首而成为话题，句法上占据主语的位置。

77）mʊ³³, khʊ²¹thu⁵⁵ vei¹³ xɯ³³? （这）只，什么时候买的？
　　只(停顿)　什么时候　买 （陈述）
　　（谈话双方应该都知道具体所指的情况下，可以这么说。下同。）

量词还可以成为受格助词的宾语。如：

78）ʔa³³ɕie³³ tʂʅ²¹ ka³³ khɯ³³ ʥu³³ xʊ²¹? 谁把（这）斤偷吃了？
　　　谁　　斤 （受格） 偷　吃 （完成）

不仅名量词可以成为话题，而且动量词也可以通过移位成为话题。如：

79）vu³³, kʊ²¹ de³³ ŋʊ²¹ thi⁵⁵ yo³³. 这（趟），走得我很累。
　　趟(停顿)走(补助)我　累　很

2. 量词的重叠

个别量词可以重叠表示"每一、个个、一个接一个"的遍指义。量词重叠时，其前需出现它修饰的对象。量词重叠在句中充当主语。量词的这种重叠要有一定的语境。

80）tʂaŋ⁵⁵san³³ bo⁵⁵ bu¹³ ʔa³³ŋa⁵⁵ thai³⁵lɤ³³, lɤ²¹lɤ⁵⁵ ʔɔ⁵⁵ so³³ye³³
　　张三　　家（领属）孩子　几　个　个个　都　大学
khao³³ʂaŋ¹³dʊ³³. 张三家的几个孩子，个个都考上大学了。
考上　　（完整）

有时，量词还可以重叠两次以上，如：

81）tʂaŋ⁵⁵san³³ bo⁵⁵ bu¹³ ʔa³³ŋa⁵⁵ thai³⁵ lɤ³³, lɤ³³lɤ³³lɤ³³ ʔɔ⁵⁵
　　张三　　家（领属）孩子　几　个　个个个　都

第四章　词类

so³³ɣe³³khao³³ʂaŋ¹³ dʊ³³. 张三家的几个孩子，个个都考上大学了。
　大学　　考　　上　（完整）

除了 lɤ³³，大部分的量词都不能重叠。

在三官彝语中，除了个别量词能重叠表示遍指外，表示遍指的手段还有以下四种：一是用"me²¹me⁵⁵+量词"表示"每一"；二是用"lɤ²¹lɤ³³+量词"表示"每一"；三是用"一+量词+n̪i⁵⁵ma²¹n̪i³³"表示"每一"；四是用"tha²¹+量词+dʊ³³+tha²¹+量词"表示"每一"。这些手段中，最常用的是第一、第三、第四种。如量词thu³³不能重叠来表示"每一"，但可以用上面四种手段来表示这种遍指的语法意义，如：

82）这几张桌子，张张都是用红木给做的。

a. dʐŋ³³the³³ tʂʅ²¹ n̪i⁵⁵thu³³, tha²¹thu³³n̪i⁵⁵ma²¹n̪i³³ ʔɔ⁵⁵ ɕ̠⁵⁵ se³³
桌子　　这　　二　张　　一　张　　也　不也　都　是　木
nɤ²¹ bi⁵⁵ tshʊ²¹xɯ³³.
红　（工具）做　（陈述）

b. dʐŋ³³the³³ tʂʅ²¹ n̪i⁵⁵thu³³, me²¹me⁵⁵thu³³ ʔɔ⁵⁵ ɕ̠⁵⁵ sei³³nɤ²¹
桌子　　这　　二　张　　，　每个　张　都　是　红木
bi⁵⁵ tshʊ²¹ xɯ³³.
（工具）做　（陈述）

c. dʐŋ³³the³³ tʂʅ²¹ n̪i⁵⁵thu³³, lɤ²¹lɤ³³thu³³ ʔɔ⁵⁵ ɕ̠⁵⁵ se³³nɤ²¹
桌子　　这　　二　张　　个个　张　都　是　红木
bi⁵⁵ tshʊ²¹ xɯ³³。
（工具）做　（陈述）

d. dʐŋ³³the³³ tʂʅ²¹ n̪i⁵⁵thu³³, tha²¹thu³³dʊ³³tha²¹thu³³ ʔɔ⁵⁵ ɕ̠⁵⁵
桌子　　这　　二　张　　一　张　后　一　张　都　是
se³³nɤ²¹ bi⁵⁵ tshʊ²¹ xɯ³³.
红木　　（工具）做　（陈述）

量词与数词 tha²¹ 先组合成数量短语，然后再重叠表示"逐个"义。例如：

83）dʑa³³ dzu³³ gu²¹, su³³ʑye⁵⁵ge²¹ tha²¹ʐo²¹ tha²¹ʐo²¹ m̩²¹ kʊ²¹the³³ dʊ³³.
　　饭　吃　完　客人们　　一个　　一个　（状助）离开　（完整）
吃完饭，客人们一个一个地离开了。

也可以省略第二个数词 tha²¹。例如：

84）dʑa³³ dzu³³ gu²¹, su³³ʑye⁵⁵ge²¹ tha²¹ ʐo²¹ ʐo²¹ m̩²¹ kʊ²¹thei³³ dʊ³³.
　　饭　吃　完　客人们　　一　个　个　（状助）离开　（完整）
吃完饭，客人们一个一个地离开了。

第五节 动词

动词是对事物或人的动作行为、思维活动、存在、判断以及对社会的发展变化进行描写的词。根据动词所表示的语法意义可以把动词分为：动作动词、心理活动动词、存在动词、判断动词等。彝语东部方言动词的语法功能基本一致，本节主要根据三官寨彝语进行描写。

一 根据语法意义对动词的分类

（一）动作动词

动作动词表示动作行为的动词，动作发出的主体或动作承受的客体在空间上会发生一定的位移或在状态上会发生一定的变化的动词。如：

ŋe⁵⁵丢　　　ndu²¹打　　　ve²¹买　　　ŋɯ³³哭
bi⁵⁵给　　　tsʊ¹³做　　　vʊ⁵⁵卖　　　khɯ³³偷
ʑ̩³³断　　　na³³看　　　m̩²¹做　　　ɬʊ³³换

（二）心理动词

心理动词表示心理活动的动词，是有生命形式的个体表达思维活动的词。如：

ndʑu³³爱　　　　gue²¹喜欢　　　ndi⁵⁵想　　　　　se⁵⁵懂
nei³³dʐo³³讨厌　　nei³³tɕhi⁵⁵生气　　　　gu⁵⁵ɕi³³爱惜

（三）存在动词

存在动词表示人或事物存在于特定空间或时间里的动词。如：

dzo⁵⁵在　　　　　dzo²¹有

（四）判断动词

判断动词是对人、事物以及命题做出判断的动词。如：

ŋɯ²¹是　　　　ʂๅ⁵⁵是（汉语借词）

（五）自动动词与他动动词

使用辅音的清浊对立表示自动与使动的对立，浊声母表示自动，清声母表示他动。彝语中本来存在大量的自动与使动的屈折变化，但是这种手段在三官寨彝语中消失殆尽，只有一些残存形式。如：

	自动	使动
穿孔	dʊ²¹	thʊ²¹
倒	de³³	the³³
燃烧	dʊ²¹	to¹³（点火）
断（线）	guei³³	khuei³³

断（棍子）	dʐ³³	tʰʐ³³
受惊	dʑo³³zo⁵⁵	tɕo³³zo⁵⁵
溶化	dʑi²¹thei³³	tɕi²¹ko³³

可以看到，清浊对立一般是以单音节词上来表示自动和使动，但是随着清浊对立来表示使动的消失，出现了双音节的词运用清浊对立来表示使动情况，这种情况显然是一种使动表达方法的一种过渡手段，是清浊对立表示自动与使动消退过程中的一种辅助手段。

（六）助动词

助动词又叫能愿动词。从语法意义上看，助动词是表示意愿、情感的动词，意义已经比较虚化。从句法上看，助动词总是处于谓语动词的外层。

彝语中的助动词有：kʊ¹³、ve³³/fe³³、dʊ²¹、tsha³³dʑʊ³³、de¹³、ɣʊ⁵⁵dʊ²¹、ʔɔ⁵⁵dʊ³³、xʊ⁵⁵、ma⁵⁵ŋʊ³³等。根据助动词意愿性的强弱，把助动词分为：表达客观能力的助动词；表达一般主观愿望的助动词；表达强烈主观愿望的助动词。

二 动词的语法功能

（一）句中充当的句法成分

动词一般属于一个句子的框架性成分，它决定着句子其他成分的安排和组合。动词在句子中的功能主要是作谓语，此外，还可以作状语、补语和定语。

1. 作谓语

彝语是 SOV 型语言，动词在句中作谓语，位于主语、宾语之后。如：

85）tʂaŋ⁵⁵miŋ²¹ nʊ²¹ dʑo³³ dʊ³³ m̩³³dʑa³³. 张明大概生病了。
　　张明　　　病　生（完整）（助动）

2. 作状语

动词在句中作状语，表示伴随。该结构有些学者把它看作连动结构。如：

86）thu⁵⁵tʂho²¹ tɕi²¹ ɣo³³, tʂaŋ⁵⁵san⁵⁵ the²¹ lo⁵⁵m̩²¹ the³³ xɯ³³ ŋɯ³³.
　　时间　　　紧 很　张三　　　跑（同时）去（陈述）是
　　时间很紧，张三是跑着去的。

3. 作补语

动词在句中作补语，位于谓语动词之后。如：

87）ŋʊ²¹zu³³ba²¹ ʔa²¹ɲi²¹ dzo¹³phu⁵⁵ŋe⁵⁵kɔ³³, ŋʊ²¹ ka³³ tɕhi⁵⁵ ɕi³³ the³³.
　　我 儿子　　昨天　　 钱　丢（完成）我（受格）气 死（终结）
　　我儿子昨天丢了钱，把我气死了。

4. 作定语

动词在句中作定语，必须加描写性的结构助词 xɯ³³ 修饰名词中心语，动词作定语位于名词中心语之前。如：

88）a²¹n̻i²¹ li²¹ xɯ³³ ʋ³³tsho³³ a⁵⁵ ʐo²¹ ʂ̻⁵⁵ ŋo⁵⁵ ndʐ²¹ xɯ³³.
　　昨天　来 (描写) 人　　那个　是　官　当 (陈述)
昨天来的那个人是当官的。

（二）可以受助动词的修饰

助动词 kʋ¹³、ve³³/fe³³ 和 dʋ²¹ 修饰动词时，位于动词之后。

89）na²¹ ʔa³³ ma³³ vei²¹lu²¹ ti⁵⁵ kʋ¹³ mo⁵⁵? 你妈妈会绣花吗？
　　你　妈妈　　花　　绣 (助动)(疑问)

90）dʐ⁵⁵ma⁵⁵khɯ²¹xɯ²¹su²¹ʂ̻³³phe²¹ ŋʋ²¹n̻i⁵⁵n̻i²¹ dzʋ⁵³ na³³ gu²¹ dʋ²¹.
　　处 (否定) 到 (描写) 书　三本　我　两天　就　看完 (助动)
随便三本书我两天就能看完。

91）tʂaŋ⁵⁵min²¹ li²¹ ve³³/fe³³ dʋ³³. 张明要来了。
　　张明　　　来　(助动)　(完整)

（四）动词的体范畴

动词的体范畴分为两部分：情状体和视点体。情状体是动词没有进入句法之前已经具有的词项特征，视点体是说话人根据说话人观察事件的视角在动词的情状特征上截取的动作的状态或过程。

视点体是从言者的视角对事件或状态的截取，反映了言者的主观性。视点体也是大多国内专家学者所说的体貌范畴。戴庆厦先生（2002）"景颇语的动词存在体和貌的对立，这种对立不仅反映在语法意义的不同上，而且各自还有不同的语法形式（标志）"[①]胡素华教授（2001）对凉山彝语的体貌范畴也进行了研究，认为："体是指动词动作过程中一个时间段的状态的语法范畴。……彝语动词的貌是指动词所表示的动作所处的与时间、时长和时频相关的，强调主观感受的状态。"[②]就三官彝语而言，表示体的助词大多是从实词虚化而来，处于虚化链条上的不同阶段，胡素华教授指出："表示体范畴的虚词的虚化程度高于表示貌范畴的虚词，即体助词的抽象性高于貌助词，貌助词的理据性高于体助词。"[③]语法演变的链条上，体助词语法化程度较高，而貌助词语法化程度较低。从说话人的视角（即说话人

[①] 戴庆厦：《景颇语的"体"和"貌"》，《藏缅语族语言研究（三）》，云南民族出版社 2004 年版，第 43—56 页，原载《中国民族语言文学研究论集》第二辑，2002 年 3 月。
[②] 胡素华：《彝语动词的体貌范畴》，《民族语文》2001 年第 4 期，第 28—36 页。
[③] 胡素华：《彝语动词的体貌范畴》，《民族语文》2001 年第 4 期，第 34 页。

对事件或状态截取的情况），可以把三官彝语的体貌范畴统称为体范畴，并分为完整体、完成体、终结体、起始体、进行体、持续体、伴随体等。

1. 动词的完整体

完整体表示事件行为在基点时间之前已经发生和完成，并持续到基点时间的语法范畴（参看刘丹青 2008：458）。翟会锋（2011）认为，表达完成体的虚词有 kɔ³³、xʊ²¹和ŋʊ³³。但是，kɔ³³和xʊ²¹它们都表示动作行为本身的完结，是把事件作为一个完整的整体来观察的，表达了事件的有界性，属于界限体（参见金立鑫 2009）。ŋʊ³³不仅表示体而且兼表时。但是，这几个体助词都不强调与现时的相关性，因此更加接近完整体。

（1）表示完整体的助词 kɔ³³和xʊ²¹

kɔ³³本为借自当地汉语的方言词，其使用范围已经超过固有词 xʊ²¹。kɔ³³和 xʊ²¹表示动作行为已经完结，具有内在终点的动词与它们可以形成无标记组合。

92）ŋʊ²¹zu³³ba²¹ʔa²¹n̪i²¹dzo¹³phu⁵⁵ŋe⁵⁵ kɔ³³, ŋʊ²¹ ka³³ tɕhi⁵⁵ ɕi³³ the³³.
　　我　儿子　昨天　　　钱　丢（完整）我（受格）气　死（终结）
　　我儿子昨天丢了钱，把我气坏了。

93）kʊ²¹dʐa³³ tʂʂɳ²¹lɤ³³ thi²¹ ŋgɯ²¹ xʊ²¹! 这个东西扔了它！
　　东西　　　　这　个　它　扔（完整）

上面例子中，动词ŋe⁵⁵"丢"和动词ŋgɯ²¹"扔"都有内在的终结点。因此，这些具有内在终点的动词可直接与 kɔ³³或 xʊ²¹组合，表示完整体。

如果是无内在终点的动词，与 kɔ³³、xʊ²¹等完整体助词组合时，动词则需要与其他表示终点情状的成分组合才能与 kɔ³³、xʊ²¹组合。例如：

94）tʂaŋ⁵⁵miŋ²¹ li³³tɕhaŋ²¹ ka³³ ndu³³ ʑi³³ kɔ³³, dʑie²¹ mo⁵⁵?
　　张明　　　　李强　（受格）打　伤（完成）真　（疑问）
　　张明把李强打伤了，是吗？

动词 ndu²¹是一个没有内在终结点的动词，但与ʑi³³组合后，整个短语结构具有了内在的终结点，因此，可以再与完成体助词 kɔ³³组合表示完整。

kɔ³³和 xʊ²¹在句中可以替换，例如：

95）na²¹ di³³ ka³³ ʔa²¹dɤ⁵⁵ko³³ tu³³ kɔ³³? 你把碗放在哪儿了？
　　你　碗（受格）哪儿　　　　放（完整）

96）na²¹ di³³ ka³³ ʔa²¹dɤ⁵⁵ko³³ tu³³ xʊ²¹? 你把碗放在哪儿了？
　　你　碗（受格）哪儿　　　　放（完整）

以上例句，kɔ³³、xʊ²¹直接用于谓语动词之后，因此两者可以自由替换。但是，当体助词没有直接用于谓语动词之后，而是用于句末时，就不能用 xʊ²¹，而只能用 kɔ³³。例如：

97) A: na²¹ di³³ tu³³ dʐ³³ ʔa²¹dʐ⁵⁵ko³³ kɔ³³?
　　 你　碗　放　(介)　哪儿　　　(完整)
　 B: na²¹ di³³ tu³³ dʐ³³ ʔa²¹dʐ⁵⁵ko³³ * xʊ²¹?
　　 你　碗　放　(介)　哪儿　　　(完整)
　　 你把碗放在哪儿了？

这表明，xʊ²¹和 kɔ³³在句法分布上的差异——xʊ²¹只用于动作行为之后，而 kɔ³³则即可位于动作行为之后，也可以位于句末。kɔ³³能出现在句末位置表明此时的 kɔ³³不再表示完整体，而是表达了与说话时间的一种相关性。kɔ³³表达的现时相关性体现的是完成体的语法意义。

（2）完整体助词ŋʊ³³

ŋʊ³³表示动作在过去的某个基点时间之前已经发生和完结，强调事件的整体性，而并不关注事件内部的时间过程。因此，ŋʊ³³往往可以表示"过去时"这个范畴，可以说这是过去时与完整体兼有。大家往往把ŋʊ³³"过"当作表过去时的助词来看，实际上ŋʊ³³具有更多体范畴助词的特性。例如：

98) tʂaŋ⁵⁵miŋ²¹ ɖʐ²¹tʂhu³³ n̩i²¹ ma²¹ ŋʊ⁵⁵. 张明没坐过飞机。
　　 张明　　　飞　机　坐　(否定)(过去时)

实际上，动作并没有发生，该句通过使用ŋʊ³³来表明：在过去的某个时间中，该动作"坐飞机"并没有发生。该句话中动词指向的是整个事件的完整性和有界性。ŋʊ³³表示的是相对于说话时间来看，过去的某个基点时间，而 kɔ³³和 xʊ²¹表示的基点时间可以是过去、现在和将来。可以看出 kɔ³³和xʊ²¹与时间没有瓜葛，而ŋʊ³³与过去的时间还存在蕴含性的联系。

当ŋʊ³³和 kɔ³³的基点时间都是过去时，两者可以替换，例如：

99) A：张明没吃饭，是吗？
　　 B：——不对，他吃过了。
　 A: tʂaŋ⁵⁵miŋ²¹ dʑa³³ ma²¹ dʑu³³, dʑie²¹ mo³³?
　　 张明　　　饭　(否定)　吃　　真　(疑问)
　 B: ma²¹ ŋɯ²¹, thi²¹ dʑu³³ kɔ³³ dʊ³³.
　　 (否定)　对　他　吃　(完整)　(完成)
　　 ma²¹ ŋɯ²¹, thi²¹ dʑu³³ ŋʊ⁵⁵ dʊ³³.
　　 (否定)　对　他　吃　(完整)　(完成)

2. 动词的完成体

在三官彝语中，完成体关注动作的内在时间进程，强调与现时的相关性，凸显说话者主观上所感知的到说话时间为止，已经完成的动作行为，是把动作行为当作事件看待以至于达到的结果。完成体的助词有 dʊ³³。

无内在终极点的动词，完成体往往可以优先组合。例如：

第四章 词类

100) tṣaŋ⁵⁵miŋ²¹ the²¹ ndʐʊ²¹ tɕhi³³ko³³ lɤ⁵⁵ dʊ³³.
　　张明　　　跑　过　街道　去 (完成)
　　张明跑过街道去了。

101) ɕao³³waŋ²¹ khʊ³³m̩³³ la³³ n̩i²¹ za¹³ dʊ³³.
　　小王　　　椅子　上　坐　下 (完成)
　　小王椅子上坐下了。

3. 终结体 the³³

动词 the³³ 本来表示实在的意义"去"，但经常被用在动词后表示动作趋向，并逐渐演化出"消失"义，虚化为终结体助词后，表示动作行为发生并完成后的一种状态，它突出动作行为的终点状态。因此，终结体 the³³ 优先与具有终极点的动词连用表示终结体。

ŋe⁵⁵ "丢"、dʐo³³ "生（病）"、ɕi⁵⁵ "死"都属于动作一发生就已经到达终极点的动词，因此，与 the³³ 连用表示动作结束后所保留的状态。如：

102) tṣaŋ⁵⁵miŋ²¹ dzo¹³phu⁵⁵ ŋe⁵⁵ the³³, n̩i²¹i²¹ zo²¹zo³³ ndu²¹ dzo²¹.
　　张明　　　钱　　　丢 (终结) 天天　自己　打 (持续)
　　张明丢了钱，一直在打自己。

103) tṣaŋ⁵⁵miŋ²¹ ʔɤ²¹n̩i²¹ nu²¹ dʐo³³ the³³, ma²¹ li²¹.
　　张明　　　今天　病　生 (终结) (否定) 来
　　张明今天生病了，没来。

104) thi²¹ thi⁵⁵ ɣo³³, ɕi⁵⁵ the³³ tʂho⁵⁵ ɕi⁵⁵ɕi³³.
　　他　累　很　死 (终结) 跟　一样
　　他很累，跟死了一样。

105) ŋʊ²¹ zu³³ba²¹ ʔa²¹n̩i²¹dzo¹³phu⁵⁵ ŋe⁵⁵kɔ³³, ŋʊ²¹ ka³³tɕhi⁵⁵ɕi³³the³³.
　　我　儿子　昨天　　钱　　　丢 (完整) 我 (受格) 气　死 (终结)
　　我儿子昨天丢了钱，把我气坏了。

充当谓语的动词，如果动作自身没有终极点的动词，与 the³³ 组合则表示动作具有了言者视角的终点。

106) thi²¹ bu¹³ bo⁵⁵ ʔa²¹n̩i²¹kho¹³ tʂ̩ŋ³³ dɤ³³/de³³ pe²¹tɕiŋ⁵⁵ lɤ⁵⁵ the³³.
　　你 (领属) 家　去年　　　搬 (介) 北京　去 (终结)
　　他的家去年搬到北京去了。

107) na²¹ m̩⁵⁵ɕie²¹ ʔa⁵⁵zo²¹ tʂ̩ŋ²¹n̩i⁵⁵n̩i²¹ko³³ khʊ²¹dɤ³³ lɤ⁵⁵ the³³?
　　你　老师　那个　最近　　　　哪儿　去 (终结)
　　你那个老师最近去哪儿了？

the³³ 有时也可以与完成体助词 kɔ³³ 或 xʊ²¹ 替换。例如：

108）tʂaŋ⁵⁵miŋ²¹，ʔa³³ɕiɔ⁵⁵ n̻i³³ ŋe⁵⁵ the³³! 张明，咱家牛丢了！
　　　张明　　　咱们家　牛　丢（终结）
109）tʂaŋ⁵⁵miŋ²¹，ʔa³³ɕiɔ⁵⁵ n̻i³³ ŋe⁵⁵ xʊ²¹! 张明，咱家牛丢了！
　　　张明　　　咱们家　牛　丢（完整）

终结体只关注动作行为发生后的状态，这本身就蕴含了动作行为的完结，与完整体所表达的动作行为的完结具有共同之处，因此这两者有交叉和重叠的部分。尽管两者可以在某些情况下互换，但是两者表达和凸显的侧面不同。终结体 the³³ 多与具有方向性的动作行为组合表示位移后的终点状态，这体现了位移动词 the³³ 语义虚化过程中的语义滞留现象。

4. 起始体 li²¹

起始体是着眼于动作行为的起点，并不关注动作过程和终结点的视点体。刘丹青（2008）认为："起始体是凸显行为事件的起点而未指明其终点的体。"①体助词 li²¹ 表示动作出现的情状。例如：

110）na³³li⁵⁵ mi³³tɕi⁵⁵su³³ bu¹³ ɬu⁵⁵tho¹³ ka³³ vei³³ mi³³ tɕi⁵⁵ li²¹.
　　　那立　挖地人　（领属）裤衣 （受格）穿　地　挖 （起始）
　　　那立把挖地人的衣服裤子穿着挖起地来。

111）ŋʊ²¹ ʔa³³ba³³ ʔa²¹n̻i²¹ su³³ tha²¹tu³³ mbei³³ ŋʊ²¹ bi⁵⁵ li²¹.
　　　我　爸爸　昨天　书　一　封　寄　我（目标）（起始）
　　　我爸爸昨天寄给我一封信。

5. 进行体

进行体是说话人截取动作进行中的中间阶段，表示动作行为的动态过程，关注行为的行进状态，表示进行体的助词有 m̩³³ᐟ²¹。

112）li⁵⁵m̩³³ gɯ⁵⁵ka³³ ndzo²¹ vu⁵⁵ m̩²¹ n̻ie³³ de³³. 只好绕着毛驴躲避。
　　　毛驴　周围　绕　躲避（进行）只　（助动）
113）tɕhi²¹bu²¹ ko³³ hẽ¹³ bu⁵⁵ m̩³³. 在谷堆上翻滚。
　　　谷堆　里　翻　滚 （进行）

6. 持续体

持续体不同于进行体，进行体强调的是动作的进行，而持续体强调的是动作造成的状态持续。持续体是说话人截取状态的中间部分，该状态可以是动作行为造成的状态，也可以是事物本身具有的状态，不关心状态的人为起点和终点。表示持续体的助词有 ŋɯ⁵⁵、tʊ³³、dzo²¹和 z̩⁵⁵/z̩³³/tsh̩³³，以及一些具有构词成分性质的 ko³³、ke³³、ka³³。持续体关注的是状态持续的过程。

---

① 刘丹青：《语法调查研究手册》，上海教育出版社 2008 年版，第 469 页。

ŋɯ⁵⁵是表示动作或状态持续的体助词，既可以用于静态动词，也可以用于状态形容词。如：

114）ʥʊ²¹ bʊ³³ ko³³ ʈho¹³ tshe⁵⁵ ŋɯ⁵⁵. 墙上挂着衣服。
　　　墙　　上　衣服　　挂　（存在）

115）ȵe³³n̠i²¹ bu¹³ ɕie²¹vu³³vei³³ vei³³ dʁ³³ nʁ²¹bo⁵⁵bo²¹ ŋɯ⁵⁵.
　　　春天　（领属）桃花　　　开　（补助）红　（后缀）　（存在）
　　　春天的桃花开得红红的。

tʊ³³是表示动作持续的体助词，一般用于具有静态存在的动词。如：

116）thi²¹ a³³ŋa⁵⁵ va²¹ ba²¹ tʊ³³ ŋʊ⁵⁵ m̥²¹. 她背着孩子出工。
　　　她　孩子　　　背（持续）事　做

117）na²¹ bu²¹ʂʅ²¹ ʐʅ⁵⁵ tʊ³³. 你撑着碓。
　　　你　碓　　撑（持续）

ʣo²¹表示动作持续的体助词，用于静态存在的动词。如：

118）ʔa⁵⁵m̥³³ ʐei¹³gɯ²¹ la³³ ʥʊ²¹ ʣo²¹ lei³³. 哥哥在楼上住着呢。
　　　哥哥　　楼　　上　住（持续）（陈述）

ʐʅ⁵⁵/ʐʅ³³/tshʅ³³该类持续体助词用于静态动词，例子较少，如：

119）ŋʊ²¹ ka³³ na²¹ hõ²¹tɕhie³³ ko³³ tha²¹ɕi²¹ vu⁵⁵ ʐʅ⁵⁵ ma²¹.
　　　我　让　你　口袋　　　里　一　会　躲（持续）（推测）
　　　让我在你的口袋里躲一躲。

120）ma²¹ lʊ²¹ m̥³³ bu²¹ʂʅ²¹ to³³ ʐʅ⁵⁵. 不动地撑着碓。
　　　（否定）动（状助）碓　　　撑（持续）

121）tɕhie²¹ hõ²¹ tshʅ⁵⁵（ʐʅ⁵⁵）!tha²¹ɕi²¹ɕi⁵⁵ ŋo³³ n̠ʊ³³ dʊ³³.
　　　请　　等（持续）（持续）马上　　　写　好　（完整）
　　　请等一会儿！马上就写好了。

ka³³和ke³³由动词虚化而来，ko³³由方位名词虚化而来，它们最后都虚化为用于动词之前的附缀。这些附缀性成分与动词组合后表示持续意义。

附缀ko³³与动词组合的例句：

122）ʥu³³thʁ³³ la³³ su³³ ko³³-tu³³. 桌子上放着书。
　　　桌子　　上　书（附缀）放

123）ŋgʊ²¹ khu⁵⁵ ʊ³³ tsho³³ tha²¹n̠ʊ⁵⁵ ko³³-hĩ¹³. 门前站着很多人。
　　　门　口　　人　　很多　　　（附缀）站

附缀ke³³与动词组合的例句：

124）li³³m̥²¹ hõ²¹tɕhie³³ tha²¹lʁ³³ ke³³-tsʅ³³. 毛驴驮着一个口袋。
　　　毛驴　口袋　　　一　个　（附缀）驮

125）gʊ³³su³³　tha²¹ʐo³³　tʂʅ²¹phe³³　ke³³-va¹³　kʊ²¹　ndʑʊ²¹li²¹.
　　　农民　　　一个　　　锄头　　　（附缀）扛　走　　过来
　　　有个老农扛着锄头走过来。

附缀 ka³³ 与动词组合的例句：
126）dʑu²¹　bʊ³³　ko³³　mao²¹dʑʊ³³ɕi²¹　ɣei³³　ka³³-tʂhe⁵⁵.
　　　墙　　上　毛主席　　　　　　　像　（附缀）挂
　　　墙上挂着毛主席像。
127）na³³li⁵⁵　tha²¹do⁵⁵　hẽi¹³　ŋa¹³　ka³³-ta³³　tɕhe¹³.
　　　那立　　　一旁　　　站　　粑　（附缀）抱　咬
　　　那立站在一旁抱着粑粑咬。

附缀 ka³³ 也可以用于动词之后表示静态持续的。例如：
128）ŋʊ²¹xɯ³³　bu¹³　tɕhʊ²¹gʊ³³　ko³³　ɣʊ³³　tha²¹ŋʊ³³　dʊ³³　te³³-ka³³.
　　　我们　（领属）园子　　　里　菜　很多　　　种类　种（附缀）
　　　我们的园子里种着各种各样的菜。

7. 动词的同时体

同时体是在同一个时间段内同时进行两个事件的体范畴。虽然这两个事件出现的时间是同时的，但是，实际的句法编码上，其中的一个事件倾向于作为另一个事件的伴随状态出现，或者成为另一个事件进行的方式，因此，也可以称为伴随体。表示同时体的助词有 lo⁵⁵m̩²¹、no³³m̩²¹ 和 dzo²¹。

（1）同时体助词 lo⁵⁵m̩²¹

动作进行的方式：
129）thu⁵⁵tʂho²¹　tɕi²¹　ɣo³³，tʂaŋ⁵⁵san⁵⁵　the²¹　lo⁵⁵m̩²¹　the³³　xɯ³³　ŋɯ³³.
　　　时间　　　紧　很　　张三　　　　跑　（同时）　去　（陈述）是
　　　时间很紧，张三是跑着去的。
130）ɣe²¹　lo⁵⁵m̩²¹　ʑi¹³tʊ⁵⁵　the²¹　the³³. 笑着跑了。
　　　笑　（同时）　起来　　跑　（终结）

动作的伴随：
131）hɣ̃⁵⁵　lo⁵⁵m̩²¹　tha²¹mʊ³³　ka³³　a³³ʑi³³　bi⁵⁵. 说着递给阿依一颗。
　　　说　（同时）　一颗　　　（受格）阿依　（目标）

（2）同时体助词 no³³m̩²¹
132）hɣ⁵⁵　no³³　m̩²¹　de³³　mi³³ko³³　ŋɯ⁵⁵. 说着就躺在地上。
　　　说　（同时）　　（介）地上　　　躺

（3）同时体助词 dzo²¹
133）thu⁵⁵tʂho²¹　tɕi²¹　ɣo³³，tʂaŋ⁵⁵san⁵⁵　the²¹　dzo²¹　thei³³　xɯ³³　ŋɯ³³.
　　　时间　　　紧　很　　张三　　　　跑　（同时）　去　（陈述）是
　　　时间很紧，张三是跑着去的。

第六节 形容词

形容词是对事物所具有的性质、状态进行描写的词。一般可以分为性质形容词和状态形容词。形容词是一个开放的类，本节以三官寨彝语为描写对象。

一 形容词的类别

1. 性质形容词

性质形容词可分为单音节性质形容词和双音节性质形容词。

（1）单音节性质形容词

ɣe³³大　　　ba²¹小　　　tɕhi³³粗（胳膊）　　　tɕhie³³细
sa²¹粗（碗）　　ɕi⁵⁵细（碗）　　ɕie³³长　　　di³³短

（2）双音节性质形容词

举例如下：

tɕho²¹m̩³³高　　ɖe²¹phu³³宽敞　　ʏʊ³³tɕi³³狭窄　　ɳdʐu²¹ve³³斜
zi³³ta²¹粘　　zi³³ŋo⁵⁵光滑　　za³³ʐu³³美　　bi⁵⁵nɣ³³臭

2. 状态形容词

状态形容所描摹事物的性质或状态已经有界化，往往不能用程度副词来修饰状态形容词。典型的状态形容词都是三音节以上的形容词。

三音节状态形容词：

na³³kɯ³³kɯ³³黑漆漆　　　　tshʊ²¹mʊ³³mʊ²¹暖烘烘
ɖa³³ɕi²¹ɕi²¹ 破烂烂　　　　ʈhu³³lɣ⁵⁵lɣ²¹白花花
khʊ⁵⁵ɣe²¹ɣe²¹ 很大　　　　khʊ²¹ɳʊ³³ɳʊ⁵⁵好好
（前缀）大 大　　　　　　　（前缀）好 好

四音节状态形容词：

ma²¹tɕie²¹ma²¹tɕhu³³模模糊糊　　ma²¹ɣe³³ma²¹ba²¹不大不小
ma²¹se³³ma²¹ɖe²¹不早不晚　　　ma²¹ɕi³³ma²¹ɖʅ⁵⁵ 不死不活
go¹³go¹³tɕye¹³tɕye¹³弯弯曲曲　　guei³³bu³³guei³³ʐa³³破破烂烂
tʂhei¹³tʂhei¹³ta³³ta³³冷冷清清　　ɕie³³ɕie³³ɲi³³ɲi³³长长短短
nei³³gɯ²¹na³³gɯ²¹痛痛快快　　a²¹bu³³da³³huã²¹乱七八糟

二 形容词的句法功能

形容词在句中可以作谓语、定语、补语和状语。

1. 作谓语

性质形容词作谓语，出现的情况为：性质形容词在对举的情况下作谓语；或与其他成分组合一起构成谓语。状态形容往往单独作谓语。例如：

134）mi³³ tʂʅ²¹ na²¹ ɣe³³, mi³³ ʔa⁵⁵ na²¹ ba²¹. 这块地大，那块地小。
　　　地　这　块　大，　地　那　块　小

135）tʂaŋ⁵⁵miŋ²¹ ndʑi²¹ ndo²¹ kɔ³³ dʊ³³, ʈhʊ⁵⁵na³³ nɤ²¹bʊ³³bʊ²¹.
　　　张明　　　酒　喝　(完整)　后　脸眼　红　　(后缀)
　　　张明喝了酒以后，满脸红通通。

状态形容词也可以加体助词ŋɯ⁵⁵作谓语。如：

136）tʂaŋ⁵⁵miŋ²¹ ndʑi²¹ ndo²¹ kɔ³³ dʊ³³, ʈhʊ⁵⁵na³³ nɤ²¹bʊ³³bʊ²¹ ŋɯ⁵⁵.
　　　张明　　　酒　喝　(完整)　后　脸眼　红　(后缀)　(存在)
　　　张明喝了酒以后，满脸红通通的。

2. 作定语

彝语形容词修饰名词的固有语序是放在中心名词之后，这在彝语北部方言还较好的保留着。但三官彝语，形容词修饰名词可以置于名词之前，也可以置于名词之后。一般来说，单音节的性质形容词修饰名词时，形容词在中心名词之后，保留了固有形修名的语序；双音节或三音节的形容词修饰名词时，放在名词之前，这是比较后起的形式了。四音节的状态形容词修饰名词时，可以在名词之前，也可以在名词之后。

单音节性质形容词修饰名词，置于名词之后。如：

137）sei³³ tʂʅ²¹tʂhʊ²¹ vei³³ ʈhu³³ vei³³. 这种树开白花。
　　　树　这　种　花　白　开

双音节性质形容词修饰名词，置于名词之前。如：

138）tʂaŋ⁵⁵miŋ²¹ ʔʊ³³dʑa⁵⁵ tɕhi³³thi³³ ka³³ ti³³kuɯ²¹ʂʊ³³tu³³ na¹³xa⁵⁵.
　　　张明　　　干净　　袜子　(受格)　叠　收　拾　搁　总是
　　　张明总是把干净袜子叠起来。

三音节 ABB 式状态形容词与结构助词 xɯ³³一起置于名词之前修饰名词。如：

139）ŋʊ²¹ thi²¹ tɕhie⁵⁵ɕi³³ɕi⁵⁵ xɯ³³ la¹³bu²¹ ma⁵⁵ ŋgue²¹.
　　　我　他　细　(后缀)　(描写)　胳膊　(否定)　喜欢
　　　我不喜欢他细细的胳膊。

三音节 BAA 式状态形容词修饰名词，可以置于名词之后，也可以置于名词之前。例如：

140）A：tʂaŋ⁵⁵miŋ²¹ ɲi²¹ xɯ³³ no³³ hiẽ²¹ khʊ⁵⁵ɣe²¹ɣe²¹ tha²¹tɕy³³.
　　　张明　　　住　(描写)(话题)　房间　(前缀)　大　(重叠)　一　间

B：tʂaŋ⁵⁵miŋ²¹ ȵi²¹ xɯ³³ no³³ khʊ⁵⁵ɣe²¹ɣe²¹ hiẽ²¹ tha²¹tɕy³³.
　　张明　　住（描写）（话题）（前缀）大（重叠）房间　一　间
　　张明住的是很大一个房间。

四音节状态形容词作定语，可以置于名词之前，也可以置于名词之后。例如：

141) A：dɤ³³dɤ³³de³³de³³ ʔɛ¹³phu⁵⁵ ȵi⁵⁵ʐo²¹ ndʊ³³li²¹ dʊ³³.
　　　歪歪扭扭　　　　醉汉　　　两个　　　进　来（完成）

B：ʔɛ¹³phu⁵⁵ dɤ³³dɤ³³de³³de³³ ȵi⁵⁵ʐo²¹ ndʊ³³li²¹ dʊ³³.
　　醉汉　　歪歪扭扭　　　　两个　　　进来（完成）
　　进来了歪歪扭扭两个醉汉。

3. 作补语

形容词作补语，位于谓语动词之后，若有补语标记 dɤ³³，形容词位于 dɤ³³ 之后。例如：

142) ȵe³³ȵi²¹ bu¹³ ɕie²¹vu³³ve³³ ve³³ dɤ³³ nɤ²¹bo⁵⁵bo²¹ ŋɯ⁵⁵.
　　春天（领属）桃花　　　　开（补助）红（后缀）（存在）
　　春天的桃花开得红红的。

4. 作状语

形容词作状语，形容词位于谓语动词之前。例如：

143) na²¹ ʂe³³ m̥³³ ʑi²¹ za³³ ŋʊ³³ hiũ³³ the³³ dʊ³³.
　　你　早（状助）河　下　鱼　喂　去（完成）
　　恐怕你早下河喂鱼了。

第八节　副词

副词是用来修饰、限制动词和形容词的词。它表示动作行为或性质状态所涉及的程度、范围、时间、频率、情态以及对动作行为或性质状态的否定等。

一　副词的分类

从意义上，可以把副词分为以下的类：程度副词、范围副词、语气副词、时间副词、否定副词和方式副词等。

（一）程度副词

这类副词主要表示性质状态以及动作的程度。常见的有：

表 19　　　　　　　　三官、新平和禄劝的程度副词比较表

程度副词	三官寨彝语	新平腊鲁彝语	禄劝彝语
超量程度副词	dʑ²¹dʑ²¹最、nȡu³³（ntsu³³）最、ɣo³³非常	ne²¹非常、ke³³最	dzʅ⁵⁵非常
高量程度副词	ɣo³³很、ɣɯ¹³更、ɣɯ¹³…ɣɯ¹³越越、tha²¹很	ne²¹很、ke⁵⁵更、ɣo³³…ɣo³³越…越	dzʅ⁵⁵很、ma²¹bo³³不止
微量程度副词	khʋ²¹…（ma²¹）不太、khʋ²¹ye¹³…（ma²¹）不太、khʋ²¹ye¹³tha¹³…（ma²¹）不太、khɯ²¹sʅ²¹ tha²¹…（ma²¹）不太、khɯ²¹sʅ²¹tha¹³…（ma²¹）不太	the²¹tɕi⁵⁵o²¹一点、稍微	ma²¹lo³³不够

从彝语东部方言的程度副词可以看到，程度副词大部分不具有同源关系，三官寨彝语是程度副词比较丰富的方言，相对也保留了程度副词较早的形式。此外，彝语东部方言在程度副词上具有较为一致的特点，都存在某个程度副词兼有超量和高量的意义。例如三官寨彝语中的 ɣo³³ 表示 "非常、很"、新平拉鲁彝语中的 ne²¹ "非常、很"、禄劝彝语中的 dzʅ⁵⁵ "非常、很"。从这个角度来看，应该说彝语东部方言中表示程度的副词没有明显的、精细的分工。据王国旭（2011：87）认为，ne²¹ 有 "很、真、非常、太" 等诸多义项，几乎囊括了汉语中主观上或客观上表示程度高的副词。据普忠良（2016：135）dzʅ⁵⁵ 有 "非常、很、十分" 等义项。根据翟会锋（2011：84）dʑ²¹dʑ²¹ 有 "最、特别、非常、很、太" 等义项，nȡu³³（ntsu³³）有 "最、更、很、太" 等义项，ɣo³³ 有 "很、太" 等义项。一个程度副词兼表多种程度意义，充分说明了彝语东部方言表示程度的模糊性。

三官彝语中 dʑ²¹dʑ²¹、nȡu³³、ɣo³³ 都是表示程度深的副词，dʑ²¹dʑ²¹ 程度比 nȡu³³ 深，nȡu³³ 程度比 ɣo³³ 深。

程度副词 ɣo³³ 更像一个语气词，但在母语人的感觉中它是表示程度的副词。我们认为：一、母语人用 ɣo³³ 表示 "很" 时，往往要音量加大，音长拉长；二、ɣo³³ 确实已经有语气词的用法出现。例如：

144）kʋ²¹dzɑ³³　dʑ²¹dʑ²¹　li³³　ɣo³³. 东西太重了。
　　　家　什　太　　重　(陈述)

该句中的 ɣo³³，就不能看作是程度副词，只能看作是语气词。因此，我们把 ɣo³³ 分为两个词类：程度副词和语气词。

ɣɯ¹³ 可单独使用表示 "更"，例如：

145）a. tʂaŋ⁵⁵san⁵⁵　tɕho²¹m̩³³，li³³sʅ¹³　ɣɯ¹³　tɕho²¹m̩³³.
　　　张　三　　　高　　　李　四　更　高

b. tṣaŋ⁵⁵san⁵⁵ tɕho²¹m̩³³, li³³sɿ¹³ tɕho²¹m̩³³ ndʑu³³.
　　张三　　　　高　　　李四　　高　　　更
　　张三高，李四更高。

通过上例可以看到，ɣɯ¹³可以用在形容词之前，而ndʑu³³只能用在形容词之后。

比较特殊的是 tha²¹，它只与ȵu³³组合表示"很"义，tha²¹ȵu³³意义为"很多"。且 tha²¹ȵu³³只用作名词的定语，不在定语的位置，往往不用 tha²¹ȵu³³表示"很多"的语义，而用ȵu³³ɣo³³等其他形式表示"很多"的语义。如：

作谓语的情况：

146）tṣaŋ⁵⁵san⁵⁵ dʑɿ³³ ȵu³³ ɣo³³, ʔʊ³³tshɿ³³ ɕi⁵⁵ɕi³³ ȵu³³.
　　　张三　　　钱　　多　很　　头发　　　像　　多
　　张三钱很多，像头发一样多。

作定语，要用 tha²¹ȵu³³表示"很多"义，不用ȵu³³ɣo³³等其他形式。例如：

147）tṣaŋ⁵⁵miŋ²¹ li³³sɿ²¹ ʔa⁵⁵na²¹ko³³ ka³³ la¹³ȵu³³ tha²¹ȵu³³ so³³ ɣu⁵⁵.
　　　张明　　　李四　　那里　　　（位格）技 术　很多　　　学　　得
　　张明从李四那里学到很多技术。

khʊ²¹、khʊ²¹ɣe¹³、khʊ²¹ɣe¹³tha¹³、khɯ²¹sɿ²¹tha¹³、khɯ²¹sɿ²¹tha²¹等几个词必须与否定副词配合使用。表示"不太、不怎么太"的意义。通过这几个组合可以知道，khʊ²¹和khɯ²¹应该是同一个语素的不同变体，该语素可能在古彝语中表示程度副词"太"义，但是到了现代彝语（彝语东部方言）该语素不能单独成词，只能与表示否定的词 ma²¹ 一起来表示微量的程度副词。例如：

khʊ²¹…ma²¹的例句：

148）tṣaŋ⁵⁵miŋ²¹ khʊ²¹ ma²¹ m̩³³. 张明不太高。
　　　张明　　　　太　（否定）高

khʊ²¹ɣe¹³tha¹³…ma²¹的例句：

149）tṣaŋ⁵⁵miŋ²¹ khʊ²¹ɣe¹³tha¹³ dʊ⁵⁵ ma²¹ hɻ̃⁵⁵. 张明不太说话。
　　　张明　　　　太　　　　　话　（否定）说

khɯ²¹sɿ²¹tha¹³…ma²¹的例句：

150）tṣaŋ⁵⁵miŋ²¹ ʐɤ²¹ xɯ³³ khɯ²¹sɿ²¹tha¹³ ma²¹ ȵu⁵⁵. 张明去的不太多。
　　　张明　　　　去　（陈述）怎么　太　（否定）多

khʊ²¹ɣe¹³…ma²¹的例句：

151）tho¹³ tʂʅ²¹thi²¹ khʊ²¹ɣe¹³ ma²¹ nɤ²¹. 这件上衣不太红。
　　　上衣　这　件　太　（否定）红

khɯ²¹sʅ²¹tha²¹…ma²¹的例句：

152）tʂʅ²¹ lɤ³³ bu¹³ ne³³khʊ³³ khɯ²¹sʅ²¹tha²¹ ma²¹ tsu⁵⁵.
　　　这　只　（领属）味道　太　（否定）好
　　　这只的味道不太好。

（二）范围副词

这类副词既可表示动作行为的范围，也可表示与动作行为相关联的名词的范围。这类副词中，有一部分副词句法上是修饰其后面的动词和形容词的，但在语义上却是限制其前的名词、代词或名词性短语的范围。这类副词有：

表20　　　　　　　　　三官寨的范围副词表

范围副词	意义	范围副词	意义
ȵie³³	只有、只、仅	ȵie⁵⁵ȵie³³	仅仅、只有、只
ȵie²¹ʑi³³	只按	tʊ⁵⁵	就
ɣɯ²¹li³³	一向	ʔɔ⁵⁵	都
tha²¹dʑu³³	一起（一道）	tha²¹dɤ³³	一起（一处）
tha²¹po³³	全	ʑi³³po²¹	共、一共
ʑi³³pe⁵⁵	全、全部		

1. 范围副词ȵie³³类

该类范围副词有：ȵie³³、ȵie⁵⁵ȵie³³。语义为"只、只有、仅仅"
ȵie³³、ȵie⁵⁵ȵie³³用于助动词之前，表示对助动词的限制。

153）dʑu³³ dɤ³³ ma²¹ ne³³, ŋʊ⁵⁵ m̥²¹ no³³, vu³³ khɯ³³ ȵie³³ kʊ¹³.
　　　吃　（补助）（否定）少　活　干　（话题）力　偷　只　（助动）
　　　吃得不少，干活呢，只会偷懒。

ȵie³³、ȵie⁵⁵ȵie³³语义指向了句中名词的范围。例如：

154）tʂaŋ⁵⁵miŋ²¹ tha²¹ʐo²¹ ȵie³³ tʂhu³³ ŋo²¹ the³³ ma⁵⁵ ŋɯ²¹.
　　　张明　　　一个　　　只　车　开　去　（否定）是
　　　张明不是一个人开车去的。

155）tʂho¹³ko³³ ʔʊ²¹tʂho³³ tʂaŋ⁵⁵miŋ²¹ ȵie⁵⁵ȵie³³ ʑiŋ⁵⁵ʑɤ³³ hɹ̃⁵⁵ kʊ¹³.
　　　这儿　　人　　　　张明　　　　只有　　　英语　　说　（助动）
　　　这儿的人只有张明会说英语。

2. 范围副词ʔɔ⁵⁵、ʑi³³po²¹、tha²¹po³³、ʑi³³pe⁵⁵

（1）范围副词ʔɔ⁵⁵

ʔɔ⁵⁵是ʔa⁵⁵ko³³的合音词。ʔɔ⁵⁵位于它所确定的名词之后。ʔɔ⁵⁵语义上蕴含了对它前面名词的范围的进一步确定，句法上ʔɔ⁵⁵修饰限制谓语动词。

ʔɔ⁵⁵语义上是对名词所指范围的总括和确认，例如：

156）li³³kaŋ⁵⁵、waŋ²¹thao⁵⁵、tʂao²¹khai³³ ʔɔ⁵⁵ gɯ⁵⁵ na³³.
　　　李刚　、王涛　、赵凯　　都　去　看
　　　李刚、王涛、赵凯都去看。

此外，ʔɔ⁵⁵具有一定的话题性质，即在某些句子中，出现了ʔɔ⁵⁵的后面需要停顿句子才比较通顺，或才能成立的现象，例如：

157）tʂaŋ⁵⁵miŋ¹³ ɲi³³ li³³kaŋ⁵⁵ʔɔ⁵⁵ dʐɿ¹³bo⁵⁵ bu¹³ nʊ²¹tʂhʊ²¹ ma²¹gue²¹.
　　　张明　（并列）李刚　都（停顿）对方　（领属）毛病　（否定）喜欢
　　　张明和李刚都不喜欢对方的毛病。

（2）范围副词ʑi³³po²¹、tha²¹po³³、ʑi³³pe⁵⁵、ʑi³³pe³³

范围副词ʑi³³po²¹、tha²¹po³³、ʑi³³pe⁵⁵等语义上蕴含了对它们前面名词范围的确定，句法上它们修饰谓语动词，且与谓语动词结合得更紧密。例如：

158）ŋʊ²¹xɯ¹³ so³³hiẽ²¹ m̥⁵⁵ɕie²¹ ʑi³³po²¹ ɲi²¹tsɿ³³ ndʑei³³ zo³³ dzo²¹.
　　　我们　　学校　　老师　　一共　　二十　　多　　位　有
　　　我们学校共有二十多位老师。

159）dzo²¹phu⁵⁵ na²¹ tha²¹po³³ ke³³ ka³³ bu⁵⁵ nei³³ ma²¹ tʰɿ⁵⁵.
　　　钱　　　你　全　　　　捡（附缀）背　心　（否定）放
　　　钱你全带在身上不安全。

3. 范围副词 tʊ⁵⁵

副词 tʊ⁵⁵可以分成两个：范围副词、语气副词。这里只分析范围副词。

tʊ⁵⁵作为范围副词时相当于范围副词ɲie³³。不同的是，作为范围副词的tʊ⁵⁵置于它限定的名词之前，而ɲie³³置于它所限定的名词之后。例如：

160）tʊ⁵⁵ tʂaŋ⁵⁵miŋ²¹ tha²¹zo²¹ ɲie²¹ piŋ²¹ko³³ ʥu³³ gue²¹.
　　　就　张明　　　一　个　仅　苹果　　吃　喜欢
　　　就张明一个人喜欢吃苹果。

从 tʊ⁵⁵在句法位置上与其他同类副词的差异可以认为，它是一个后起的，借自汉语的副词，但是其借自汉语的年代还有待进一步研究确定。此外，使用了 tʊ⁵⁵后，在名词性短语"张明一个人"后使用副词ɲie²¹。从这个角度看，副词 tʊ⁵⁵和ɲie²¹具有一定的框式介词的句法表现，但从语义上看，它们却只适合归入副词类中。

4. 范围副词 ɣɯ²¹li³³、tha²¹dʑʊ³³ 和 tha²¹lɤ³³

范围副词 ɣɯ²¹li³³ 的语义为"一向"，tha²¹tshʊ³³ 和 tha²¹lɤ³³ 的语义为"一起"。该类范围副词用于动词或形容词之前修饰动词或形容词。如：

161）tʂaŋ⁵⁵miŋ²¹ ɣɯ²¹li³³ lʊ²¹ʂ̩³³ yo³³, thi²¹ li³³ ʔɔ⁵⁵ dʊ⁵⁵dɔ⁵⁵ mo⁵⁵?
　　　张明　　　一向　老实　很　他₍话题₎ 都 话 谎 ₍疑问₎
　　　张明一向很老实，连他都说谎吗？

162）tʂaŋ⁵⁵miŋ²¹ phu⁵⁵mʊ²¹ tʂho⁵⁵ tha²¹dɤ³³ dʑʊ³³ndo²¹ ma⁵⁵ ndʑʊ³³.
　　　张明　　　　父母　₍伴随₎ 一处 生活 ₍否定₎ 想
　　　张明不想跟父母一起生活。

（三）语气副词

语气副词是携带了反映说话人主观情感的副词，体现了说话人的一种主观态度。语气副词在句中修饰动词，常见的语气副词有：

表 21　　　　　　　　三官寨彝语的语气副词表

语气副词	意义	语气副词	意义
ʔɔ⁵⁵	都	tʊ⁵⁵/tʊ¹³	就
dzʊ⁵⁵	就	dɤ³³	才
ȵie³³	才	a²¹ge⁵⁵	也许
ʂ̩⁵⁵dza³³	大概	m̩³³dza³³	大概、可能
ʔa²¹lʊ²¹	大概	ʔa²¹dɤ³³dɤ²¹	真、特别
dʊ⁵⁵dʑie²¹	的确、真	dʑie²¹	分明
ȵie³³dei³³	只好	ȵie³³dza³³	只不过

1. 语气副词 ʔɔ⁵⁵

语气副词 ʔɔ⁵⁵ 表达一种说话人主观情感的语气。例如：

163）ʔa³³ŋa⁵⁵ ʔɔ⁵⁵ ɣe³³ dʊ³³, na²¹ thi²¹ xʊ²¹ su³³ ɣɯ³³ ma⁵⁵ xʊ³³ dʊ³³.
　　　孩子　都　大 ₍完成₎ 你 他 送 书 读 ₍否定₎ ₍助动₎ ₍完成₎
　　　孩子都大了，你不必送他上学了。

ʔɔ⁵⁵ 语义虽然指向的是"孩子"，但携带了一种表示强调性的语气，而且表示强调语气的功能超过了表示语义上隐含的指向范围，而且"孩子"是否是多个也是不确定的，可以是一个，也可以是多个，这就为语气副词的 ʔɔ⁵⁵ 提供了出现的句法环境。

ʔɔ⁵⁵ 还可以同 li³³ 或 ȵi³³ 连用，表示"连……都"格式。下面例子中，

ʔɔ⁵⁵前的代词"他"是单数，不可能表示范围副词，只可能是语气副词。如：

164）thi²¹ li³³ ʔɔ⁵⁵ dʊ⁵⁵do⁵⁵ mo⁵⁵? 连他都说谎吗？
　　　他　连　都　　话谎　(疑问)

语气副词ʔɔ⁵⁵还可以用于话题之后，具有话题标记的功能。充当话题的词，可以是动词，也可以是名词。例如：

165）ŋʊ⁵⁵die²¹ tsu¹³ ʔɔ⁵⁵ tsu¹³ dʊ³³, dzʊ⁵⁵ ʂɿ⁵⁵xuei²¹ ma⁵⁵ ŋʊ³³ dʊ³³.
　　　事情　　做　都　做　(完整)　就　　后悔　　　(否定)(助动)(完整)
　　　事情做都做了，就不要后悔了。

2. 语气副词 tʊ⁵⁵、tʊ¹³和dzʊ⁵⁵

tʊ⁵⁵、tʊ¹³和dzʊ⁵⁵的语义为"就"，这三个词可表示对某个事件或动作发生后的一种确定的语气。

（1）语气副词dzʊ⁵⁵

dzʊ⁵⁵往往以dzʊ⁵⁵³的形式出现，dzʊ⁵⁵发音的时候音长加长就会形成 dzʊ⁵⁵³。这有可能是两个词的合音现象。

166）la²¹tha³³ ʔa⁵⁵hũ²¹ die⁵⁵die²¹, thi²¹ dzʊ⁵⁵ gʊ²¹li²¹ ma⁵⁵ ŋʊ³³.
　　　先前　　　那月　　界界　　　他　就　　回来　　　(否定)(完整)
　　　上个月起，他就没有回过家。

（2）语气副词 tʊ⁵⁵和tʊ¹³

作为范围副词的 tʊ⁵⁵，其语义指向了名词，而作为语气副词的 tʊ⁵⁵，其语义指向的是谓语动词。tʊ⁵⁵和tʊ¹³是语气副词"就"的两个变体，一般情况下多使用语气副词 tʊ⁵⁵，例如：

167）nʊ²¹ ʥo³³ dʊ³³, tʊ⁵⁵ nʊ²¹ŋgu²¹ʥi³³ lɤ⁵⁵ xʊ⁵⁵, ŋo²¹ ma²¹ dei¹³.
　　　病　生　(完成)　就　医院　　　　去　(助动)　拖　(否定)(助动)
　　　生了病，就要去医院，不能拖。

判断句中，判断动词是ʂɿ⁵⁵时，要用 tʊ¹³，例如：

168）pe²¹tɕiŋ⁵⁵ dzo³³ so³³ba²¹ ʔa⁵⁵zo²¹ tʊ¹³ ʂɿ⁵⁵ tʂaŋ⁵⁵ɕiɔ³³san⁵⁵.
　　　北京　　(位格)　学生　　　那个　就　是　张　小　三
　　　在北京的那个学生就是张小三。

判断句中，不出现判断动词，tʊ⁵⁵就要音长拉长。如：

169）ŋʊ²¹ na²¹ xe⁵⁵ gɯ⁵⁵ ʔʊ³³tsho³³ tha¹³ ŋo²¹, tʊ⁵⁵ waŋ²¹ʐoŋ³³.
　　　我　你　带　去　人　　　　　一　见　就　王勇
　　　我带你去见个人，就是王勇。

（3）语气副词 tʊ⁵⁵和dzʊ⁵⁵的区别

dzʊ⁵⁵很少用于判断句，而 tʊ⁵⁵多出现在判断句中。这反映了两个词出现的不同历时层次以及不同的来源方式。从 tʊ⁵⁵可以修饰限制判断动词的情况来看，可能 tʊ⁵⁵ 的历史层次要晚于 dzʊ⁵⁵。彝语中判断动词的出现是相对较晚的事情，在彝文典籍中判断句式的表达主要由无判断动词的句式来承担，后来才出现 ŋɯ²¹ 构成的判断句。在三官彝语中，判断动词不仅有固有的本族词 ŋɯ²¹，还有汉语借词 ʂʅ⁵⁵，tʊ⁵⁵ 可以自由的与它们组合。

tʊ⁵⁵ 的使用范围有扩大的趋势，可以用 dzʊ⁵⁵ 也可以用 tʊ⁵⁵，但用例很少。

170）ŋʊ²¹ ʔa²¹n̠i²¹ n̠i³³ ʔa⁵⁵ko³³ dzo³³ tʊ⁵⁵/dzʊ⁵⁵ n̠ʊ³³ dʊ³³.
　　　我　昨天　也　那儿　(位格)　就　　　　好 (完整)
　　　昨天我也在那儿就好了。

tʊ⁵⁵ 是借用汉语的，其借入的年代可能随着判断动词 ʂʅ⁵⁵ 的借入而借入，最初可能是整体借入的 tʊ⁵⁵ʂʅ⁵⁵ "都是"，但是由于 ʂʅ⁵⁵ 是单独作为判断动词来使用，所以 tʊ⁵⁵ 就被作为 "就" 而被借入，并且由于这种语义，而扩大了其自身的使用范围。

3. 语气副词 n̠ie³³ 和 dɤ³³

（1）语气副词 n̠ie³³、dɤ³³

n̠ie³³ 位于修饰限制的动量短语之后。例如：

171）tʂaŋ⁵⁵min²¹ tha²¹tɕho²¹ n̠ie³³ kuaŋ³³tʂɤ⁵⁵ lɤ⁵⁵ ŋʊ⁵⁵, kuaŋ³³toŋ⁵⁵
　　　张明　　　一 次　才　广州　　去 (完整)　广东
dʊ⁵⁵ hɤ̃⁵⁵ kʊ¹³ mo⁵⁵? 张明才去一次广州，会说广东话吗？
话　说　(助动)　(疑问)

dɤ³³ 出现的句法位置为：主语与谓语交接处。例如：

172）ŋʊ³³tɕhi⁵⁵ ma²¹ lo³³, ɕi⁵⁵tɕhi³³ dɤ³³ lo¹³. 五尺不够，七尺才够。
　　　五 尺　(否定) 够　七 尺　才　够

（2）由 n̠ie³³ 语素构成的表示让步的语气副词

由 n̠ie³³ 语素构成的语气副词有：n̠ie³³de³³ 和 n̠ie³³dza³³。n̠ie³³de³³ 语义为 "只好"，n̠ie³³dza³³ 语义为 "只不过"，它们是表示让步的语气副词，例如：

173）li⁵⁵m̥³³ gɯ⁵⁵ ka³³ ndzo²¹ vu⁵⁵ m̥²¹ n̠ie³³de³³. 只好绕着毛驴躲避。
　　　毛驴　周围　　绕　躲避 (进行) 只好

174）thʊ³³tɕie³³ ʂʅ⁵⁵ lʊ²¹khua³³ n̠ie³³dza³³. 只不过松树是邻居。
　　　松树　　　是　邻居　　　只不过

4. 表示推测、猜测的语气副词

该类语气副词有：a²¹ge⁵⁵、ʔa²¹lʊ²¹、m̥³³dza³³、ʂʅ⁵⁵dza³³。其中 a²¹ge⁵⁵ 和 ʔa²¹lʊ²¹ 用在句首或句中（主语和谓语之间），m̥³³dza³³ 和 ʂʅ⁵⁵dza³³ 用在句末。该类语气副词的句法位置分布，非常有可能是固有语气副词的语序与后起的语气副词语序的一种并存现象。

$a^{21}ge^{55}$的语义为"也许",如:

175) $a^{21}ge^{55}$ thi^{21} $dʑu^{21}$ $ʂa^{13}$ ko^{33} the^{33} $ndʐu^{33}$ the^{33} du^{33}.
　　 也许　他　道　岔　上　逃　　过　　去　(完成)
　　 它也许从岔道上逃走了。

$ʔa^{21}lʊ^{21}$的语义为"大概",如:

176) $tha^{21}kho^{33}$ $ʔa^{21}lʊ^{21}ȵi^{55}sɿ^{33}tɕho^{21}$. 一年大概两三次。
　　 一　年　　大概　　两三　次

$sɿ^{55}dza^{33}$的语义为"大概",如:

177) $tha^{21}kho^{33}$ $ȵi^{55}sɿ^{33}tɕho^{21}$ $sɿ^{55}dza^{33}$. 一年大概两三次。
　　 一　年　　两三　次　　　大概

$m̥^{33}dza^{33}$的语义为"大概",如:

178) $tʂaŋ^{55}miŋ^{21}$ $nʊ^{21}$ dzo^{33} du^{33} $m̥^{33}dza^{33}$. 张明大概生病了。
　　 张明　　　　病　生　(完成)　大概

5. 表达确定无疑类的语气副词

该类语气副词有: $ʔa^{21}dʐ^{33}dʐ^{21}$、$dʑie^{21}$、$du^{55}dʑie^{21}$。$ʔa^{21}dʐ^{33}dʐ^{21}$语义为"特别、真",$dʑie^{21}$语义为"真、分明",$du^{55}dʑie^{21}$语义为"真、的确"。该类语气副词句法位置相对比较自由,有用于动词之前的,有用于句末的。

动词之前的。如:

179) $ʔa^{21}dʐ^{33}dʐ^{21}$ $ŋʊ^{21}$ $ʔa^{21}ȵi^{21}$ $ȵi^{33}$ $ʔa^{55}ko^{33}$ dzo^{33} $ndʐu^{33}$.
　　 真　　　　我　昨天　　　也　那里　(位格)　想
　　 真希望我昨天也在那儿。

180) $ʊ^{33}tsho^{33}$ $tʂʅ^{21}$ zo^{21} $du^{55}dʑie^{21}$ $dʑu^{21}$ ma^{21} zu^{21}. 这个人真不讲理。
　　 人　　　　这个　　　真　　　　理　(否定)　讲

有放在主要动词之后的。如:

181) $ŋʊ^{21}$ ka^{33} $tɕhi^{55}$ $ɕi^{33}$ ndi^{33} $ŋɯ^{21}$ $dʑie^{21}$. 分明是想闷死我的。
　　 我　(受格)　塞　死　想　是　分明

可以看到,$dʑie^{21}$单独充当副词位于句末,这可能是一种彝语固有语序的留存。而由它构成的$du^{55}dʑie^{21}$则与$ʔa^{21}dʐ^{33}dʐ^{21}$一样位于谓语动词之前,很可能是受到了汉语的语序影响导致的。

(四) 时间副词

时间副词是表示动作发生时间以及发生频率的副词。常用的时间副词有:

表 22　　　　　　　　三官寨彝语的时间副词表

时间副词	意义	时间副词	意义
ȵie³³ɕi³³	才	po³³	又
a²¹ȵie¹³	刚刚	tha²¹ɕi²¹ɕi⁵⁵	一会儿（马上）
tha²¹ɕi²¹	一会	ba³³dʐ²¹	经常
tɕi⁵⁵/ʊ³³tha³³	先	dʊ²¹me³³	随后

1. 时间副词 ȵie³³ɕi³³ 表示"才"

该类副词放在时间名词之后，既有表示语气副词所传达的说话人的主观意义，又有表示时间的意义在里面。如：

182）ʔa²¹ȵye²¹ m̥³³ʐye³³ ɬi³³na³³ ȵie³³ɕi³³. 现在才下午四点。
　　　现在　　下午　　四点　　才

2. 表"刚刚"的时间副词

该类时间副词有：ʔa²¹ȵie¹³
183）zi²¹ tʂʅ²¹ ʂa³³gʊ³³ ʔa²¹ȵie¹³ hã³³, ndo²¹ ma²¹ dei³³ ɕi³³.
　　　水　这　锅　　刚　　开　喝（否定）（助动）还
　　　这锅水刚烧开，还不能喝。

3. 表示"一会儿"的时间副词

该类时间副词有：tha²¹ɕi²¹、tha²¹ɕi²¹ɕi⁵⁵、tha²¹ɕi²¹ba⁵⁵。tha²¹ɕi²¹ 本义为"一会儿"，tha²¹ɕi²¹ɕi⁵⁵ 本义为"一会会儿"，tha²¹ɕi²¹ba⁵⁵ 本义为"一小会儿"。这些词表示"立刻、马上"等概念，我们把它们看作时间副词。与这些时间副词具有相似的构词方式的 tha²¹ɕi²¹thu⁵⁵ 语义也为"一会儿"，但不能用于表示"立刻、马上"的概念，还属于时间名词。

tha²¹ɕi²¹ 和 tha²¹ɕi²¹ɕi⁵⁵ 的例句，如：

184）tɕhie²¹ hõ²¹ tʂʅ⁵⁵!tha²¹ɕi²¹ɕi⁵⁵ ŋo³³ ȵʊ³³ dʊ³³.
　　　请　等（持续）　马上　　　写　好（完成）
　　　请等一会儿！马上就写好了。

185）ŋʊ²¹ tha²¹ɕi²¹ dzʊ⁵⁵³ li²¹. 我立刻就来。
　　　我　立刻　　就　来

4. 表示惯常的时间副词 ba³³dʐ²¹

ba³³dʐ²¹ 除了有"经常、常常"义外，还有"永远"的意义。例如：

186）ŋʊ²¹ ba³³dʐ²¹ na²¹ bu¹³ ȵʊ³³dʐ³³ khei³³dʊ³³.
　　　我　永远　　你（领属）恩情　　记　住
　　　我永远牢记你的恩情。

第四章　词类

5. 表示先后的时间副词

（1）表示先的时间副词 tɕi⁵⁵/ ʋ³³tha³³

tɕi⁵⁵和 ʋ³³tha³³都表示"先"义，但tɕi⁵⁵在口语中已经不使用，只在年龄较大的人中还有使用。例如：

187）na²¹ tɕi⁵⁵ tha²¹ɕi²¹ nʋ³³ ve³³. 你先歇一会儿。
　　　你　先　一　下　歇　（助动）

（2）表示后的时间副词 dʋ²¹me³³

表示先后的时间副词 ʋ³³tha⁵⁵和 dʋ²¹me³³要成对使用。

188）na²¹ ʋ³³ tha⁵⁵ kʋ²¹ ŋʋ²¹ dʋ²¹me³³ li²¹. 你先走我随后来。
　　　你　先　　　走　我　随后　　来

6. 表示频度的时间副词

三官彝语中，该类副词有四个形式：po³³、ʐʋ⁵⁵、ʐʋ³⁵、ʐo⁵⁵和ɕi³³。其中 po³³、ɕi³³为"重复"义表示"又"，为彝族固有词。ʐʋ⁵⁵、ʐʋ³⁵、ʐo⁵⁵为汉语借词。汉语借词和彝语固有词在句法表现上完全不同，固有词 po³³用于动词或形容词之后，借词形式统统用于动词或形容词之前，处于主语和谓语之间的位置。

ɕi³³的语义为"还、再"，主要用于动词之后。例如：

189）na²¹ tʂaŋ⁵⁵miŋ²¹ bu³³ xɯ³³ dʋ²¹mɤ²¹ zi³³ tha²¹tɕho³³ bu³³ ɕi³³.
　　　你　张明　　　画 （描写）样子 （对象）一　次　画　再
　　　你照张明画的样子再画一遍。

190）pe²¹tɕiŋ⁵⁵ ŋʋ²¹ the³³ ma²¹ ŋʋ⁵⁵ ɕi³³ le³³. 北京我还没有去过呢。
　　　北京　　　我　去　（否定）（完整）还　（陈述）

po³³的例句，如：

191）thi²¹ tɕye³³ tha²¹ khʋ²¹ m̩³³ de³³ ʑe¹³ po³³. 它又躺下来蜷成一团。
　　　它　蜷　一　团　（状助）倒　躺　又

汉语借词ʐo⁵⁵的例句，如：

192）tʂaŋ⁵⁵miŋ²¹ tha²¹ɕi²¹ li²¹ kɔ³³, ʐo⁵⁵ kʋ²¹ dʋ³³.
　　　张明　　　　一会儿　来 （完整） 又　走 （完成）
　　　张明来了一会儿，又走了。

汉语借词ʐʋ⁵⁵的例句，如：

193）ɣɯ²¹ bei⁵⁵ ʐʋ⁵⁵ bei⁵⁵ bei²¹ li²¹. 一跳又跳出来。
　　　一　跳　又　跳　出　来

汉语借词ʐʋ³⁵，该声调就不是彝语固有的声调，乃借自汉语当地方言的声调类型。如：

194）thi²¹ a²¹n̠ie¹³ li²¹ ʐʋ³⁵ thei³³ dʋ³³. 他刚刚来又走了。
　　　他　　刚刚　　来　又　　去　　（完整）

汉语借词ʐo⁵⁵等形式可以与彝语固有词po³³同现在一个句子中。下面的例句，有三种说法。如：

195）a. ʐo⁵⁵ su³³ ndi³³ ka³³ po³³.
　　　　又　书　装　（附缀）又
　　b. su³³ ndi³³ ka³³ po³³.
　　　　书　装　（附缀）又
　　c. ʐo⁵⁵ su³³ ndi³³ ka³³.
　　　　又　书　装　（附缀）
　　又装上书。

汉语的借词形式与彝语的固有形式同时并存于一句话中，这是彝语固有词所体现的固有语序与汉语借词所具有的新语序的竞争和过渡阶段。随着语言接触的不断加深，汉语借词所具有的语序逐渐会代替固有词的语序。

（五）否定副词

表 23　　　　　　　　三官寨彝语的否定副词表

否定副词	意义	否定副词	意义
ma²¹	不、没	tha²¹	别

ma²¹和tha²¹用于动词或形容词之前对命题进行否定。ma²¹为一般的否定形式，而tha²¹常常用于禁止等命令性的句子中，具有强制性。

1. 一般否定副词 ma²¹ 的语法功能

（1）ma²¹用于充当谓语的动词或形容词之前否定命题

用在动词之前，对命题否定的。例如：

196）tʂaŋ⁵⁵miŋ²¹ thi²¹ ʐo²¹ʐo³³ ma²¹ ndʐu³³.
　　　张明　　　他　自己　　（否定）喜欢
　　张明不喜欢他自己。

用在形容词之前，对命题否定的。例如：

197）li³³sŋ¹³ tʂaŋ⁵⁵san⁵⁵ la³³/kua³³ ma²¹ ɣe³³. 李四不比张三大。
　　　李四　　张三　　　上　　（否定）大

（2）动补结构中，ma²¹处于动词和补语之间

动补结构充当谓语时，补语往往是焦点所在，因此对补语的否定往往也涉及到对焦点的否定。如：

198）m̩³³, ŋʊ²¹ hiõ²¹ ma²¹ n̠ʊ³³. 马，我喂不好。
　　　马，我　喂（否定）好

此外，在"动词+趋向动词"的结构中，如果趋向动词已经虚化为体标记，ma²¹用于主要动词之前。这显然是因为该"趋向动词"已经虚化为体标记，丧失了焦点标记的功能，否定副词要否定的是焦点，因此要置于主要动词之前。例如：

199）a³³ndʐʊ³³ a³³ʑi³³ n̠ie⁵⁵ ma²¹ khe³³ the³³. 阿总和阿依俩忘记了。
　　　阿总　　阿依俩　（否定）记（终结）

趋向动词 the³³、li²¹已经没有实际的语义，已经是体助词，所以，否定词 ma²¹置于主要动词或助动词之前。

（3）ma²¹用于助动词之前

在助动词出现的句子中，否定副词位于助动词之前，对助动词进行否定。

200）ŋʊ²¹ mʊ³³ɕi³³li³³ mʊ³³ ma⁵⁵ kʊ³³. 我不会吹笛子。
　　　我　笛子　　　吹（否定）（助动）

（4）用于程度副词之前，否定程度

当否定副词处于程度之前时，是把程度副词作为言谈的焦点，对焦点进行否定，是对程度的否定。例如：

201）thi²¹ hiẽ²¹ dzo³³ thu⁵⁵ dʑa³³ ma⁵⁵ ndʐʊ³³ ɕi³³. 他在家时还不很冷。
　　　他　家（位格）时　冷（否定）很　还

ma²¹用于副词之前的情况是非常少见的。在多数的情况下，否定副词不能用于副词之前表示否定。

2. 表示禁止的否定副词 tha²¹

表示禁止的否定副词带有强烈的主观否定，它用于禁止的言语行为中。例如：

202）a²¹ŋa⁵⁵va²¹ ko²¹de³³ ŋʊ²¹thɤ²¹ tha²¹ tho³³. 小孩子不要乱砍门槛。
　　　小孩子　乱　门槛　（否定）砍

（六）方式副词

表 24　　　　　　　三官寨彝语的方式副词表

方式副词	意义	方式副词	意义
ʐo²¹ʐo³³	亲自	ʊ³³ka³³	突然

ʐo²¹ʐo³³的例句：

203）na²¹ ʐo²¹ʐo³³ gɯ⁵⁵ tʂaŋ⁵⁵miŋ²¹ na³³ tsha³³ʥʋ³³.
　　　你　亲自　　去　张明　　　看　（助动）
　　　你应该亲自去看张明。

ʋ³³ka³³的例句：

204）ʋ³³ka³³, me³³ dʋ⁵⁵ ka³³ tɕhy³³ɲi⁵⁵ tha²¹ lɤ³³ the³³ li²¹.
　　　突然，　后　面　（位格）狼　　　　一　只　跑来
　　　突然，从后面跑来一只狼。

khʋ²¹ȵʋ³³的例句：

205）na²¹ khʋ²¹ȵʋ³³ khe³³ tʋ³³.
　　　你　　好好　　　记　住
　　　你要好好记住。

二　副词的主要语法特征

副词的语法特征主要有以下几点：

1. 副词一般不能单独回答问题。

2. 副词一般不受其他词类的修饰限制，修饰限定谓语中心语时，它后面一般不能加上结构助词。

3. 副词的主要语法功能是作状语。

4. 副词作状语时，以放在中心语之前为主，但也有放在中心语之后的。如果否定副词修饰双音节的动词或形容词，否定副词要放在双音节动词或形容词的中间。

5. 有的副词在句中能起到关联词语的作用。

这些语法特征通过本小节的例句就可以明白，不再具体说明。

第九节　介　词

　　介词包括前置介词、后置介词和框式介词三部分，其作用主要是介引名词性成分。前置介词的句法位置在被介引成分之前，后置介词的句法位置在被介引的名词性成分之后，框式介词的句法位置在被介引成分的两侧。以往学者把具有介引作用的词叫作格助词，且彝语的格助词都位于名词性成分之后，但是彝语东部方言中，出现了用于名词性成分之前的"格助词"——前置介词，为了描写的系统性，我们把这类词统称为介词，其功能相当于附置词。

一 前置介词

前置介词是指置于所引的名词性成分之前，有介引作用的词[①]。彝语东部方言中已经存在前置介词的语法现象。如：

表 25　　　　　　三官、新平彝语前置介词比较表

前置介词	三官寨彝语	新平腊鲁彝语
介引处所、方位	dɤ^{33}到、de^{33}到、gɯ^{55}往、dɤ^{21}向（往）	
介引人或物	n̩i^{33}和、同	
介引动作行为的方式		tso^{21}ue^{21}作为、phie^{21}凭
介引动作行为的对象		lie^{21}连
介引动作行为的原因		ue^{55}lə^{21}为了

从以上可以看到，前置介词在彝语东部方言中确实存在，三官寨彝语中主要以介引方位、处所的前置介词为主，新平彝语主要以原因、方式的介词为主。但是值得注意的是，三官寨彝语的前置介词都是彝语固有词汇，而新平腊鲁彝语中的前置介词都为汉语借词。下面主要以三官寨彝语为例来介绍前置介词的情况。

（一）前置介词的例句

1. 前置介词 dɤ^{33}

前置介词 dɤ^{33}语义为"到"，例如：

206）na^{21} di^{33} tu^{33} dɤ^{33} ʔa^{21}dɤ^{55}ko^{33} kɔ^{33}? 你把碗放到哪儿了？
　　　你　碗　放　(介)　哪儿　　　　(完整)

2. 前置介词 dɤ^{21}

dɤ^{33}"到"有时也说成 dɤ^{21}，很少见。如：

207）tʂhu^{33} ʔa^{55}tʂhu^{33} ŋo^{21} dɤ^{21} sei^{33}gɯ^{55} ʔa^{33}bo^{55} the^{33}.
　　　车　那辆　　　　撵　(介)　树林　　那边　　去
　　　那辆车开向林子那边去了。

3. 前置介词 de^{33}

前置介词 de^{33}的语义为"到"，例如：

208）tʂaŋ^{55}miŋ^{21} da^{33} de^{33} na^{33}ŋʊ^{21} tho^{13} lɤ^{55} the^{33} dʊ^{33}.
　　　张明　　　爬　(介)　窗口　　　里　去　(终结)(完成)
　　　张明爬到窗口里面去了。

[①] 参看刘丹青《语序类型学与介词理论》，商务印书馆 2003 年版，第 7—9 页。

4. 前置介词 dʑ³³ 和前置介词 de³³ 的替换

dʑ³³ 和 de³³ 经常可以自由替换，如：

209）thi²¹ bo⁵⁵ ʔa²¹ȵi²¹kho¹³ tʂɿ³³ dʑ³³/de³³ pe²¹tɕiŋ⁵⁵ lʑ⁵⁵ the³³.
　　 他　 家　　去年　　 搬　 (介)　　 北京　　去　(终结)
　　他家去年搬到北京去了。

5. 前置介词 gɯ⁵⁵

前置介词 gɯ⁵⁵ 的语义为"往"，例如：

210）a²¹mu²¹ gɯ⁵⁵ gɯ³³ȵie³³ a⁵⁵ ko³³ a³³ŋa⁵⁵va²¹ ʂu²¹ the³³ du³³.
　　 阿姨　(介)　下边　　那儿　　 孩子　　　 找　去　(完整)
　　阿姨往下边那儿找孩子去了。

6. 前置介词 ȵi³³

前置介词 ȵi³³ 的语义为"和、同"，例如：

211）tʂaŋ⁵⁵san⁵⁵ ȵi³³ li³³sɿ¹³ a²¹dʑie¹³ m̩³³. 张三和李四一样高。
　　 张三　　　(介)　李四　 一样　　高

三官寨彝语的前置介词，以引入方位和处所最为显著，而引入的方位和处所又分为两类：一类是 dʑ³³ 和 de³³ 引入的方位和处所作为补语，往往充当谓语动词的终点位置或结果位置；另一类是 gɯ⁵⁵ 介引的方位和处所，这一类往往充当谓语的状语。两者处于互补关系，彼此不能混用。新平腊鲁彝语的前置介词主要是汉语借词，这显然是受到了汉语接触的影响，腊鲁彝语不仅借用了汉语的词汇，而且也复制了汉语介词的语法模式。但是，三官寨彝语却没有借用汉语的相关介词，而是在彝语内部出现了前置介词，这种现象还需要进一步深入的研究。实际上，前置介词还有很多没有被发现，比如 ka³³、ke³³ 就有前置介词的用法：

ka³³ 也有前置介词的例句，这可能是受汉语"在"的感染，这样的例句比较少。例如：

212）tɕhy³³ no³³ tha²¹ gɯ³³tɕhi³³ ka³³ zi²¹ko³³ de³³.
　　 狗　(话题)　一　 身　　　(介)　水里　　 浸
　　狗呢一身浸在水里。

ke³³ 也偶尔介引施事，但 ke³³ 所介引的名词性成分在其后，ke³³ 属于前置介词。例如：

213）sei³³ dʑu³³the³³ ʔa⁵⁵ sɿ²¹thu⁵⁵ ke³³ tʂaŋ⁵⁵miŋ²¹ vi²¹ da³³ ko³³.
　　 木头　桌子　　那　三张　　(施格)　张明　　　 用　坏　(完成)
　　那三张木头桌子被张明用坏了。

二 后置介词

后置介词一般来源于动词、名词等，还有个别的后置介词已经很难找到它们的来源。根据后置介词所介引成分的语义角色，分为：施事介词、受事介词、受益介词、目标介词、工具介词、处所介词、方向介词、对象介词等。

根据后置介词的来源不同，可以分为：动源介词、名源介词和未知来源介词。

（一）动源介词

表 26　　　　　　　　三官寨彝语动源介词表

动源介词	意义	动源介词	意义
ka^{33}	从、在、叫、让、被、把、用	ke^{33}	把、让、被
dzo^{33}	在	bi^{55}	被、用、对
ȵi^{33}	朝、向	ȵi^{33}dzo^{33}	朝着
tʂho^{55}	跟	vi^{21}	用
ʑi^{33}	按、按照、依、依据、因为、因	na^{33}	看、据
m̩^{33}	朝	tɕʊ^{55}	跟、跟随、同
ma^{21}de^{55}	不及	ma^{21}bu^{33}	不及
khɯ^{21}	到	ʔe^{33}	向
ɕi^{55}	像		

1. ka^{33}

ka^{33}所介引名词具有的语义属性

（1）ka^{33}介引工具

ka^{33}介引工具，用例较少。例如：

214）thi^{21} xɯ^{33}tsho^{21} ka^{33} ŋʊ^{21} ɣo^{33}mu^{55} khue^{33}. 他用斧头剖我肚子。
　　　他　　斧头　　（工具）我　　肚子　　　剖

（2）ka^{33}介引施事

ka^{33}介引施事，例句也不太多。例如：

215）sei^{33} dʑu^{33}the^{33} ʔa^{55} sʅ^{21}thu^{55} ka^{33} tʂaŋ^{55}miŋ^{21} vi^{21} da^{33} ko^{33}.
　　　木　桌子　　那　三张　　（施格）张明　　用　坏　（完成）
　　　那三张木头桌子被张明用坏了。

（3）ka³³介引损益

ka³³可以引进受损者，也可以引进受益者。

ka³³引进受损者。例如：

216）ʔa²¹ŋa⁵⁵ba²¹ dʊ⁵⁵ ma²¹ m̩²¹, ŋʊ²¹ ka³³ tɕhi⁵⁵ dʐ³³!
　　　孩子　小　话　（否定）做　我　（受益）气　（附缀）
　　　小孩子不听话，给我气得！

（4）ka³³介引受事

ka³³可以引进受事，例句比较多，这是后置介词 ka³³的主要语法功能。如：

217）tʂaŋ⁵⁵miŋ²¹ zo²¹ʐo³³ ka³³ fe³³de³³ kɔ³³. 张明把自己摔倒了。
　　　张明　　　自己　（介）摔　倒　（完成）

（5）ka³³介引方位处所

ka³³可以引进方位。例如：

218）a³³zi³³ tha²¹ so³³piao³³ sei¹³ tsho²¹thei¹³mʊ⁵⁵ ȵi¹³pu²¹ ka³³.
　　　阿依　一　梭镖　　戳　老变婆　　　　嘴　　　（介词）
　　　阿依一梭镖戳在老变婆嘴里。

2. ke³³

ke³³可以介引受事。例如：

219）tʂaŋ⁵⁵miŋ²¹ zo²¹ʐo³³ bu¹³ bʊ²¹to³³ ke³³ ndzo¹³ tʂ̩³³ kɔ³³.
　　　张明　　　自己　（领属）腿　（受事）跌　折　（完整）
　　　张明把自己的腿摔折了。

3. dzo³³

dzo³³可以介引方位处所。例如：

220）tʂaŋ⁵⁵miŋ²¹ hẽ²¹ɣo¹³ dzo³³ ʐei¹³m̩³³ gɯ³³ lei³³.
　　　张明　　　房　内　（位格）瞌睡　　睡　（陈述）
　　　张明在房间里睡觉呢。

4. bi⁵⁵

bi⁵⁵介引名词的语义属性

（1）bi⁵⁵介引目标者

bi⁵⁵具有介引目标者的功能，它与所介引的目标构成的短语一般位于谓语动词之后。例如：

221）a³³ma³³ tha²¹zi³³ ŋgʊ¹³ thi²¹ bi⁵⁵.
　　　阿妈　一　针　刺　她　（目标）
　　　阿妈刺了她一针。

222）a³³ba³³ tha²¹tɕhi⁵⁵nɤ³³ ŋo³³du³³ ndei³³ thi²¹ bi⁵⁵.
　　　阿爸　一　草鞋　　　　拉　棍　打　她 (目标)
　　　阿爸打了她一草鞋棍。

目标不同于受益者。具体可参考翟会锋（2011）相关章节。如果只表示位移的目标，则依然要使用bi⁵⁵来介引。例如：

223）ŋʊ²¹ nɤ³³zi⁵⁵ tha²¹zo²¹ hɤ̃⁵⁵tʊ⁵⁵ tʂaŋ⁵⁵miŋ²¹ bi⁵⁵ ndʑʊ³³.
　　　我　朋友　　一　个　　介绍　　　张明　　(目标) 想
　　　我想给张明介绍一个对象。（位移的目标）

有些使别人受损的动词，但强调位移的目标时，仍要用bi⁵⁵来介引。例如：

224）ŋʊ²¹ ɲi³³ tha²¹tɕho²¹ tʂʅ⁵⁵ na²¹ bi⁵⁵ ve³³.
　　　我　也　一　次　　　制　你 (目标)(助动)
　　　我也要制你一次。

（2）bi⁵⁵介引让渡的对象

让渡是指转让，bi⁵⁵的语义本身就蕴含了"让渡"义，只不过当bi⁵⁵的目标义被凸显时，让渡义没有被凸显。

225）tɕo⁵⁵ gɯ⁵⁵ ɕi⁵⁵kua⁵⁵ tshʊ³³ tha²¹pa¹³ bi⁵⁵ dʑu³³.
　　　快　去　西瓜　　　切　大家　(让渡) 吃
　　　快去切西瓜给大家吃。

该句中，bi⁵⁵既有目标义，又有让渡义。因此有两可的理解。

该句中的bi⁵⁵可以用介引受益者的后置词bu²¹替换。

226）tɕo⁵⁵ gɯ⁵⁵ ɕi⁵⁵kua⁵⁵ tshʊ³³ tha²¹pa¹³ bu²¹ dʑu³³.
　　　快　去　西瓜　　　切　大家　(受益) 吃
　　　快去切西瓜给大家吃。

当bi⁵⁵目标位移义消退或减弱，"让渡"义就会得到凸显。例如：

227）na²¹ dzo¹³ nʊ²¹, ŋʊ²¹ bi⁵⁵ tʂʅ³³ ma²¹.
　　　你　腰　疼　　　我 (让渡) 搬　(推测)
　　　你腰疼，给我搬吧。（我搬）

（3）bi⁵⁵介引施事

bi⁵⁵介引施事者。例如：

228）sei³³ m̥⁵⁵ mi³³hĩ³³ mʊ⁵⁵ bi⁵⁵ mʊ³³ de³³ na¹³xã⁵⁵.
　　　树　高　风　　大 (施格) 刮　倒　容易
　　　高树容易被大风刮倒。

（4）bi⁵⁵介引工具

bi⁵⁵可以介引工具。如：

229）tʂaŋ⁵⁵miŋ²¹ ʂๅ⁵⁵ du²¹dei³³ bi⁵⁵ tʂhei¹³ ʔa⁵⁵ tɕhie²¹ ndu²¹ xɯ³³.
　　张明　　　是　鞭子　（工具）羊　　那　只　　打　（陈述）
　　张明是用鞭子打那只羊的。

（5）bi⁵⁵介引对象

230）tʂaŋ⁵⁵miŋ²¹ thie¹³ ma³³ bi⁵⁵ nei³³ɕie³³ ɣo³³.
　　张明　　　他　妈　（介）心　长　　很
　　张明对他妈很孝顺。

5. n̠i³³、n̠i³³dzo³³和m̩³³

n̠i³³的语义为"朝、向"，n̠i³³dzo³³语义为"朝着"，m̩³³的语义为"朝"。

（1）n̠i³³介引对象

231）tʂaŋ⁵⁵miŋ²¹ li³³sๅ²¹ n̠i³³ ti⁵⁵ dʑie²¹ tha²¹khu³³ ti⁵⁵ ko³³.
　　张明　　　李四　（介）痰　清　　一　　　口　吐　（完整）
　　张明朝李四吐了一口唾沫。

（2）n̠i³³dzo³³介引方向

n̠i³³加上一个表示方位的附缀dzo³³，就表示"朝着"。如：

232）ʔa³³ŋa⁵⁵ba²¹ n̠i³³dzo³³ tɕhʋ³³ɣe³³ m̩³³ dʋ⁵⁵ hr̃⁵⁵ ma⁵⁵ de³³.
　　孩子　小　（介）　　大声　（状助）话　说　（否定）（助动）
　　不要朝着小孩子大声说话。

（3）m̩³³介引方向

233）ŋʋ²¹ ɣo¹³bo⁵⁵ m̩³³ xɯ³³ hiẽ²¹ ʔa⁵⁵ n̠i⁵⁵dʑy³³ gue²¹.
　　我　南边　　（介）（描写）房子　那　几　座　喜欢
　　我喜欢朝南那几座房子。

6. tʂho⁵⁵、tɕʋ⁵⁵

tʂho⁵⁵可以介引伴随主体。例如：

234）tʂaŋ⁵⁵miŋ²¹ phu⁵⁵mʋ²¹ tʂho⁵⁵ tha²¹dɤ³³ dʑu³³ndo²¹ ma⁵⁵ ndʑʋ³³.
　　张明　　　父母　　（伴随）一　处　　生活　　　（否定）想
　　张明不想跟父母一起生活。

235）ŋʋ²¹ ne¹³ tɕʋ⁵⁵ ʂa³³ dʋ⁵⁵ so²¹. 我跟你学汉话。
　　我　你　（伴随）汉话　学

7. ʑi³³介引对象

ʑi³³介引表示依照的标准或对象。

236）ŋʋ²¹ dʋ⁵⁵ la³³ ʑi³³ gɯ⁵⁵ tsʋ¹³ ma²¹. 按我的话去做吧。
　　我　话　上　（对象）去　做　（陈述）

237）phiŋ²¹ko³³ tʂhn̩²¹ge²¹ tsๅ²¹tho³³ ʑi³³ vʋ⁵⁵. 这些苹果按斤卖。
　　苹果　　　这些　　　斤数　　（对象）卖

第四章　词类

8. na³³介引对象

na³³可介引比照的对象，其语义为"依、据"。例如：

238）ŋʊ²¹ se⁵⁵ xɯ³³ na³³, tʂaŋ⁵⁵miŋ²¹ nʊ²¹ dʑo³³ dʊ³³.
　　　我　知 (描写)(对象)　张明　　病　生 (完成)
　　　据我所知，张明病了。

9. vi²¹介引工具

239）m³³ɣo¹³su³³ di³³ ba²¹ vi²¹ dʑa³³ dʐu³³ gue²¹.
　　　南　方　人　碗　小 (工具)　饭　吃　喜欢
　　　南方人喜欢用小碗吃饭。

10. ma²¹de⁵⁵、ma²¹bu³³介引比较

ma²¹de⁵⁵、ma²¹bu³³用于差比句中，介引比较基准。例如：

240）li³³sʅ¹³ na³³vei¹³ za³³ʐu³³ tʂaŋ⁵⁵san⁵⁵ na³³vei¹³ ma²¹de⁵⁵.
　　　李四　　妻子　　漂亮　　张三　　　妻子 (比较)
　　　张三老婆比李四老婆漂亮。

ma²¹bu³³作为比较格助词，不能单独使用，要与比较参数组合起来介引比较基准。例如：

241）tʂaŋ⁵⁵san⁵⁵ gɯ²¹mʊ²¹ li³³sʅ¹³ m̩⁵⁵ ma²¹bu³³. 张三个子比李四高。
　　　张三　　　个子　　李四　高 (比较)

11. khɯ²¹介引方位处所

格助词khɯ²¹的语义为"到"，介引方所名词或方所结构，例如：

242）tʂho¹³ko³³ bu¹³ zi¹³ dʑie²¹ ɣo³³, na³³ tho²¹tho³³ khɯ²¹ dʊ²¹.
　　　这　里 (领属)水　清　很　　看　底 (位格) (助动)
　　　这里的水很清，能看到底。

12. ʔe³³

ʔe³³表示"朝向"义，介引方所。ʔe³³的例子也非常少。如：

243）hrɤ̃⁵⁵ dzo²¹, dzu⁵⁵³ tuŋ³³ko¹³ɕie³³sʅ³³ ʔe¹³ ɲei¹³ ndʑʊ³³the³³.
　　　说 (同时) 就　东郭先生　　　 (向格) 扑　过去
　　　说着，就向东郭先生扑过去。

244）na³³li⁵⁵ ʔe³³ dʊ⁵⁵nʊ³³:"na²¹ tʂa³³ dʑu³³ zo³³?"
　　　那立 (向格) 话问　你　什么　吃 (进行)
　　　向那立问道："你在吃什么？"

13. ɕi⁵⁵介引比较

动词ɕi⁵⁵本身就没有动作义，所以，很难与格助词ɕi⁵⁵区别开来。例如：

245）tʂaŋ⁵⁵san⁵⁵ li³³sʅ¹³ a²¹dʑie¹³ ɕi⁵⁵ m̩³³ tɕho²¹m̩³³.
　　　张三　　　李四　一样 (比较)(状助) 高
张三像李四一样高。

（二）名源介词

表 27　　　　　　　　　　三官寨彝语名源介词表

名源介词	意义	名源介词	意义
ko^{33}	在、从、上、里	la^{33}	相当
kua^{33}	上、比	bo^{55}	对

名源后置介词多发生于"名词+方位名词"的结构里，正如刘丹青（2003：155）所说："名源后置词多发生于关系名词结构。最容易虚化为介词的关系名词是表示部位、部件、空间位置的名词，如'背、顶、上面、外面、处'等。"① 名源介词内部虚化的程度是不同的，有的已经能看作典型的后置词了，如 ko^{33}、bo^{55}；有的还不很典型，甚至更多的保留了方位名词的特征，如，la^{33}、kua^{33}。但总的来看，从方位名词语法化为后置介词的数量还是非常少的，它不是后置介词的主要来源。

1. 名源后置词 ko^{33}

（1）ko^{33} 介引处所

ko^{33} 可以介引方所名词，表示所在的处所，如：

246）tʂaŋ^{55}miŋ^{21}　tan^{55}ɣuei^{21}　ʂʅ^{21}taŋ^{21}　ko^{33}　dʑa^{33}　dʑʊ^{33}.
　　　张明　　　单位　　　食堂　　（介）饭　　吃

张明在单位食堂吃饭。

（2）介引起点

ko^{33} 引申为表示动作行为的出发点。例如：

247）su^{33}ma^{13}　tha^{21}　ge^{21}　a^{55}　na^{21}　ko^{33}　li^{21}　dʊ^{33}.
　　　民兵　　一　　些　　那里　　（介）来　（完成）

有一些民兵从那里来了。

2. la^{33} 介引比较

la^{33} 的空间义表示有接触面的上面，并蕴含了"两个物体大体相当"的意义，最终虚化为表示"相当"义。la^{33} 表示等比关系。例如：

248）tʂaŋ^{55}miŋ^{21}　bu^{13}　bʊ^{21}　ze^{21}mʊ^{21}　dʑie^{21}　la^{33}　tɕhi^{55}.
　　　张明　　（领属）腿　　柱子　　根　（比较）粗

张明的腿像根柱子一样粗。

3. kua^{33} 介引比较基准

kua^{33} 可以介引比较基准，表示差比关系。例如：

---

① 刘丹青：《语序类型学与介词理论》，商务印书馆 2003 年版，第 155 页。

249）tʂaŋ⁵⁵san⁵⁵ li³³ʂ̩¹³ kua³³ tɕho²¹m̩³³. 张三高过李四。
　　　张三　　　李四　（比较）高

4. bo⁵⁵

bo⁵⁵介引对象。例如：

250）tʂaŋ⁵⁵miŋ²¹ thie¹³ ma³³ bo⁵⁵ nei³³ ɕie³³ ɣo³³.
　　　张明　　 他　妈　（介）心　长　很
　　　张明对他妈很孝顺。

bo⁵⁵都能用 bu²¹和 bi⁵⁵替换。替换如下：

251）A. tʂaŋ⁵⁵miŋ²¹thie¹³ ma³³ bu²¹ nei³³ɕie³³ ɣo³³.
　　　　张明　　 他的 妈　（介）心　长　很
　　　　张明对他妈很孝顺。

B. tʂaŋ⁵⁵miŋ²¹ thie¹³ ma³³ bi⁵⁵ nei³³ ɕie³³ɣo³³. 张明对他妈很孝顺。
　 张明　　 他的 妈 （介）心　长　很

bo⁵⁵"跟、和"义用例也很少，也仅仅收集到一例。如下：

252）ʔa³³ɕie³³ tʂaŋ⁵⁵miŋ²¹ ʔa³³ma³³ bo⁵⁵ dʊ⁵⁵hɤ⁵⁵ dzo²¹?
　　　谁　　 张明　　 妈妈　（伴随）话　说 （进行）
　　　谁在和张明妈妈说话？

（三）未知来源后置介词

表 28　　　　　　　　　三官彝语未知来源介词表

未知来源后置介词	意义	未知来源后置介词	意义
bʊ⁵⁵	跟	bu²¹	对、为、给、跟
vi³³	对	le²¹	对
lo³³	向		

暂时无法确切知道这些后置介词的来源，因此称其为未知来源的后置介词。

1. bʊ⁵⁵介引伴随者

253）ʔa³³ɕie³³ na¹³ ma³³ bʊ⁵⁵ dʊ⁵⁵hɤ⁵⁵ dzo²¹? 谁在和你的妈妈说话？
　　　谁　　 你 妈妈 （介）话　说 （进行）

254）ʔa³³ɕie³³ na²¹ bu¹³ zu³³ba²¹ bʊ⁵⁵ dʊ⁵⁵hɤ⁵⁵ dzo²¹?
　　　谁　　 你 （领属）儿子 （介）话　说 （进行）
　　　谁在和你的儿子说话？

bʊ⁵⁵能跟 bu²¹、tʂho⁵⁵替换，替换如下：

255）A. ʔa³³ɕie³³ na¹³ ma³³ bu²¹ dʊ⁵⁵hɤ⁵⁵dzo²¹? 谁在和你的妈妈说话？
　　　　谁　　你的　妈妈 (伴随)　话　说　(进行)
　　B. ʔa³³ɕie³³ na¹³ ma³³ tʂho⁵⁵ dʊ⁵⁵hɤ⁵⁵ dzo²¹?
　　　　谁　　你的妈妈 (伴随)　话　说　(进行)
　　C. ʔa³³ɕie³³ na²¹ bu¹³ zu³³ba²¹ bu²¹ dʊ⁵⁵hɤ⁵⁵ dzo²¹?
　　　　谁　　你 (领属)　儿子　(伴随)　话　说　(进行)
　　D. ʔa³³ɕie³³ na²¹ bu¹³ zu³³ba²¹ tʂho⁵⁵ dʊ⁵⁵hɤ⁵⁵ dzo²¹?
　　　　谁　　你 (领属)　儿子　(伴随)　话　说　(进行)

2. bu²¹

大体上可以把 bu²¹ 分成三类：介引受益者；介引对象；介引伴随者。bu²¹ 是介引受益者，不同于 bi⁵⁵。

256）ŋʊ²¹ bʊ²¹ nʊ²¹, na²¹ gɯ⁵⁵ ŋʊ²¹ bu²¹su³³tu³³ mbe³³ ma²¹.
　　　我　腿　疼　你　去　我　(受益)　书张　射　　(陈述)
　　　我腿疼，你去给我寄封信吧。

bu²¹ 介引受益者本身就含有了受益者的方向，并由此进一步虚化为"对"义，具有向格的用法。例如：

257）tɕhy³³n̩i⁵⁵ bu²¹ nei³³ʑi³³ hɤ̃⁵⁵, na²¹ dʊ⁵⁵dʑie²¹ tʂhŋ²¹m̩³³ ʔo³³ le³³.
　　　狼　　(向格)　仁慈　讲　你　话　真　这样　呆傻 (陈述)
　　　对狼讲仁慈，你真是太糊涂了。

258）ʔa³³ŋa⁵⁵ba²¹ bu²¹ tɕhu³³ ɣe³³ m̩³³ dʊ⁵⁵ hɤ̃⁵⁵ ma⁵⁵ de³³.
　　　孩子　小　(向格)　声　大　(状助) 话　说　(否定)　(助动)
　　　不要对小孩子大声说话。

bu²¹可以介引伴随者。如：

259）ʔa³³ɕie³³ na¹³ ma³³ bu²¹ dʊ⁵⁵hɤ̃⁵⁵ dzo²¹? 谁在和你的妈妈说话？
　　　谁　　你的　妈 (伴随)　话　说　(进行)

3. vi³³

260）ba³³dɤ³³ dʑa³³ tʊ³³ dʑu³³ gɯ²¹phi³³ vi³³ ma²¹ n̩ʊ³³.
　　　经常　饭　烫　吃　身体　(介) (否定) 好
　　　经常吃烫饭对身体不好。

4. le²¹

261）na²¹ thi²¹ le²¹ ʔɤ²¹tʂŋ⁵⁵ mba³³khu³³ dzo²¹ le²¹?
　　　你　他 (向格)　什么　　要求　　有 (疑问)
　　　你对她有什么要求吗？

5. lo³³

262) tɕo³³tɕo⁵⁵ pe²¹li²¹ lo³³ du⁵⁵nu³³ tʂʅ³³lɤ³³ ʑi³³ ŋɯ²¹.
　　快快　　百力　(介)　话问　　什么　因　是
　　急忙问百力是什么原因。

三　框式介词

表 29　　　　　　　　　　三官彝语框式介词表

框式介词	意义	框式介词	意义
de³³…ko³³	在……上	de³³…nde³³	在……顶上
gɯ⁵⁵…ka³³	把……给	ke³³…bi⁵⁵	把……给
ka³³（ke³³）…（ke³³）ka³³	把	ka³³(ke³³)…bi⁵⁵	被……给
ka³³…bi⁵⁵	用		

刘丹青（2003：93）："框式介词的来源跟其他介词是一致的，也是从动词、名词语法化而来。只是在一个框式介词中其前后两部分可能有不同的实词来源……"①在三官彝语中确实存在前后两部分有不同来源的情况：一个来源于动词，一个来源于名词。除了框式介词前后两部分语法化的来源不同外，框式介词还有都来源于动词的情况。

1. 框式介词 de³³…ko³³

de³³…ko³³语义为"在……上"，用得极少。如下：

263) hɤ̃⁵⁵ no³³ m̩²¹ de³³ mi³³ ko³³ ŋɯ⁵⁵. 说着就躺在地上。
　　 说　(同时) (框式) 地 (框式) 躺

264) su³³na³³ ŋgo³³ de³³ hẽ²¹tɕhi³³ ko³³ tha⁵⁵ ka²¹.
　　 字　　　写　(框式)　墙　　　　(框式) (否定) (游移)
　　别把字写在墙上！

而在第二个例句中，也可以省略 de³³…ko³³ 中的前件或后件，且省略式更常用。例如：

265) su³³na³³ ŋgo³³ de³³ hẽ²¹tɕhi³³ tha⁵⁵ ka²¹. 别把字写在墙上！
　　 字　　　写　(介)　墙　　　　(否定) (游移)

266) su³³na³³ ŋgo³³ hẽ²¹tɕhi³³ ko³³ tha⁵⁵ ka²¹. 别把字写在墙上！
　　 字　　　写　墙　　　　上　(否定) (游移)

或者把整个框式介词全部省略，如：

---

① 刘丹青：《语序类型学与介词理论》，商务印书馆 2003 年版，第 93 页。

267）su³³na³³ ŋo³³ hẽ²¹tɕhi³³ tha⁵⁵ ka²¹！别把字写在墙上！
　　　字　　　写　墙　(否定)　(游移)

2. 框式介词 de³³...nde³³

框式介词 de³³...nde³³ 语义为"在……顶上"。例如：

268）tʂaŋ⁵⁵miŋ²¹ hẽ²¹ tha²¹tɕy³³ dʑo³³ de³³ bu²¹ʔʊ³³ nde³³ ka³³.
　　　张明　房　一　间　建 (框式) 山头　　　(游移)
　　　张明盖了一座房子在山顶上。

3. 框式介词 gɯ⁵⁵...ka³³

前置介词 gɯ⁵⁵ 与后置介词 ka³³ 构成的框式介词，语义为"把……给"，框式介词位于介引的名词两侧，使用极少。如：

269）tʂaŋ⁵⁵miŋ²¹ gɯ⁵⁵ ʐo²¹ʐo³³ ka³³ fe³³ de³³ kɔ³³.
　　　张明　(框式)　自己　　　摔　倒 (完整)
　　　张明把自己（给）摔倒了。

4. 框式介词 ke³³...bi⁵⁵

框式介词 ke³³...bi⁵⁵ 的语义为"给"。

270）yʊ³³ xɯ³³ ɬu⁵⁵ ke³³ ȵie²¹ba²¹ bi⁵⁵ vei¹³, na²¹ ɖe²¹ xɯ³³ ve¹³.
　　　窄 (描写) 裤子 (框式) 弟弟 (框式) 穿　你 宽 (描写) 穿
　　　窄的裤子给弟弟穿，你穿宽的。

5. 框式介词 ka³³...ke³³ 或 ke³³...ka³³

ka³³（ke³³）...（ke³³）ka³³ 的语义为"把"，实际例句比较少。ka³³ 和 ke³³ 可以自由替换，但一般是前件如果用 ka³³，后件用 ke³³，反之依然。

271）thi²¹ ʐo²¹ʐo³³ ka³³/ke³³ʐo²¹ʐo³³ ke³³/ka³³ fe³³ pu⁵⁵ kɔ³³.
　　　他　自己　(框式)　　自　(框式)　摔　倒 (完整)
　　　?他自己把他自己（给）摔倒了。

6. 框式介词 ka³³(ke³³)...bi⁵⁵

框式介词 ka³³(ke³³)...bi⁵⁵ 语义为"被"，介引施事，ka³³ 和 ke³³ 可以互相替换，没有条件限制。如下：

272）sei³³ m̥⁵⁵ ʔa⁵⁵ dʑie²¹ ka³³/ke³³ mi³³hĩ³³mʊ⁵⁵ bi⁵⁵ mʊ³³ de³³ kɔ³³.
　　　树　高　那　棵　(框式)　大风　(框式)　刮　倒　(完整)
　　　?那棵高树昨天被大风刮倒了。

有些情况下必须用框式介词 ka³³/ke³³...bi⁵⁵，而不能单独用表被动的 bi⁵⁵ 介引施事，但这样的例句很少。例如：

273）tʂaŋ⁵⁵miŋ¹³ ȵi³³ li³³kaŋ⁵⁵ tha²¹ʐo²¹ bu¹³ ȵi³³ ka³³/ke³³ tha²¹
　　　张明 (并列) 李刚 (停顿) 一　个 (领属) 牛 (停顿)(框式)　一
ʐo²¹ bi⁵⁵ ndu³¹ ɕi³³ kɔ³³.
个 (框式)　打　死 (完整)
张明和李刚，一个的牛被一个打死了。

7. 框式介词 ka³³…bi⁵⁵ "用"

该框式介词用得很少，仅有一例。如下：

274）tuŋ³³ko¹³ɕie³³sɿ³³ di⁵⁵ ka³³ tʂa³³ bi⁵⁵ ndʊ³³ du³³.

　　东　郭　先　生　叫(框式)　　绳子　　　捆　住

叫东郭先生用绳子捆住。

四　小结

附置词是语言类型进行预测的重要的类型学参项。按照类型学研究的结论来看，彝语是典型的 SOV 型语言，那么，对应的附置词应该是后置词符合类型学的预测。但三官彝语中不仅存在后置词，而且存在前置词（前置介词）和框式介词。这表面上是对类型学中已有结论的否定，但仔细分析，却又是对类型学已有研究成果的丰富。在三官彝语中，前置介词的形成还需要做进一步的研究。

第十节　连词

彝语东部方言中的连词可以分为两大类：等立连词和主从连词。

表 30　　　　　　　　　三官、腊鲁、禄劝连词对比表

东部方言	等立连词	主从连词
三官寨彝语	ȵi³³和、ʐʊ⁵⁵并、nʊ³³和、no³³和、ʊ³³no³³或者、ma⁵⁵de³³ɕi³³还不如、tɕi⁵⁵no³³…me²¹dʊ³³先是……然后、thi²¹dʊ³³然后、di⁵⁵no³³于是、sɿ³³no³³于是、ȵie²¹ ma²¹ ŋɯ²¹… xa²¹ de³³不仅……而且	di⁵⁵no³³如果、di⁵⁵no³³…dzʊ⁵⁵如果……就、di⁵⁵no³³…tʊ⁵⁵如果……就、di⁵⁵no³³…ʔɔ⁵⁵如果……都、di⁵⁵no³³…ʔa⁵⁵na³³如果……那么、zi³³因、zi³³di¹³因为、tʂhɿ²¹ zi³³所以
新平腊鲁彝语	ne²¹和、(ma³³)ȵu⁵⁵还是、ɣo³³…ɣo³³一边……一边、le³³…le³³既……也、xe⁵⁵me²¹…ko⁵⁵tæ³³先然后、a³³ȵ²¹ŋa³³mɯ⁵⁵要么	the²¹thæ³³…mɯ⁵⁵/dze³³……就、be³³le³³就、a³³…mɯ⁵⁵如果……就/只要……就、mɯ⁵⁵就、zi³³因为、sue³³za²¹、pu²¹ko⁵⁵（借词）虽然……但是、mɯ⁵⁵…mɯ⁵⁵是……但是、ue⁵⁵lə²¹（借词）为了、sə²¹tə²¹（借词）省得
禄劝彝语	di³³和、ȵi³³也ȵi³³…ȵi³³又……又、ʐo⁵⁵…ʐo⁵⁵又……又、zi²¹me³³…zi²¹me³³一边……一边、so³³…so³³是……是、tɕe⁵⁵又、se³³又、bi²¹de²¹…tɕo⁵⁵就、yu³³du⁵⁵之后、za³³ma²¹ne²¹不仅、za³³ma²¹ne²¹不仅……也、χe⁵⁵不仅……而且、ʔo²¹le²¹…ʔo²¹le²¹越……越、ʔo²¹…ʔo²¹越……越、de⁵⁵ȵi³³…ma²¹宁愿……不、ȵe³³或者、ne²¹lɔ³³…ȵe³³the²¹是……还是、tɕe⁵⁵…tɕe⁵⁵先……还是、lɔ³³…the²¹呢……还是、the²¹ la²¹还是、lɔ³³还是	de⁵⁵no³³如果……的话、no³³如果、de⁵⁵ka³³但是、ma²¹ne³³否则、de⁵⁵ȵi³³无论……都、ma²¹ka²¹不管……都、tha⁵⁵le²¹…ʔa⁵⁵no³³因为……所以、no³³的话、so³³…tha⁵⁵le²¹是因为、dze⁵⁵…tha⁵⁵le²¹为了

由表 30 可以看到，三官寨彝语和禄劝彝语还较好地保留了彝语的连接手段，而新平腊鲁彝语的这些连接手段则逐渐消失，且借用了汉语的一些连接手段。因此，该部分仍以三官寨彝语为例进行描述。

根据连词所连接成分之间的关系可以把连词分为：等立连词和主从连词。

一 等立连词

（一）并列连词

连接两个或多个同样重要的成分的连词，叫并列连词。

1. 并列连词 ȵi³³

ȵi³³ 的语义为"和"，是表示并列的连词。它可以连接词、短语等句法成分。

（1）连接两个体词

连接两个体词的例句，如下：

275) ŋʊ²¹ ȵi³³ thi²¹ tha²¹tshʊ³³ tshʊ³³ thu³³ lʊ²¹ lɤ⁵⁵.
　　　我　（并列）他　一道　　　北京　　　去
　　　我和他一道去北京。

（2）连接两个谓词

276) thi²¹ȵie⁵⁵ a⁵⁵ bu³³m̩³³ bi⁵⁵ dʑu²¹bu²¹ ȵi³³ tʂhe⁵⁵thu³³ yʊ²¹ po³³ɕi³³.
　　　他们俩　老者　　（施格）赞扬　（并列）赏赐　　得　又　还
　　　他俩还受到老者的赞扬和赏赐。

2. 并列连词 ʐʊ⁵⁵

ʐʊ⁵⁵ 的语义为"并"，是连接两个具有并列关系分句的并列连词。例如：

277) huã⁵⁵ a²¹mie⁵⁵ ȵi³³ tɕhy³³ gɯ⁵⁵ tɕhi²¹ʂ̩⁵⁵ yʊ²¹ sʊ³³ go¹³li²¹, ʐʊ⁵⁵
　　　老鼠　　猫　（并列）狗　去　谷种　　得　找　回来　　（并列）
tʂ̩⁵⁵ tse³³ ko³³ ka³³ di⁵⁵ se³³.
放　仓　里　（位格）说　知
　　　老鼠、猫和狗找到谷子回来并把谷子放在仓里。

（二）选择连词

连接两个具有选择关系成分的连词，叫选择连词。

1. 选择连词 nʊ³³ 和 no³³

nʊ³³ 和 no³³ 是表示选择关系的并列连词。

（1）连接两个名词

278) na²¹ ʂ̩⁵⁵ thuan²¹ʐuan²¹ no³³ taŋ³³ʐuan²¹? 你是团员还是党员？
　　　 你　是　团员　　　（并列）党员

（2）连接谓词性短语或小句

279) na²¹ the³³ nʊ³³ thi²¹ the³³ ʔɔ⁵⁵ lɤ²¹de¹³. 你去或者他去都可以。
　　　你　去　（并列）　他　去　都　（助动）

2. 选择连词 ʊ³³no³³

280) ŋgu³³ te³³ ʊ³³no³³ ʑi⁵⁵mie²¹ te³³ ʔɔ⁵⁵ ʂɿ⁵⁵ a²¹tɕie¹³ɕi⁵⁵.
　　　荞子　种　（并列）　苞谷　种　都　是　一样
　　　种荞子还是种苞谷都是一样。

3. 表示限选关系的 ma⁵⁵de³³ɕi³³

281) ʔa⁵⁵ʂɿ²¹ di⁵⁵no³³, ŋʊ²¹ gɯ⁵⁵ tha²¹ɕi³³ na³³ ma⁵⁵ de³³ ɕi³³?
　　　那样　（话题）　我　去　一下　看　（否定）　及　还
　　　那我还不如去看看？

（三）承继连词

连词把表示时间的先后顺序或事理上的先后顺序的成分连接起来，我们把具有这种功能的连词叫承继连词。这些连词有：tɕi⁵⁵no³³…me²¹dʊ³³ "先是……然后"、thi²¹ dʊ³³ 以及 di⁵⁵no³³ 和 ʂɿ³³no³³。

1. 表示时间先后顺序的承继连词

282) tɕi⁵⁵ no³³ ʐei¹³tʊ⁵⁵ ɖe²¹ thei³³, me²¹dʊ³³ tʂhu³³ ndɤ²¹ po³³.
　　　先　是　睡　起　晚　（终结）　然后　车　堵　又
　　　先是起来晚了，然后又堵车。

283) thi²¹dʊ³³ tɕhi²¹bu²¹ ko³³ hẽ¹³bu⁵⁵ m̩³³. 然后在谷堆上翻滚。
　　　然后　谷堆　里　翻滚　（进行）

2. 表示事理先后顺序的承继连词

按照事件所具有的事理上的先后顺序来描写事件的连词有：di⁵⁵no³³ "于是"和 ʂɿ³³no³³ "于是"。例如：

284) di⁵⁵no³³tɕhy³³ dzʊ⁵⁵ a²¹mie⁵⁵ ke³³ba³³ ʑi²¹bu²¹ ndʑʊ²¹the³³ dʊ³³.
　　　（并列）　狗　就　猫　捡背　凫水　过去　（完成）
　　　于是，狗就背着猫凫水过河。

285) ʂɿ³³no³³, thi²¹ dzʊ⁵⁵ ɕi²¹ ndʑu³³ la¹³ ndʐɿ²¹ bei¹³li²¹.
　　　（并列）　他　便　抚爱　手　伸　出来
　　　于是，便伸出爱抚之手。

（四）递进连词

递进复句的两个分句中，后一个分句在前一个分句的基础上，语义上程度不断加深。把这前后两个分句联系起来的连词就是递进连词。表示递进的连词是 ȵie²¹ ma²¹ ŋɯ²¹… xa²¹ de³³ "不仅……而且"。例如：

286）huã⁵⁵ dʑu³³ nda²¹ m̩²¹ndzu⁵⁵ n̪ie²¹ma²¹ŋɯ²¹，xa²¹de³³ʐo⁵⁵tʅ³³
　　　老鼠　吃　好　做　　懒　　不仅（主从）　　损人利己

su³³da³³ xɯ³³ ŋʊ⁵⁵ m̩²¹ tɕo⁵⁵ vei³³ ɕi³³．
（描写）事　干　参加（助动）还

老鼠不仅好吃懒做，而且还干损人利己的事。

二　主从连词

主从连词是指连接两个有主次之分的小句的连词。表示主句和分句之间存在假设、因果、转折、条件、目的等关系。

1. 假设连词

表示假设关系的连词叫假设连词。

（1）假设连词 di⁵⁵no³³

287）thi²¹ na²¹ ka³³ gɯ⁵⁵ toŋ³³ɕi³³ khɯ³³ di⁵⁵no³³，na²¹ tha²¹ the³³!
　　　他　你　让　去　东西　　偷　（主从）　　你（否定）去

他如果让你去偷东西，你不去！

（2）与关联副词的连用

di⁵⁵no³³与副词 dzu⁵⁵、tʊ⁵⁵、ʔɔ⁵⁵、ʔa⁵⁵na³³等连用。

288）ŋʊ²¹ ʔa²¹n̪i²¹ gɯ⁵⁵ ɣʊ⁵⁵ ma²¹ ve²¹ di⁵⁵no³³，dzo¹³phu⁵⁵ dzu⁵⁵
　　　我　昨天　　去　菜（否定）买（主从）　　钱　　　就

ŋe⁵⁵ ma⁵⁵kʊ³³ dʊ³³. 如果我昨天没去买菜，钱就不会丢了。
丢（否定）（助动）（完成）

289）tʂaŋ⁵⁵miŋ²¹ ŋʊ⁵⁵m̩²¹su³³ ŋɯ²¹ di⁵⁵no³³，thi²¹ tʊ⁵⁵ loŋ²¹ʐo²¹ ʐ̩⁵⁵bo²¹.
　　　张明　　　农民　　　是（主从）　　他　就　农药　　认识

张明如果是农民，他就认识农药。

290）tʂʅ²¹sʅ²¹ ma²¹ m̩²¹ di⁵⁵no³³, a³³ɕi⁵⁵ ʔɔ⁵⁵ ŋue¹³ ɕi³³ tho¹³.
　　　这样（否定）做（主从）　我们　都　饿　死　成

如果不这样，我们都会饿死。

291）tʂaŋ⁵⁵miŋ²¹ sʅ⁵⁵ ʔa²¹n̪i²¹ pe²¹tɕiŋ⁵⁵ lɤ⁵⁵ xɯ³³ di⁵⁵no³³，
　　　张明　　　是　昨天　　　北京　　去（描写）（主从）

ʔa⁵⁵na³³，thi²¹ ʔa²¹n̪ie²¹thu⁵⁵ zi²¹tiŋ¹³ ko³³ khɯ²¹ dʊ³³.
那么　　　他　现时　　　　一　定（附缀）到（完成）

如果张明是昨天去北京的，那他现在肯定到了。

2. 因果连词

因果连词可以分为两类：一类表示原因；一类表示结果。这两类连词往往要单独使用。原因连词用 ʐi³³或者 ʐi³³di¹³，结果连词用 tʂʅ²¹zi³³。例如：

292）tʂʅ²¹ẓi³³, a²¹mie⁵⁵ dzʊ⁵⁵ʊ³³ku³³ ma²¹ lɤ²¹ m̩³³ huã⁵⁵ ŋa²¹
　　　（主从）　　猫　　就　　生命（否定）要　（状助）老鼠　追　　（并列）
　　　ȵi³³ huã⁵⁵ dʑu³³.
　　　老鼠　吃
所以，猫就拼命地追赶老鼠和吃老鼠。
ẓi³³或者ẓi³³di¹³处于所连接的成分之后，为后置性连词，而 tʂʅ²¹ ẓi³³ 处于所连接的成分之前，为前置连词。

3. 转折连词
转折是表示语义相反、相对。有：di⁵⁵dɤ³³、li³³dɤ³³、di⁵⁵dʊ³³、ndi⁵⁵dʊ³³等。

（1）di⁵⁵dɤ³³

293）tho¹³ na³³ ȵʊ³³ ŋɯ²¹, di⁵⁵dɤ³³ tha²¹ tɕi³³ ɕie³³ the³³.
　　　衣服　看　好　是　（主从）　一　点　长　（终结）
　　　衣服虽好看，但是长了些。

（2）li³³dɤ³³

294）tʂaŋ⁵⁵miŋ²¹ ʂu³³pi¹³, li³³dɤ³³ɕiao³³li³³ xɛ²¹ʂɻ⁵⁵ fʊ³³ thi²¹ bi⁵⁵ ndʑu³³.
　　　张明　　　很穷　（主从）小李　　还是　　嫁　他（目标）愿意
　　　张明很穷，但小李还是愿意嫁给他。

（3）di⁵⁵dʊ³³

295）di⁵⁵dʊ³³, hiẽ²¹ ɕie³³ tʂʅ²¹ lɤ³³ dʑe⁵⁵ ndʑu³³ yo³³.
　　　（主从）　房　主　这　个　可恶　太　（陈述）
　　　但是，这个房主太可恶。

（4）ndi⁵⁵dʊ³³ / ndi⁵⁵ dɤ³³

296）bu³³ʂe³³ thi²¹ tɕhei¹³, ndi⁵⁵dʊ³³ tɕhei¹³ thie¹³ ma⁵⁵ zo²¹.
　　　蛇　　　他　咬　　　但　　　咬　　他（否定）中
　　　蛇咬他了，但没有咬中他。

297）ndi⁵⁵ dɤ³³ na²¹ bu¹³ tɕhi³³tɕa³³ ɬi³³ pha³³ ʂei³³ du³³ xʊ⁵⁵.
　　　但　　　你　（领属）脚　　　　四　只　捆　住　（助动）
　　　但要捆住你的四只脚。

4. 条件连词
表示充足或必要条件关系的连词叫条件连词，有：ȵie³³xʊ⁵⁵、ȵie⁵⁵ȵie³³。

（1）ȵie³³xʊ⁵⁵

ȵie³³xʊ⁵⁵语义为"只要"，例如：

298）na²¹ no³³ ŋʊ²¹ bu²¹ khʊ²¹ȵʊ³³ m̩²¹ hiẽ²¹ ka³³ na³³ ȵʊ³³ ȵie³³xʊ⁵⁵.
　　　你　（话题）我　（受益）好好　（状助）家　（受格）看　好　（主从）
　　　你呀只要给我把家看好了。

（2）ȵie⁵⁵ȵie³³

ȵie⁵⁵ȵie³³语义为"只有"，例如：

299）tʂho¹³ko³³ ʔʊ³³tsho³³ tʂaŋ⁵⁵miŋ²¹ ȵie⁵⁵ȵie³³ ʑiŋ⁵⁵ʐy³³ hɣ̃⁵⁵ kʊ¹³.
　　　 这儿　　人　　　张　明　　(主从)　　英　语　说　(助动)
　　　 这儿的人只有张明会说英语。

5. 目的连词

目的连词有：m̩²¹lu³³no²¹、lo³³ʑi³³、ʑi³³ŋɯ³³、ʑi³³tɕhi³³。

300）thi²¹ tsu⁵⁵tsu³³ so³³ xɯ³³ no³³, yʊ²¹dʊ⁵⁵ so³³ɣe³³ da³³ ʑi³³ŋɯ³³.
　　　 他　　好　好　　学　(陈述)(陈述)　以后　　　大学　上　是为了
　　　 他好好学习，是为了以后上大学。

三　汉语对彝语东部方言连词语序的影响

彝语东部方言的连词与其连接的成分之间在句法上有两种位置，其一是在被连接成分之前，其二在被连接成分之后。从类型学的角度看，连词处于被连接的成分之后与彝语固有的语序是和谐的，但是在彝语东部方言的多数方言中都出现了连词处于被连接成分之前的情况。这种情况的出现，显然是受到汉语的强势影响，其影响方式有两种：一是直接借用汉语的连词，并且复制了该连词的句法模式，即处于被连接成分之前；二是直接复制了汉语连词的句法模式，但是连词仍然采用了彝语的固有词汇。

第十一节　助词

助词一般分为结构助词、体助词、语气助词。

助词中与其他词类容易产生混淆的主要是结构助词，结构助词容易与介词或格标记发生混淆。

首先，介词是具有介引作用的词，"具有介引作用"是它不同于结构助词的特征，与格标记相比，介词本身还没有完全虚化为形态性的标记；其次，结构助词表示结构关系，并不介引名词等体词性成分，其作用只是表明两个成分之间的关系，这是它与介词的区分。而作为词，它还没有虚化为形态性成分，这又不同于格标记。结构助词中，话题助词、宾语助词和领属助词可能比较接近格标记，但结构助词主要表示语法关系，而格标记则标示语义上的各种角色，如：施事、受事、与事等。因此，我们倾向于把标示语法关系的结构助词与表示语义角色的格标记区分开来。

彝语东部方言有较为丰富的助词，这也反映了彝语的分析语言的性质，通过虚词来表达语法意义。表31为三官寨彝语与新平腊鲁彝语的助词。

表 31　　　　　　　　　三官和新平彝语的助词系统表

助词		三官寨彝语	新平腊鲁彝语
结构助词	话助	no³³、li²¹/li³³	mɯ⁵⁵
	宾助	无	le⁵⁵、a⁵⁵
	定助	bu¹³的、xɯ³³的	de³³的、a⁵⁵ʐa⁵⁵的
	状助	m̩³³地	o³³地
	补助	de³³得、dɤ³³得	ne²¹得、ge³³得
名物化助词		bu¹³的、xɯ³³的	de³³、ʐa²¹、lo³³mo³³
体助词		完整体：kɔ³³、xʊ²¹、ŋʊ⁵⁵/³³；完成体：dʊ³³；终结体：the³³；起始体：li³³；进行体：m̩³³/m²¹、dʐo²¹、ŋɯ⁵⁵；持续体：tu³³、zɿ⁵⁵/zɿ³³/tʂʰɿ⁵⁵、dʐo²¹；同时体：lo⁵⁵m̩²¹、no³³m̩³³、dʐo²¹。	将行体：bo³³、ba³³；进行体：la⁵⁵；已行体：o³³、ko²¹；结果体助词：tæ³³；短暂体助词：ɕi²¹a⁵⁵；引述体助词：dzə²¹。
语气助词		陈述语气：xɯ³³、la³³、ʂai⁵⁵、la³³/ʂa³³、di⁵⁵lei³³、di⁵⁵la³³。疑问语气：mo⁵⁵、ma²¹、ʔɔ⁵⁵、le²¹、le⁵⁵。感叹语气：di⁵⁵ɣo¹³、ɣo¹³、la³³、ʔʊ¹³、di⁵⁵、ʔai²¹、a²¹、di⁵⁵ɣo¹³。	陈述语气：o³³、a³³、a⁵⁵、dza²²、za³³。疑问语气：ne³³、æ²¹、na³³、dza³³、bo⁵⁵o²¹、n̩u⁵⁵；感叹语气：ma²¹、o³³、a³³；祈使语气：le²¹、a³³。

一　结构助词

结构助词是指用在修饰语和中心语之间表明它们之间具有修饰关系的虚词。修饰语与中心语的组合根据中心语的不同可分为：体词中心语和谓词中心语。此外，由中心语与其补充说明成分组合而成的结构往往也需要表明中心语与补充语之间关系的助词，该类助词也属于结构助词。

（一）话题助词

三官寨彝语的话题助词：

1. 话题助词 no³³

301）tʂaŋ⁵⁵miŋ²¹　ʔɔ⁵⁵　ʔʊ³³tsho³³　no³³　ʂʊ³³tɕhie³³　ȵie³³　dzu³³.
　　　张明　　　那儿　人　　　（话题）面条　　　只　　吃
　　　张明那儿人啊只吃面条。

2. 话题助词 li²¹/li³³

302）thi²¹　li²¹/li³³　so³³ɣe³³　ʔɔ⁵⁵　ɣɯ²¹　ma⁵⁵　ŋʊ³³. 他连大学都没上过。
　　　他　　（话题）　大学　　都　　读　　（否定）（完成）

新平腊鲁彝语话题助词：

新平彝语中话题助词为 mɯ⁵⁵。话题可以是体词或体词性结构，也可以是谓词或谓词性结构。例如：

303）ʑa²¹n̩²¹ɣə²¹la⁵⁵mɯ⁵⁵ŋo³³ke⁵⁵ʑi³³gu³³mi⁵⁵n̩²¹dza³³.
　　　他　不　在（助）（助）我　更　去　　想　不
　　　他不在我更不想去。

（二）宾语助词（新平拉鲁彝语）

304）a. ŋo³³ni³³le⁵⁵te⁵⁵. 我打你。
　　　　　我　你（助）打
　　　b. ni³³le⁵⁵ŋo³³　te⁵⁵. 我打你。
　　　　　你（助）我　打

宾语助词表明宾语的身份，因此语序上，宾语和主语可以互换位置。如上例所示。宾语助词在彝语东部方言其他语音点基本消失。请注意这里的宾语助词不同于施受格中的受格。宾语助词纯粹属于句法上的属性，不太强调语义上的施受关系。

（三）定中助词

定中助词有：bu¹³和xɯ³³。这两个定中助词虽然表达相同的结构关系，但是两者表达的结构关系在语义上有明显的区别。bu¹³用于有直接或间接的的领有或占有关系，而xɯ³³适用于非拥有或占有关系的定中结构中。也就是说，bu¹³具有领有或占有关系，而xɯ³³不具有该种关系，其自身具有描写性。

表领属关系bu¹³的例句，如下：

305）tʂaŋ⁵⁵miŋ²¹　ʐo²¹ʐo³³　bu¹³　bʊ²¹to³³　ndzo¹³　dʐ̩³³/tʰʐ̩³³　kɔ³³.
　　　张明　　　　自己　（领属）　腿　　　跌　　　折　　　　（完整）
　　　张明摔折了自己的腿。

表描写关系xɯ³³的例句，如下：

306）ɣu⁵⁵ne³³　ma⁵⁵ndʑu³³　xɯ³³　ʔʊ³³tsho³³　khɯ³³sʐ̩³³　n̩i³³　ma⁵⁵　ndʑu³³.
　　　香菜　　（否定）爱　　（描写）　人　　　　大蒜　　　也　（否定）　爱
　　　不爱香菜的人肯定也不爱大蒜。

（四）状中助词

状中助词是m̩³³。一般来说由形容词、动词、名词和数量短语的重叠形式充当状语都要加上状中助词来充当状语。副词充当状语往往不需要状中助词。状中助词在语音形式上有两种形式：m̩³³和m̩²¹。

形容词充当状语：

307）tɕho⁵⁵　m̩³³　ʑei¹³gɯ²¹　ka³³　kʊ²¹　za¹³li²¹! 快从楼上走下来！
　　　快　（状助）　楼上　　（位格）　走　下来

状态形容充当状语，表示动作的方式的，使用结构助词m̩³³。如：

308）thi²¹xɯ³³ gɯ²¹gɯ²¹lɤ³³lɤ²¹ m̩³³ kʊ²¹ dʊ³³.
　　　他们　　高高兴兴　　（状助）走　（完成）
　　　他们高高兴兴地走了。

动词或动词短语充当状语：
动词或动词短语充当状语，表示动作的方式，使用结构助词 m̩³³。例如：
309）ma²¹ lʊ²¹ m̩³³ bu²¹ʂɿ²¹ to³³ zɿ⁵⁵. 不动地撑着碓。
　　（否定）动（状助）碓　　撑　（持续）

名词性短语充当状语：
名词性短语充当状语，表示动作行为的方式，使用结构助词 m̩³³。例如：
310）ʔa³³ŋa⁵⁵ba²¹ bu²¹ tɕhu³³ɣe³³ m̩³³ dʊ⁵⁵ hɤ⁵⁵ ma⁵⁵ de³³.
　　　小孩子　　（向格）大声　（状助）话　说　（否定）（助动）
　　　不要对小孩子大声说话。

数量短语重叠充当状语：
数量短语重叠作状语，表示动作行为的方式，使用结构助词 m̩³³。例如：
311）ɣʊ⁵⁵thu³³ tha²¹dʑie³³tha²¹dʑie³³ m̩³³ vʊ⁵⁵. 白菜一棵一棵地卖。
　　　白菜　　一　棵　一　棵　（状助）卖

指代方式的代词充当状语：
指代动作方式的代词充当状语，表示动作方式，使用结构助词 m̩³³。例如：
312）na²¹ gɯ²¹phi³³ ma²¹tsu⁵⁵, tʂʂɿ²¹sɿ²¹ m̩²¹ thi⁵⁵tha¹³ tsha³³ ma⁵⁵ dʑʊ²¹.
　　　你　身体　（否定）好　这么　（状助）劳累　（助动）（否定）
　　　你身体不好，不应该这么劳累。

副词充当状语：
副词充当状语是不需要使用结构助词的，仅有一例使用结构助词 m̩³³ 的，如：
313）ŋʊ²¹ de³³tsɿ³³ m̩²¹ li²¹ na²¹ na³³. 我特来看你。
　　　我　特意　（状助）来　你　看

（五）动补结构中的结构助词
动补结构中的结构助词为 de³³ 或 dɤ³³。在前置介词里面曾经讨论过 de³³ 和 dɤ³³，并认为它来源于动词 de³³。动补结构中的结构助词 de³³ 或 dɤ³³，是前置介词 de³³ 或 dɤ³³ 的进一步虚化。

1. 结构助词 de³³ 或 dɤ³³ 后接形容词补语
314）thi²¹ ʐo³³ dɤ³³ tɕho²¹m̩³³ ndʑu³³ dʊ³³. 他长得更高了。
　　　他　长（补助）高　　更　（完整）

315）su³³na³³mʊ³³ tʂʅ²¹lʴ³³ ŋo³³ dʴ³³ nʊ³³ ma²¹ ndzu³³.
　　　字　　　　 这个　　 　写　(补助) 好　(否定) 太
　　　这个字写得不太好。

2. de³³或dʴ³³后接动词短语或小句

de³³或dʴ³³后接谓词结构或小句。如：

316）ʐo³³ no³³ ŋuei¹³ dʴ³³ na³³gu³³gu³³ xɯ³³ hie̯²¹ tɕhi²¹ ko³³ vu⁵⁵.
　　　自己 (话题) 饿　　(补助) 暗　　(后缀)　(描写) 房　角落 里 躲
　　　自己则饿得躲在阴暗角落。

二　名物化结构助词

名物化结构助词来源于表示句法上的领属结构关系的助词。三官彝语有两个不同的领属结构：领属性的bu¹³构成的领属结构，描写性的xɯ³³构成的领属结构。新平腊鲁彝语中有三个这样的助词，分别是：de³³、ʐa²¹、lo³³mo³³。

三官寨彝语：

来源于领属的名物化助词，如：

317）tʂʅ¹³ ŋʊ²¹ bu¹³ ŋɯ³³, na⁵⁵ na²¹ bu¹³ ŋɯ³³. 这是我的，那是你的。
　　　这　 我　(领属) 是　那　你　(领属) 是

来源于非领属的具有描写性的名物化结构助词，如：

318）ɣʊ⁵⁵ɬu³³ ŋʊ²¹ tʂʅ³³ xɯ³³ dzu³³ ma²¹ gue²¹.
　　　炒菜　　 我　甜　(描写) 吃 (否定) 喜欢
　　　炒菜我不喜欢吃甜的。

319）tʂaŋ⁵⁵miŋ²¹ ɣʊ⁵⁵ vʊ⁵⁵ xɯ³³ tha²¹ ʐo²¹ ŋɯ³³.
　　　张明　　　 菜　卖　(描写) 一　 个　是
　　　张明是一个卖菜的。

新平腊鲁彝语：

在名词之后添加名物化助词de³³，构成名词的所有格表达形式，例如：
a³³te³³de³³爸爸的　a³³ma³³de³³妈妈的　ni³³de³³你的　ŋo³³de³³我的

在形容词之前加上ʐa²¹构成形容词的名物化形式，例如：
ʐa²¹mu³³高的　　　ʐa²¹ʐæ²¹大的　　　ʐa²¹ʐa³³小的

动词之后加lo³³mo³³构成动词的名物化，例如：
dzo²¹lo³³mo³³吃的　　　　ve²¹lo³³mo³³穿的

三　体助词

体助词是完句的重要语法成分。由于在动词中，已经涉及到体助词，因此，这部分就简单列举。

（一）完整体助词

1. 完整体助词 kɔ³³

kɔ³³ 是借自当地汉语方言的借词。如：

320）tʂaŋ⁵⁵miŋ²¹ zo²¹zo³³ bu¹³ tho¹³ tha²¹thi²¹ ve²¹ kɔ³³.
　　　张明　　　自己　（领属）衣服　一　件　买　（完整）
　　　张明给自己买了一件衣服。

2. 完整体助词 xʊ²¹

321）tɕhy³³ɲi⁵⁵ ke³³ ndu²¹ ɕi³³ xʊ²¹. 把狼打死了。
　　　狼　　　（受格）打　死　（完成）

3. 完整体助词 ŋʊ⁵⁵/ ŋʊ³³

ŋʊ⁵⁵/ ŋʊ³³ 的这两种形式在强调时用 ŋʊ⁵⁵，不强调时用 ŋʊ³³。

322）ŋʊ²¹ tʂaŋ⁵⁵miŋ²¹ tɕho¹³tshŋ²¹kho¹³ xɯ³³ ʔa³³ma³³ ŋo²¹ ŋʊ³³.
　　　我　张明　　　六十岁　　　　（描写）母亲　见　（完整）
　　　我见过张明六十岁的母亲。

（二）完成体助词 dʊ³³

323）tʂaŋ⁵⁵miŋ²¹ ŋɯ³³ ɖʐ⁵⁵ li³³ dʊ³³. 张明急哭了。
　　　张明　　　　哭　淌　（起始）（完成）

（三）终结体助词 the³³

324）thi²¹ the³³ a²¹ dʐ³³ lʐ⁵⁵ the³³? 它往哪里跑了？
　　　它　跑　哪里　去　（终结）

（四）起始体助词 li³³

325）tʂaŋ⁵⁵miŋ²¹ ŋɯ³³ ɖʐ⁵⁵ li³³. 张明急哭了。
　　　张明　　　　哭　淌　（起始）

（五）进行体助词

1. 进行体助词 m̩³³ᐟ²¹

体助词 m̩³³ᐟ²¹ 由状中结构助词 m̩³³ᐟ²¹ 虚化为表示动作持续的体助词。如：

326）li⁵⁵m̩³³ gɯ⁵⁵ ka³³ ndzo²¹ vu⁵⁵ m̩²¹ ȵie³³ de³³.
　　　毛驴　　周围　　　绕　躲避（进行）只　（助动）
　　　只好绕着毛驴躲避。

2. 进行体助词 dzo²¹

327）tʂhu³³ sei³³gɯ³³ ʔɔ⁵⁵ lʐ⁵⁵ ŋo²¹ dzo²¹ the³³ dʊ³³.
　　　车　树林　　　那儿　往　开　（进行）去　（完成）
　　　车往林子那儿开去了。

（六）持续体助词

1. 持续体助词 ŋɯ⁵⁵

ŋɯ⁵⁵表示静态的存在，或对某一状态的描摹。

表示静态的存在。例如：

328）dʑʊ²¹bʊ³³ ko³³ tʰo¹³ tʂʰe⁵⁵(tʂe⁵⁵) ŋɯ⁵⁵. 墙上挂着衣服。
　　　墙　　　上　衣服　挂　　　　　　（状态）

2. 持续体助词 tʊ³³

329）tʰi²¹ a³³ŋa⁵⁵ va²¹ ba²¹ tʊ³³ ɳʊ⁵⁵ m̩²¹. 她背着孩子出工。
　　　她　孩子　　　背（持续）事　做

3. 持续体助词 zɿ⁵⁵/zɿ³³/tsʰɿ⁵⁵

强调时用 zɿ⁵⁵，一般叙述时用 zɿ³³。例如：

330）ŋʊ²¹ ka³³ na²¹ hõ²¹tɕʰie³³ ko³³ tʰa²¹ ɕi²¹ vu⁵⁵ zɿ⁵⁵ ma²¹.
　　　我　让　你　口袋　　　里　一会　　躲（持续）（推测）
　　　让我在你的口袋里躲一躲。

331）tʰa³³ȵi³³ ndi⁵⁵tsʰʊ²¹ m̩³³ a⁵⁵ko³³ hũ²¹ zɿ³³.
　　　整天　　焦急　　（状助）那里　等（持续）
　　　整天焦急地在那里等待。

332）tɕʰie²¹ hõ²¹ tsʰɿ⁵⁵（zɿ⁵⁵）!tʰa²¹ɕi²¹ɕi⁵⁵ ŋo³³ ɳʊ³³ dʊ³³.
　　　请　等（持续）　　　马上　　　写　好（完成）
　　　请等一会儿！马上就写好了。

4. 持续体助词 dzo²¹

333）ʔa⁵⁵m̩³³ ʑei¹³gɯ²¹ la³³ dʑʊ²¹ dzo²¹ lei³³.
　　　哥哥　户楼　　上　住（持续）（陈述）
　　　哥哥在楼上住着嘞。

（七）同时体助词 lo⁵⁵m̩²¹、no³³m̩³³ 和 dzo²¹

334）ɣe²¹ lo⁵⁵m̩²¹ ʑi¹³tʊ⁵⁵ tʰe²¹ tʰe³³. 笑着跑了。
　　　笑（同时）　起来　跑（终结）

335）hɣ̃⁵⁵ no³³m̩²¹ de³³ mi³³ ko³³ ŋɯ⁵⁵. 说着就躺在地上。
　　　说（同时）　（介）地上　躺

336）tʰi²¹ no³³ tʰa²¹ʐo²¹ ȵie³³ kʊ²¹ dzo²¹ tʰei³³ xɯ³³.
　　　他　是　一个　　只　走（同时）去（陈述）
　　　他是一个人走着去的。

四　语气助词

表示陈述语气：xɯ³³、la³³、ʂɛ⁵⁵、la³³/ʂa³³、di⁵⁵le³³、di⁵⁵la³³。

表示疑问语气：mo^{55}、ma^{21}、ʔɔ^{55}、le^{21}、le^{55}。

表示感叹语气：ɣo^{33}、la^{33}、ʔʊ^{13}、di^{55}。

（一）陈述

1. 叙述性的 xɯ^{33}

337）ɕoŋ^{21}mɔ^{55} mu^{33}（du^{33}）dʑu^{33} xɯ^{33}. 熊猫吃竹子的。
　　　熊猫　　　竹子　　　　　吃　（陈述）

338）tʂaŋ^{55}miŋ^{21} tha^{21}ʐo^{21} ȵie^{33} kʊ^{21} xɯ^{33}. 张明一个人走的。
　　　张明　　　一　个　只　走　（陈述）

2. 提醒 le^{33}、di^{55}le^{33}和ʂɛ^{55}

339）tʂaŋ^{55}miŋ^{21} tha^{21}ʐo^{21} ȵie^{33} kʊ^{21} le^{33}. 张明一个人走呢。
　　　张明　　　一　个　只　走　（陈述）

340）tʂaŋ^{55}miŋ^{21} tha^{21}ʐo^{21} ȵie^{33} kʊ^{21} di^{55}le^{33}. 张明一个人走呢。
　　　张明　　　一　个　只　走　（陈述）

341）tʂaŋ^{55}miŋ^{21} nei^{33}go^{33} ɣo^{33} ʂɛ^{55}. 张明很聪明噻。
　　　张明　　　聪明　　很　（陈述）

3. 推测

推测语气助词有：ʂa^{33}、pha^{13}/pha^{33}、la^{33}、di^{55}la^{33}、di^{55}。

342）thi^{21} sʊ^{21} ndu^{21} dʊ^{33} ʂa^{33}. 他打人了吧。
　　　他　人　打　（完成）（推测）

343）ʔʊ^{33}tsho^{33} sʅ^{33}ʐo^{21} khʊ^{55}ɣe^{21}ɣe^{21} xɯ^{33} ɕi^{55}kua^{33} tɕho^{13}lɤ^{33} dʑu^{33}
　　　人　　三个　大大　（描写）　西瓜　六个　吃
kɔ^{33} ma^{55} dʊ^{21} pha^{13}. 三个人吃不了六个大西瓜吧。
（完整）（否定）（助动）（推测）

344）thi^{21} sʊ^{21} ndu^{21} dʊ^{33} la^{33}. 他打人了吧。
　　　他　人　打　（完成）（推测）

345）thi^{21} sʊ^{21} ndu^{21} dʊ^{33} di^{55}la^{33}. 他打人了吧。
　　　他　人　打　（完成）（推测）

346）ŋʊ^{21} na^{33} bu^{21} nɤ^{33}tʂhʊ^{55} tha^{13} hɤ̃^{55} di^{55}.
　　　我　你　（受益）女伴　　一　介绍（推测）
我给你介绍一个对象吧。

（二）疑问

表示疑问的语气助词有：mo^{55}、ma^{21}、ʔɔ^{55}、le^{21}、le^{55}。

347）tʂaŋ^{55}miŋ^{21} kʊ^{21} dʊ^{33} mo^{55}? 张明走了吗？
　　　张明　　　走　（完整）（疑问）

348）ʑan³³tʂhu²¹ tɕa¹³ʂʅ⁵⁵ dʊ³³ nʊ³³ ma²¹? 演出开始了吗？
　　演出　　　驾始　（完成）（并列）（否定）
349）tʂaŋ⁵⁵miŋ²¹ pe²¹tɕiŋ⁵⁵ su³³ ma⁵⁵ ŋɯ²¹ ʔɔ⁵⁵? 张明不是北京人吗？
　　张明　　　北京　　人（否定）是　（疑问）
350）na²¹ thi²¹ le²¹ ʔʴ²¹tsʅ⁵⁵ mba³³khu³³ dʐo²¹ le²¹?
　　你　她　（向格）什么　　要求　　　有　（疑问）
　　我给你介绍一个朋友吧，你对她有什么要求吗？
351）na²¹ khɯ³³sʅ²¹m̩²¹ ma²¹ li²¹ le⁵⁵? 你为什么不来呢？
　　你　为什么　　　（否定）来（疑问）

（三）感叹

表示感叹语气的助词，一般用于句子的末尾。有：ɣo³³、la³³、ʔʊ¹³、di⁵⁵。

352）m̩³³phu⁵⁵mʊ²¹!na²¹ dʑie²¹ ma²¹ tɕhu³³ ɣo³³! 老天爷！你好糊涂啊！
　　天父母　　　　你　清　（否定）楚　（感叹）
353）dʊ⁵⁵ no³³ tʂhɳ²¹sʅ²¹ hr̃⁵⁵, ŋʊ⁵⁵die²¹ no³³ tɕhu¹³ xʊ⁵⁵ ɕi³³ la³³.
　　话（话题）这么　说　工作　（话题）干　（助动）还　（感叹）
　　话是这么说，工作还是得干啊。
354）na²¹ so³³ɣe³³ kho³³ʂaŋ¹³ di⁵⁵no³³, tsu⁵⁵tsu³³ m̩³³ so³³ xʊ⁵⁵ ʔʊ¹³.
　　你　大学　　考上　（话题）好好　（状助）学（助动）（感叹）
　　你考上大学的话，要好好学习啊。
355）sʊ²¹ ka³³ khɯ²¹sʅ²¹ dʑu³³ di⁵⁵! 让人怎么吃啊！
　　别人 让　怎么　　　吃（感叹）

第五章　短语结构

短语又叫词组，是由词和词组合构成的。按照结构，一般可以把短语分为：并列短语、偏正短语、动宾短语、动补短语、主谓短语五种基本的结构类型。

第一节　并列短语

由两个或两个以上同类的词或结构组合而成的结构体可以形成并列短语，一般来说这两个结构体往往在功能上表现为同类。而且这两个同类的结构体在句法上不存在相互的修饰、支配等关系，它们在句法上是平等关系。

一　体词与体词构成的并列短语

体词包括名词、代词、数词和量词，名物化结构功能上相当于体词，也可以构成并列结构。三官寨彝语中表示并列关系，连接词与词构成短语的连词是 $ȵi^{33}$。

（一）名词与名词构成的并列短语

tʂaŋ⁵⁵san⁵⁵ ȵi³³ li³³ʂๅ¹³张三和李四　　　ŋʊ³³ ȵi³³ xai³³tai¹³鱼和海带
张三　　（并列）　李四　　　　　　　　鱼　（并列）　海带

（二）代词与代词构成的并列短语

ŋʊ²¹ ȵi³³ thi²¹我和他　　　　　　　　na²¹ ȵi³³ ŋʊ²¹你和我
我　（并列）　他　　　　　　　　　　　你　（并列）　我

（三）名词与代词构成的并列短语

tɕhy³³ ȵi³³ ŋʊ²¹狗和我　　　　　　　thi²¹ ȵi³³ ʔa³³ma³³他和妈妈
狗　（并列）　我　　　　　　　　　　　他　（并列）　妈　妈

二　谓词与谓词构成的并列结构

tɕho²¹m̩³³ ȵi⁵⁵ ɣe³³又高又大
高　　　（并列）　大

ʥu²¹bu²¹ ȵi³³ tʂhe⁵⁵ʈhu³³赞扬和赏赐

赞扬 (并列) 赏赐

也可以把两个谓词短语连接起来构成并列结构。如：

huã⁵⁵ ŋga²¹ ȵi³³ huã⁵⁵ ʥu³³ 老鼠追赶和老鼠吃

老鼠 追赶 (并列) 老鼠 吃

三 名物化结构与名物化结构组合构成并列结构

ʥu³³ xɯ³³ ȵi³³ ndo²¹ xɯ³³吃的和喝的

吃 (描写)(并列) 喝 (描写)

第二节 偏正短语

偏正短语由修饰语与中心语两个部分构成，修饰语是中心语的修饰或限制。根据中心语的性质，一般可以把偏正短语分为两类：体词性偏正短语和谓词性偏正短语。体词性偏正短语为定中结构或定中短语，谓词性结构我们称为状中结构或定中短语。

一 定中短语

（一）形容词作定语

形容词充当定中短语的定语可以分为性质形容词和状态形容词两种。

1. 性质形容词作定语

性质形容词充当定语的位置有两种情况：性质形容词作定语位于名词之后。但是，在一些形容性语素构成的定中结构合成词中，形容性语素位于名词性语素之前。

位于名词之后的，例如：

di³³ba²¹小碗 ɬu⁵⁵na³³黑裤 sei³³m̩⁵⁵高树 du²¹ ɕie³³长棍子

碗 小 裤子 黑 树 高 棍子 长

一些合成词中，形容性语素位于名语素之前的，如：

vu³³mi³³ dɤ³³远方 na³³ʑi²¹乌江 ɣo¹³ʑi²¹卧牛河

远 地方 黑 水 蓝 水

2. 状态形容词作定语

状态形容词充当定语的位置既可以在名词之后，也可以在名词之前。例如：

hiẽ²¹khʊ⁵⁵ɣe²¹ɣe²¹很大的房间 khʊ⁵⁵ɣe²¹ɣe²¹hiẽ²¹很大的房间

房 (前缀) 大 大 (前缀) 大 大 房

第五章 短语结构

（二）名词作定语

名词修饰名词存在以下两种关系：一是修饰名词表示中心名词的质料、属性等，两者之间是描写关系；二是修饰名词领有中心名词，两者之间有领有关系。

1. 修饰名词表示中心名词的质料或属性

sei³³ ɖu³³the³³木头桌子　　　　xe³³mbu³³棉袍
木　饭桌　　　　　　　　　棉　袍

2. 修饰名词与中心名词为领属关系

一般要加结构助词的 bu¹³。如：

tʂaŋ⁵⁵miŋ¹³ bu¹³ ȵi³³张明的牛　　　dʐɻ¹³bo⁵⁵ bu¹³　ȵi³³对方的牛
张明　（领属）牛　　　　　　对方　（领属）　牛

固有领属或亲属领属的，可以省略领属助词。如：

ɖʐɻ³³thɤ³³bʊ²¹桌子腿　　　　　tʂaŋ⁵⁵miŋ²¹ zu³³张明儿子
桌　子　腿　　　　　　　　张明　　儿子

表示中心名词的质料或属性名词修饰语可以直接修饰，而表示领属的名词修饰语与中心语名词之间往往需要有表示领属的结构助词 bu¹³。这表明名词作为修饰语有一定的限制，与中心语名词有密切关系的名词修饰时具有优先性，从而形成了一个作定语名词的连续统：质料、属性名词——固有领属名词——非固有领属名词。在这个连续统上，左边的名词作为定语修饰中心语名词时无标记，右边的名词修饰中心语名词时有标记。

（三）动词作定语

动词作定语一定要加结构助词 xɯ³³。动词短语作定语的，有的加结构助词 xɯ³³，有的不加结构助词 xɯ³³，这有可能受到音节韵律的作用。例如：

bu³³ xɯ²¹ ȵi⁵⁵画的牛　　　　　xɯ²¹ de³³ ku²¹du³³打铁炉
画　（描写）牛　　　　　　　铁　打　炉

动词或动词短语作定语具有描写性或限定性，要使用表示描写性的结构助词 xɯ³³。

（四）代词作定语

代词包括人称代词和指示代词。人称代词作定语具有领属性，而指示代词作定语具有指称性，实际上指示代词起到对所修饰名词的定指作用。所以，人称代词作定语往往要用表示领属的结构助词 bu¹³。而指示代词作定语表示指代作用，不用结构助词。

1. 人称代词作定语

人称代词作定语加上结构助词 bu¹³后，处于中心名词之前。例如：

ŋʊ²¹ bu¹³ nʊ²¹tʂʊ²¹我的毛病　　ŋʊ²¹ bu¹³ zu³³ba²¹我的儿子
我　（领属）毛病　　　　　　我　（领属）儿子

na²¹ bu¹³ so³³hiẽ²¹你的学校　　thi²¹ bu¹³ sei³³mʊ³³gʊ²¹他的果园
你　（领属）学　校　　　　　 他　（领属）果园

2. 指示代词作定语

ʑi²¹tʂʅ¹³ 这水　tsho³³tʂʅ¹³这人　piŋ²¹ko³³na⁵⁵ 那苹果　tsho³³na⁵⁵那人
水　这　　　　人　这　　　　苹果　那　　　　　　人　那

（五）量词作定语

量词作定语处于中心名词后，定语与中心语之间不能有结构助词出现。例如：

tsho³³ʐo²¹（这）个人　　　ʑi²¹tʂo³³gʊ²¹（这）锅水
人　个　　　　　　　　　水　锅

（六）数量短语作定语

数量短语修饰中心名词放于名词后。例如：

tsho²¹tha²¹ʐo²¹ 一个人　　　dʑŋ³³the³³ ȵi⁵⁵thu³³ 两张桌子
人　一　个　　　　　　　　桌子　两　张

（七）指量短语作定语

指量短语作定语置于被修饰的中心语名词之后。例如：

ʑi²¹tʂʅ²¹ʂa³³gʊ³³ 这锅水　　　　su³³ʔa⁵⁵phei²¹那本书
水　这　锅　　　　　　　　　　书　那　本

（八）介词短语作定语

pe²¹tɕiŋ⁵⁵dzo³³so³³ba²¹ 在北京的学生
北京　在　学生

二　状中短语

充当状中短语中心语的谓词有两类，一类是形容词，一类是动词。

（一）中心语为形容词的状中短语

1. 修饰语为副词

副词作为修饰语存在两种情况：有的副词在中心语之后，例如副词 ɣo³³ 和 ndʑu³³；有的副词在中心语之前，例如副词 dʐ²¹dʐ²¹、ma²¹等。

ŋʊ³³ɣo³³很好　　ŋʊ³³ndʑu³³更好　　dʐ²¹dʐ²¹ŋʊ³³特别好
好　很　　　　　好　更　　　　　　特别　好

2. 修饰语为介词短语

修饰语是介词短语放在形容词之前。例如：

li³³sʅ¹³ ɕi⁵⁵ a⁵⁵sʅ²¹ tɕho²¹m̩³³像李四那么高
李四　像　那么　高

（二）中心语为动词的状中短语

1. 副词修饰语

副词作状中短语的修饰语，一般置于动词之前，但是有几个副词修饰动词时，要放在动词之后，它们是ɣo³³、ndʑu³³和ɕi³³等。

副词置于动词之前的，例如：
dʴ²¹dʴ²¹ne³³dʑo³³特别讨厌
特别　讨厌

副词置于动词之后的，例如：
dʑu³³n̩dʑu³³ndʑu³³最爱吃
吃　爱　最

2. 形容词修饰语

tɕo⁵⁵ tʂhe⁵⁵da³³thei³³快挂上去　　tɕo³³tɕo⁵⁵m̩²¹快快做
快　挂　上去　　　　　　　　快　快　做

khʊ²¹n̩ʊ³³ m̩³³ so³³好好地学　　tsu⁵⁵tsu³³ m̩³³ so³³好好地学
(前缀)　好　地　学　　　　　　好　好　地　学

第三节　动宾短语

动词往往与体词性词语组合构成具有支配关系的短语。动词是支配成分，叫动语，体词性词语是被支配成分，称为宾语。能充当宾语的主要有名词、代词、名物化结构、数量短语、指量短语以及动词短语等。

一　名词充当宾语

名词充当宾语，位于动词之前。例如：
tho¹³ tha²¹t̩hi²¹ve²¹买一件衣服　　tsaŋ⁵⁵miŋ¹³ na³³ma⁵⁵dʊ²¹看不起张明
衣服　一　件　买　　　　　　　张明　　看 (否定) 起

当动语由比较复杂的词语构成时，充当宾语的名词位于动语中间。如，方所名词充当宾语时，要置于主要动词之后，趋向动词之前。例如：
kʊ²¹ fi³³ bo⁵⁵ lʴ⁵⁵朝东走　　　　kʊ²¹ ɬo⁵⁵bo⁵⁵lʴ⁵⁵朝西走
走　东方　去　　　　　　　　　走　西方　去

二　代词充当宾语

人称代词、疑问代词和指示代词都可以充当宾语。

na²¹ ndu²¹打你　　　　　ŋʊ²¹ ndu²¹打我
你　打　　　　　　　　　我　打

ʔa³³ɕie³³ ndu²¹打谁　　　tʂʅ¹³ na³³ŋʊ³³看过这
谁　　　打　　　　　　　这　　看过

三　名物化结构充当宾语

ɣe³³xɯ³³ tʂʅ²¹ lɤ³³ dʑʊ³³吃这个大的
大（描写）这个　　吃

mi³³ tɕi⁵⁵ xɯ³³tha²¹zo²¹ dʑʊ³³phu⁵⁵遇到一个挖地的
地挖（描写）一个　　　　遇到

sʅ⁵⁵ ŋʊ²¹ bu¹³是我的
是　我（领属）

四　数量短语充当宾语

sʅ³³no²¹tso²¹ta³³xʊ²¹ 扇了三耳光　　tha²¹na³³ŋo³³写一个
三耳光　　扇了　　　　　　　　　　一个　　写

五　指量短语充当宾语

tʂʅ²¹phei²¹ na³³ ŋʊ³³看过这本　　na⁵⁵phei²¹ na³³ ma²¹ ŋʊ³³没看过那本
这　本　看过　　　　　　　　　那　本　看（否定）过

六　谓词充当宾语

这要求充当谓语的动词是心理活动等的动词。例如：

ɣe³³ba²¹ ma²¹ se⁵⁵不知大小　　　ʑei¹³m̩³³gɯ³³ ŋue³³喜欢睡觉
大　小（否定）知　　　　　　　瞌睡　　睡　喜欢

第四节　动补短语

　　动补短语是彝语东部方言比较晚起的结构形式，在其他彝语方言中也多有呈现。该结构主要由中心语与补充语构成，中心语在前，补充语在后。彝语东部方言主要用 de³³/dɤ³³、li³³ 和 di³³ 来表明中心语后的成分为补充语，但也有不使用补语助词的，直接由中心语和补充语构成。

一　没有补语标记的动补短语

　　有些补语成分可以直接出现在动词中心语之后，而不需要补语标记，这些补语成分由形容词和表示趋向或结果的动词充当。

1. 动词作补充成分

ndei³³ɕi³³打死　　ndu³³ʑi³³打伤　　　tɕhi⁵⁵ɕi³³气死　　　tho³³ɖa³³砍坏
打　死　　　　　打　伤　　　　　　气　死　　　　　　砍　坏

2. 形容词作补充成分

tɕhi³³ʔʊ³³ʥa⁵⁵洗干净　　　ɣe³³n̠ʊ³³ la³³大多了　　　tʂh̠⁵⁵n̠ʊ³³dʊ³³放多了
洗　　干净　　　　　　大　多（陈述）　　　　　放　多（陈述）

3. 趋向动词作补语成分

be³³ za¹³ thei³³落下去　　　do³³ li³³升起　　　　　vei²¹do³³li³³买来
落　下　去　　　　　　　升　起　　　　　　　　买　出　来

二　含有补语标记 de³³和 dɤ³³的动补短语

补语标记 de³³、dɤ³³来自于前置介词 de³³和 dɤ³³。

1. 补语由性质形容词充当

n̠ʊ³³ dɤ³³ ɳʊ³³好得多　　　　　　　ʐo³³ dɤ³³ nʊ³³ɳɖ̠ʐ̠³³生得娇嫩
好　（补助）多　　　　　　　　　生　（补助）娇嫩

2. 补语由状态形容词充当

tɕhi²¹dɤ³³ khʊ⁵⁵ ɕie²¹ɕie²¹伸得长长的
伸　（补助）（前缀）长　长

bu⁵⁵dɤ³³ dze³³dze³³m̩²¹堆得满满的
堆　（补助）满满　　（状态）

3. 补语由动宾短语充当

ndu²¹ dɤ³³ nʊ³³ŋgu²¹ʥi³³ n̠i²¹ 打得住院
打　（补助）病　治　地方　住

4. 补语由状中短语充当

tsʊ¹³ dɤ³³ tha²¹ʥi³³ n̠i³³ ma²¹ n̠ʊ³³做得一点也不好
做　（补助）一　点　也（否定）好

5. 补语由主谓短语充当

kʊ¹³ de³³ ɳʊ²¹ thi⁵⁵ ɣo³³走得我很累
走　（补助）我　累　很

三　含有补语标记 li³³的动补短语

ʥu³³ li³³ tɕhi³³dɤ³³dɤ³³吃来香喷喷
吃　（补助）香　（后缀）

第五节　主谓短语

主谓短语表示陈述与被陈述的关系，陈述部分为谓语部分，被陈述部分为主语。一般来说，充当主语的主要是体词性成分，充当谓语的主要是谓词性成分，但是往往也有体词性成分充当谓语的情况。

一　动词充当谓语

ŋu²¹xɯ³³ ʐo²¹ʐo³³ the³³我们自己去　　　　　na²¹ li³³ 你来
我们　　自己　　去　　　　　　　　　　你　来

二　形容词充当谓语

vu³³ ɣe³³力气大　　　　　　ʂu³³hũ⁵⁵dʑi³³dʑi³³ ŋɯ⁵⁵麦子绿油油的
力气　大　　　　　　　　　麦子　绿油油　　（存在）

三　主谓短语充当谓语

su³³ma¹³ tuei¹³tʂaŋ³³ gɯ²¹po³³ ɣe³³民兵队长个儿大
民兵　　队长　　　　个儿　　大

四　名词充当谓语

ŋu²¹ no³³ ȵi⁵⁵phu⁵⁵我呢彝族　　　　　thi²¹ sa³³phu⁵⁵他汉族
我　（话题） 彝族　　　　　　　　　　他　　汉族

五　数词或数量短语充当谓语

tʂaŋ⁵⁵san⁵⁵ he¹³tshɿ²¹sɿ³³张三八十三
张三　　　八十三

第六节　名物化短语

名物化短语是指名词、代词、动词、形容词通过添加结构助词 bu¹³和 xɯ³³构成的具有名词功能的短语。

一　名词加结构助词 bu¹³

li³³sɿ¹³bu¹³李四的　　　　　　tʂhaŋ⁵⁵san⁵⁵ bu¹³张三的
李四　（助词）　　　　　　　 张三　　　（助词）

二 代词加结构助词 bu¹³

ŋʊ²¹ bu¹³我的   na²¹ bu¹³你的   thi²¹xɯ³³ bu¹³他们的
我 （领属）   你 （领属）   他们 （领属）

三 形容词加结构助词 xɯ³³

ɣe³³xɯ³³大的   ba²¹xɯ³³小的   ɣe²¹ɣe²¹xɯ³³大大的
大 （描写）   小 （描写）   大大 （描写）

四 动词加结构助词 xɯ³³

ɖu³³xɯ³³吃的   tʂaŋ⁵⁵miŋ²¹ve²¹xɯ³³张明买的   va¹³ndu²¹xɯ³³杀猪的
吃 （描写）   张明 买 （描写）   猪 杀 （描写）

第六章　句法成分

句法成分主要包括主语、谓语、宾语、定语、状语和补语。一般来说主语、谓语和宾语是主干成分，定语、状语、补语属于修饰语成分。在句法结构中，主语和宾语一般是动词的必有论元。

第一节　主语

主语是被陈述的对象，是叙述的起点。在句中处于句首的位置。

一　充当主语的词类及其结构

（一）名词充当主语
普通名词、专有名词、时间名词和方所名词都可以充当主语。

1. 普通名词充当主语

1）tɕhei^{13}bu^{33} ɕi^{33} ma^{21} ʥu^{33}. 老虎不吃草。
　　老虎　　　草　（否定）　吃

2）hiẽ^{21} tʂʅ^{21}tɕy^{55} tɕho^{21} ma^{21} m̩^{33}. 这座楼不高。
　　房　　这　间　　高　　（否定）　高

2. 专有名词作主语

3）tsaŋ^{55}miŋ^{21} thi^{21} ʐo^{21}ʐo^{33} ma^{21} ndʑu^{33}. 张明不喜欢他自己。
　　张明　　他　自己　　（否定）　喜欢

3. 时间名词作主语

4）ʔɤ^{21}n̠i^{21} ma^{55} tshʊ^{21}. 今天不热。
　　今天　（否定）　热

4. 方所名词作主语

5）ʋ^{33}tha^{55} bu^{21}mʊ^{21} tha^{21} lɤ^{33} dzo^{21}. 前面有一座大山。
　　前面　　大山　　一　座　　有

6）no^{55}do^{55} ɕie^{21}vu^{33} tha^{21} tɕie^{33} dzo^{21}. 后面有一棵桃树。
　　后面　　桃树　　一　棵　　有

第六章 句法成分

（二）代词充当主语

1. 人称代词作主语

7）ŋʊ²¹ a²¹gɯ²¹n̩i³³ lʊ²¹m̩³³ lʐ⁵⁵ ve³³. 我明天要进城去。
　　我　　明天　　　城　去　（助动）

8）ŋʊ²¹xɯ³³ li²¹ na²¹ na³³n̩i³³ ndʑu³³. 我们想来看看你。
　　我们　　来　你　看看　　想

2. 指示代词作主语

9）tʂʅ²¹ khɯ²¹sʅ²¹tha¹³ ma²¹ tʰu³³. 这不怎么白。
　　这　　怎么　　　（否定）白

3. 疑问代词作主语

10）mɤ³³lɯ³³ ʔɔ⁵⁵ ma²¹ ne³³. 什么都不缺。
　　什么　　都　（否定）少

（三）数量短语作主语

11）tha²¹ʐo²¹ tha²¹ʐo²¹ tha²¹gue³³ ndu²¹ xʊ²¹. 一个打了一个一顿。
　　一　个　　一　个　　一　顿　　打　（完成）

（四）指量短语作主语

12）tʂʅ²¹tɕhie³³ ʔa²¹n̩i²¹ ve²¹ xɯ³³ ŋɯ³³. 这支是昨天买的。
　　这　支　　昨天　　买　（描写）是

（五）名物化短语作主语

13）tʰu³³ xɯ³³ ʂʅ⁵⁵ xei³³nei³³, ʂe³³ xɯ³³ ʂʅ⁵⁵ tɕhi²¹mʊ³³.
　　白　（描写）是　棉花　　黄　（描写）是　谷子
　　白的是棉花，黄的是谷子。

（六）谓词或谓词短语充当主语

14）ŋɯ²¹ dzʊ⁵⁵ ŋɯ²¹, ma²¹ ŋɯ²¹ dzʊ⁵⁵ ma²¹ ŋɯ²¹, pao⁵⁵pi²¹ ma⁵⁵ de¹³.
　　是　就是　是　（否定）是　就是　（否定）是　包庇　（否定）（助动）
　　是就是是，不是就是不是，不要包庇。

15）ŋʊ²¹xɯ¹³ lʊ²¹ mʊ³³du³³ de³³, ʂʅ⁵⁵ ɕiɛn¹³ ko³³ hɤ̃⁵⁵ za¹³li²¹ xɯ³³.
　　我们　村　竹子　　种　是　县　里　说　下来　（陈述）
　　我们村种竹子，是县里的指示。

（七）量词单独充当主语

16）gue³³, ʔa²¹n̩ie²¹dɤ³³ ta³³ da³³li³³, tʂʊ²¹ tɤ⁵⁵ ndo²¹.
　　杯　　刚　　　端　上来　热　趁　喝
　　这杯刚端上来，趁热喝。（指着一杯水）

17）mʊ³³, khʊ²¹tʰu⁵⁵ vei¹³ xɯ³³?
　　只　什么时候　买　（陈述）
　　这只什么时候买的？（指着桌子上一只苹果问）

二　主语的语义类型

根据体词性成分充当的主语与谓语之间的语义关系，可以把主语分成施事、受事、感事、处所等类型。

（一）主语为施事

主语由施事充当。施事一般是动作行为的发出者，动词表示动作行为。

18) a³³mie⁵⁵ sei³³ ndo³³ da³³ the³³ dʊ³³. 猫爬上树去了。
　　 猫　　 树　 上　 爬　 去　(完成)

（二）主语为受事

主语由受事充当。受事是动作行为的承受者，动词表示动作行为。

19) va¹³va⁵⁵ dzo²¹ xɯ³³ va¹³mʊ³³ sei¹³ ma⁵⁵ de³³. 有崽的母猪不要杀。
　　 猪崽　 有 (描写) 母猪　　 杀 (否定) (助动)

（三）主语为感事

感事指主语是动作行为的感知者。动词由感知类动词。

20) na²¹ se⁵⁵ thi²¹ mie³³ ʂɿ⁵⁵ khɯ²¹ʂɿ²¹ di⁵⁵. 你知道他叫什么名字。
　　 你 知道 他 名字 是 什么 叫

（四）主语为处所

主语由处所或处所结构充当。

21) sei³³ ndo³³ ŋa³³ tha²¹ tɕhie³³ dzo²¹. 树上有一只鸟。
　　 树 上 鸟 一 只 有

（五）对象主语

主语由具有对象性质的名词充当，当名词在判断句、形容词谓语句中充当主语时，主语就是判断动词判断的对象，或是形容词描摹的对象。

22) tʂaŋ⁵⁵miŋ²¹ li³³ʂɿ²¹ tʂho⁵⁵ ʔɤ²¹tʂɿ⁵⁵lɤ³³ di¹³bo²¹ ŋɯ³³?
　　 张明　　 李四　(伴随) 什么　　 关系 是
　　 张明跟李四是什么关系？

23) ɤ²¹mi²¹hiã²¹ bu¹³ hʊ̃²¹bu²¹ gʊ²¹ ɣo³³. 今晚的月亮真圆。
　　 今晚　　(领属) 月亮　 圆 真

第二节　谓语

谓语是对主语的陈述，一般被多数语法学者作为句法上的中心来分析。

第六章 句法成分

一 充当谓语的词类或结构

（一）动词充当谓语

24）tʂaŋ⁵⁵miŋ²¹thi²¹ ʑo²¹ʑo³³ ʔa³³ŋa⁵⁵ ma²¹ ŋgue²¹.
　　张明　　他　自己　　儿子　（否定）　喜欢
　　张明不喜欢他自己的儿子。

25）tʂaŋ⁵⁵miŋ²¹ thi²¹ ʑo²¹ʑo³³ bu¹³ tho¹³ tha²¹thi²¹ ve²¹ kɔ³³.
　　张明　　他　自己（领属）衣服　一件　买　（完成）
　　张明给他自己买了一件衣服。

（二）形容词充当谓语

1. 性质形容词充当谓语

26）du²¹dei³³ tʂʅ²¹dʑie³³ tɕhi³³, a⁵⁵dʑie³³ tɕhie³³. 这根棍子粗，那根细。
　　棍子　　这根　　粗　那根　　细

2. 状态形容词充当谓语

27）thi²¹ bu¹³ gɯ²¹po³³ m̥³³m̥³³ ŋɯ⁵⁵. 他的身材高高的。
　　他（领属）身材　　高高　（状态）

28）mi³³mi³³ a⁵⁵phei²¹ na²¹tɕhu³³tɕhu⁵⁵ ŋɯ⁵⁵. 那匹布黑黑的。
　　布　　那匹　　黑　（后缀）　（状态）

（三）名词充当谓语

29）ŋʊ²¹ n̠ie²¹ba³³ tʂʅ²¹kho¹³ tʂʅ²¹tɕho¹³ kho¹³ dʊ³³.
　　我　弟弟　　今年　　十六　　岁（完整）
　　我弟弟今年十六岁了。

（四）主谓短语充当谓语

30）tʂʅ²¹tɕho²¹ dʊ³³, ʑi²¹tʂhei¹³ n̠i³³ tʂʅ⁵⁵tɕi²¹ li²¹ ma⁵⁵ kʊ³³ the³³ dʊ³³!
　　这　次　后　凉水　也　自己　来（否定）（助动）（终结）（完整）
　　这次以后，凉水也不会自己来了！

（五）连动短语充当谓语

31）thi²¹ da³³ bu²¹ lɤ⁵⁵ sei³³ tho³³. 他上山砍柴。
　　他　上　山　去　柴　砍

（六）兼语短语充当谓语

32）na²¹ a⁵⁵ɕie³³ ʂʊ³³ tɕu⁵⁵thɤ²¹ su³³ ndɤ²¹? 你找谁当介绍人？
　　你　谁　　找　介绍　人　当

二 谓语的语义类型

谓语的语义类型分为两类：动态型和静态型。

（一）动态型

动态型主要由动作行为动词来充当谓语。

33）tʂaŋ⁵⁵miŋ¹³ li³³kaŋ⁵⁵ ka³³ ndu²¹xʊ²¹, li³³kaŋ⁵⁵ n̪i³³ tʂaŋ⁵⁵miŋ¹³ ka³³
　　张明　　　李刚　　（受格）打　（完整）李刚　也　张明　　　（受格）
ndu²¹xʊ²¹. 张明把李刚打了，李刚也把张明打了。
打（完整）

（二）静态型

静态型主要由非动作行为动词来充当谓语，而是由心理活动、判断、存在动词、形容词，甚至由名词，充当谓语。

1. 心理活动动词充当

34）ŋʊ²¹ tʂ̩³³tʂhʊ²¹ dʑu³³lu³³ ʔao⁵⁵ dʑu³³ ndʑu⁵⁵. 我什么东西都想吃。
　　我　什么　　　　吃的　　都　吃　想

35）a³³ɕie³³ ʔao⁵⁵ lao²¹tuŋ²¹mo²¹fan¹³ ŋo²¹ ndʑu³³. 谁都想见劳动模范。
　　谁　　都　　劳动模范　　　　　　见　想

2. 判断动词充当

36）tʂaŋ⁵⁵miŋ²¹ ɣʊ⁵⁵ vʊ⁵⁵ xɯ³³ zo²¹ ŋɯ²¹. 张明是个卖菜的。
　　张明　　　　　菜　卖（描写）个　是

3. 存在动词充当

37）tshʊ⁵⁵ tʰu³³ ko³³ ʐy²¹n̪i⁵⁵ dzo²¹. 米里面有稗子。
　　米　　　里　　　　稗子　　　有

38）tɕi³³ tho³³ sa³³ɕi³³ tha²¹ dʑ²¹ dzo²¹. 床底下有一双鞋。
　　床　下　　鞋　　　一双　　　有

4. 形容词充当

39）thi²¹ bu¹³ gɯ²¹po³³ m̩³³m̩³³ ŋɯ⁵⁵. 他的身材高高的。
　　他　（领属）身材　　高高　　（存在）

5. 名词充当

40）tha²¹dun¹³ n̪i⁵⁵ tʊ³³tʂ̩⁵⁵. 一吨两千斤。
　　一吨　　　两　千斤

41）ɣ²¹n̪i²¹ va¹³ hũ⁵⁵hõ⁵⁵ tsh̩²¹ti³³. 今天十月十一。
　　今天　　十月　　　　十一

第三节　宾语

彝语是 SOV 型语言，宾语处于动词之前，受动词支配。彝语东部方言虽然受到汉语的强烈影响，但是作为 SOV 型语序的动宾结构依然没有发生任何变化。

一 充当宾语的词类或结构

（一）体词或体词性结构充当宾语

1. 名词充当宾语

42）ŋu²¹ dʑu²¹ tʰn̩²¹ ko³³ tʰi²¹ dʑu³³pʰu⁵⁵. 我在半路上遇见了他。
　　我　路　半　（方位）他　遇见

43）ŋu²¹ tʰo¹³ tʰa²¹ tʰi²¹ ve²¹. 我买了一套衣服。
　　我　衣服　一　件　买

2. 代词充当宾语

44）tʂaŋ⁵⁵miŋ¹³ n̠i³³ li³³kaŋ⁵⁵, ʔa³³ɕie³³ n̠i³³ ʔa³³ɕie³³ na³³ ma⁵⁵ du²¹.
　　张明　（并列）李刚　谁　也　谁　看　（否定）（助动）
　　张明和李刚，谁也看不起谁。

45）ŋu²¹ na²¹ tʰa²¹gue³³ ndu²¹ xu²¹. 我打了你一顿。
　　我　你　一　顿　打　（完成）

3. 名物化短语充当宾语

46）n̠i³³ ʂɻ̍⁵⁵ te³³ ʐy²¹ xɯ³³, m̩³³ ʂɻ̍⁵⁵ tʂʰu³³ ŋo²¹ xɯ³³.
　　牛　是　田　犁　（描写）马　是　车　拉　（描写）
　　牛是犁田的，马是拉车的。

47）ndu³³ xɯ³³ ʂɻ̍⁵⁵ ə¹³liɛn²¹ bu¹³, tʂʰe³³ xɯ³³ ʂɻ̍⁵⁵ san³³liɛn²¹ bu¹³.
　　挖　（描写）是　二连　（领属）抬　（描写）是　三连　（领属）
　　挖的是二连的，抬的是三连的。

4. 数量短语充当宾语

48）ŋu²¹xɯ¹³ ʂe¹³ ko³³ m̩³³ n̠i²¹tsɻ̍³³ dʑe³³ dzo²¹.
　　我们　社　里　马　二十　匹　有
　　我们社里有二十匹马。

49）ʂɻ̍²¹tʰaŋ²¹ tʰa²¹kʰo¹³ tʂʰu³³m̩²¹ tʰa²¹ tu³³ tsɻ̍⁵⁵ dʑu³³ xu⁵⁵.
　　食堂　一　年　盐巴　一　千　斤　吃　（助动）
　　食堂一年要吃一千斤盐巴。

5. 指量短语充当宾语

50）n̠i³³ ʂɻ̍⁵⁵ tʂʰn̩²¹lɤ³³, m̩³³ ʂɻ̍⁵⁵ a⁵⁵ lɤ³³. 牛是这个，马是那个。
　　牛　是　这　个　马　是　那　个

（二）谓词或谓词性结构充当宾语

51）mi⁵⁵gu²¹ nu³³ xɯ³³ u³³tsʰo³³ n̠i³³ kʰei³³pei³³ nu³³.
　　唱歌　喜欢（描写）人　也　跳舞　喜欢
　　喜欢唱歌的人也喜欢跳舞。

二 宾语的语义类型

根据宾语与谓语动词之间的语义关系，可以把宾语的语义类型分为：受事宾语、对象宾语、结果宾语、处所宾语、存在宾语和施事宾语。

（一）受事宾语

受事是动作行为作用和支配的对象。

52）tʂaŋ⁵⁵miŋ²¹ xua³³piŋ²¹ ndei³³ ɖa³³ kɔ³³. 张明打破了花瓶。
　　张明　　　花瓶　　　　打　破　（完整）

（二）对象宾语

对象宾语表示动作涉及的对象，动词多为感知类动词。

53）tʂaŋ⁵⁵miŋ²¹ dʑu²¹mo³³ ko³³ ʔa³³ŋa⁵⁵ ʔa⁵⁵sɿ³³lɤ³³（ɣʊ²¹）ŋo²¹.
　　张明　　　　路　上　小孩儿　那　三个　　得　见
　　张明在路上看见那三个小孩儿。

54）m̩³³khʊ²¹tɕhu³³ ɣʊ²¹dʑu³³ ma⁵⁵ dʊ²¹ dʊ³³. 听不到马蹄声了。
　　马　蹄　声　　得听　　　（否定）（助动）（完整）

（三）结果宾语

结果宾语表示动作产生的结果。如：

55）tʂaŋ⁵⁵miŋ²¹ su³³na³³ tha²¹na²¹ ŋo³³ dʊ³³. 张明写了一个字。
　　张明　　　　字　　　一个　　　写　（完整）

（四）处所宾语

处所宾语表示动作行为的处所和方位所在。例如：

56）ŋʊ²¹ ʔa³³ma³³ ʔa²¹n̩i²¹ pe²¹tɕiŋ⁵⁵ lɤ⁵⁵(the³³) dʊ³³.
　　我　妈妈　　　昨天　　　北京　　　去　　（完整）
　　我妈妈昨天去北京了。

57）dʑʊ²¹ dʑu³³ gu²¹ dzʊ⁵⁵ gɯ⁵⁵ so³³ hiẽ²¹ lɤ⁵⁵. 吃完饭就上学校去。
　　饭　吃　完　就　　往　　学校　　去

（五）存在宾语

存在宾语表示存在或领有动词所关涉的人或事物。例如：

58）tʂaŋ⁵⁵miŋ²¹ bo⁵⁵ ʔʊ³³tsho³³ ŋʊ³³ʐo²¹ dzo²¹. 张明家有五口人。
　　张明　　　　家　人　　　　　五口　　　有

（六）工具宾语

动作凭借的工具充当的宾语，叫工具宾语。例如：

59）ŋʊ²¹ xɯ²¹khuei³³ ŋo³³, na²¹ tshɿ²¹khuei³³ ŋo³³.
　　我　钢笔　　　　写　　你　毛笔　　　　　写
　　我写钢笔，你写毛笔。

60）ʐʊ³³ti¹³ʐuan³³ tan⁵⁵tshe³³ dʑe³³ bei¹³ the³³ dʊ⁵⁵fi²¹su³³ xʊ²¹.
　　邮递员　　　单车　　骑　出　去　信　　　送
　　邮递员骑单车出去送信。

第四节　定语

定语是句中修饰体词性中心语的修饰语，能充当定语的有：形容词、名词、代词、量词、数量短语、指量短语、介词短语和动词或动词短语。

一　形容词作定语

61）ŋʊ²¹ bu¹³ ɬu⁵⁵ na³³ ʔa⁵⁵phu³³ khʊ²¹dʐ³³ the³³ dʊ³³?
　　我　（领属）裤子　黑　那　条　哪儿　去　（完整）
　　我的那条黑裤子哪儿去了？

双音节形容词放在名词之前修饰名词。例如：

62）tɕho⁵⁵ mi⁵⁵ndʑa³³ tho¹³ thi²¹ ka³³ ɬu²¹ za¹³li²¹, ŋʊ²¹ na²¹ bu²¹ tɕhi³³.
　　快　脏　　衣服　件（受格）脱　下来　我　你（受益）洗
　　快把脏衣服脱下，我给你洗。

二　名词作定语

名词作定语放在被修饰的名词之前。例如：

63）sei³³ dʑʊ³³the³³ vi²¹tʂhe²¹. 木头桌子耐用。
　　木头　桌子　　用　耐
64）tʂaŋ⁵⁵miŋ²¹ su³³ ʔa⁵⁵phe²¹ na²¹ na³³ gu²¹ dʊ³³ nʊ³³ ma²¹?
　　张明　　书　那本　你　看　完（完成）（并列）（否定）
　　张明那本书你看完了没有？

三　代词作定语

代词作定语分两种情况：表示领属关系的人称代词和疑问代词可以加 bu¹³ 放在体词中心语之前，有时也可以不加 bu¹³；具有指示作用的指示代词直接放在体词中心语之后。

1. 领属关系的人称和疑问代词作定语

65）a³³ɕie³³ bu¹³ kho¹³thʐ²¹ ɣe³³ ndʑu³³? 谁的年纪最大？
　　谁（领属）年纪　　大　最

2. 指示代词作定语

66) thi²¹ zu³³ tʂʅ¹³/ʔa⁵⁵ su³³m̩⁵⁵ɕie²¹ tha¹³ ŋɯ³³.
    他 儿   这 / 那   教师   个   是
    他这/那儿子是个教师。

四 量词作定语

量词作定语位于名词之后，表示定指。例如：

67) tsho³³ ʐo²¹ ŋuei¹³ ma⁵⁵ dʊ²¹.（这）个人我不喜欢。
    人   个   我   (否定) 喜欢

68) ʑi²¹ tso³³gʊ²¹ ʔa²¹n̩ie²¹ hã²¹, ndo²¹ ma⁵⁵ de³³ ɕi³³.
    水   锅   刚   开   喝   (否定) (助动) 还
    （这）锅水刚开，还不能喝。

五 数量短语作定语

数量短语作定语放在被修饰名词之后。例如：

69) tʂaŋ⁵⁵miŋ²¹ n̩i²¹ xɯ³³ no³³/ʂʅ⁵⁵ hiẽ²¹mʊ²¹ m̩⁵⁵ tha²¹tɕy³³.
    张明   住 (描写) 是   房大   高   一个
    张明住的是一个大房间。

70) tʂaŋ⁵⁵miŋ²¹ tsa³³ tɕhie³³ tha²¹tɕhie³³ vei¹³ xʊ²¹.
    张明   绳子 细   一   根   捻   (完整)
    张明捻了一根细绳子。

六 指量短语充当定语

指量短语充当定语放在被修饰的名词之后。例如：

71) tʂaŋ⁵⁵miŋ²¹ dʑʊ²¹mo³³ ko³³ ʔa³³ŋa⁵⁵ ʔa⁵⁵ʂʅ³³lɤ³³（yʊ²¹）ŋo²¹.
    张明   路   上   小孩儿   那三个   得   见
    张明在路上看见那三个小孩儿。

七 介词短语作定语

介词短语作定语放在被修饰名词之前。例如：

72) pe²¹tɕiŋ⁵⁵ dzo³³ so³³ba²¹ ʔa⁵⁵ʐo²¹ tu¹³ ʂʅ⁵⁵ tʂaŋ⁵⁵ɕiao³³san⁵⁵.
    北京   (介) 学生   那个   就 是   张小三
    在北京那个学生就是张小三。

八　动词作定语

动词放在名词之前作定语，动词往往需要与结构助词 xɯ³³ 组合后，才能作定语。例如：

73） thi²¹　bu³³　xɯ³³　n̠i⁵⁵　dʑie²¹　xɯ³³　tʂho⁵⁵　ɕi⁵⁵　xɯ³³.
　　 他　 画　(描写)　牛　 真　　(描写)(伴随)　似　(陈述)
　　 他画的牛跟真的似的。

九　小结

彝语东部方言的定语有的可以位于中心语之前，有的可以位于中心语之后。（1）形容词修饰名词作定语位于中心名词之后是彝语的固有语序，而位于中心名词之前的为后起的语序；但是在彝语词汇里具有"形+名"构词形式，好像反映了形容词修饰名词在历史上应该存在。（2）名词和动词修饰中心语名词必须置于中心语之前，两者的区别在于动词修饰必须使用表示修饰关系的助词 xɯ³³，名词修饰中心语名词时，可以不用结构助词（名词修饰语具有质料和属性），也可以用结构助词 bu¹³。（3）代词作定语，可以分为两类：人称代词和指示代词，人称代词位于中心语名词之前并使用 bu¹³ 来修饰，而指示代词则直接置于中心语名词之后起修饰作用。（4）量词和数量短语作定语的情况：彝语东部方言中量词可以直接作定语，基本相当于指示代词作定语，数量短语作定语与量词、指示代词一样置于中心名词之后。（5）介词短语作定语位于中心语名词之前。

以上的总结，还很难理出一个明确的线索，为什么有些结构必须出现在中心语名词之前，而有些结构则必须出现在中心名词之后。定语居后修饰中心语名词是彝语的固有语序，定语位于中心名词之前修饰是后起语序，也许置前还是置后还比较复杂，需要做比较深入地梳理。

第五节　状语

状语是对句中谓语进行修饰限定的成分，大部分的状语是对谓语中心（动词或形容词充当）在程度、范围、时间、处所、方式、情状等方面的修饰和限定。有些状语处于句子层面，而有些状语处于短语层面，其内部比较复杂，要彻底搞清楚需要专门调查研究，本节只是扼要说明其大致情况。能充当状语的词类有：副词、助动词、形容词、时间名词、方所名词等。

一 副词充当状语

1. 在谓语之后作状语

在谓语之后充当状语的副词主要有：程度副词 ɣo³³、程度副词 ndʑu³³、语气副词 ɕi³³、时间副词 po³³。例如：

74）ʔɔ⁵⁵ gɯ⁵⁵ na²¹ dʊ³³, tʂaŋ⁵⁵miŋ²¹ ŋʊ⁵⁵ m̩²¹ ma²¹ the³³ ɕi³³.
　　都　九点　（完成）　张明　　　事　做　（否定）去　还
　　已经九点钟了，张明还没去上班。

75）thi²¹ tɕye³³ tha²¹ khʊ²¹ m̩³³ de³³ ʐei¹³ po³³. 它又躺下来蜷成一团。
　　它　蜷　一　团　（状助）倒　躺　又

2. 在谓语之前作状语

（1）方式副词作状语的句法位置

76）na²¹ ʐo²¹ʐo³³ gɯ⁵⁵ tʂaŋ⁵⁵miŋ²¹ na³³ tsha³³dʑʊ³³.
　　你　亲自　　去　张明　　　　看　（助动）
　　你应该亲自去看张明。

（2）否定副词作状语的句法位置

否定副词用在被否定的动词或形容词之前。

77）dʑa⁵⁵ dʑu³³ dzo³³ ɕi³³thu⁵⁵ ɬi¹³ȵi¹³ tha²¹ na³³.
　　饭　吃　在　之时　　电视　（否定）看
　　在吃饭的时候不要看电视。

否定副词 ma²¹ 在动补结构中，用在补语之前。例如：

78）tʂaŋ⁵⁵miŋ²¹ ɖʐ̩²¹tʂhu³³ ȵi²¹ ma²¹ ŋʊ⁵⁵. 张明没坐过飞机。
　　张明　　　　飞机　　　坐　（否定）过

（3）时间副词作状语的句法位置

时间副词作状语位于主语与谓语的分界点。例如：

79）tʂaŋ⁵⁵miŋ¹³ ȵi³³ li³³kaŋ⁵⁵, ba³³dʐ̩²¹ ʔa²¹dʑie¹³ na³³ ma⁵⁵ dʊ²¹.
　　张明　　　（并列）李刚　（停顿）经常　　互相　　看（否定）（助动）
　　张明和李刚经常互相看不起。

（4）语气副词作状语的句法位置

语气副词作状语，可以处于主语与谓语之间。如：

80）ŋʊ⁵⁵die²¹ tsʊ¹³ ʔɔ⁵⁵ tsʊ¹³ dʊ³³, dzʊ⁵⁵ ʂ̩⁵⁵xuei²¹ ma⁵⁵ ŋʊ³³ dʊ³³.
　　事情　　　做　都　做（完成）就　后悔　　（否定）要　（完成）
　　事情做都做了，就不要后悔了。

语气副词作状语，也可以出现在句末，如：

81) tʂaŋ⁵⁵miŋ²¹ nʊ²¹ dʐo³³ dʊ³³ m̩³³dzḁ³³. 张明大概生病了。
　　 张明　　　 病　 生　(完整) 大概

（5）范围副词作状语的句法位置

范围副词作状语的句法位置处于主语和谓语之间。例如：

82) ŋʊ²¹xɯ¹³ so³³hiẽ³³ m⁵⁵ɕie³³ ʑi³³po²¹ n̠i²¹tʂ³³ ndzei³³ zo³³ dzo²¹.
　　 我们　　 学校　　 老师　　 一共　　 二十　 多　　 位　 有
　　 我们学校共有二十多位老师。

（6）程度副词作状语的句法位置

程度副词也有用在谓语动词之前的 dʐ²¹dʐ²¹、ɣɯ¹³等，例如：

83) tʂaŋ⁵⁵san⁵⁵ tɕho²¹m̩³³, li³³sɿ¹³ ɣɯ¹³ tɕho²¹m̩³³. 张三高，李四更高。
　　 张三　　 高　　 李四　 更　 高

　　副词作状语可以在谓语动词之前和谓语动词之后。一般来说，处于谓语动词之后是彝语的固有语序，而副词作状语居于谓语动词之前的是后起的语序。但是这个具体的过程还没有得到认真地梳理。造成这种现象的原因有可能是历史文献资料的缺乏，这在客观上造成了研究的困难，但是通过研究方法上的改进和历史文献的印证，或许可以把这种语序方面的问题研究清楚。

二　助动词充当状语

84) tʂaŋ⁵⁵miŋ²¹, ŋʊ²¹ hr̃⁵⁵dʑu³³ ʔa²¹ŋgɯ²¹n̠i³³ li²¹ vei³³.
　　 张明　　　　 我　 说听　　 明天　　　 来 (助动)
　　 张明，我听说明天要来。

85) na²¹ gʊ³³ɬʊ¹³ ka³³ m̩²¹ n̠ʊ³³ xʊ⁵⁵. 你一定把生产搞好。
　　 你　 生产　(受格) 搞　 好　(助动)

三　形容词充当状语

作状语不是形容词的主要功能，因此，形容词作状语的很少。表示动作行为时间、方式的形容词可以作状语。例如：

86) na²¹ ʂe³³ m̩³³ ʑi²¹ za³³ ŋʊ³³ hiõ³³ thei³³ dʊ³³.
　　 你　 早 (状助)　 河　 下　 鱼　 喂　 去　(完整)
　　 恐怕你早下河喂鱼了。

87) a²¹ŋgei¹³ thi²¹ ka³³ ʂe³³ʂe³³ zʐ²¹. 明天让他早早去。
　　 明天　　 他　 让　 早早　　 去

四 时间名词充当状语

88) ʔa²¹ŋɯ²¹n̠i⁵⁵ tʂaŋ⁵⁵miŋ²¹ khɯ²¹ʂ̩²¹ kʊ²¹? 明天张明怎么走？
    明天   张明   怎么   走

89) thi²¹ ʔa²¹n̠i²¹ kʊ²¹ xɯ³³, ʔa²¹n̠ye²¹ pe²¹tɕiŋ⁵⁵ khɯ³³ tsha³³dʐʊ³³ dʊ³³.
    他 昨天 走 (陈述) 现在   北京   到 (助动) (完成)
    他昨天走的，现在应该到北京了。

五 方所名词作状语

90) ŋʊ²¹ bu²¹da³³ kʊ⁵⁵, na²¹ bu²¹thi³³ kʊ⁵⁵. 我走上边，你走下边。
    我 上边   走   你   下边   走

六 由词或短语加结构助词 m̩³³ 作状语

结构助词 m̩³³ 是状语的标志，一些词类或结构加上 m̩³³ 充当状语。例如：

91) na²¹ gɯ²¹phi³³ ma²¹ tsu⁵⁵, tʂʰ̩²¹ʂ̩²¹ m̩²¹ thi⁵⁵tha¹³ tsha³³ ma⁵⁵ dʐʊ²¹.
    你 身体 (否定) 好   这么 (状助) 劳累   (助动) (否定)
    你身体不好，不应该这么劳累。

第六节 补语

从语义上看，补语是对中心语的补充说明，从句法上看，学者们一般把位于谓词中心之后对谓词中心进行补充说明的成分。也就是说，补语一定处于谓词中心语之后，这与状语大部分处于谓词中心之前形成对立。但是实际上，状语也有位于其修饰的中心语之后的情况。因此，可以说彝语东部方言中，状语和补语之间的重叠部分是需要做进一步的研究和辨别的。

一 充当补语的词类及结构

（一）动词充当补语

1. 动作动词充当补语

92) tʂaŋ⁵⁵miŋ²¹ li³³tɕhaŋ²¹ ka³³ ndu³³ʑi³³ kɔ³³, dʑie²¹ mo⁵⁵?
    张明   李强   (受格) 打 伤 (完整) 真 (疑问)
    张明把李强打伤了，是吗？

2. 趋向动词充当补语

93) tʂaŋ⁵⁵miŋ²¹ dzo¹³phu³³ ka³³ zu²¹ be¹³li²¹ dʊ³³.
    张明   钱   (受格) 拿 出来 (完整)
    张明把钱拿出来了。

（二）形容词充当补语

94）tʂhʅ²¹dʊ³³ na²¹ tɕhi²¹ʂʅ⁵⁵ ka³³ na³³ n̠ʊ³³ xʊ⁵⁵.
　　今后　　你　谷种（受格）看　好（助动）
　　今后你要把谷种看好。

（三）动词构成的短语充当补语

动词短语充当补语，补语助词 dʁ³³ 是强制性的，如：

95）tʂaŋ⁵⁵miŋ²¹ yʊ⁵⁵ tsʊ¹³ no³³, tsʊ¹³ dʁ³³ tha²¹dʑi³³ n̠i³³ ma²¹ n̠ʊ³³.
　　张明　　　菜　做（话题）做（补助）一　点　也（否定）好
　　张明做菜呢，做得一点也不好。

二　补语的类型

（一）结果补语

96）tʂaŋ⁵⁵miŋ²¹ xua³³piŋ²¹ ʔa⁵⁵ tɕhie³³ ndei³³ ɖa³³ xʊ²¹.
　　张明　　　花瓶　　那　只　　打　破（完成）
　　张明打破了那只花瓶。

97）dʊ⁵⁵ hʁ⁵⁵ tɕhʊ³³ tɕhie³³ ʂʅ⁵⁵m²¹, ʔa³³ŋa⁵⁵ba²¹ tɕo³³ ʑei¹³ n̠i⁵⁵ tɕei³³!
　　话　说　声　细　似做　小孩儿　惊　睡　醒　怕
　　说话声音小点，小心吵醒了小孩儿！

（二）状态补语

98）tʂaŋ⁵⁵miŋ²¹ bu¹³ ɬʊ³³ba⁵⁵ tɕhi²¹ dʁ³³ khʊ⁵⁵ ɕie²¹ɕie²¹.
　　张明（领属）舌头　伸（补助）（前缀）长（重叠）
　　张明的舌头伸得长长的。

99）ʔa³³ŋa⁵⁵ tha¹³ ŋɯ³³ dʁ³³ li¹³xai¹³ ɣo³³. 一孩子哭得很厉害。
　　孩子　一　哭（补助）厉害　很
　　

（三）趋向补语

100）thi²¹ tshʊ³³tshʊ³³bu²¹bu²¹ m³³ the²¹ li²¹ dʊ³³.
　　他　匆匆忙忙　　　　（状助）跑　来（完整）
　　他匆匆忙忙地跑来了。

第七章 单句

单句分为主谓句和非主谓句。主谓句分为：动词谓语句、形容词谓语句、名词谓语句以及主谓谓语句。非主谓句包括无主句、独词句等。

第一节 动词谓语句

由动词充当谓语的主谓句叫动词谓语句。根据动词谓语句中谓语的复杂程度，可以分为：一般动词谓语句和特殊动词谓语句。一般动词谓语句包括：不及物动词谓语句、动宾谓语句、动补谓语句。特殊动词谓语句包括：连动谓语句、兼语谓语句、处置句、被动句、判断句、存现句。

一 一般动词谓语句

（一）不及物动词谓语句

1）ɕoŋ²¹mao⁵⁵ ʑi²¹bu²¹ ma²¹ ku¹³ ʂa³³. 熊猫不会游泳吧。
　　熊猫　　　游泳　（否定）（助动）（推测）

（二）动宾谓语句

1. 一元动词单宾语句

在一元动词单宾语句中，宾语不是动词的必有论元，充当宾语的往往是处所和方位，该类动词往往是表示位移的一元动词。例如：

2）hɤ̃⁵⁵ɖu³³ tʂaŋ⁵⁵miŋ²¹ ba³³dʐ²¹ pe²¹tɕiŋ⁵⁵ lɤ⁵⁵.
　说听　　张明　　　经常　　北京　　去
　听说张明经常去北京。

2. 二元动词单宾语句

3）tʂaŋ⁵⁵miŋ²¹ sʊ²¹ ndu²¹ dʊ³³ mo⁵⁵? 张明打人了吗？
　张明　　　人　打　（完整）（疑问）

3. 三元动词单宾语句

语义上看，某些动词具有三个论元，但是在句法上却无法赋予这三个与动词联系密切的论元以格的形式，因此需要把其中的一个论元通过介词的形式介引其进入句法。以典型的三价给予类动词为例来说明三元动词单宾语句。给予类动词语义上存在三个必有的语义角色：施事、受事和目标者或受益者。

由动词 bi⁵⁵ 充当谓语的。例如：

4) na²¹ dʑo¹³phu⁵⁵ ka³³ ŋʊ²¹ bi⁵⁵, ŋʊ²¹ su³³phei³³ ka³³ na²¹ bi⁵⁵.
你　钱　　　(受格)　我　给　我　书　　　(受格)　你　给
你给我钱，我给你书。

（三）动补谓语句

5) ʑi⁵⁵mie²¹ tʂʅ²¹ na²¹ zo³³ dʁ³³ nʊ³³ ɣo³³. 这块包谷长得真好。
苞谷　这　块　长　(补助)　好　(陈述)

二　特殊动词谓语句

特殊动词谓语句，指谓语动词比较复杂或比较特殊的动词谓语句，如连动句、兼语句、判断句、存在句、处置句和被动句等。

（一）连动句

胡素华（2010）把连动结构定义为："在结构上，一个单句的谓语由两个或三个连用的动词构成，这几个连用的动词具有同一外部论元（extermal argument）；在语义上，几个连续的动作无论时间顺序、逻辑顺序和动作行为上都具有相关性；连用的动词共用同一个体、式和极值范畴。"[①]连动谓语句分为：动作动词相连构成的连动句；虚化的趋向动词与动作动词相连构成的连动句。

1. 动作动词相连构成的连动句

该类型的连动句主要由两个或多个动作按照发生的时间顺序组合而成。如：

6) ŋʊ²¹ tɕhi³³ ko³³ lʁ⁵⁵ ɣʊ⁵⁵ ve²¹. 我上街买菜。
我　街　上　去　菜　买

2. 虚化的趋向动词与动作动词的组合构成的连动句

7) ŋʊ²¹xɯ³³ li²¹ na²¹ na³³ ȵi³³. 我们来看看你。
我们　来　你　看　看

8) na²¹xɯ¹³ gɯ⁵⁵ tɕhi²¹ʂ⁵⁵ ʂu³³ li³³. 你们去找谷种来。
你们　去　谷种　找　来

（二）兼语谓语句

兼语句是由兼语短语构成的句子，兼语句是由动宾短语与主谓短语套

[①] 胡素华：《彝语诺苏话的连动结构》，《民族语文》2010年第2期，第1页。

叠而成，其中动宾短语的宾语和主谓短语的主语共用一个名词。根据其动词的语义特点，把兼语句分为：使令类；领属类；充任类。

1. 使令类兼语句

9）ŋʊ²¹ na²¹ tɕhie²¹ ndʑi²¹ ndo²¹. 我请你吃酒。
　　我　你　请　酒　喝

10）na²¹ ŋʊ²¹xɯ¹³ ka³³ gɯ¹³ tɕhi²¹ʂɿ⁵⁵ ʂʊ³³. 你叫我们去找谷种。
　　你　我们　叫　去　谷种　找

2. 领属类兼语句

11）ŋʊ²¹ ȵie²¹ba³³ tha²¹ dzo²¹ tʂaŋ⁵⁵san⁵⁵ di⁵⁵. 我有个弟弟叫张三。
　　我　弟弟　一　有　张三　叫

3. 充任类兼语句

12）na²¹ a⁵⁵ɕie³³ ʂʊ³³ tɕu⁵⁵thɤ²¹su³³ ndɤ²¹? 你找谁当介绍人？
　　你　谁　找　介绍人　当

13）ʑi³³po²¹ ŋʊ²¹ ʂɿ³³ tai¹³piao³³ ndɤ²¹. 大家选我当代表。
　　大家　我　选　代表　当

（三）判断句

判断句分为两类：判断动词构成的判断句，判断动词ŋɯ²¹和ʂɿ⁵⁵；语气助词no³³构成的判断句。

1. ʂɿ⁵⁵构成的判断句

ʂɿ⁵⁵是借自汉语的判断动词，该判断动词处在主语与谓语的交界处。例如：

14）vei³³ ʂɿ⁵⁵ nɤ²¹ xɯ³³, thu³³ ʂɿ⁵⁵ hõ⁵⁵ xɯ³³. 花是红的，叶子是绿的。
　　花　是　红（陈述）叶子　是　绿（陈述）

2. ŋɯ²¹构成的判断句

判断动词ŋɯ²¹用于判断句句末的位置。例如：

15）tʂaŋ⁵⁵miŋ²¹ yʊ⁵⁵ vʊ⁵⁵ xɯ³³ zo²¹ ŋɯ²¹. 张明是个卖菜的。
　　张明　菜　卖（描写）个　是

16）m̥³³hõ²¹ da³³ ŋʊ³³ tuan⁵⁵vu³³ ŋɯ²¹. 五月初五是端午。
　　五月　初五　端午　是

在表示强调的时候，判断动词ŋɯ²¹音变为ŋɯ³³。如：

17）tʂʅ¹³ ŋʊ²¹ bu¹³ ŋɯ³³, na⁵⁵ na²¹ bu¹³ ŋɯ³³. 这是我的，那是你的。
　　这　我（领属）是　那　你（领属）是

3. 由表示判断的语气助词no³³构成的判断句

18）hiẽ²¹tɕhi³³ ʔa⁵⁵ko³³ die³³ xɯ³³ no³³ mbu³³tan⁵⁵ tha²¹ fe²¹.
　　墙角　那儿　摆（描写）是　牡丹　一　盆
　　墙角摆的是一盆牡丹。

19) tʂaŋ⁵⁵miŋ²¹ ȵi²¹ xɯ³³ no³³ hiẽ²¹mʊ²¹ m̩⁵⁵ tha²¹ tɕy³³.
　　张明　　　住 (描写) 是　房大　高　一　个
　　张明住的是一个大房间。

(四) 存现句

存在句是在某个空间隐现和存在某事或人的句子。根据存现句是否具有动态性把存现句分为两种：存在句和隐现句。存在句表示静止的存在，隐现句表示动态出现或消失。

1. 存在句

存在句主要由动词 dzo²¹、存在助词 ŋɯ⁵⁵ 以及一些表示静态的动词表示存在。例如：

存在动词 dzo²¹ 的例句有：

20) xɯ²¹bə²¹ gɯ⁵⁵ka³³ ʑi²¹ʥu²¹ tha²¹nʊ³³ dzo²¹.
　　池塘　　　周围　　柳树　　许多　　有
　　池塘周围有许多柳树。

21) bu²¹vɤ³³ ko³³ du³³ tha²¹ lɤ³³ dzo²¹. 坡上面有一个洞。
　　坡　　上　　洞　一　个　有

存在助词 ŋɯ⁵⁵ 的例句有：

22) ʥʊ²¹ bʊ³³ ko³³ tho¹³ tshe⁵⁵ ŋɯ⁵⁵. 墙上挂着衣服。
　　墙　　上　　衣服　挂 (存在)

23) bu²¹ tho³³ te³³ tha²¹ ta²¹ ŋɯ⁵⁵. 山坡下面是一片稻田。
　　山　下　稻田　一　片 (存在)

表示静态的动词充当的存在句有：

24) bu²¹ ve³³ ko³³ ʊ³³tsho³³ tha²¹ zo⁵⁵ thie¹³ ȵi³³.
　　山坡　　上　　人　　　一　家　那儿　住
　　山坡上面住着一家人。

25) ʥu³³thɤ³³ la³³ su³³phei³³ ko³³ tu³³. 桌子上放着本书。
　　桌子　　　上　书　本 (附缀) 放

2. 隐现句

隐现句是由表示动态的动词充当谓语的存现句。例如：

26) ŋgʊ²¹ die²¹bo³³ ʔʊ³³tsho³³ thai³⁵ (tha²¹ȵi⁵⁵) zo²¹ ɳɖʊ³³li²¹.
　　门　外面　　　人　　　　几　　(个)　　进来
　　门外面进来几个人。

27) lʊ²¹m̩³³ fi⁵⁵bo⁵⁵ hiẽ²¹ tha²¹lɤ³³ ʔa²¹ȵi²¹ de³³ the³³.
　　县城　东边　　楼房　一个　　昨天　倒 (终结)
　　县城东边一个楼房昨天倒塌了。

（五）处置句

处置句表示对某人或某物某事进行处置的句子，它是主动句的一种，处置句的受事由介词介引，而一般主动句中的受事不需要介词介引，直接位于宾语的位置。

28）tʂaŋ⁵⁵miŋ²¹ ȵi³³ tha¹³ ke³³ vʊ⁵⁵ kɔ³³. 张明把一头牛卖了。
　　张明　　　牛　一　（介）　卖　（完整）

29）tʂaŋ⁵⁵miŋ²¹ gɯ⁵⁵ ʐo²¹ʐo³³ ka³³ fe³³ de³³ kɔ³³.
　　张明　　　（介）　自己　　（介）　摔　倒　（完整）
　　张明把自己（给）摔倒了。

30）tʂaŋ⁵⁵miŋ²¹ thi²¹ ʐo²¹ʐo³³ ka³³ ʐo²¹ʐo³³ ke³³ fe³³ pu⁵⁵ kɔ³³.
　　张明　　　他　自己　　（介）　自己　　（介）　摔　倒　（完整）
　　张明他自己把他自己（给）摔倒了。

（六）被动句

施事由介词介引构成句子的，我们叫作被动句。能够介引施事的介词有：bi⁵⁵、ke³³/ka³³、ka³³(ke³³)…bi⁵⁵。

31）se³³ m̥⁵⁵ mi³³hĩ³³ mʊ⁵⁵ bi⁵⁵ mʊ³³ de³³ na¹³xã⁵⁵.
　　树　高　地　　风　大　（施格）　刮　倒　容易
　　高树容易被大风刮倒。

32）se³³ dʐu³³the³³ ʔa⁵⁵ ʂɿ²¹thu⁵⁵ ke³³ tʂaŋ⁵⁵miŋ²¹ vi²¹ da³³ kɔ³³.
　　木头　桌子　　那　三张　　（施格）　张明　　　用　坏　（完整）
　　那三张木头桌子被张明用坏了。

33）thi²¹ ka³³ sʊ²¹ bi⁵⁵ tha²¹kɔ²¹ ndu²¹ dʊ³³. 他被人打了一下。
　　他　（介）　人　（介）　一下　　打　（完整）

第二节　形容词谓语句

由形容词或形容词短语充当谓语的句子，就叫形容词谓语句。

一　形容词充当的形容词性谓语句

34）mi³³ tʂʂ̩²¹ na²¹ ɣe³³, mi³³ ʔa⁵⁵ na²¹ ba²¹. 这块地大，那块地小。
　　地　这　块　大　地　那　块　小

35）mi³³mi³³ a⁵⁵ phei²¹ na²¹tɕhu³³tɕhu⁵⁵ ŋɯ⁵⁵. 那匹布黑黑的。
　　布　　那　匹　黑　　（后缀）　　　（存在）

二 形容词短语充当谓语的形容词性谓语句

1. 状中结构的形容词短语充当谓语。例如：
36）tʂaŋ⁵⁵san⁵⁵ ʔʊ³³ŋo¹³tu³³ ndzo²¹ ɣo³³. 张三很聪明。
　　张三　　脑髓　　　转　很
2. 中补结构的形容词短语充当谓语。例如：
37）khʊ²¹ɕi²¹ma²¹tɕu⁵⁵ tha²¹ʔʊ³³ tha²¹tɕhi³³ tshʊ²¹ dʐ³³ ke⁵⁵bu³³ li³³.
　　不一会　　　　一 头 一 脚　热（补助）汗 流（起始）
　　不一会儿全身上下热得流出了汗。

第三节　体词谓语句

体词谓语句是指由体词性成分充当谓语的句子。充当谓语的词类一般有名词、代词、数量词，或者是以这些词类为中心构成的短语。体词谓语句句法结构比较简单。

38）ŋʊ²¹ no³³ ȵi⁵⁵phu⁵⁵. 我是彝族。
　　我（话题）彝族
39）thi²¹ sa³³phu⁵⁵. 他是汉族。
　　他　汉族
40）tʂaŋ⁵⁵miŋ²¹ sɿ³³tshɿ³³ kho¹³. 张明三十岁。
　　张明　　　三十　岁
41）tha²¹hõ²¹ sɿ³³tshɿ³³ ȵi²¹. 一个月三十天。
　　一 月　三 十　天

第四节　主谓谓语句

主谓谓语句是由主谓短语充当谓语的句子。例如：
42）su³³ma¹³ tuei¹³ tʂaŋ³³ guɯ²¹ po³³ ɣe³³. 民兵队长个儿大。
　　民兵　　队长　　　个儿　　大
43）ʐi³³pe⁵⁵ bu¹³ ŋʊ⁵⁵ ʐi³³pe⁵⁵ m̩²¹. 大家的事大家做。
　　大家（领属）事　大家　做
44）thi²¹xɯ³³ ȵi⁵⁵ vei²¹ȵie²¹, a²¹ɣe³³ tshʊ³³nda¹³ ndʐu³³.
　　他们　　两　兄弟　　哥哥　　积极　　更
　　他们两兄弟，哥哥比较积极。

第五节　比较句

比较句可分为等比句和差比句两种。所谓等比是对人或事物所具有的"相等或相同"的属性进行比较，所谓差比就是对人或事物所具有的"差异"进行比较。胡素华（2005）认为："差比句三个基本要素为：比较参项（Participants）、比较的属性（Property）、比较的语法标记（Mark）。"[①]

一　等比句

等比句就是把人或事物所具有的"相等或相同"的属性进行比较的句子。三官彝语中的比较标记有：a²¹dʑie¹³、dʑie¹³和 dʐ¹³ ɕi³³等。此外，ɕi⁵⁵/ɕi³³等既有引入比较基准的作用，也有比较标记的作用。这类词还有：ɕi⁵⁵ɕi³³、ɕi⁵⁵dza³³、sɿ⁵⁵dza³³。

1. 介引比较基准的等比句

引入比较基准的介词有 bu²¹、tʂho⁵⁵、a²¹dʑie¹³、a²¹dʑie¹³ɕi⁵⁵等。

45）tʂaŋ⁵⁵san⁵⁵ bu¹³ gɯ³³tɕho³³ li³³sɿ¹³ bu²¹ a²¹dʑie¹³ m̩³³.
　　张三　（领属）　身材　　李四　（伴随）一样　　高
　　张三跟李四一样高。

46）tʂaŋ⁵⁵san⁵⁵ n̪i³³ li³³sɿ¹³ a²¹dʑie¹³ m̩³³. 张三和李四一样高。
　　张三　　（并列）李四　　一样　　高

比较基准由介词引入后位于比较参数（比较维度）之后。

47）tʂaŋ⁵⁵san⁵⁵ tɕho²¹m̩³³ li³³sɿ¹³ ɕi⁵⁵ . 张三高似李四。
　　张三　　　　高　　李四　　似

2. 无介词介引的等比句

无介词介引比较基准的句子中，等比关系通过 a⁵⁵sɿ²¹ "那么"、dʐ¹³ɕi³³ "同样"、n̪i³³ "也" 等显现。

48）tʂaŋ⁵⁵san⁵⁵ li³³sɿ¹³ a⁵⁵sɿ²¹ tɕho²¹m̩³³ dzo²¹. 张三有李四那么高。
　　张三　　李四　那么　　高　　有

49）tʂaŋ⁵⁵san⁵⁵ ʔʋ³³no¹³tu³³ ndzo²¹ ɣo³³, li³³sɿ¹³ dʐ¹³ɕi³³ ndzo²¹ ɣo³³.
　　张三　　脑髓　　　转　　很　李四　互相样　转　　很
　　张三很聪明，李四同样聪明。

3. 等比句否定形式的类型

（1）否定词用于 ɕi³³（比较标记）之前

ɕi³³为动词，可以作为比较参数，同时兼有比较标记的作用。例如：

[①] 胡素华：《凉山彝语的差比句》，《民族语文》2005年第5期，第39页。

50) tʂaŋ⁵⁵san⁵⁵ tɕho²¹m̩³³ γo³³, li³³ʂɿ¹³ ma⁵⁵ ɕi³³.
 张三　　　高　　　很　李四　(否定)　像
 张三很高,不跟李四一样。

(2) 否定词用于比较参数（比较维度）之前

51) tʂaŋ⁵⁵san⁵⁵ ɲi³³ li³³ʂɿ¹³ a²¹dʑie¹³ɕi⁵⁵, tɕho²¹ ma²¹ m̩³³。
 张三　　　(介)　李四　一样　　　　(否定)　高
 张三和李四一样,不高。

(3) 否定比较标记ɕi⁵⁵,同时比较参数（比较维度）出现

52) tʂaŋ⁵⁵san⁵⁵ li³³ʂɿ¹³ ma²¹ ɕi⁵⁵ a⁵⁵ʂɿ²¹ tɕho²¹ m̩³³.
 张三　　　李四　(否定)　像　那么　高
 张三不像李四那么高。

(4) 否定比较参数（比较维度），同时比较标记出现

53) tʂaŋ⁵⁵san⁵⁵ tɕho²¹ ma²¹ m̩³³, li³³ʂɿ¹³ bu²¹ a²¹dʑie¹³ɕi⁵⁵.
 张三　　　　(否定)　高　李四　(伴随)　一样
 张三不高,跟李四一样。

二 差比句

差比句是对人或事物在某一个方面的特征上所具有的"差异"进行比较的句子。差比句的比较标记主要有：de⁵⁵ ma²¹bu³³、ma²¹bu³³、kua³³等。

1. 比较参数与比较标记联合使用，来表示比较对象超出比较标准

54) tʂaŋ⁵⁵san⁵⁵ tɕho²¹m̩³³ li³³ʂɿ¹³ de⁵⁵ ma²¹bu³³. 张三比李四高。
 张三　　　高　　李四　超过

55) tʂhaŋ⁵⁵san⁵⁵ tɕho²¹m̩³³ li³³ʂɿ¹³ de⁵⁵ma²¹bu³³ ɕi³³.
 张三　　　高　　李四　超过　还
 张三比李四还要高。

2. 比较参数（比较维度）直接与比较标记组合，表示差比。

56) tʂaŋ⁵⁵san⁵⁵ ʔa³³ŋa⁵⁵, li³³ʂɿ¹³ (ʔa³³ŋa⁵⁵) nʊ⁵⁵ ma²¹bu³³.
 张三　　　孩子(停顿)　李四　(孩子)　多　过
 张三比李四孩子多。(张三孩子多过李四孩子。)

57) ʔa³³ŋa⁵⁵, tʂaŋ⁵⁵san⁵⁵ (bu¹³) li³³ʂɿ¹³ bu¹³ nʊ⁵⁵ ma²¹bu³³.
 孩子(停顿)　张三　　　(领属)　李四　(领属)　多　过
 孩子张三比李四多。(孩子,张三的多过李四的。)

3. 比较标记单独构成差比句

小句中的比较参数为动宾结构或小句时，该结构要移至句首成为话题化对象，比较标记可以单独表示差比。如：

58）tʂhu³³ ŋo¹³ tʂhaŋ⁵⁵san⁵⁵ li³³sŋ¹³ de⁵⁵ma²¹bu³³ ndʑu³³.
　　　车　　撑　　张三　　　　李四　　超过　　　更
　　　开车张三比李四要会开。

4. 比较基准与比较标记作为比较参数的补语

该类差比句式中，比较基准和比较标记一起充当句子的补语。例如：

59）tʂhu³³ ŋo¹³ tʂhaŋ⁵⁵san⁵⁵ ŋo¹³ nʊ³³ dʁ³³ li³³sŋ¹³ de⁵⁵ma²¹bu³³.
　　　车　　撑　　张三　　　　撑　　好　（补助）李四　超过
　　　开车张三比李四要开得好。

5. 比较标记 kua³³ 和比较参数一起构成差比

60）tʂaŋ⁵⁵san⁵⁵ li³³sŋ¹³ kua³³ tɕho²¹m̩³³. 张三高过李四。
　　　张三　　　李四　（比较）高

61）ɕi⁵⁵kua⁵⁵ xa⁵⁵mi³³kua⁵⁵ kua³³ khʊ²¹ŋʊ²¹ ma²¹ ɣe³³.
　　　西瓜　　哈密瓜　　　（比较）多少　　（否定）大
　　　西瓜比哈密瓜没大多少。

6. 通过两个小句所出现的比较参数程度的差异构成差比

62）tʂaŋ⁵⁵san⁵⁵ tɕho²¹m̩³³, li³³sŋ¹³ ɣɯ¹³ tɕho²¹m̩³³. 张三高，李四更高。
　　　张三　　　高　　　李四　　更　　高

7. 直接使用具有"比"义的比较标记与后续小句构成差比

比较标记为 ʑi³³、na³³，并与后面的小句呼应，构成差比句。例如：

63）tʂaŋ⁵⁵san⁵⁵ tʂho⁵⁵ ʑi³³, li³³sŋ¹³ tɕho²¹m̩³³ ndʑu³³ ɕi³³.
　　　张三　　　（伴随）依　李四　　高　　　更　　还
　　　跟张三比，李四更/还/还要高。

64）tʂaŋ⁵⁵san⁵⁵ tɕho²¹m̩³³ tʂho⁵⁵ na³³ li³³, li³³sŋ¹³ tɕho²¹m̩³³.
　　　张三　　　高　　　（伴随）比　（话题）李四　　高
　　　比起张三（来），李四高。

第六节　话题句

话题标记是指在句中出现语气助词以及在语流中出现明显的停顿现象，停顿具有提示听话人标明话题，引起听话人注意的功能。

一　有语音停顿的话题句

有语音停顿的话题句根据充当话题的词类或结构的属性可以分为两类：一是体词充当话题的话题句；一是谓词充当话题的话题句。

1. 体词充当话题的话题句

65）ʔʊ³³tsho³³ tha²¹ge²¹, ɣʊ⁵⁵ŋe³³ dʑu³³ ma²¹ gue²¹.
　　人　　有些（停顿）　香菜　吃（否定）喜欢
　　有些人不喜欢吃香菜。

66）ʔʊ³³tsho³³ tʂʅ²¹ʐo²¹, ŋʊ²¹ khʊ²¹ ŋʊ³³ tɕho³³ ŋo²¹ ŋʊ⁵⁵ dʊ³³.
　　人　　　这个（停顿）我　好　多　次　见（完整）（完成）
　　这个人，我见过好几次了。

2. 谓词充当话题的话题句

67）ʐa³³ʐu³³ no³³/na³³ ʐa³³ʐu³³, di⁵⁵dɤ³³ phu³³ kha³³ the³³.
　　漂亮　是　　　漂亮（停顿）但是　　价　贵　（终结）
　　好看是好看，就是太贵了。

68）tʂaŋ⁵⁵miŋ²¹ ɣʊ⁵⁵ tsʊ¹³, tsʊ¹³ dɤ³³ tha²¹dʑi³³ n̩i³³ ma²¹ n̩ʊ³³.
　　张明　　　菜　做（停顿）做（补助）一点　也（否定）好
　　张明做菜呢，做得一点也不好。

二　句中语气助词作话题标记的话题句

表示陈述的语气助词，都可以出现在句中作为话题的标记。句中语气词具有提示听话人、标明话题以及提醒听话人注意的作用。充当话题标记的句中语气词有：la³³、no³³、na³³、di⁵⁵、li²¹、di⁵⁵no³³等。充当话题的，可以是体词性的结构，也可以是谓词性的结构。

1. 体词性结构充当话题

体词性的话题，可以是名词，也可以是一个名词短语。例如：

69）ɣʊ⁵⁵ŋe³³ la³³/no³³/na³³/di⁵⁵, ʔʊ³³tsho³³ tha²¹ge²¹ dʑu³³ ma²¹ gue²¹.
　　香菜（话题）　　　　　　　人　　有些　吃（否定）喜欢
　　香菜呢，有些人不喜欢吃。

2. 谓词性结构充当话题

充当话题的，可以是动词，也可以是动词构成的短语，还可以是小句。例如：

70）na²¹ so³³ɣe³³ khao³³ʂaŋ¹³ di⁵⁵no³³, tsu⁵⁵tsu³³ m̩³³ so³³ xʊ⁵⁵ ʔʊ¹³.
　　你　大学　考上　　　　（话题）　好好（状助）学（助动）（感叹）
　　你考上大学呢，要好好学啊。

第七节　非主谓句

非主谓句包括无主句和独词句。与主谓句相比，无主句主要是动词、形容词表示陈述,而找不到陈述对象的句子。独词句是指,由一个词构成的句子,主要表达某种特定的情感,如:喜悦、惊叹、恐惧、忧伤等。

一　无主句

无主句是无法或没有必要指明主语的句子。一般来讲表示气候变化的句子,往往用无主句表示。此外,还有一些没有必要点明主语的句子。例如:

71) m̩³³hõ⁵⁵ li³³ dʊ³³. 下起雨来了。
　　　下雨　(起始)　(完整)
72) gʊ²¹ ndʐŋ²¹ dʊ³³! 开会了!
　　　会　开　(完整)

二　独词句

独词句往往是对某个新出现的情况所表示的一种喜悦、惊叹等情感的句子。例如:

73) dʐ̩²¹dʑi³³! 飞机!
　　　飞　机
74) bu³³ʂe³³! 蛇!
　　　蛇
75) ndu²¹! 打!
　　　打
76) ʑa³³ʑu³³! 漂亮!
　　　漂亮

第八章 复句

复句是指有两个或两个以上的小句构成的句子。复句中的小句，叫作复句的分句，根据分句之间的关系可以把复句分成两大类：联合复句和主从复句。

第一节 联合复句

联合复句分句之间的关系是对等的，没有主次之分。可以分为：并列复句、选择复句、顺承复句、解说复句和递进复句。

一 并列复句

并列复句表示分句分别描写了人或事物的几个不同方面。

（一）非对立关系的并列复句

常使用的并列词语有："tha²¹bo⁵⁵…tha²¹bo⁵⁵"、"ʑo⁵⁵…ʑo⁵⁵"、"ŋɯ²¹…ŋɯ²¹"。例如：

1) ȵi³³ba²¹ tha²¹bo⁵⁵ sei³³ kua³³ ȵa³³ tshŋ⁵⁵ tha²¹bo⁵⁵ ɕi³³ dʑu³³.
   牛 小   一边   树 上   蹭（持续） 一边   草 吃
   牛犊一边在树上蹭着一边吃草。

2) thi²¹ mu⁵⁵ɕie²¹ ŋɯ²¹, ʑo⁵⁵ nei³³ʑi⁵⁵ ŋɯ²¹. 他是老师，也是朋友。
   他 老师   是   又   朋友   是

3) thi²¹ ʑo⁵⁵ mi⁵⁵ gʊ²¹ kʊ¹³ ʑo⁵⁵ khe³³pe³³ kʊ²¹.
   他 又 歌 唱（助动） 又 跳舞   （助动）
   他又会唱歌又会跳舞。

不使用关联词语表示并列关系的复句。例如：

4) thie¹³ ba³³ no³³ ȵi⁵⁵phu⁵⁵, thie¹³ ma³³ ʂa³³phu⁵⁵.
   他的   爹 是   彝族   他的   妈   汉族
   他父亲是彝族，母亲汉族。

（二）对立关系的并列复句

表示对立的并列复句，可以通过谓语主要动词或形容词之间的对立来表示，也可以通过谓语主要动词之间的肯定与否定的对立来表示。

5）li⁵⁵mu³³ ɣe³³, lu⁵⁵mu³³ ba²¹. 骡子大，驴子小。
　　骡马　　大　　　驴马　　小

6）ŋʊ²¹ ȵi⁵⁵phu⁵⁵ ŋɯ²¹, ʂa³³phu⁵⁵ ma⁵⁵ ŋɯ²¹. 我是彝族，不是汉族。
　　我　　彝族　　是　　汉族　　(否定)　是

7）khʊ²¹dza³³ tʂʅ²¹ die²¹ thi²¹ bu¹³ ŋɯ³³, ŋʊ²¹ bu¹³ ma⁵⁵ ŋɯ²¹.
　　东西　　　这　件　他　(领属)　是　　我　(领属)(否定)是
　　这件东西是他的，不是我的。

二 选择复句

选择复句可以根据选择关系的不同分为：任选和限选两种。

（一）任选关系的选择复句

任选关系的选择复句的关联词语有："ȵi³³dei¹³…ȵi³³dei¹³"、"ma²¹no³…ma²¹no³"。也可以单独使用no³³表示任选关系。例如：

8）na²¹ ʐɣ²¹ ȵi³³dei¹³, thi²¹ ʐɣ²¹ ȵi³³de¹³. 或者你去，或者他去。
　　你　　去　也行　　他　去　也行

9）ʔɣ²¹ȵi²¹ m²¹ ȵi³³de¹³, ʔa²¹ŋɯ²¹ȵi³³ m²¹ ȵi³³de¹³.
　　今天　　做　也行　　　明天　　　做　也行
　　或者现在工作，或者明天工作。

10）ma²¹no³³ na²¹ gɯ⁵⁵ gɯ²¹bu³³ tɕhi³³, ma²¹no³³ na²¹ ndʑie³³.
　　或者　　　你　去　身子　　洗　　或者　　　你　玩
　　要么你去洗澡，要么你玩。

单独使用no³³表示任选的选择复句。例如：

11）na²¹ ma²¹ ʐɣ²¹ no³³ thi²¹ ʐɣ²¹. 你不去呢他去。
　　你　(否定) 去　(并列) 他　去

12）na²¹ ndʑi²¹thu³³ ndo²¹ no³³ ndʑi²¹nɣ²¹ ndo²¹?
　　你　白酒　　　喝　(并列) 酒　红　　喝
　　你喝白酒还是喝红酒？

（二）限选关系的选择复句

限选关系的选择复句，常常使用关联词语。有："de¹³khu⁵⁵no³³…ma⁵⁵de³³ɕi³³"，它的语义为"与其……还不如"。

13）na¹³ ka³³ pe²¹tɕiŋ⁵⁵lɣ⁵⁵ de¹³khu⁵⁵no³³, ŋʊ²¹ ka³³ the³³ ma⁵⁵de³³ɕi³³.
　　你　叫　北京　去　　　与其　　　　我　叫　去　　还不如
　　与其你去北京，还不如我去北京。

14）ka^{33} ʂu^{33}kha^{33} bi^{55} tɕo^{33}de^{33} de^{13}khu^{55}no^{33}, ʂu^{33}kha^{33} ka^{33} ndu^{21}
　　　(框式)　困难　　　吓倒　　　与其　　　困难　(受格)　打
　　de^{33} ma^{55}de^{33}ɕi^{33}. 与其被困难吓倒，还不如把困难打倒。
　　倒　　还不如

三　顺承复句

顺承复句表示事件按照时间或事理的顺序依次展开的复句。这些关联词语有：tɕi^{55}no^{33}…me^{21}dʊ^{33}、thi^{21} dʊ^{33}以及di^{55}no^{33}和sŋ^{33}no^{33}。

按照时间的先后顺序依次展开的复句，例如：

15）tɕi^{55} no^{33} ʑei^{13} tʊ^{55} ɖe^{21} thei^{33}, me^{21}dʊ^{33} tʂhu^{33} ndʐ^{21} po^{33}.
　　先是　睡　起　晚　(终结)　然后　　车　堵　又
　　先是起来晚了，然后又堵车。

按照事理的顺序依次展开的复句，例如：

16）a^{21}mie^{55} ʑi^{21}bu^{21} ma^{55} kʊ^{33}, di^{55}no^{33}, tɕhy^{33} dzʊ^{55} a^{21}mie^{55} ke^{33}ba^{33}
　　　猫　　凫水　　(否定)(助动)　于是　　狗　就　　猫　　捡背
　　ʑi^{21}bu^{21} ndʑʊ^{21} the^{33} dʊ^{33}.
　　凫水　　过　去　(完整)
　　猫不会凫水，于是，狗就背着猫凫水过河。

四　解说复句

后面的分句对前面分句进行解释说明，分句之间一般存在总分关系。一般说来，第一个分句叙述某种情况，后面的分句对该情况进行解释说明。例如：

17）ŋʊ^{21} ndʑi^{21} ȵi^{55} lo^{33}phu^{33} dzo^{21}, tha^{21} lo^{33}phu^{33} no^{33} ndʑi^{21} tɕi^{33},
　　我　酒　两　瓶　　　有　一　瓶　　　是　酒　烧
　　tha^{21} lo^{33}phu^{33} no^{33} ndʑi^{21} pe^{21}. 我有两瓶酒：一瓶白酒，一瓶啤酒。
　　一　　瓶　　是　酒　啤

18）ŋʊ^{21} ʔa^{33}ŋa^{55} ȵi^{55} lʐ^{33} dzo^{21}, tha^{21} lʐ^{33} no^{33} zu^{33}ba^{21}, tha^{21} lʐ^{33}
　　我　孩子　两　个　有　一　个　是　儿子　一　个
　　no^{33} ʔa^{21}me^{33}ba^{21}. 我有两个孩子：一个男孩，一个女孩。
　　是　姑娘

五　递进复句

递进复句的后一个分句在前一个分句的基础上，语义上程度进一步加深。两个分句之间可以由关联词语"ȵie^{21} ma^{21} ŋɯ^{21}… xa^{21} de^{33}"表示递进，也可以在后一分句中用程度副词 ndʑu³³。例如：

19) huã⁵⁵ dʑu³³nda²¹m̩²¹ndzʊ⁵⁵ ɲie²¹ma²¹ŋɯ²¹, xa²¹de³³ zo⁵⁵ʇ̢⁵⁵sʊ³³da³³
  老鼠 好吃懒做   不仅 而且 损人利己
  xɯ³³ ŋʊ⁵⁵ m̩²¹ tɕo⁵⁵ vei³³ ɕi³³.
  (描写) 事 干 参加 (助动) 还
  老鼠不仅好吃懒做，而且还干损人利己的事。

20) tɕhy³³ no³³ a²¹mie⁵⁵ na³³ɲi³³ ma⁵⁵ ka²¹, a²¹mie⁵⁵ huã³³ ŋo²¹
  狗 (话题) 猫 看 (否定) (处置) 猫 老鼠 见
  ma⁵⁵ de³³ ndʑu³³ ɕi³³.
  (否定) (助动) 更 还
  狗则老是看不起猫，猫呢更见不得老鼠。

第二节 主从复句

主从复句是指分句与分句之间存在主次之分。主句和从句之间具有转折、假设、条件、因果和目的等关系，据此可分为：转折复句、假设复句、条件复句、因果复句、目的复句。

一 转折复句

前一个分句说明一种情况，后一个分句在语义上发生了转折。表示转折的关联词语有：di⁵⁵dɤ³³、die⁵⁵、li³³dɤ³³、di⁵⁵dʊ³³、ndi⁵⁵dʊ³³等。

1. 包含转折连词 di⁵⁵dɤ³³ 的复句

21) ɕie²¹vu³³mʊ³³ ɤe³³ na³³ ɤe³³ ɤo³³, di⁵⁵dɤ³³ ma²¹ tʂʅ³³.
  桃子   大 (话题) 大 很 但是 (否定) 甜
  桃子虽然很大，但是不甜。

22) m̩³³dz̩³³ tei³³ dʊ³³, di⁵⁵dɤ³³ m̩³³ ma²¹ hõ²¹.
  雷 炸 (完整) 但是 天 (否定) 雨
  打雷了，不过没有下雨。

23) dzo²¹ na³³ dzo²¹, di⁵⁵dɤ³³ ve²¹ ma³³ ve²¹ ma²¹ se⁵⁵.
  有 (话题) 有 但是 买 (否定) 买 (否定) 知
  有倒有，不过不知道买不买。

2. 包含转折连词 die⁵⁵ 的复句

24) m̩³³ hõ³³ dʊ³³, die⁵⁵ ma²¹ ɤe³³.
  天 雨 (完整) 但 (否定) 大
  下雨了，但不大。

25）ŋʊ²¹ ke³³ thi²¹ bi⁵⁵ dʑu³³ xɯ³³, die⁵⁵³ thi²¹ ma²¹ lɤ²¹.
　　 我　拿　他 (目标) 吃 (描写)　但　他 (否定) 要
　　 我给他吃的，可他不要。

3. 包含转折连词 li³³dɤ³³ 的复句

26）tʂaŋ⁵⁵miŋ²¹ ʂu³³pi¹³, li³³dɤ³³ ɕiɔ³³li³³ xai²¹ʂ̩⁵⁵ fu³³ thi²¹ bi⁵⁵ ndʑu³³.
　　 张明　　 很穷　 但　 小李　 还是　嫁 他 (目标) 愿意
　　 张明很穷，但小李还是愿意嫁给他。

4. 包含转折连词 di⁵⁵dʊ³³ 的复句

27）di⁵⁵dʊ³³, hiẽ²¹ ɕie³³ tʂʅ²¹ lɤ³³ dʑe⁵⁵ ndʑu³³ ɣo³³.
　　 但　　 是　 房主　 这　 个　可恶　太 (陈述)
　　 但是，这个房主太可恶。

5. 包含转折连词 ndi⁵⁵dʊ³³ 的复句

28）bu³³ʂe³³ thi²¹ tɕhei¹³, ndi⁵⁵dʊ³³ tɕhei¹³ thie¹³ ma⁵⁵ zo²¹.
　　 蛇　　 他　 咬　　 但　　　 咬　 他 (否定) 中
　　 蛇咬他了，但没有咬中他。

二　假设复句

假设复句从句表假设，主句表假设后出现的结果。关联词语有：di⁵⁵no³³、ma⁵⁵ŋɯ²¹no³³。

1. 使用关联词语的假设复句

（1）关联词语为 di⁵⁵no³³ 的假设复句

从句在前，主句在后。例如：

29）ŋʊ²¹ ʂa³³phu⁵⁵ dʑu³³phu⁵⁵ di⁵⁵no³³, dzʊ⁵⁵³ ʂa³³dʊ⁵⁵ hɤ̃⁵⁵.
　　 我　 汉族　　 遇到　　 如果　 就　 汉话　 说
　　 我遇到汉族人的话，就说汉语。

30）na²¹ ma²¹ hɤ̃⁵⁵ di⁵⁵no³³, thi²¹ dzʊ⁵⁵³ nei³³tɕhi⁵⁵ ma⁵⁵ kʊ³³.
　　 你 (否定) 说 如果　 她　 就　 生气 (否定) (助动)
　　 假如（如果）你不说的话，她就不会生气。

主句在前，从句在后的。例如：

31）thi²¹ ze²¹ɣɯ⁵⁵ dʑ̩⁵⁵ za¹³li²¹ dʊ²¹ xɯ³³, thi²¹thu⁵⁵ di²¹di³³ xʊ²¹
　　 她　 原本　 活　 下来 (助动)(描写) 其时　 马上　 送
　　 nʊ²¹gu²¹dʑi³³ lɤ⁵⁵ di⁵⁵no³³.
　　 医院　　　　 去　 如果
　　 她原是可以活下来的，如果马上送医院的话。

（2）包含关联词语 ma⁵⁵ŋɯ²¹no³³的假设复句

32）thi⁵⁵ dʊ³³ ma⁵⁵ŋɯ²¹no³³, ŋʊ²¹ thi²¹ hõ²¹ go¹³li²¹ kʊ¹³.
　　困　(完整)　要不是　　　我　他　等　回来　(助动)
　　要不是困了，我会等他回来。

2. 不使用关联词语的假设复句

33）na²¹ ma²¹ the³³, ŋʊ²¹ n̠i³³ ma²¹ the³³. 你不去，我也不去。
　　你　(否定)　去　我　也　(否定)　去

一般来看，不用关联词语的复句，属于什么复句具有不确定性，上面这个复句就既可以理解为假设复句，又可以理解为条件复句，但优先理解为假设复句。

三　条件复句

1. 有条件复句

有条件复句又可以分为：充足条件和必有条件两类。

（1）充足条件复句

充足条件是指只要满足了该条件，主句表示的结果就会实现。表示充足条件的关联词语有：di⁵⁵no³³、n̠ie³³lʅ³³。di⁵⁵no³³既是表示假设的关联词语，又是表示条件复句的关联词语。例如：

34）na²¹ ʐɤ²¹ di⁵⁵no³³, thi²¹ dzʊ⁵⁵³ go¹³li²¹ dʊ⁵⁵tʂhe⁵⁵ kʊ¹³.
　　你　去　只要　　　她　就　回来　答应　(助动)
　　只要你去，她就同意回来。

35）thi²¹ ʂʊ²¹ yʊ⁵⁵ di⁵⁵no³³, dzʊ⁵⁵³ tʂhʊ²¹khu²¹ yʊ²¹ ʂʊ²¹ dʊ²¹.
　　他　找　得　只要　　　就　妹妹　　　得　找　(助动)
　　只要找到他，就能找到妹妹。

（2）必有条件复句

必有条件是指从句所表达的条件是必须出现的，也是唯一的条件，该条件的实现，主句才能实现。表示必有条件的关联词语有：ko³³n̠ie³³、di⁵⁵n̠ie³³、di⁵⁵no³³n̠ie³³、n̠ie³³tɕei³³、"n̠ie³³tɕei³³…li³³ m̥³³"。

使用 ko³³n̠ie³³ 的条件复句：

36）tʰei¹³ tshʊ²¹ dʊ³³ ko³³n̠ie³³, li³³m̥³³ vei²¹lu²¹ tʂʰ²¹tʂhʊ²¹
　　变　热　(完整)　只有　　　才能　花　这　种
　　ŋo²¹dɤ³³ di¹³.
　　见到　(示证)

只有变热了，才能看到这种花。

使用 di⁵⁵n̠ie³³ 的条件复句：

37) na²¹ ʑɤ²¹ di⁵⁵n̠ie³³, thi²¹ li³³m̩³³ go¹³li²¹ dʊ⁵⁵tʂhe⁵⁵.
   你 去   只有   她   才能   回来   答应
   只有你去，她才同意回来。

38) sɿ²¹pi²¹hã³³ di⁵⁵n̠ie³³, li³³m̩³³ vei³³ vei³³ ŋo²¹ dɤ³³ di¹³.
   晚上   只有   才能   花 开   见 到 （示证）
   只有在晚上，才能看到花开。

使用 di⁵⁵no³³n̠ie³³ 的条件复句：

39) na²¹ nʊ³³ di⁵⁵ dʊ³³ di⁵⁵no³³n̠ie³³, ŋʊ²¹xɯ³³ li³³m̩³³ la¹³thʊ⁵⁵ tsʊ¹³.
   你 肯 说 （完整） 只有   我们   才能   手动   做
   只有你愿意了，我们才能开始做。

使用 "n̠ie³³tɕei³³…li³³ m̩³³" 的条件复句：

40) mu⁵⁵ɕie²¹ li²¹ n̠ie³³tɕei³³, ŋʊ²¹ li³³m̩³³ gɯ⁵⁵ ʂaŋ¹³kho¹³.
   老师   来 除非   我   才   去   上课
   除非老师来，我才去上课。

2. 无条件复句

充当无条件复句的关联词语有："ma²¹thu³³…ʔɔ⁵⁵"。例如：

41) dʑʊ²¹ khɯ²¹sɿ²¹ m̩²¹ sɤ³³ kha³³ ma²¹thu³³, ʔɤ²¹n̠i²¹ ʔɔ⁵⁵ ŋga¹³
   路   怎样   （状助） 走   难   不管   今天   都   赶
   khɯ²¹ dʊ²¹.
   到 （助动）
   无论路多难走，今天都能赶到。

42) ʔa³³ɕie³³ li²¹ ma²¹thu³³, thi²¹ ʔɔ⁵⁵ gɯ²¹gʊ³³ yo³³.
   谁   来   不管   他   都   高兴   很
   不管谁来，他都很高兴。

3. 没有关联词语的条件复句

在现实生活中，某些事件与另外一些事件往往构成条件与结果的关系，因此，往往不需要关联词语，也可以构成条件复句。例如：

43) ɣɯ²¹ nʊ²¹ dzʊ⁵⁵ tɕhi³³ ndo²¹ xʊ⁵⁵. 一病就要吃药。
    一   病   就   药   饮 （助动）

44) m̩³³ ɣɯ²¹ dʑie²¹, ŋʊ²¹ dzʊ⁵⁵³ kʊ²¹/sɤ³³. 天一亮，我就走。
    天   一   清   我   就   走

四 因果复句

从句表示原因，主句表示结果的复句。表示因果关系的复句可以分为说明性因果复句和推断性因果复句。对已发生事件的因果关系进行叙述的复句叫说明性因果复句，对未发生事件经过推理得出可能造成的结果的复句叫推断性因果句。

1. 说明性因果句

说明性因果句常常用关联词语，成对使用的关联词语有："$ʑi^{33}di^{13}$…$so^{33}ku^{13}$"、"$ʑi^{33}di^{13}$…$li^{33}m̥^{33}$"、"$tʂʅ^{33}ko^{33}ʑi^{33}$…$ʑi^{33}di^{13}$"。单独使用的关联词语是：$ʑi^{33}li^{33}$、$ʑi^{33}di^{13}ŋɯ^{33}$、$ʑi^{33}di^{13}$。

（1）成对使用关联词语的情况

成对使用的关联词语有："$ʑi^{33}di^{13}$…$so^{33}ku^{13}$" "因为……所以"、"$ʑi^{33}di^{13}$…$li^{33}m̥^{33}$" "因为……所以"、"$tʂʅ^{33}ko^{33}ʑi^{33}$…$ʑi^{33}di^{13}$" "之所以……因为"。例如：

45）dʑʊ²¹da³³ dʊ³³ ʑi³³di¹³, so³³ku¹³ ʔɤ²¹n̩i²¹ gɯ⁵⁵ʐɤ²¹ ma²¹ dʊ²¹ dʊ³³.
　　路　坏　(完整)　因为　　所以　　今天　　　回去　(否定)(助动)(完整)
　因为路坏了，所以今天回不了家了。

46）thi²¹ dzo¹³phu⁵⁵ ma²¹ dzo²¹ ʑi³³di¹³, li³³m̥³³ tho¹³ tʂʅ²¹thi²¹
　　他　　钱　　　(否定) 有　　因为　　所以　 衣　　这件
　ve²¹ ma⁵⁵ dʊ²¹ xɯ³³. 他因为没钱，所以买不起这件衣服。
　买 (否定)(助动)(陈述)

47）ʔa³³da³³mu⁵⁵ tʂʅ²¹zo²¹ kho¹³thɤ²¹ ɣe³³ ʑi³³di¹³, li³³m̥³³ thi²¹ li²¹
　　老太太　　　这位　　 年纪　 大　因为　　所以　 她　来
　khe³³ ma²¹ pe³³. 这位老太太因为年纪大，所以她不来跳舞。
　舞　(否定) 跳

48）ŋʊ²¹ tʂʅ³³ko³³ʑi³³ ʔɤ²¹n̩i²¹ dɤ³³ kho³³ khɯ³³, dʑʊ²¹ kʊ²¹ ma⁵⁵ ɲɯ³³
　　我　　之所以　　　今天　 才　里　 到　　路　走　(否定) 好
　xɯ³³ ʑi³³di¹³. 我之所以今天才到，是因为路不好走。
　(陈述)　因为

（2）单独使用关联词语的情况

单独使用的关联词语有：$ʑi^{33}li^{33}$、$ʑi^{33}di^{13}ŋɯ^{33}$、$ʑi^{33}di^{13}$。例如：

49）thi²¹ tʂʅ²¹n̩i⁵⁵ko³³ nʊ²¹ dzo³³ dʊ³³, ʑi³³li³³ xɯ²¹tse³³ dʑu³³ma⁵⁵dʊ²¹.
　　他　　最近　　　　病　生　(完ɕ成) 因此　 辣椒　　　吃　(否定)(助动)
　他最近生病了，因而不能吃辣椒。

50）ŋʊ²¹ ndʑi²¹ ndo²¹, ʔa³³ŋa⁵⁵ge²¹ ndʑu³³ ʑi³³di¹³ŋɯ³³.
　　我　　酒　　喝　　 孩子们　　　想　　　是因为
　我喝酒，是因为想孩子们。

51) m̥⁵⁵ɕie²¹ ȵʊ⁵⁵ dzo²¹ ʑi³³di¹³, m̥³³ʑye³³ ʔa³³ɕi⁵⁵ ʐo²¹ʐo³³ so³³.
　　　老师　　事　有　因为　　下午　　我们　自己　学
　　因为老师有事，下午我们自学。

（3）不使用关联词语的因果复句

52) ȵie²¹ba³³ ma²¹ li²¹ ɕi³³, ʔa³³ɕi⁵⁵ hõ²¹ tshɿ⁵⁵ ȵie³³dei¹³.
　　　弟弟　（否定）来　还　我们　　（持续）只好
　　弟弟还没来，我们只好等着。

2. 推断性因果复句

充当推断性因果复句关联词的是"di⁵⁵no³³…tʊ⁵⁵"、"di⁵⁵no³³…dzʊ⁵⁵"、"di⁵⁵no³³"。例如：

53) ȵʊ²¹xɯ³³ ke³³tʊ³³ li³³ dʊ³³ di⁵⁵no³³, tʊ⁵⁵ ke³³tʊ³³ ma²¹ gɯ⁵⁵ dʊ³³.
　　　我们　　捡拿　来（完整）既然　　就　捡拿（否定）回（完整）
　　我们既然拿来了，就不带回去了。

54) thi²¹ li²¹ dʊ³³ di⁵⁵no³³, ȵʊ²¹ dzʊ⁵⁵ ma²¹ thei³³ dʊ³³.
　　　他 来（完整）既然　　我　就（否定）去（完整）
　　既然他来了，我不去了。

五　目的复句

表目的的关联词语有：m̥²¹lu³³no²¹、lo³³ʑi³³、ʑi³³ŋɯ³³、ʑi³³tɕhi³³。目的复句可以使用关联词语，也可以不使用关联词语。

1. 不使用关联词语的目的复句

55) thi²¹ su³³ tha²¹ȵʊ³³ tʃhʊ²¹ ve²¹ kɔ³³, ʔa²¹ʥie¹³bo⁵⁵ li²¹ ɣɯ²¹ ȵʊ³³.
　　他　书　很多　　种　买（完整）大家　　来　读　方便
　　他买了很多种书，以便大家读。

56) na²¹ ʂe³³ m̥³³ go¹³lɤ⁵⁵ ŋʊ¹³, ʔa³³ma³³ ka³³ nei³³ ma²¹ tʰɿ⁵⁵.
　　你　早（状助）回去　（助动）妈妈　叫　心　（否定）放
　　你要早点回家，省得（免得）妈妈担心。

2. 使用关联词语的目的复句

57) thi²¹ ʐan²¹ma³³ɚ²¹ tha²¹ʥe³³ ve²¹ kɔ³³, m̥²¹lu³³no²¹, ʔa³³ŋa⁵⁵ba²¹ ka³³
　　他　洋马儿　　一辆　买（完整）为了　　小孩子　叫
　　su³³ɣʊ³³ ʐɤ²¹ li²¹ ȵʊ³³. 他买了一辆自行车，为的是孩子上学方便。
　　书　读　去　来　方便

58) thi²¹ tsu⁵⁵tsu³³ so³³ xɯ⁵⁵ no³³, ɣʊ²¹dʊ⁵⁵ so³³ye³³ da³³ ʑi³³ŋɯ³³.
　　他　好好　　学（陈述）（陈述）以后　　大学　上　是为了
　　他好好学习，是为了以后上大学。

59）ʥu³³ ndo²¹ sʊ²¹ lo³³ʑi³³, dzɿ³³ ɳʊ³³ɳʊ³³ ʂʊ³³ xʊ⁵⁵.
　　吃　　喝　　好　　为了　　钱　　多　多　　找　(助动)
　　为了生活好，必须多赚钱。

60）dzo¹³phu⁵⁵ ʂʊ³³ ʑi³³tɕhi³³, thi²¹ bei¹³ʐɣ²¹ ɳʊ⁵⁵ ʂʊ³³ m̩²¹.
　　钱　　　找　　为了　　　他　出去　　事　找　做
　　为了赚钱，他出去干活儿。

第九章　句类

根据句子的语气类型给句子分出的类叫做句类。句子的语气可以分为：陈述、疑问、祈使、感叹。

第一节　陈述句

陈述句是对事件进行陈述和说明。陈述句分为肯定陈述句和否定陈述句。

一　肯定陈述句

从肯定的角度对事件进行陈述的句子就叫做肯定陈述句。例如：
1）va¹³hõ⁵⁵ da³³thi⁵⁵ n̠i²¹ s̠⁵⁵ ko³³tɕhiŋ¹³tɕie²¹. 十月一日是国庆节。
　　 十　 月　 第　 一　 日　 是　 国庆节
2）tʂaŋ⁵⁵miŋ²¹ s̠³³tsh̠³³ kho¹³. 张明三十岁。
　　 张明　　　 三十　　 岁
3）tʂaŋ⁵⁵miŋ²¹ ʔa²¹n̠i²¹ su³³ xʊ²¹ ŋʊ²¹ bi⁵⁵ dʊ³³. 张明昨天送给我书了。
　　 张明　　 昨天　 书 送 我 （目标）（完整）

二　否定陈述句

否定陈述句使用否定副词来构成否定的陈述。

1. 否定陈述句举例
4）tʂhaŋ⁵⁵miŋ²¹ pe²¹tɕiŋ⁵⁵ su³³ ma⁵⁵ ŋɯ²¹. 张明不是北京人。
　　 张明　　　 北京　　 人 （否定）是
5）dʑu³³thɤ³³ la³³ su³³ ma²¹ dzo²¹. 桌子上没有书。
　　 桌子　 上 书 （否定） 有
6）ŋʊ²¹ thiao⁵⁵ hiẽ²¹ ŋo²¹ ma⁵⁵ nʊ³³. 我没见过他的家。
　　 我 他的 房 见 （否定）　（完成）

2. 否定副词的位置

一般来说，否定副词位于谓语动词之前表示否定。例如：

7) tɕhei¹³bu³³ ʔa⁵⁵tɕhie³³ ma²¹ dʑu³³ du³³. 那只老虎不吃了。
　　老虎　　　那只　（否定）吃　（完整）

8) tʂaŋ⁵⁵miŋ²¹ dʑa³³ dʑu³³ kao³³, dzo¹³phu³³ ma²¹ bi⁵⁵.
　　张明　　　饭　吃（完成）钱　　　（否定）给
　　张明吃了饭，没给钱。

否定副词用于双音节词动词或形容词中间。例如：

9) tʂaŋ⁵⁵san⁵⁵ ȵi³³ li³³sɿ¹³ a²¹dʑie¹³ɕi⁵⁵, tɕho²¹ ma²¹ m̩³³.
　　张三　（并列）李四　一样　　　　（否定）高
　　张三和李四一样，不高。

10) tʂaŋ⁵⁵miŋ²¹ ne³³ ma²¹ go⁵³. 张明不聪明。
　　张明　　　聪（否定）明

否定词用在动补结构的补语之前。例如：

11) ŋʊ²¹ hiẽ²¹ tʂʅ²¹ tɕy³³ tɕho¹³ tshei²¹ lɤ⁵⁵ ma⁵⁵ ŋʊ³³.
　　我　楼　这　座　六　层　去（否定）过
　　我没去过这座楼的六楼。

12) ʔʊ³³tsho³³ ʔa⁵⁵ge²¹ ʔao⁵⁵ go¹³ ma⁵⁵ li²¹ ɕi³³ lei³³.
　　人　　　　那些　都　回（否定）来　还（陈述）
　　那些人都还没回来呢。

第二节　疑问句

疑问句是表示疑问语气的句子，该类句子由疑问句调、疑问代词和疑问语气词等构成。根据疑问句的功能，可以把疑问句分为：是非疑问句、特指疑问句、选择疑问句、正反问句、反意问句。

一　是非疑问句

1. 是非疑问句的构成

是非疑问句有两种形式：一是重叠谓词来表达疑问；一是句调和句末语气助词表达疑问。

（1）谓词重叠

谓词重叠分为单音节谓词重叠和双音节谓词重叠。单音节谓词，直接重叠表示疑问。双音节谓词，重叠后一个音节构成是非疑问句。

单音节谓词重叠的。例如：

13) tɕhei¹³bu³³ ɕi³³ dʑu³³ dʑu³³? 老虎吃草吗？
　　老　虎　草　吃（重叠）

14）tṣaŋ⁵⁵miŋ²¹ pe²¹tɕiŋ⁵⁵ su³³ ŋɯ²¹ ŋɯ²¹? 张明是北京人吗？
　　　张明　　　北京　　　人　　是　(重叠)

双音节或者由动补结构构成的，重叠最后一个音节构成是非疑问句。
例如：

15）na²¹ pe²¹tɕiŋ⁵⁵ lɤ⁵⁵ ȵʊ⁵⁵ ȵʊ³³? 你去过北京吗？
　　　你　北京　　　去　过　　(重叠)

16）tṣaŋ⁵⁵miŋ²¹ ʔa⁵⁵phei²¹ na²¹ na³³ gu²¹ gu²¹?
　　　张明　　　那本　　　你　　看　　完　(重叠)
　　张明那本你看完了没有？

（2）句调和疑问语气词构成的是非疑问句

17）tṣaŋ⁵⁵miŋ²¹ pha²¹xai³³ dʑu³³ ȵʊ⁵⁵ mo⁵⁵? 张明吃过螃蟹吗？
　　　张明　　　螃蟹　　　吃　　(完成)　(疑问)

18）thi²¹ ma²¹ li²¹ dʊ³³? 他不来了？
　　　他　(否定)　来　(完整)

二　特指疑问句

特指疑问句是指由疑问代词构成的疑问句。

19）piŋ²¹ko³³ mʊ³³ khʊ²¹thu⁵⁵ ve¹³ xɯ³³? 那只苹果什么时候买的？
　　　苹果　　只　　什么时候　　买　(陈述)

20）tṣaŋ⁵⁵miŋ²¹ tʂʅ³³lɤ³³ dʑu³³? 张明吃什么？
　　　张明　　　什么　　吃

21）na²¹ a²¹ dɤ³³ ko³³ li²¹? 你从哪里来？
　　　你　哪里　(介)　来

三　选择问句

选择问句是就某个事物的两个方面或两个不同事物进行抉择的问句。

22）na²¹ ʂʅ⁵⁵ thuan²¹ʐuan²¹ no³³ taŋ³³ʐuan²¹? 你是团员还是党员？
　　　你　是　团员　　　　(并列)　党员

23）na²¹ ndʑi²¹thu³³ ndo²¹ no³³ ndʑi²¹nɤ²¹ ndo²¹?
　　　你　白酒　　　喝　　(并列)　酒　红　　喝
　　你喝白酒还是喝红酒？

no³³ 表示选择的连接词有时变读为 nʊ³³。例如：

24）tṣaŋ⁵⁵miŋ²¹ su³³ ʔa⁵⁵phei²¹ na²¹ na³³ gu²¹ dʊ³³ nʊ³³ ma²¹?
　　　张明　　　书　　那本　　　你　　看　　完　(完整)　(并列)　(否定)
　　张明那本书你看完了没有？

25) na³³li⁵⁵, na²¹ sei³³ tho³³ de³³ dʊ³³ nʊ³³ ma²¹?
　　那立　你　树　砍　倒　(完整)(并列)(否定)
　　那立，你砍倒树没有？

四　正反问

正反问是指句中谓语部分以肯定与否定并列的方式表示疑问，肯定与否定之间没有连接词。

26) na²¹ ʐɤ²¹ ma²¹ ʐɤ²¹?　你去不去？
　　你　去　(否定)　去
27) na²¹ li²¹ ma²¹ li²¹?　你来不来？
　　你　来　(否定)　来
28) ʔa²¹ȵi²¹ tʂaŋ⁵⁵miŋ²¹ li²¹ xɯ³³, ŋɯ²¹ ma²¹ ŋɯ²¹?
　　昨天　张明　来(陈述)是(否定)是
　　张明是昨天来的，是不是？
29) na²¹ ŋʊ²¹ bu²¹ la¹³ba³³, nʊ³³ ma²¹ nʊ³³?　你肯不肯帮我的忙？
　　你　我　(受益)　帮忙　(助动)(否定)(助动)

五　反意问句

反意问句又叫反问句，是无疑而问。例如：

30) na²¹ na³³ se³³gɯ⁵⁵ tʂʅ²¹ se³³ ȵi⁵⁵ tʊ³³ dʑie³³ dzo²¹ dʊ²¹ mo⁵⁵?
　　你　看　树林　这　树　两　千　棵　有　(助动)(反问)
　　你看这树林能有两千棵树吗？
31) na²¹ thi²¹ khu³³ ku³³ mo⁵⁵?　你敢批评他吗？
　　你　他　吵　(助动)(反问)
32) na²¹ liɛn²¹tʂaŋ³³ ŋɯ³³ ŋɯ³³?　你是不是连长？
　　你　连长　是　(重叠)
33) na²¹xɯ¹³ dzo²¹ no³³ ma²¹ dzo²¹?　你们有没有？
　　你们　有　(并列)(否定)有
34) tʂʅ²¹ ɣɯ²¹ dʐ⁵⁵ nʊ²¹ di³³ ŋɯ²¹?　这哪里是救我？
　　这　哪里　我　救　是

第三节　祈使句

表示命令、禁止、祈求等语气的句子叫祈使句。可以把祈使句分为两类：命令禁止句和要求祈求句。

一 命令禁止句

命令禁止句表示命令或禁止的语气，语气比较强硬。例如：

35）ɣe³³su³³ tʂho⁵⁵ hɣ̃⁵⁵ ndʑie³³ ma⁵⁵ de³³! 不要跟大人开玩笑！
　　大人　（伴随）　说　假　（否定）（助动）

36）gʊ²¹mi³³ ma²¹ ŋʊ³³! 不要唱歌！
　　唱歌　（否定）（助动）

37）bu³³ the³³! 滚开！
　　滚　去

二 要求祈求句

要求祈求句表示要求祈求的语气，多用于说话者向听话者发出请求或要求的情况。例如：

38）sei³³kha³³tɕhi³³ a³³phʊ²¹, na²¹ tɕhie²¹ li²¹ ŋʊ²¹xɯ¹³ tʂhʊ⁵⁵m̩²¹.
　　青杠脚　婆婆　　你　请　来　我们　做伴
　　青杠脚婆婆，请你来跟我们做伴。

39）a³³ʑi³³ thi²¹ tɕhie²¹ ndi²¹pu²¹ tho³³ ko³³. 阿依请他砍掉河蕨。
　　阿依　他　请　河蕨　　砍　掉

第四节　感叹句

具有喜悦、无奈等强烈情感的句子叫感叹句。例如：

40）kuei¹³xua³³ ŋe³³ ɣo³³! 桂花真香！
　　桂花　香　真

41）ʔɣ²¹n̩i²¹ m̩³³ tshʊ³³ ɣo³³! 今天天气太热！
　　今天　天气　热　太

42）tʂʅ²¹kho¹³ m̩³³ fe²¹ ma²¹ tɕei²¹ dʊ³³! 今年不怕天旱了！
　　今年　　天旱　（否定）怕　（完整）

43）m̩³³, ŋʊ²¹ hiõ²¹ ma²¹ ȵʊ³³! 马，我喂不好！
　　马　我　喂　（否定）好

44）m̩³³hõ³³ dʊ³³! 下雨了！
　　下雨　（完整）

第十章　盘州淤泥音点话题句和比较句举要

彝语东部方言盘县次方言淤泥音点柳远超（2009）做过专门的描写，是较早对盘县淤泥音点进行系统调查的著作。2016年8月作者前往淤泥音点调查。2018年暑假马辉在该音点做语保工程的项目。鉴于对该音点的调查还没有完全梳理出来，我们只就话题句和比较句加以描写。

第一节　话题和话题结构

一　话题助词和停顿

话题助词和语流中的停顿表明话题助词或停顿前是话题，话题助词之后是焦点所在的部分，而语流上的停顿在功能上相当于一个话题助词。

淤泥彝语的话题助词主要有：no^{22}、ȵɹ^{22}、sɯ^{33}。例如：

1）ʐa^{51}sɔ^{33} no^{22} ʋ^{22}tsho^{22} ta^{21}lɤ^{21} tɯ^{33} dzʋ^{22} ma^{21} do^{51}.
　　香菜　助　人　　　一些　它　吃　不　喜欢
　　香菜有些人不喜欢吃。

2）ʐa^{51}sɔ^{33} ȵɹ^{22} dzʋ^{22} ma^{21} do^{51}la^{2}kɯ^{22} nɤ^{55}kɔ^{22}sɔ^{22}ȵɹ^{22}dzʋ^{22} ma^{21}do^{51}.
　　香菜　助　吃　不　喜欢　的人　肯定　大蒜　呢　吃　不　喜欢
　　香菜不爱吃的人肯定不爱吃大蒜。

3）tsaŋ^{22}mɪŋ^{21} sɯ^{33}　ŋa^{21}ȵɹ^{22} lɹ^{21}　tɹ^{33}　di^{55}　ŋʋ^{21}　kɛ^{22}　dʋ^{55}dzʋ^{22}.
　　张明　　　助　　　明天　　来　将来　说　我　　给　听说
　　张明呢明天要来给我听到了。

二　话题结构与语序

句子层面的话题结构由话题和焦点构成，话题是谈论双方所关注和谈论的起点，而焦点是由话题引起的说话人要传递给听话人的重要信息。就彝语的话题结构来看，语序是话题结构的基础，通过语序结构的运作，话题结构不同于常态的句子结构：动作发出者（主语）——动作承受者（宾语）——动作行为。由此来看，语序是话题结构的基础。话题往往要通过移位位于句首，成为听说双方谈话的起点和对象。例如：

4) ʋ²²tsho²² a³³dʐ³³, ŋʋ²² tsu⁵⁵ ta²¹nɹ²² hɚ²² ɣo⁵¹ŋo²¹ no² lɛ²¹.
    人　　　这个　我　好　几　　次　　见　过　了
    这个人，我见过好几次了。

5) sɛ²²mʋ²² ŋʋ²² phiŋ²¹ko³³ dzʋ²² do⁵¹ hɚ²¹.
    水果　　我　苹果　　　吃　爱　最
    水果我最爱吃苹果。

以 4) 和 5)，只是通过移位所造成的话题结构。但是显然，移位造成的话题结构一般来说也需要在语流上的停顿来作为配合，尤其是话题较为复杂，在语流上较长时，需要停顿来提请听话人注意，在停顿之前的为谈话的起点和对象，而比较简单的话题，相对于其后出现的动作发出者，听话人比较容易把其前出现的名词识解为话题。

三　谓词性短语充当话题

当话题由谓词或谓词性短语充当时，一般需要由话题助词的协助来构成话题结构。例如：

6) n̩dʑi⁵⁵ nɤ⁵⁵ n̩dʑi⁵⁵ sɯ³³ phu²² kha²¹ hɚ²¹ no²².
    好看　　就是　好看　　助　价　贵　太　语气
    好看是好看，就是太贵了。

7) do⁵⁵ nɯ⁵⁵ a³³sɤ⁵⁵ hɹ⁵⁵, no²² sɯ³³ mu²¹ ŋo²² ɕi²² no²².
    话　是　这么　说，工作　助　干　得　还　语气
    话是这么说，工作还是得干啊。

由以上例子可以看到，谓词或谓词性结构充当话题，话题助词是必须出现的，这一方面表明充当话题的往往是名词性成分，而非名词性成分充当话题往往需要话题助词的协助，从而使得听说双方明白，此时的谓词性成分已经事件化或指称化，另一方面也说明在句法上这些谓词性成分并不是该句子的移位造成的，而是听说双方共知的语境中的成分，这些语境性成分，有些好像在更大的语境中可以还原为该句子的话题成分的移位，有些则根本无法还原。

第二节　比较句

比较句可以分为等比句和差比句，不管等比还是差比，都涉及比较的参与者——比较参项，比较的标准——比较基准，比较句法上的标志性的词

或形态形式——比较标记，比较的维度。

一　等比句

等比句是把两个参与者具有相同或相近的属性。两个参与者中，一个是作为比较主体，另外一个是比较基准。

彝语是 SOV 型语言，按照该类型的语言正常的语序应该为：比较主体+比较基准+介引词语（比较标记）+比较维度。可以形式化为：A+B+比/像+C（维度）。我们把这种等比句叫规则等比句，以此为维度来观察等比句的句法安排情况。

（一）标准的等比句

8）tsaŋ²²san²² li²²sŋ⁵⁵ sɯ⁵⁵ tshu²¹mu²². 张三像李四一样高。
　　张三　　李四　　似　　高

通过上例可以看到，sɯ⁵⁵作为后置词引入了比较基准"李四"，而比较维度是"高"位于句末作谓语。

（二）框式介词引入的比较基准

1. 框式介词居于被介引的比较基准两侧

9）tsaŋ²²san²² tɕi²² li²²sŋ⁵⁵ sɯ⁵⁵ tshu²¹mu²². 张三跟李四一样高
　　张三　　跟　李四　　样　高

在上例中，"李四"被框式介词框定在中间。而作为框式介词中的前件则具有了前置词的属性，与后件的后置词一起构成了框式介词。

2. 框式介词的两个构件都居于比较基准之后

10）tsaŋ²²san²² li³³sŋ⁵⁵ a²¹dʑi²¹sɯ⁵⁵ ʐa² tshu²¹mu²².
　　　张三　　李四　　一样　　像　高
　　张三跟李四一样高。

在上例中，比较基准"李四"被框式介词a²¹dʑi²¹sɯ⁵⁵和ʐa²共同介引，显然两者是有层次的，a²¹dʑi²¹sɯ⁵⁵先与"李四"组合，组合后，ʐa²又与它们组合。这两个介引的成分都具有后置词的性质，可以省略ʐa²，显然这不是真正的框式介词，为了比较的方便，我们把这一类型也放在框式介词里进行比较。

a²¹dʑi²¹sɯ⁵⁵与a²¹dʑi²¹、dʑi²¹和 sɯ⁵⁵功能大致相同，都可以介引比较基准。

（三）"达到"类等比句

该类等比句相当于汉语中的"有"字等比句。在比较维度之后添加一个"达到"类的动词，表示比较主体具有比较基准所拥有的属性。例如：

11）tsaŋ²²san²² tɕi²² lɿ²²sʅ⁵⁵ a²¹dʑi²¹ mo⁵¹ ko². 张三有李四一样高。
　　张三　　和　　李四　　一样　　高　及
12）tsaŋ²²san²² lɿ²²sʅ⁵⁵ dʑi²¹ tshu²¹mu²² ko². 张三有李四一样高。
　　张三　　李四　样　　高　　　及

二　差比句

差比句是比较的参与者的某一比较维度上具有相异的属性。淤泥音点常用的比较标记词有：ma²¹bʊ²²和dɛ⁵⁵ma²¹bʊ²²。

标准的差比句为：比较主体+比较基准+比较维度+ma²¹bʊ²²；

比较主体+比较维度+比较基准+dɛ⁵⁵ma²¹bʊ²²。

（一）标准差比句

13）tsaŋ²²san²² zu⁵¹mʊ²² lɿ²²sʅ⁵⁵ zu⁵¹mʊ²² ɣə⁵¹ ma²¹bʊ²².
　　张三　　个子　　李四　个子　　大　超过

张三比李四个子大。

14）tsaŋ²²san²² zu⁵¹mʊ²² ɣə⁵¹ lɿ²²sʅ⁵⁵ zu⁵¹mʊ²² dɛ⁵⁵ma²¹bʊ²².
　　张三　　个子　大　李四　　个子　　超过

张三个子比李四个子大。

上例中比较的是"张三和李四的个子"，在比较基准中往往可以省略"个子"，同样可以构成合格的差比句。

（二）比较维度为一种技能（由动作行为动词充当比较维度）

往往采用"比较主体+动作行为+比较维度+比较基准+dɛ⁵⁵ma²¹bʊ²²"这种语序进行编码。例如：

15）tsaŋ²²san²² tshu²¹ no² kw⁵⁵ lɿ²²sʅ⁵⁵ dɛ⁵⁵ma²¹bʊ²².
　　张三　　车　开　会　李四　　超过

张三比李四会开车。

16）tsaŋ²²san²² tshu²¹ no² tsu⁵⁵ lɿ²²sʅ⁵⁵ dɛ⁵⁵ma²¹bʊ²².
　　张三　　车　开　好　李四　　超过

张三比李四开车好。

以上例子可以看到，15）比较的维度是"会"，而16）比较的维度是"好"，尽管开车的能力"会"是作为助动词表示情态，而开车行为的结果"好"是作为状态在开车行为之后，但是在比较句中这两个都是作为比较的维度，因此在句法排列上完全按照差比句固有的要求进行排列。

（三）比较对象为动作行为

一般来说比较主体是把名词性的成分在某个维度方面的属性、能力和特征进行比较的。也有把动作行为作为比较的主体，但是此时的比较主体不同于前面我们所说的比较主体,该比较主体必须依附于一定的人或物才能进行比较。因此,我们不妨把此时的比较主体叫作比较对象,而比较对象往往要隶属于比较主体进行比较。句法上采用的组合方式为:比较对象(动作行为)+比较主体+动作行为+比较维度+比较基准+dɛ⁵⁵ma²¹bʊ²²。例如:

17) tshu²¹ no² tsaŋ²²san²² no² kɯ² lɹ²²sɹ⁵⁵ dɛ⁵⁵ma²¹bʊ²².
    车   开   张三   开 会   李四   超过
    开车张三比李四会。

18) tshu²¹ no² tsaŋ²²san²² no² tsu⁵⁵ lɹ²²sɹ⁵⁵ dɛ⁵⁵ma²¹bʊ²².
    车   开   张三   开 好   李四   超过
    开车张三比李四好。

三 比较句的否定

一般来说,彝语中的否定主要依附于谓语中心的动词或形容词。在比较句中谓语往往是由比较维度来充当的,因此否定往往要用于充当谓语的比较维度之前。

(一)等比句的否定

19) tsaŋ²²san²² no²² lɹ²²sɹ⁵⁵ a²¹dʑi²¹ sɯ⁵⁵ tshu²¹ma²¹mu²².
    张三   呢 李四   一样   像   不 高
    张三不像李四一样高。

20) tsaŋ²²san²² tɕi²¹ lɹ²²sɹ⁵⁵ tshu²¹mu²² no²² a²¹dʑi²¹ ma²¹ sɯ⁵⁵.
    张三   跟   李四   高   呢   一样   不   像
    张三跟李四不一样高。

21) tsaŋ²²san²² lɹ²²sɹ⁵⁵ tshu²¹ mu²² a²¹dʑi²¹ma²¹sɯ⁵⁵.
    张三   李四   高   一样   不像
    张三李四不一样高。

由以上例子可以看到,等比句的否定可以加在表示谓语的比较维度上,比如"高"上,也可以不加在比较维度上,而是加在比较标记上,显然这也说明比较标记还是具有一定的静态动词的属性,从理论上看,比较标记作用的范域大于比较维度,但是当比较标记虚化为引入比较基准的后置词时,其范域小于比较维度。

(二)差比句的否定

一般来说,否定也是对某人或某物的某一个方面不如另一方面进行比较,若是从这个角度看的话,差比句可以没有否定。从差比标记的语言形式上 ma²¹bʊ²²和 dɛ⁵⁵ma²¹bʊ²²都有表示否定的语素在里面,显然它的形成过程也经历了一个否定的过程。就目前我们收集到的语料来看，差比句用 mɑ²¹dɚ⁵⁵ "不如" 来否定。例如：

22）tsaŋ²²san²² hɻ²tɕhɻ²¹suɯ²² khu⁵¹，lɻ²²sɻ⁵⁵ hɻ²tɕhɻ²¹n̠ɻ⁵⁵ khu⁵¹，
　　　张三　　　83　　　　岁，李四　　82　　　　岁，
　　lɻ²²sɻ⁵⁵ tsaŋ²²san²² ɣɚ²² mɑ²¹dɚ⁵⁵.
　　李四　　张三　　　大　　不　如
　　张三 83 岁，李四 82 岁，李四不比张三大。

除此之外，也可以通过对比较维度直接进行否定。例如：

23）tsaŋ²²san²² hɻ²tɕhɻ²¹suɯ²² khu⁵¹，lɻ²²sɻ⁵⁵ hɻ²tɕhɻ²¹n̠ɻ⁵⁵ khu⁵¹，
　　　张三　　　83　　　　岁，李四　　82　　　　岁，
　　tsaŋ²²san²² lɻ²²sɻ⁵⁵ tha⁵⁵to²² kha²¹dʑi²¹ ma²¹ ɣɚ²².
　　张三　　　李四　　比　　多少　　　不　大
　　张三 83 岁，李四 82 岁，张三不比李四大多少。

附录1 彝语东部方言词汇对比

词义	三官寨彝语	大方百纳彝语	盘县淤泥彝语
太阳	ȵi²¹ dʑy³³	ȵdʑy³³	ȵi²¹ȵdʑi²¹
月亮	hõ²¹bʊ²¹	hõ²¹bo³³	ɑ²¹bo⁵¹
星星	tɕiɛ³³ mʊ³³	tɕiɛ³³mʊ²¹	kɚ³³
云	tiɛ³³	tiɛ²¹	tɚ³³
风	mi³³ hĩ²¹	hĩ²¹	hi²¹
闪电	mɛ³³ ɬi¹³ dʑi⁵⁵	m³³phu⁵⁵ȵdʑiɛ³³	mu³³ɬi²
雷	m³³ dʐʅ³³	m³³dʐʅ³³	kɯ²²
雨	m³³ hõ³³	hõ³³	hʊ²²
下雨	m³³ hõ³³	m³³hõ³³	mu²²hʊ²²
淋	te³³	tɛ³³	ti⁵¹
晒	ɬi¹³	ɬi¹³	ɬɯ²
雪	vu³³	vu³³	vʊ²²
冰	vu³³ȵi²¹	vu³³ȵi²¹	ȵi²¹
冰雹	vu³³ lo²¹	vu³³lo²¹	lʊ²²hʊ²²
霜	ȵe¹³	ȵi¹³	ȵi³³
雾	ȵʊ¹³	ȵo¹³	nʊ³³
露	tsʅ⁵⁵	tsʅ³³	tsɯ⁵⁵
虹	dzu⁵⁵	ndzu⁵⁵	sɛ³³ʑi²¹
日食	dʑy²¹ dzu³³	ʑy²¹dzu³³	tɕhi²²ȵdʑi²¹khɯ²

月食	hõ²¹ dzu³³	hõ²¹dzu³³	tɕhi²²ho⁵¹khɯ²
晴	tsho¹³	tsho¹³	tshu⁵¹
阴	dɤ²¹	de²¹	dzɑ⁵¹
旱	fɛ²¹	fɛ²¹	fɚ²/fɚ⁵⁵
涝	hõ²¹	hõ²¹	thɯ⁵⁵
天亮	m³³dʑiɛ²¹	m³³dʑiɛ²¹	m²²thi²²
水田	tɛ³³	ʑi²¹tɛ³³	tɚ³³
旱地	fɛ³³ mi³³	fɛ²¹mi³³	mi³³
田埂	tɛ³³bʊ⁵⁵	tɛ³³bʊ⁵⁵	tɚ³³ŋɚ²¹dɚ²¹
路	dʑʊ²¹	dʑʊ²¹	dzo²
山	bu²¹	be²¹	bʊ²¹
山谷	bu²¹ dzʊ⁵⁵	be²¹ndzʊ⁵⁵	bʊ²¹lɔ²¹
江	ɣɛ⁵⁵	ɣɯ⁵⁵	ɣɚ⁵⁵
溪	dʑo⁵⁵ lo³³ ʑi³³	tɕo³³ʑi²¹	ʑi²¹
水沟儿	dʑo⁵⁵ lo³³	tɕo³³lo³³	tso²bi⁵⁵
湖	xɯ³³	xɯ³³	xɯ²¹
池塘	xɯ³³	ʑi²¹xɯ²¹	xɯ²¹thɯ²¹
水坑儿	ʑi²¹ du³³	ʑi²¹du³³	ʑi²¹du³³
洪水	ʑi²¹ tsu²¹	ʑi²¹mʊ²¹	ʑi²¹hɑ⁵¹
淹	ne³³	me⁵⁵	ŋɛ⁵⁵
河岸	ʑi²¹ diɛ⁵⁵	ʑi²¹diɛ⁵⁵	ʑi²¹phɑ²²
地震	m³³ lʊ³³	mi³³lɔ³³	mi³³n̩⁵¹
窟窿	dʊ²¹ na⁵⁵	dɔ²¹dɔ²¹	ɬu²¹na⁵¹
缝儿	dʊ²¹ dʊ³³	dɔ²¹na³³	nɑ⁵¹
石头	lo³³ mʊ²¹	lo³³mʊ²¹	lo²mo⁵¹

土	ȵe¹³ m⁵⁵	ȵi¹³	ȵi²¹m⁵⁵
泥	sɿ⁵⁵ ʈɿ³³	ȵi¹³	ȵi²
水泥	lo³³ mi²¹	ʑi²¹ȵi¹³	ȵi²ndə⁵¹
沙子	lo³³ xɛ³³	lo³³xɯ³³	lu²dʑi⁵¹
瓦	vɛ²¹	ve¹³phu⁵⁵	ŋo⁵¹
煤	lo³³ nɑ³³	lo³³nɑ³³	ȵi²nɑ⁵⁵
煤油	lo³³nɑ³³ mi³³	mi³³	mi²
炭	se³³ sɿ³³	se³³mʊ³³	sɔ²²khɯ⁵⁵
灰	khʊ⁵⁵	khɔ⁵⁵	khʊ⁵⁵
灰尘	ɕy³³ kɯ³³	khɔ⁵⁵tshɤ²¹	khɛ²¹ɬi³³
火	m³³to⁵⁵	to¹³	tʊ⁵⁵
烟	m³³ kɯ³³	m³³kɯ³³	mu²²khɯ²²
失火	ʑi²¹ te³³	hĩ²¹dʊ²¹	mu²²tʊ⁵⁵dɯ⁵⁵
水	ʑi²¹	ʑi²¹	ʑi²¹dzɑ⁵¹
凉水	ʑi²¹ tʂhe¹³	ʑi²¹tshɛ¹³	ʑi²¹tɕhi⁵¹
热水	ʑi²¹ tshʊ²¹	ʑi²¹tshʊ²¹	ʑi²¹tshʊ²¹
开水	ʑi²¹ hã³³	ʑi²¹hã³³	ʑi²¹hɑ⁵¹
时候	thu⁵⁵ tʂho²¹	thu⁵⁵tʂɿ²¹	phi²²thʊ²²
什么时候	ʔɤ²¹ tʂɿ⁵⁵ thu⁵⁵ tʂho²¹	khu²¹thu⁵⁵	mɛ³³lɤ²²phi²²thʊ²²
现在	ɑ²¹ ȵiɛ³³ thu⁵⁵	ʔɯ²¹miɛ²¹	ɑ²¹ŋɛ²¹
以前	lɑ¹³ thɑ⁵⁵	ze²¹thu⁵⁵	tɕiɛ³³
以后	ɣʊ²¹ dʊ⁵⁵	ɣʊ²¹dʊ⁵⁵	du⁵⁵
一辈子	thɑ⁵⁵ dʊ³³ ze³³	thɑ²¹dʊ²¹ze²¹	tɑ²¹du²¹zɛ²¹
今年	tʂɿ²¹ kho¹³	tʂɿ²¹kho¹³	tshɑ⁵⁵khu²²

明年	nɑ⁵⁵ ȵi²¹ kho¹³	nɑ⁵⁵kho¹³	nɑ⁵⁵khu²
后年	ne³³ȵi²¹ kho¹³	nɑ⁵⁵ȵi²¹kho¹³	ʋ²¹ȵi²¹khu²
去年	ɑ²¹ ȵi²¹ kho¹³	ɑ²¹ȵi²¹kho¹³	ɑ²¹ȵi²¹khu²
前年	ʂʅ³³ȵi²¹ kho¹³	sʅ³³ȵi²¹kho¹³	ɕi²²ȵi²¹khu²
往年	zɛ³³ kho¹³	ze²¹kho¹³	ɑ²¹ɣɯ⁵⁵ȵi²¹khu²²
年初	kho¹³ ʔʋ³³	kho¹³gɯ⁵⁵	khu²du⁵¹
年底	kho¹³ kɯ⁵⁵	kho¹³me³³	khu²khɯ⁵⁵
今天	ʔɤ²¹ ȵi²¹	ʔɯ²¹ȵi²¹	hɑ²¹ȵi²¹
明天	ɑ²¹ ŋgɯ²¹ ȵi³³	ɑ²¹ŋgɯ²¹ȵi²¹	ŋgɔ²¹ȵi²²
后天	tshɿ³³ ȵi²¹	tshɿ³³ȵi²¹	phɑ²ȵi⁵⁵
大后天	tʂhɿ³³ ȵi²¹	ʈhɿ⁵⁵ȵi²¹	thi⁵⁵ȵi²¹
昨天	ɑ²¹ ȵi²¹	ɑ²¹ȵi²¹	ɑ²¹ȵi²¹
前天	ʂʅ³³ ȵi²¹	sʅ³³ȵi²¹	ɕi²²ȵi²¹
大前天	ʂʅ³³ ɣɯ⁵⁵ ȵi²¹	sʅ³³ɣɯ⁵⁵ȵi²¹	ɕi²²ɣɯ⁵⁵ȵi²¹
整天	thɑ²¹ ȵi²¹	thɑ²¹ȵi²¹	tɑ²¹ȵi²¹
每天	thɑ²¹ ȵi²¹ mɑ⁵⁵ tɕu³³	thɑ²¹ȵi²¹mɑ²¹tɕu³³	tɑ²¹ȵi²¹
早晨	xɯ³³ xɯ⁵⁵	xɯ³³xɯ⁵⁵	hɔ⁵⁵mu²²
上午	m³³xɯ⁵⁵	xɯ³³xɯ⁵⁵	tɕhie⁵⁵tɕiɛ²
下午	m³³ ʑyɛ³³	ve²¹ve³³	tɕhie⁵⁵du⁵⁵
傍晚	m³³ khue³³	ve²¹ve³³	mu²²tɕhiɛ²ȵi²
白天	m³³ ȵi²¹	m³³ȵi²¹	tɕhiɛ²ɬu⁵⁵
夜晚	sʅ³³pi³³	sʅ³³pi³³	sɔ²¹phi²²
半夜	sʅ²¹ tɿ³³	sʅ²¹tɿ³³	sɔ²¹ɬi²²phi²²thʋ²²
正月	lu⁵⁵ hõ²¹	lu⁵⁵hõ²¹	thi⁵⁵ho⁵¹
大年初一	lu⁵⁵ hõ²¹ dɑ³³ thi⁵⁵	lu⁵⁵hõ²¹dɑ³³thi⁵⁵	khu²ɕi²²dɑ²thi⁵⁵

元宵节	lu⁵⁵ hõ²¹ tʂʅ²¹ ŋʊ³³	lu⁵⁵hʊ̃²¹tʂhe²¹ŋɔ³³	ta²²tɕhi²²ŋo²²
清明	nɛ³³ tsho¹³	tsho¹³du²¹	tɕhi²²mɚ²²
地方	mi³³ dʁ³³	mi³³dɛ³³	mi³³dɔ²²
什么地方	ʔʁ²¹tʂʅ⁵⁵mi³³ dʁ³³	mɛ³³lʁ³³mi³³dɛ³³	mɛ³³lʁ²²mi³³dɔ²²
家里	hĩ²¹ tʰu³³	hẽ²¹tho¹³	hɛ²¹kʊ³³
城里	lʊ²¹ m³³ ko³³	lʊ²¹ko³³	lu²¹kʊ³³
乡下	lʊ²¹ ko³³	lʊ²¹ko³³	mi³³dɔ²²tha²
上面	ȵiɛ¹³ ko⁵⁵	be³³da³³	khe²tha²²
下面	gɯ³³ tho⁵⁵	be³³thi³³	bi²¹ti²²
左边	fɛ³³bo⁵⁵	fe³³bo⁵⁵	fɚ³³pha²²
右边	ɕi⁵⁵ bo⁵⁵	ɕi³³bo⁵⁵	ɕɿ⁵⁵pha²²
中间	gʊ²¹ gʊ⁵⁵	gɔ³³gɔ³³	ku³³go²²
前面	ʊ²¹ tha⁵⁵	ʔʊ³³tha³³	tɕi²dzo⁵⁵
后面	dʊ²¹ mɛ⁵⁵	me³³bo³³	du⁵⁵tsho⁵¹
末尾	mɛ²¹ dʊ⁵⁵	me³³do³³	mɚ²²
对面	ma³³ pha³³	a⁵⁵pha³³	ma²²pha²²
面前	mʊ⁵⁵ kho³³	tʰʊ⁵⁵pha³³	na²²tɕiɛ²
背后	nʊ³³bo⁵⁵	nʊ³³pha³³	dɔ²¹du⁵⁵
里面	thi²¹ tho¹³	thi²¹tho¹³	tʁ²¹kʊ³³
外面	diɛ²¹ bo³³	diɛ³³bo³³	ɣa²¹dɿ⁵⁵
旁边	vɛ¹³ bo⁵⁵	dzʁ²¹pha³³	dɚ²¹
上	ȵi³³	nda³³	khɚ²²
下	ȵiɛ³³	za¹³	kɯ⁵⁵
边儿	dʐ³³	dzʁ²¹bo⁵⁵	bu²¹
角儿	ko¹³ ko¹³	ko²¹ko²¹	khɯ²¹

上去	dɑ³³ thε³³	dɑ³³thε³³	dɑ⁵¹
下来	zɑ¹³ li²¹	zɑ¹³li²¹	ʐɑ²
进去	ɳɖʊ³³ gɯ⁵⁵	ɳɖɔ³³thε³³	vu²¹
出来	be¹³ li²¹	ɳɖɔ³³ʐɤ²¹	du⁵¹
出去	be¹³ thε³³	diε²¹do³³	dɿ⁵⁵du⁵¹
回来	go¹³ li²¹	go¹³li²¹	gu²¹lɿ²²
起来	li²¹ dʊ³³	ʑi¹³tu⁵⁵	do²²
树	se³³	sε³³	ɕi⁵¹
木头	se³³	sε³³dε³³	ɕi⁵¹tɤ²¹
松树	thʊ³³ se³³	thɔ³³dʑiε³³	tho²²
杉树	ʂo¹³tɑ⁵⁵	So¹³dʑiε²¹	ndo²²
柳树	ʑi³³ dʑu²¹	ʑi²¹dʑʊ⁵⁵dʑiε²¹	ȵʊ⁵⁵
竹子	mʊ³³ du³³	mʊ³³du³³	mʊ³³
笋	mʊ³³ me¹³	mʊ³³mε⁵⁵	mʊ³³ndʐ̩²²
叶子	ʈhu³³	ʈhu³³	ʈhu²²
花	ve³³	vε³³	vi⁵¹
花蕾	ve³³ ndzʊ¹³	vε³³mʊ³³	vi⁵¹mʊ²²
荷花	phu³³ ve³³	ʔiε¹³vε³³	ɿ⁵⁵vi⁵¹
草	ŋo¹³	sɿ³³	ɕi²²
藤	ȵiε²¹	ȵiε²¹dʑu²¹	ȵɿ²¹
刺	dʑi⁵⁵	dʑi⁵⁵	dzɯ⁵⁵
水果	se³³ mʊ³³	ɕiε²¹lɤ³³	ɕɚ²²lɚ²²mʊ²¹
桃子	ɕiε²¹ vu³³	ɕiε²¹vu³³	sɔ²¹ʊ²²
梨	ɕiε²¹ ndʊ²¹	ɕiε²¹ndɔ²¹	sɔ²¹ndɯ²¹
李子	ɕiε²¹ tɕu³³	ɕiε²¹tɕu³³	sɔ²¹tsʊ²²

杏	ɕiɛ²¹ kuɛ³³	ɕiɛ²¹guɛ³³	sɔ²¹kɚ²²
栗子	mi³³ tsɛ³³	mi²¹tsɛ³³	a²¹tɕɚ²²
核桃	ɕiɛ²¹ miɛ²¹	ɕiɛ²¹miɛ²¹	ɕi²mi⁵¹
木耳	se³³ lo²¹ po³³	a²¹miɛ³³lo²¹po³³	a³³pi³³lɔ²¹po³³
稻子	tɕhi²¹	tʂʅ²¹	tɕhiɛ²¹
稻谷	tɕhi²¹mʊ²¹	tʂʅ²¹mʊ²¹	tɕhiɛ²¹ɕɚ²²
稻草	tɕhi²¹ pi¹³	tʂʅ²¹pi¹³	tɕhiɛ²¹pʊ⁵¹
大麦	zʊ²¹ nɑ³³	zɔ²¹nɑ³³	zu²¹
小麦	ʂʊ³³	sʊ³³	su²²
麦秸	ʂʊ³³ pi¹³	sʊ³³ɣɯ³³	su²²pʊ⁵¹
谷子	ʂʅ³³	ʂʅ²¹	tsʊ²¹mʊ²¹
高粱	mʊ³³dzʊ³³	mʊ³³dzʊ³³	mʊ³³ɬu³³
玉米	ʑi⁵⁵miɛ²¹	ʑi⁵⁵miɛ³³	ʁ⁵⁵mʊ³³
油菜	ɣʊ⁵⁵ ʂʅ³³	ɣʊ⁵⁵tɕʊ³³	ɣo⁵⁵mi⁵¹
向日葵	bi²¹ tʂo³³	bi21tso33	a²¹po⁵¹ʑi²²
黄豆	no³³	no³³	nu⁵¹
绿豆	no³³ tu⁵⁵	no³³hũ⁵⁵	nu²²tɕhɚ²²
大白菜	ɣʊ⁵⁵thu³³	ɣʊ⁵⁵thu³³	ɣo⁵⁵thu²¹mo⁵¹
包心菜	liɑn²¹ xuɑ³³ pɛ²¹	ɣʊ⁵⁵nɛ³³lɛ³³	ɣo⁵⁵mʊ²¹lʁ²²
韭菜	ʂʊ²¹ tɕhiɛ³³	sʊ³³tɕhiɛ³³	su²tshɛ³³
香菜	ɣɑ³³ so³³	ʑiɛ̃³³ɕy³³	ʐɑ⁵¹sɔ³³
葱	ʂʊ²¹ pʊ¹³	sʊ²¹phɔ¹³	su²
蒜	khɯ³³ ʂʅ³³	kʁ³³se³³	kɔ³³sɔ³³
姜	tʂho³³ phiɛ³³	tshu³³phiɛ³³	tshʊ²²phɚ²²
辣椒	xɯ²¹ tsɛ³³	xɯ²¹tsʁ³³	phɚ²¹tɕɿ²²

茄子	tɕho³³	tɕho³³ba²¹	kɔ³³tsɯ⁵⁵
萝卜	ɣʊ⁵⁵ phiɛ²¹	ɣʊ⁵⁵phiɛ²¹	ɣo⁵⁵phə²¹
胡萝卜	ɣʊ⁵⁵ phiɛ²¹ nɤ²¹	ɣʊ⁵⁵phiɛ²¹nɤ²¹	ɣo⁵⁵phə²¹ɳɿ²¹
黄瓜	biɛ²¹ ku³³	biɛ²¹ku³³	sɔ²¹tɕɿ²²
南瓜	liaŋ²¹ ŋgua³³	vɔ¹³mʊ²¹	a²¹ɣo²¹
马铃薯	a²¹ bu⁵⁵mʊ²¹	a²¹bu⁵⁵	a³³ŋa⁵⁵
老虎	lu⁵⁵	tɕhi³³be³³	lo²
猴子	ŋo¹³	ŋo¹³	nu²
蛇	bu³³ sɛ³³	se³³	ɕə²²
老鼠	huã³³	hã³³	ha⁵¹
蝙蝠	ɖʐ³³ huã²¹	ɖʐ²¹hã³³	dɔ⁵¹hʊ²²
鸟儿	ŋa³³	ŋa³³ba²¹	ŋa⁵¹
麻雀	ŋa³³ m³³ ndzʊ³³	ŋa³³ndzɔ³³	ŋa⁵¹a⁵⁵dzu²¹
喜鹊	a³³ tʂɛ⁵⁵	ʔa³³tse⁵⁵	a⁵⁵tɕə⁵⁵
乌鸦	a³³ na³³	ʔa³³na³³	a³³dʑi²²
鸽子	dɤ³³ tɕy³³	ŋa³³dɤ²¹tɕi³³	dɔ²¹tɕi³³
翅膀	dʊ³³ la¹³	dɔ²¹la¹³	dɔ²¹la²
爪子	tɕhi³³ tɕa³³	ŋa³³tɕhi³³tɕa³³	ɕɿ³³
尾巴	mʊ²¹ ʂʊ³³	me³³sʊ³³	mə²¹su²¹
窝	tɕhy³³	tɕhy³³	tɕhi²¹
虫子	bu³³ de³³	bu³³ba²¹	bu²²
蝴蝶	bu³³ lɤ²¹	bu²¹lɤ²¹	bu²¹lu²¹tə³³
蜻蜓	bi²¹ dʑi³³	bi²¹tɕi³³	a²¹ndzu⁵¹
蜜蜂	ɖu³³	ɖu³³	hu³³dʊ²²
蜂蜜	ɖu³³ ʑi³³	ɖu³³ʑi³³	dʊ²²ʑi²²

知了	bi²¹ dʑi³³	m³³tsɛ⁵⁵du³³	bu²¹ʑi³³
蚂蚁	bu³³ ɣɛ⁵⁵	bu³³vɛ⁵⁵	bi²ʑi³³
蚯蚓	bi²¹ dɤ²¹	bi²¹di²¹	bɹ²¹di²¹
蚕	bu³³	bu³³	bu²²
蜘蛛	bi²¹ ȵiɛ¹³	bu²¹ȵiɛ²¹	a²¹ȵʊ⁵¹
蚊子	hiõ²¹ ʂɛ³³	bu³³tɕhiɛ³³	bu²¹thu⁵¹
苍蝇	bu³³ tɕhiɛ³³	bu³³tɕhiɛ³³	bu²¹tɕhɚ²²
跳蚤	tɕhy³³ ɕi³³ mʊ⁵⁵	tɕhy³³ɕi³³	tɕhi²²ɕɹ²²
虱子	ɕi³³ mʊ⁵⁵	ɕi³³mʊ⁵⁵	ɕɹ²¹
鱼	ŋʊ³³	ŋo³³	ŋo²²
鳞	bo³³	ŋo³³ko³³	ŋo²²ku⁵¹
螃蟹	pha²¹ xɛ³³	pha¹³xɛ³³	bu²²la²vɚ³³
青蛙	pi⁵⁵ tʂa³³	pu⁵⁵tsa²¹	ɯ⁵⁵ɬi²
癞蛤蟆	ʔʊ⁵⁵ pu³³	ɔ⁵⁵pu³³	a²¹mbu⁵¹
马	m³³	m³³	mu²²
牛	ȵi³³	ȵi³³	ȵɹ²²
公牛	ȵi³³ lu²¹ kʊ³³	ȵi³³phu³³	lo²bu²²
母牛	ȵi³³mʊ²¹	ȵi³³mʊ²¹	ȵɹ²¹mo⁵¹
放牛	ȵi³³tʂʅ³³	ȵi³³tʂʅ⁵⁵	ȵɹ²²ɬu²
羊	tʂhe¹³	hõ²¹	tɕhi²ho²¹
猪	va¹³	va¹³	va²
种猪	va¹³ ʂʅ⁵⁵	va¹³ʂʅ⁵⁵	va²tɕhi²
公猪	va¹³ pu³³	va¹³pu³³	va²bu²²sɯ²¹
母猪	va¹³mʊ⁵⁵	va¹³mʊ⁵⁵	va²mo⁵⁵
猪崽	va¹³va⁵⁵	va¹³ba⁵⁵	va²bɚ⁵⁵

猪圈	va¹³ bʊ²¹	va¹³be²¹	va²bʊ⁵¹
养猪	va¹³ hiõ³³	va¹³hɔ̃³³	va²huɯ⁵⁵
猫	a³³ miɛ⁵⁵	a³³miɛ⁵⁵	a³³pi³³
公猫	a³³miɛ⁵⁵ huã²¹	a³³miɛ⁵⁵phu³³	a³³pi³³ndʐɿ²²/ a³³pi³³zu²²
母猫	a³³ miɛ⁵⁵ mʊ²¹	a³³miɛ⁵⁵mʊ²¹	a³³pi³³mo²/ a³³pi³³mɚ²²
狗	tɕhy³³	tɕhy³³	tɕhi²²
公狗	tɕhy³³ thu³³	tɕhy³³thʊ²¹	tɕhi²¹thu²¹
母狗	tɕhy³³ mʊ²¹	tɕhy³³mʊ²¹	tɕhi²¹mo⁵¹/ tɕhi²¹gɯ⁵⁵
叫	tɕhe¹³	tɕhi¹³	tɕɚ⁵¹
兔子	tha²¹ ɬʊ⁵⁵	a³³ɬʊ⁵⁵	a³³ɬo⁵⁵
鸡	ɣa³³	ɣa³³	ʐa⁵¹
公鸡	ɣa³³ phu³³	ɣa³³phu³³	ʐa⁵¹phu²²
母鸡	ɣa³³ mʊ²¹	ɣa³³mʊ²¹	ʐa²mo⁵¹
叫	mbu²¹	mbu²¹	mbu²¹
下	ndʊ⁵⁵	ndɔ⁵⁵	ɬo⁵¹
孵	fʊ³³	fɔ³³	mu³³
鸭	bɛ⁵⁵	bɛ⁵⁵	pɚ⁵⁵
鹅	ŋo²¹	ŋo²¹	ŋo²¹
阉	ɣɛ¹³	ɣɛ¹³	sɯ²
阉	tɕhi¹³	tɕhi¹³	gɯ²
阉	ɕi¹³	tɕhi¹³	sɯ²
喂	tʂu³³	dzu³³	hu³³
杀猪	va¹³ ndu²¹	ndu²¹	va²xʊ²²

杀	ŋʊ³³ se¹³	sɛ¹³	xʊ²²
村庄	lʊ³³	lʊ²¹	lu²²khɑ²²
街道	dʐ̩²¹ dʑiɛ²¹	ndʐ̩²¹dʑiɛ²¹	khɯ²¹dzo⁵¹
盖房子	hẽ²¹ dzo³³	hĩ²¹dzo³³	hɚ²¹bɚ²¹
房子	hẽ²¹	hĩ²¹	hɚ²¹
屋子	hẽ²¹	hĩ²¹ʈho¹³	hɚ²¹
卧室	hẽ²¹ ʈhu³³	ʑi¹³gʊ⁵⁵	ʑi²dɔ²²
茅屋	ɕi³³ hẽ³³	ʂ̩³³hĩ²¹	ɕi²²hɚ²²
灶	tsʊ⁵⁵ tu³³	tsɔ¹³du³³	ko³³
锅	tʂo³³ gʊ³³	tsʊ³³gʊ⁵⁵	phu²¹
饭锅	dʐɑ³³ gʊ³³	dzʊ²¹gʊ²¹	dzu²¹phu²¹
菜锅	ɣʊ⁵⁵ gʊ³³	xɯ²¹lɑ¹³	ɣo⁵⁵phu²¹
厕所	mʊ²¹ ʂ̩³³	mʊ²¹sʊ³³	ɬi²²du²²
檩	dʊ²¹	ʂ̩³³bu⁵⁵du²¹	ndo⁵⁵
柱子	zɛ²¹	ʐe²¹	ʐɚ²¹
大门	hẽ²¹ŋgʊ³³mʊ²¹	ŋgɔ²¹mʊ²¹	ɑ²¹ŋgo³³mo²
门槛儿	ŋgʊ²¹ thɤ²¹	ŋgɔ²¹thɤ²¹	ŋgo⁵¹di²¹
窗	ʂ̩⁵⁵dʊ²¹ ŋgʊ³³	nɑ³³ŋgɔ²¹	tshɑ²²ŋgo⁵¹
梯子	dɑ³³dʐ̩³³	dɑ³³dʐɤ³³	dɑ²²dʐɚ²²
扫帚	sʊ³³ du³³	sɔ³³du⁵⁵	mi³³ʂ̩²²
扫地	mi³³ sʊ³³	mi³³sɔ³³	mi³³ʂ̩⁵¹
垃圾	pe³³ne³³	khʊ⁵⁵be²¹	hɚ²¹ʂ̩⁵¹pʊ²
家具	kʊ²¹ dzɑ³³	kʊ²¹tsɑ³³	lɑ²dʐɚ²²
东西	kʊ²¹ dzɑ³³	kʊ²¹tsɑ³³	mɚ²²mɚ²²
床	dʑi³³	dʑi³³	dzɔ²²

枕头	ʋ³³ ŋgɯ³³ lu³³	ʔʋ³³ŋgɯ³³	ʋ²²ŋgɯ²²
被子	ʑe¹³ mbu³³	ʑi¹³mbe³³	ʑi²mbo²²
棉絮	xe³³ ne³³	xɛ³³mbe³³	ʑi²mbo²²tu³³
床单	pi⁵⁵ ta³³	ti³³ta³³	kho²²tu³³
褥子	khʋ³³ lu³³	khɔ³³lu³³	xɯ²²
席子	tse³³	dʑi³³tɕhiɛ³³	kho²tɕɿ⁵⁵
蚊帐	tɕhiɛ³³ tɕʋ³³	tɕhiɛ²¹tɕu⁵⁵	bu²²phʋ²²
桌子	dzu³³ thʋ³³	dzu³³the³³	dzʋ²²di²¹/su²²di²¹
柜子	la¹³ tʂɛ⁵⁵	la¹³tse³³	dʐɚ³³
案子	ŋan¹³ tʂo²¹	va¹³ndu²¹dzʶ³³thʶ³³	la²di²¹
椅子	khʋ³³ m³³	khʋ³³dʑi³³	khɔ²¹mʋ²²
凳子	se³³ phu⁵⁵	khɔ³³tʶ²¹	khɔ²¹mʋ²²
菜刀	tshʋ³³ xɯ²¹	ɣʋ⁵⁵xɯ²¹	xɔ²¹pʋ²¹
瓢	a²¹ gɯ²¹	a²¹gɯ²¹	a³³gɔ²¹
缸	ʑi²¹ pʋ³³	pʋ³³	pu²²
坛子	tso²¹	tso²¹	bu²
瓶子	phiŋ²¹ ndʐʅ²¹	lo³³phʶ³³	xu³³
盖子	piɛ³³ ɕiɛ³³	piɛ³³sʅ³³	sɯ⁵¹
碗	di³³	di³³	pa⁵¹
筷子	dzu²¹	dzu²¹	a⁵⁵dzu²¹
汤匙	ʑo¹³	ʑo¹³	a⁵⁵zu²
柴火	se³³	ʈʋ³³lu³³	ɕi⁵¹
火柴	ʑaŋ¹³ xo¹³	ʑaŋ³³xo³³	mʋ²²tʋ²²
锁	ndzo³³	ndzo³³	ndzu⁵¹thɿ⁵⁵
钥匙	phʋ²¹ du²¹	ndzo³³pho²¹du³³	ndzu⁵¹phu²¹

脸盆	tʂhʊ⁵⁵ tɕhi³³ fe³³	tʂhʊ⁵⁵tɕhi³³fɛ³³	tho⁵⁵tɕhi²²fɚ⁵¹
洗脸水	tʂhʊ⁵⁵tɕh³³ ʐi³³	tʂhʊ⁵⁵tɕhi³³ʐi³³	tho⁵⁵tɕhi²²ʐi²²
毛巾	tʂhʊ⁵⁵ tɕhʊ⁵⁵ phʊ³³	tʂhʊ⁵⁵tɕhi³³phʊ³³	tho⁵⁵tɕhi²²phʊ²²
手绢	la¹³ tɕhʊ⁵⁵ phʊ³³	tɕhɔ³³phʊ²¹	kɚ⁵⁵phʊ²²
梳子	ʊ³³ ku⁵⁵	ʔʊ³³ku⁵⁵	ʊ²²tɕɿ⁵⁵
缝衣针	ʑi¹³	ʑi¹³	ɣɯ²
剪子	tshɛ¹³ ȵi⁵⁵	tshɛ¹³ȵi⁵⁵	xɔ²¹sɑ²
手电筒	ɬi¹³ to¹³ du²¹	to¹³tse³³	la²¹na²²ɣo²²du²²
雨伞	tsho²¹ ɣɛ⁵⁵	tsho¹³ɣɛ⁵⁵	tshɿ²ʐɿ⁵⁵
衣服	tho¹³	tho¹³	tho²¹
穿	vɛ¹³	vɛ¹³	go⁵⁵
脱	ɬo³³	ɬo³³	ɦ²
系	thi⁵⁵	sɛ³³	ɕi⁵¹
衬衫	tho¹³	tho¹³	tho²¹
背心	pe²¹ ɕin⁵⁵	pe²¹ɕin³³	pe⁵⁵ɕin²²
毛衣	mɔ²¹ ʐi⁵⁵	tshɛ¹³tho¹³	mu²¹tho²¹
棉衣	xe³³ ka³³ tho¹³	xɛ³³tho¹³	tho²¹mbo²²tɚ⁵⁵
袖子	la¹³ dʊ⁵⁵	la¹³tɔ⁵⁵	la²tu²²
口袋	hõ²¹ tɕhiɛ³³	hõ²¹tɕhiɛ³³	phɚ²¹ndɚ²²
裤子	ɬʊ⁵⁵	ɬu⁵⁵	ɬo²
短裤	ʐɔ³³ khu²¹ ɚ²¹	ɬu⁵⁵tso³³	ɬo²ȵʊ²²
裤腿	ɬʊ³³ tɕhi³³	ɬu⁵⁵tɕhi³³	ɬo²tɕhi²¹
帽子	v³³ kho¹³	ʔʊ³³kho³³	kɔ²¹tu³³
鞋子	sa³³ ɕi³³	sa³³ɕi³³	tɕɿ³³ndɯ²²
袜子	tɕhi³³ thi³³	tɕhi³³thi³³	tɕhi²¹ndɔ²²

附录1　彝语东部方言词汇对比

尿布	ɣʊ²¹ ʐʊ³³	ʑi³³phʊ²¹	ɕi³³phʊ²¹
扣子	ȵiɛ²¹ tsʅ²¹ mʊ²¹	kuɛ³³mʊ³³	ȵi⁵⁵lɯ²
扣	kue³³	kuɛ³³tsɤ³³	pi⁵⁵
戒指	la¹³ ne⁵⁵	la¹³ne³³	la²ti³³
手镯	la¹³ dʐʊ²¹	la¹³dʐʊ²¹	la²dʐʊ²¹
理发	v³³ gu⁵⁵ tʂho³³	ʔʊ³³tʂhe³³tʂhɛ¹³	ʊ²²tɕhə⁵⁵
梳头	v³³ gu⁵⁵ ku⁵⁵	ʔʊ³³gu³³ku⁵⁵	ʊ²²mʊ²²tɕɿ⁵⁵
米饭	dzʊ²¹ tʰu³³ dʐɑ³³	dzʊ²¹tʰu³³dzʊ²¹	tɕhɿ²¹dzʊ²¹
稀饭	dzʊ²¹ tʂa¹³	dzʊ²¹tsɑ¹³	dzʊ²¹ʑi²¹
面粉	ʂʊ³³m⁵⁵	xɯ³³m³³	sʊ³³mu²¹
面条	ʂʊ³³tɕhiɛ³³	sʊ³³tɕhiɛ³³	miɛn²¹thiɔ²
面儿	m⁵⁵m²¹	m³³	mu²¹
豆浆	no³³ ʑi³³	no³³ʑi³³	nu²²ʑi²²
豆腐脑	no³³ tʂa¹³	no³³tsa¹³	nu⁵¹ŋɯ⁵⁵
菜	ɣʊ⁵⁵	ɣʊ⁵⁵	ɣo⁵⁵
干菜	ɣʊ⁵⁵ mɛ⁵⁵	ɣʊ⁵⁵me⁵⁵	ɣo⁵⁵fə⁵¹
豆腐	no³³ndʐɛ²¹	no³³ndze²¹	nu⁵¹ŋɯ⁵⁵
猪血	va¹³ ɕi³³	va¹³ɕi³³	va²sʅ²²
猪蹄	va¹³ bi²¹	va¹³tɕhi³³	va²bʊ²ɕɿ²²
猪舌头	va¹³ ɬʊ³³ ba⁵⁵	va¹³ɬo³³	va²ɬo³³
猪肝	va¹³ tɕhi⁵⁵ sɛ³³	va¹³tɕhi⁵⁵	va²ɕə⁵⁵
鸡蛋	ɣa³³ ndʊ⁵⁵	ɣa³³ndo⁵⁵	ʐa²ɬo⁵¹
猪油	va¹³ mi³³	va¹³mi³³	va²mi⁵¹
盐	tshu³³	tshu³³	tshʊ²²
香烟	ʑiɛ³³	ʑiɛ³³	ʑɿ²²

旱烟	ʑiɛ³³	ʑiɛ³³	ʑɿ²²
白酒	ɳdʐi²¹ tɕi³³	ndʐɿ²¹	ɳdʐi²¹tɕi³³
江米酒	ɳdʐi²¹ tʰu³³	ndʐɿ²¹tʰu³³	ɳdʐi²¹tsʰɿ²¹
茶叶	pʰɑ²¹ tʰu³³	dʑi³³tʰu³³	lo²²tʰʊ²²
沏	te³³	tɛ³³	ti⁵¹
做饭	dʐɑ³³ m²¹	dzʊ²¹tsɔ¹³	dzʊ²¹ŋo⁵⁵
炒菜	ɣʊ⁵⁵ ɬu³³	tsʰe³³lu³³ɬu³³	ɣo⁵⁵ɬu³³
煮	tʂɑ¹³	tsa¹³	tsa²
煎	po³³	po³³	pu⁵¹
炸	po³³	tsa¹³	pu⁵¹
蒸	ɲi³³	ɲi³³	ɲɹ³³
揉	zʊ¹³	zɔ¹³	zɹ²
擀	kɑn²¹	kɑn³³	to²
吃早饭	tʂʅ⁵⁵ dzu³³	tsʰɿ⁵⁵dzu³³	ndzɔ²²dzʊ²²
吃午饭	ndʐo³³ dzu³³	ndzɔ³³dzu³³	tɕʰɿ⁵⁵dzʊ²²
吃晚饭	tʂʅ²¹dzu³³	tsʰɿ²¹dzu³³	tsʰɔ²¹dzʊ²²
吃	dzu³³	dzu³³	dzʊ²²
喝	ndo²¹	ndo²¹	ndo²¹
喝	ndo²¹	ndo²¹	ndo²¹
抽	ndo²¹	ndo²¹	tsʰɿ⁵¹
盛	kʰɯ⁵⁵	kɯ⁵⁵	ndɯ⁵¹
夹	mɛ³³	mɛ³³	ɲi⁵¹
舔	ʂɛ⁵⁵	se⁵⁵	ɕɔ⁵⁵
渴	fɛ²¹	sɛ¹³	ɕi²
饿	ŋue¹³	mɛ¹³	ɲɹ²

附录1 彝语东部方言词汇对比

噎	ta¹³	ta¹³	a²
头	ʋ³³	ʔʋ³³	vʋ²²
头发	ʋ³³tʂʅ³³	ʔʋ³³tshe³³	kɔ³³pi³³
辫子	ʋ³³ bi²¹	ʔʋ³³pi³³	kɔ³³thɿ⁵⁵
旋	tɕy³³	ʔʋ³³tɕy³³	tɕi³³
额头	na³³ bu²¹	ne³³pʋ³³	na³³ga²
相貌	ɖu²¹ mʋ²¹	ʐo³³fa³³	tho⁵⁵na²
脸	thu⁵⁵	thɔ⁵⁵	tho⁵⁵
眼睛	na³³ du³³	na³³du³³	na²²du³³
眼珠	na³³ sɛ³³ mʋ²¹	na³³se³³mʋ²¹	na²ɕə²²
眼泪	na³³ ŋdi³³	na³³ndiɛ³³	na²²ndʅ²²
眉毛	na³³ tɕiɛ³³	na³³me³³	na²²bʋ²²mu²¹
耳朵	lʋ²¹ pʋ³³	lo³³po³³	lɔ²¹po³³
鼻子	nʋ³³ mʋ⁵⁵	nʋ³³mʋ⁵⁵	nʋ³³mʋ²²
鼻涕	nʋ³³ tɕhi³³	nʋ³³tɕhi⁵⁵	nʋ³³bi²²
擤	xe³³	xɛ³³	sʅ⁵¹
嘴巴	ŋue¹³ pu²¹	mi¹³pu²¹	ɲɿ²pu⁵¹
嘴唇	ȵe¹³pu²¹ phu⁵⁵	mi¹³phu⁵⁵	ɲɿ²phɿ²²
口水	ti⁵⁵dʑiɛ²¹	ti⁵⁵ʑi²¹	ə²¹ʑi²¹
舌头	ɬʋ³³ ba⁵⁵	ɬʋ³³ba⁵⁵	ɬo³³
牙齿	dzɛ³³ mʋ²¹	dze²¹mʋ²¹	dʐə²¹
下巴	ɕia²¹ pha²¹	mi³³ndɔ²¹	ŋə²¹pi²¹
胡子	ŋue¹³tʂʅ²¹	mi¹³tshe²¹	ŋə²¹tɕhi²¹
脖子	liɛ²¹ba²¹	liɛ³³ba²¹	lɛ²¹ku²²
喉咙	tɕhʋ⁵⁵tho¹³	tɕhɔ³³tho²¹	tshɔ²¹gu²¹du²²/də²¹

肩膀	la¹³bʊ²¹	la¹³be²¹	la²bʊ²¹ga²
胳膊	la¹³ɣɯ³³	la¹³ɣɯ³³	la²po⁵¹
手	la¹³	la¹³	la²
左手	la¹³fɛ³³	la¹³fe³³	la²fɚ³³
右手	la¹³ɕɿ⁵⁵	la¹³ɕi³³	la²ɕɿ⁵⁵
拳头	la¹³kʊ²¹bu²¹	ko³³tsho²¹	la²khɯ²¹
手指	la¹³tʂɿ³³	la¹³sɿ³³	la²tsɿ³³
大拇指	la¹³tʂɿ³³mʊ⁵⁵	la¹³sɿ³³mʊ⁵⁵	la²mo⁵⁵
食指	la¹³ tʂɿ³³tɕʊ⁵⁵	la¹³sɿ³³tɕʊ⁵⁵	la²tsɿ³³dzʊ²²
中指	la¹³tʂɿ³³tɕa³³	la¹³sɿ³³gʊ²¹	la²tsɿ³³phu⁵⁵
无名指	la¹³tʂɿ³³ tɕi³³	la¹³sɿ³³n̠ia³³	la²tsɿ³³zʊ²²
小拇指	la¹³tʂɿ³³ ba⁵⁵	la¹³sɿ³³ba⁵⁵	la²tsɿ³³bɚ⁵⁵
指甲	la¹³sɿ³³ ko³³	la¹³sɿ³³ko³³	ɕɿ³³
腿	bʊ²¹	bʊ²¹	thʊ²²
脚	tɕhi³³	tɕhi³³	tɕhi²¹
膝盖	bu²¹ tse³³	be²¹tsɿ³³mʊ³³	tɕɿ²¹mo⁵⁵
背	bu²¹gɯ³³	be²¹gɯ³³	dɔ²¹
肚子	ɣo¹³mʊ⁵⁵	ɣo¹³mʊ⁵⁵	po³³
肚脐	tʂha³³biɛ²¹du³³	tsha³³piɛ²¹du³³	tsha⁵¹
乳房	tʂʊ¹³mʊ²¹	tsɔ¹³mʊ²¹	bɚ⁵⁵
屁股	tʰu³³pha³³	do¹³pu⁵⁵	do²po⁵⁵
肛门	tʰi³³du³³	thi³³du³³	ɬi²¹du²¹
阴茎	dʑi²¹lʊ⁵⁵	dʑi²¹	lʊ⁵⁵
女阴	be³³	be³³	bɚ²²
精液	ti⁵⁵ʑi²¹	ndʊ²¹ʑi²¹	lʊ⁵⁵ʑi²¹

来月经	ɕi³³li²¹	ɕi³³hũ²¹	ȵɿ²¹ho²²
拉屎	ʈhi³³xʊ³³	thi³³xo³³	ɬi²²xʊ²²
撒尿	ʑi³³xʊ³³	ʑi³³xo³³	ʑi²²xʊ²²
放屁	ʐy⁵⁵ʈhɿ⁵⁵	vy⁵⁵ʈhɿ⁵⁵	bi⁵⁵thɯ⁵⁵
他妈的	na²¹ma³³be³³	thiɛ³³ma³³be³³	do⁵⁵pʊ²¹nɛ⁵¹
病了	nʊ²¹the³³dʊ³³	nʊ²¹dɔ¹³	nʊ²¹zo⁵¹
着凉	dʐa³³vʊ⁵⁵	dʐa³³ɣɔ³³	bu²²tho⁵⁵zo²¹
咳嗽	tɕhi⁵⁵	tɕi⁵⁵	tsɿ⁵⁵
发烧	hũ²¹	hɔ̃²¹tse³³	hu²¹
发抖	bi²¹	bi²¹	nɯ²¹
肚子疼	ɣo¹³mʊ⁵⁵nʊ²¹	ɣo¹³mʊ⁵⁵nʊ²¹	a³³po³³nʊ²¹
拉肚子	ɣo¹³tɕʊ³³	ɣo¹³mʊ⁵⁵tɕʊ³³	a³³po³³di⁵¹
患疟疾	kɛ⁵⁵nʊ²¹	kɯ⁵⁵nʊ²¹	tɕhi²no⁵¹dɯ²
肿	phi¹³	mbe³³	phɯ⁵¹
化脓	ɳɖɛ²¹ka³³	ndiɛ²¹ka³³	ndɚ²¹kho⁵⁵
疤	ko³³bo³³	bu³³ko³³	sʊ²po²²
癣	pu³³	ʈhɔ⁵⁵phu³³	tɕhi²¹phɚ²¹
痣	mɛ⁵⁵	me⁵⁵	khʊ²²
狐臭	ʑa¹³tshʊ³³	bɣ³³nɣ³³	ʑa²
看病	nʊ²¹na³³	nʊ²¹na³³	nʊ²¹na²²ȵi³³
打针	ʑi³³ŋgʊ¹³	ʑi¹³thʊ¹³	ɣɯ²ŋgɯ⁵¹
吃药	tɕhi³³ndo²¹	tɕhi³³ndo²¹	khu⁵⁵tɕhi³³dzʊ²²
汤药	tɕhi³³ʑi³³	mɛ³³tɕhi³³ʑi²¹	tɕhi²²dɚ⁵¹
病轻了	nʊ²¹te¹³dʊ³³	nu²¹lo²¹dɔ¹³	nʊ²¹dzo⁵⁵dɿ³³
说媒	fʊ³³dʊ⁵⁵	fɔ³³dʊ⁵⁵hɤ̃⁵⁵	mɛ²¹nʊ³³ndzɯ²¹

媒人	fʊ³³tɕu⁵⁵	fɔ³³tɕu⁵⁵	bo²²tso²
相亲	fʊ³³ŋdzɑ³³	fɔ³³dʊ³³ndzɑ³³	mɛ²¹nɒ³³nɑ²²n̠i³³
订婚	mi⁵⁵ɖʐ²¹	dʊ⁵⁵bi⁵⁵	fu³³ɖʐ²¹
嫁妆	ve¹³n̠i³³	fɔ³³ndi³³dʐy³³	nɔ³³phu²²
结婚	fʊ³³m³³	fɔ³³m³³	tɕhi⁵⁵khɔ²¹fu³³thu⁵⁵
娶妻子	tɕhi⁵⁵khɯ²¹	tɕhi³³khɯ²¹	mɚ²¹nɒ³³khɔ²¹
出嫁	nɤ³³tɕhi⁵⁵	ne³³fɔ³³	tɕhi⁵⁵sʊ³³
拜堂	gʊ²¹tʊ⁵⁵	phu⁵⁵phi³³tʊ⁵⁵	ɑ³³to⁵⁵kɯ²²
新郎	ɕi⁵⁵ɣɯ²¹xe¹³	zu³³xɛ¹³	tɕhi⁵⁵ɕi²
新娘子	tɕhi⁵⁵xe¹³	tɕhi³³xɛ¹³	tɕhi⁵⁵ɬɑ³³ɕi²
孕妇	gɯ²¹n̠i²¹mʊ²¹	gɯ²¹n̠i³³mʊ²¹	nɔ⁵⁵zu²²bu⁵⁵
怀孕	gɯ²¹ɣʊ²¹	gɯ²¹ɣʊ³³	zu²²bu⁵⁵
流产	gɯ²¹ʑi³³	gɯ²¹ʑi³³	nʊ²²bɚ⁵⁵bɚ²¹
坐月子	hõ²¹n̠i²¹	hõ²¹ko³³n̠i³³	tɕhi²¹kʊ³³n̠ɹ²²
吃奶	tʂʊ¹³ʑi²¹tʂʊ¹³	tsʊ¹³tsʊ¹³	bɛ⁵⁵tsɿ²/bɚ⁵⁵tsɿ²
断奶	tʂʊ¹³ʑi²¹tɕi⁵⁵	tsɔ¹³fe³³	bɛ⁵⁵kɯ²
满月	hõ²¹dɛ²¹	hõ²¹diɛ²¹	hɑ²dɚ²¹
生日	ʑo³³thu⁵⁵	ʑo³³thu⁵⁵	zu⁵¹n̠ɹ²
做寿	ʑo³³thu⁵⁵m²¹	ʑo³³thu⁵⁵tsɔ¹³	zu⁵¹n̠ɹ²¹tsɿ²
死	ɕi³³	ɕi³³	ɕi²¹
死	m⁵⁵	m⁵⁵	mo⁵⁵
咽气	sɑ¹³ŋɛ⁵⁵	sɑ¹³ŋe⁵⁵	sɑ²gɯ²¹
入殓	se³³ɣʊ²¹	gu³³ndi³³	gu²²vu²²
棺材	gu³³	gu³³	gu²²/ɕi⁵¹/dɯ⁵⁵
出殡	ɕi³³fɑ¹³	ɕi³³fɑ¹³	dɯ⁵⁵tshɿ²²tɕɚ²¹

附录1　彝语东部方言词汇对比

灵位	n̠e¹³dʊ⁵⁵	n̠i¹³dɤ³³	bɿ⁵⁵tɕi³³
坟墓	mi³³xo³³	mi³³xo³³	tsɿ³³bu²²
上坟	mi³³xo³³tʊ⁵⁵	mi³³xo³³dʊ⁵⁵	tsɿ³³bu²²tɕhɛ²¹
纸钱	thʊ³³ʑi³³	thʊ³³ʑi¹³	tho²¹ʑi²²
老天爷	m³³phu⁵⁵mʊ²¹	m³³phu⁵⁵mʊ²¹	mu²²a²¹bo²²
菩萨	phu²¹sa³³	phu⁵⁵phi³³	phu²¹ɕi²²
观音	kuɑn³³ʐin³³	kuã³³ʐi³³	phu²¹ɕi²²
灶神	tsu⁵⁵du³³ɕiɛ²¹	tsɔ¹³du³³ɕiɛ²¹	kʊ³³sɛ²¹
寺庙	bʊ³³hɛ̃³³	bɔ³³hĩ³³	bu⁵¹hə²¹
祠堂	phʊ³³hɛ̃³³	phu³³hĩ³³	phu²²tshɔ²²
算命	pa¹³tsɿ⁵⁵na²¹	dʑiɛ²¹lɔ²¹tsa³³	ko³³tsa⁵¹
保佑	ko²¹to²¹	me³³khu³³	bo²¹
人	tsho²¹	tsho³³	tsho²¹
男人	zu³³	zu³³ʐo³³	bu²dzu²²
女人	a²¹mɛ³³	n̠i³³nɤ³³	mə²¹nɒ³³
单身汉	zu³³dʊ³³phu⁵⁵	zu³³dʊ³³phu⁵⁵	tsho²¹tɿ²²phu⁵⁵
婴儿	a²¹ŋa⁵⁵va²¹	a³³ŋa⁵⁵ba²¹	nʊ²²bə⁵⁵
小孩	a³³ŋa⁵⁵ba²¹	a³³ŋa⁵⁵	a³³ŋa⁵⁵
男孩	zu³³ba²¹	zu³³ba²¹	a²¹zʊ²²bə⁵⁵
女孩	mɛ³³	a²¹me³³ba²¹	a²¹mə²²bə⁵⁵
老人	m⁵⁵su³³	m⁵⁵su³³	so²¹mo⁵⁵
亲戚	tʂhʊ²¹tʂʅ²¹	tshʊ²¹tshɿ²¹	ko³³ti²
朋友	nɛ³³ʑi⁵⁵	nɛ³³ʑi⁵⁵	tsho⁵⁵ɣə²¹
邻居	lʊ¹³khuɑ³³	lʊ²¹khuɑ³³	nə²²tshu²¹
客人	su³³ʐyɛ⁵⁵	su³³ve⁵⁵	sʊ²və²²

农民	gʊ³³su³³	lʊ²¹su³³	mu²¹sʊ²²
商人	vɛ¹³la¹³m²¹su³³	ve¹³la¹³su³³	vɛ²¹la²¹sʊ²²
手艺人	la¹³kʊ¹³	la¹³kɔ¹³su³³	kɯ²sʊ²²
木匠	se³³dzu³³su³³	sɛ³³la¹³kɔ¹³	ɕi⁵¹kɯ²sʊ²²
裁缝	ne¹³ɲi³³su³³	tho¹³ne¹³su³³	tho²¹kɯ²sʊ²²
理发师	ʊ³³tshŋ³³ tshe¹³ su³³	ʔʊ³³tsho³³su³³	tshɛ³³kɯ²sʊ²²
厨师	ɣʊ⁵⁵ɬu³³su³³	ɣʊ⁵⁵ɬu³³su³³	dzu²¹ɣo⁵⁵ŋgo⁵⁵la²kɯ²²
师傅	m⁵⁵ɕiɛ²¹	m³³ɕiɛ²¹	mo⁵¹sɯ²¹
徒弟	so³³zu³³	thu³³ti⁵⁵	so³³sʊ²²
乞丐	dzʊ³³lʁ²¹phu⁵⁵	dzu²¹lʁ²¹phu⁵⁵	sɯ²¹kɯ²phʊ⁵⁵
贼	khɯ³³phu⁵⁵	khɯ³³phu⁵⁵	sə²dʒɚ²²
瞎子	na³³dʑi³³	na³³dʑi³³	na²²pi³³
聋子	lʊ²¹po³³ bʊ³³	lo³³po³³bɔ³³	nʊ²²tŋ²²
哑巴	ʐa²¹ m³³	ʐa³³m³³	lɛ²¹mʊ³³
驼子	bu²¹kʊ³³	be³³kɔ³³	dɒ²¹ŋɯ²²
瘸子	tɕhi³³ʔɛ³³	to³³pɛ³³	da²pi⁵¹
疯子	tsho²¹vu³³phu⁵⁵	tsho²¹vu³³phu⁵⁵	tsho²¹vu²²
傻子	su³³bʊ³³	su³³ʔo³³	tsho²¹bo²¹
笨蛋	su³³ʔo³³	su³³ʔo³³	tsho²¹tɯ²¹
爷爷	a³³bu³³	a³³be³³	a²¹bo²²
奶奶	a³³da³³	a³³da³³	a⁵⁵mo²¹
外祖父	a³³ɣɯ³³bu³³	a³³ɣɯ³³be³³	bʊ⁵⁵bo²²
外祖母	a³³phʊ²¹	a³³phʊ²¹	a²¹ma³³
父母	phʊ²¹ mʊ²¹	phu³³mʊ²¹	phʊ⁵⁵mo²
父亲	a³³ba³³	a³³ba³³	phʊ⁵⁵

母亲	a³³ma³³	a³³ma³³	mo²
爸爸	a³³ba³³	a³³ba³³	a³³ba²²
妈妈	a³³ma³³	a³³ma³³	a³³ma²²
继父	a³³ba³³n̩dʑi²¹	a³³ba³³n̩dʑi²¹	ba²²tsa²
继母	a³³ma³³n̩dʑi²¹	a³³ma³³n̩dʑi²¹	mo²tsa²
岳父	ɣɯ³³bu³³	a³³ɣɯ³³be³³	ɣɯ³³bo²²
岳母	ɣɯ³³ɬa¹³	a³³phʊ²¹	ɣɯ³³phi²²
公公	ʐo¹³phu³³	a³³be³³	ʐɿ²phʊ²²
婆婆	a³³n̩i³³	a³³da³³	a²¹n̩i³³
伯父	a³³ve¹³	a³³vɛ⁵⁵	vɚ²¹mo⁵⁵
伯母	a³³mʊ⁵⁵	a³³mʊ⁵⁵	a³³nɔ²²
叔父	a²¹vɛ²¹	a³³vɛ²¹	vɛ²¹mo⁵⁵
排行最小的叔父	a³³ba⁵⁵	a³³vɛ²¹n̩ia³³	vɛ²¹n̩ɿ³³
叔母	a²¹mʊ²¹	a²¹mʊ²¹	vɛ²¹mo²
姑	a³³n̩i³³	a³³n̩i³³	n̩ɿ³³
姑父	ʐo¹³phu³³	ʐo¹³phu³³	ʐɿ²phʊ²²
舅舅	a²¹ɣɯ³³	a³³ɣɯ³³	ɣɯ²¹n̩ɿ²¹
舅妈	a²¹ɣɯ²¹ɬa¹³	a³³ɬa¹³	ɣɯ²¹n̩ɿ²¹mo²²
姨	a²¹mʊ²¹	a³³mʊ⁵⁵	mo²
弟兄	fɛ³³n̩iɛ³³	fɛ³³n̩iɛ³³	vi²n̩ɿ³³
姊妹	m²¹nʁ³³	m³³nʁ³³	vi²n̩ɿ³³
哥哥	a³³m³³	a³³ɣɯ³³	a³³mʊ²²
嫂子	a³³m⁵⁵	a³³m⁵⁵	a²¹mi⁵⁵
弟弟	n̩iɛ²¹ba³³	n̩iɛ³³ba³³	n̩ɿ³³kha²²
弟媳	n̩iɛ²¹ba³³tɕhi⁵⁵	n̩iɛ³³ba³³tɕhi⁵⁵	n̩ɿ³³kha²²mɛ²¹nɔ³³

姐姐	a³³nɣ³³	a³³nɣ³³	a³³vi²²
姐夫	a³³ȵi³³zu³³	a³³ȵi³³zu³³	ȵɿ³³zʊ²²
妹妹	tʂhʊ²¹khu³³	tshɔ³³khue³³	ȵɿ³³kha²²
妹夫	tʂhʊ²¹khu³³ɕi⁵⁵ɣɯ²¹	tshɔ³³khue³³ɕi⁵⁵ɣɯ²¹	ȵɿ³³kha²²tɕhi⁵⁵
堂兄弟	ȵiɛ²¹ba²¹	hĩ²¹mʊ²¹thu³³ve³³m³³ȵiɛ²¹ba²¹	vi²ȵɿ³³
表兄弟	ɣɯ²¹zu⁵⁵	ɣɯ³³zu⁵⁵bɔ⁵⁵ve³³m³³ȵiɛ²¹ba²¹	ɣɯ²¹zɿ²²
妯娌	mʊ²¹ȵiɛ²¹	m³³nɣ³³	fɛ²²ȵi³³
儿子	zu²¹	zu³³ba²¹	zʊ²²
儿媳妇	tshe¹³tɕhi⁵⁵	tɕhi⁵⁵ba²¹	zʊ²²tɕhi⁵⁵
女儿	a²¹mɛ³³	a²¹mɛ³³ba²¹	mɚ²²
女婿	a²¹mɛ³³ɕi⁵⁵ɣɯ²¹	a²¹mɛ³³ɕi⁵⁵ɣɯ²¹	so²ɣɯ²¹
孙子	ɬi³³ba²¹	ɬi³³ba²¹	ɬi⁵⁵
重孙子	ɬa³³ba²¹	ɬa³³ba²¹	ɬa²
侄子	zʊ³³ndu³³	zʊ³³ndu³³	zu²²ndu²²
外甥	su⁵⁵ba²¹	su⁵⁵ba²¹	so²²bɚ³³
外孙	su⁵⁵ɬi³³ba⁵⁵	su³³ɬi³³ba²¹	mɚ²²ɬi⁵⁵
夫妻	mɛ⁵⁵ʐo³³	me³³ʐo³³	mɛ²²zu²²
丈夫	bu²¹dzʊ³³	bu²¹dzu³³	tɕhi⁵⁵
妻子	na³³ve¹³	tɕhi⁵⁵	mɛ²¹nʊ³³/ʊ²²tsho²²
名字	miɛ¹³	miɛ³³	mɚ³³
干活儿	ŋʊ⁵⁵m²¹	nɔ⁵⁵vɛ³³	no⁵⁵mu²¹
事情	ŋʊ⁵⁵	nɔ⁵⁵	no⁵⁵
插秧	tɕhi²¹hũ⁵⁵tɛ³³	hɔ̃⁵⁵tɛ³³	mi³³tɚ³³
割稻	tɕhi²¹ɣe¹³	tshɿ²¹ɣɛ¹³	tɕhɿ²¹xɔ²¹
种菜	ɣʊ⁵⁵tɛ³³	ɣʊ⁵⁵tɛ³³	ɣo⁵⁵tɚ³³

附录1　彝语东部方言词汇对比

犁	sɛ³³go¹³	sɛ³³go¹³	dzu²²
锄头	tʂʅ²¹phɛ²¹	tʂʅ²¹phɑ²¹	tɕɿ⁵⁵tɑ²
镰刀	pɑ²¹liɛ³³	ɑ³³kho⁵⁵	xɔ²¹gu²
把儿	lɯ¹³	ɣɯ³³	lɑ²¹
扁担	vɑ¹³du²¹	vɑ¹³du²¹	vɑ²du²¹
箩筐	khɑ³³dʊ³³	khɑ³³dɔ³³	khɑ⁵¹
筛子	lɑ¹³tɕʊ³³	lɑ¹³tɕʊ³³	xo⁵⁵tsʊ³³
簸箕	xʊ⁵⁵tɕi³³	xɔ⁵⁵tɕi³³	tɕɿ²xo⁵⁵
簸箕	xʊ⁵⁵mʊ⁵⁵	xo³³mʊ⁵⁵	xo²mo⁵⁵
碓	bu²¹sʅ²¹	be²¹se²¹	bɿ²¹ɕɿ²¹
臼	di²¹tʂʅ²¹	be²¹se²¹du³³	ɕɿ²¹
磨	lo³³tʂhu³³	lo³³tʂhu³³	ɣɯ²²lɯ²²
年成	m³³ʑiɛ²¹	m³³ʑe²¹	ɣɛ²¹lɑ²
走江湖	diɛ²¹bo³³thɛ²¹	diɛ²¹bʊ³³thɛ²¹	vi²²dɔ²²thɚ²¹
打工	vu³³lɑ¹³m²¹	vu³³lɑ¹³m²¹	sɯ²¹po²²
斧子	xɯ²¹tsho²¹	xɯ²¹tsho²¹	xɔ²¹tshʊ²²
钳子	xɯ²¹ȵi²¹	xɯ²¹ȵi⁵⁵	xɔ²¹ȵʊ⁵¹
锤子	thɑ¹³ko⁵⁵	thɑ¹³ko⁵⁵	thɑ²¹du⁵⁵
钉子	xɯ²¹dʑi⁵⁵	xɯ²¹tɕi⁵⁵	xɔ²¹dzɯ⁵⁵
绳子	tʂɑ³³	tsɑ³³	tsɑ⁵¹
棍子	du²¹de³³	du³³dɛ³³	du²¹
做买卖	vɛ¹³lɑ¹³m²¹	ve³³lɑ¹³m²¹	vɛ²¹lɑ²tʂʅ²
商店	vɛ¹³lɑ¹³dʑi³³	ve³³lɑ¹³hẽ²¹	vu⁵⁵hɚ²¹
旅馆	zɑ¹³nʊ³³dʑi³³	zɑ¹³dɣ³³	ʐɑ²hɚ²¹
贵	phu³³khɑ³³	phu³³khɑ³³	khɑ⁵¹

便宜	phu³³lɛ³³	phu³³liɛ³³	lɔ²²
钱	dʐo¹³phu⁵⁵	dzo¹³phu⁵⁵	dʑɿ²²
硬币	xɔ²¹tʂɿ²¹	xɔ³³tʂɿ³³	xɔ²¹tshɿ³³
工钱	vʊ³³phu³³	la¹³m³³phu³³	vʊ²²phu²²
路费	dʐʊ²¹phu³³	dzu²¹phu³³	dzo²phu²²
花	ʂɛ³³	ɕiɛ³³	vɛ²¹
赚	tʂo³³	tso³³	su³³
挣	tʂɿ¹³	tso³³	su³³
欠	bu²¹	bu²¹	bu²¹
算盘	suan¹³phan²¹	tsa²²do²¹	tsa²²mʊ²¹
秤	tʂɿ²¹	tʂɿ²¹	dʑi³³
称	dʐo²¹	dʐo²¹	dzo²¹
赶集	tɕhi³³ŋa¹³	tɕhi³³ŋa¹³	khɯ⁵¹ŋa²
集市	dʐɿ²¹dʑiɛ²¹	dʐɿ³³dʑiɛ²¹	khɯ⁵¹
学校	so³³hĩ²¹	so³³hẽ²¹	so³³gu²¹
教室	so³³dʑi³³	so³³dʑiɛ²¹	so³³hɚ²¹
上学	su³³ɣɯ³³	su³³ɣɯ²¹	su³³ɣɯ²¹
放学	so³³thɿ⁵⁵	so³³thɿ⁵⁵	so³³ʐa²
考试	khɔ³³ʂɿ¹³	ko³³ʂɿ⁵⁵	tsa⁵¹n̩i³³
书包	su³³hõ²¹tɕhiɛ³³	su³³ndi³³hõ²¹tɕhiɛ³³	su²²thɯ²²
本子	pən³³ ndʐɿ³³	su³³ŋo³³phɛ³³	su²²phi²²
铅笔	tʂɿ³³khuɛ³³	sɛ³³khuɛ³³	pi²
钢笔	xɯ²¹khuɛ³³	xɯ²¹khuɛ³³	pi²
毛笔	tshɿ²¹khuɛ³³	tshe¹³khuɛ³³	pi²
墨	lo³³na³³	ndʐa¹³ʑi²¹	mɛ²

砚台	lo³³nɑ³³sɛ³³	n̪dʐɑ¹³se³³	mɛ²ɕə²²/mɛ²sɛ²²
信	su³³	su³³dɔ⁵⁵	su²²
捉迷藏	vu⁵⁵sʊ²¹	vu⁵⁵sʊ²¹	pho²¹bo⁵⁵so⁵¹
跳绳	tʂɑ³³pe³³	tsɑ³³pɛ³³	tsɑ⁵¹pi⁵¹
毽子	ɣɑ³³bu⁵⁵	ɣɑ³³bu⁵⁵	ŋɑ⁵¹
鞭炮	to¹³tɛ⁵⁵	to¹³tɛ⁵⁵	to²mbə⁵⁵
唱歌	mi⁵⁵gʊ²¹	mi³³ŋgɔ²¹	go²¹thɯ⁵⁵
锣鼓	tɕʊ³³tʰɑ³³dʑiɛ²¹mʊ²¹	dʑiɛ³³mʊ²¹	kʊ²²dʐə²²
笛子	mʊ³³ɕi³³li³³	mɔ³³ɕi³³lu³³	ɕi³³lu²²və³³
打扑克	pʰɛ²¹ndu²¹	pʰu³³kʰɑ²¹tɑ²¹	pʰə²ndə⁵¹
讲故事	lʊ²¹pi¹³dɛ³³	dɔ⁵⁵ɬɤ³³hɤ̃⁵⁵	bʊ²¹dɯ²²dɛ²²
猜谜语	tʂʊ³³mi⁵⁵tʂʊ³³	lo²¹bi⁵⁵tsʊ³³	lu²¹tsu³³tsu³³
玩儿	n̪dʑiɛ³³	n̪dʑiɛ³³	go⁵¹
串门儿	lʊ²¹nde³³	ɑ²¹dʑiɛ²¹bʊ⁵⁵n̪dʑiɛ³³	kʰɑ⁵¹to²²
走亲戚	tʂhʊ³³tʂʅ²¹kʊ²¹	tshɔ³³tshʅ³³kʊ²¹	ko³³ti²sɯ²²
看	nɑ³³	nɑ³³	n̪ɿ²²
听	nʊ³³	nʊ³³	nʊ²²
闻	bi⁵⁵nɤ³³	be³³nɤ³³	bi²²nɒ³³
吸	ŋgo²¹	ndo²¹	ŋgo²¹
睁	pʰʊ²¹	pʰʊ²¹	pʰu²¹
闭	me³³	mɛ³³	mi⁵¹
眨	tɕhi²¹	tɕhi²¹	tɕhi²¹
张	pʰʊ²¹	hã²¹	xɔ²²
闭	me³³	mɛ³³	mi⁵¹
咬	tɕhe¹³	tɕhi²¹	kʰɯ²

嚼	ŋgu³³	n̪dʐʋ¹³	ŋgʋ²²
咽	ndo²¹	ndo²¹	ndo²¹
舔	le¹³	le¹³	lɛ²
含	me³³	me³³	mʋ³³
亲嘴	bo¹³	khɯ³³bo¹³	n̪ɪ²bu²
吮吸	tʂʋ²¹	tsʋ¹³	tsɿ²
吐	ti⁵⁵	ti⁵⁵	ti⁵⁵
吐	go¹³	go¹³	phi⁵¹
拿	ʐu²¹	ʐu²¹	kə²²
给	bi⁵⁵	bi⁵⁵	gɒ⁵⁵
摸	ɕi³³	ɕi³³	sɯ⁵¹
伸	tɕhi²¹	tshɿ²¹	dʑɪ⁵⁵
挠	kho³³	vɛ³³	tshu⁵¹
掐	tshe¹³	tshɛ¹³	tɕhi²
拧	tʂhɛ³³	sʋ¹³	ŋu²
拧	ʂʋ¹³	tshʋ³³	sɿ²
捻	ve¹³	nɛ¹³	zɿ²
掰	t̪hɿ³³	t̪hɿ³³	tɕhi²
剥	phe¹³	phɛ¹³	bə²
撕	xɛ³³	xɯ³³	xə²²
折	t̪hɿ³³	t̪hɿ³³	thɿ²²
拔	tʂe³³	tse³³	tɕi⁵¹
摘	tshe¹³	xɑ¹³	xɑ²
站	hĩ¹³	hĩ¹³	hɯ²
倚	ndʁ⁵⁵	ndʁ⁵⁵	bə⁵⁵

附录1　彝语东部方言词汇对比

蹲	ʋ¹³	ʔɔ³³	tsɯ³³
坐	ɲi²¹	ɲi²¹	ɲɿ³³
跳	pe³³	pɛ³³	pi⁵¹
迈	tʂhe⁵⁵	tʂhe⁵⁵	lɛ⁵⁵
踩	ɲa³³	ɲia³³	ɲa⁵¹
翘	vu⁵⁵	tu³³	tɚ³³
弯	go¹³	go¹³	ku³³
挺	thɛ²¹	tu³³	tɛ²²/tɚ²²
趴	va³³	va³³	ndɯ²²
爬	ndʁ³³	ndʁ³³	ndɯ²²
走	kʋ²¹	kʋ²¹	sɯ²²
跑	thɛ²¹	thʁ²¹	thɚ²¹
逃	pho²¹	thʁ²¹	pho²¹
追	ŋga¹³	ŋga¹³	ŋga²
抓	ʐu²¹	tɕa³³	zu²¹
抱	ta³³	ta³³	ta⁵¹
背	ba³³	ba³³	bu⁵⁵
搀	ɕiɛ²¹	ɕiɛ²¹	sɚ²¹
推	di⁵⁵	di⁵⁵	dɔ⁵⁵
摔	tɛ³³	dʁ³³	ndʐɚ²
撞	tha¹³	tha¹³	ŋgɯ⁵¹
挡	ndʁ²¹	ndʁ²¹	tʂʅ⁵⁵
躲	vu⁵⁵	fa¹³	bo⁵⁵
藏	fa¹³	vu⁵⁵	tsʅ³³
放	thʅ⁵⁵	thʅ⁵⁵	tʋ²²

摞	tse¹³	tɕi³³	tɯ³³
埋	phʊ³³ʔɤ⁵⁵	ʔɯ⁵⁵	ɯ⁵⁵
盖	piɛ⁵⁵	pi⁵⁵	pi⁵⁵
压	ȵe¹³	ȵi¹³	ȵɿ²
摁	ȵe¹³	ȵi¹³	ȵɿ²
捅	ȵdʑi¹³	sɛ¹³	ndzɯ⁵¹
插	tso³³	tsho³³	tshu⁵¹
戳	thʊ³³	sɛ¹³	ɕi²
砍	tho³³	tho³³	dɚ⁵¹
剁	tse³³	dzɛ³³	dʑi⁵¹
削	mbu⁵⁵	mbu³³	su⁵¹
裂	gʊ⁵⁵	gɔ³³	gɚ²²
皴	ȵdʐu²¹	ȵdʐu²¹	xu²¹
腐烂	tʂʅ⁵⁵	tʂʅ⁵⁵	tʂʅ⁵⁵
擦	tɕhʊ³³	tɕhɔ³³	sʅ⁵¹
倒	xo³³	xo³³	sɚ⁵⁵
扔	ŋgɯ²¹	ŋgɯ²¹	ŋgɯ⁵¹
扔	ŋgɯ²¹	ŋgɯ²¹	sʅ⁵⁵
掉	bɛ²¹	be²¹	bɚ²¹
滴	thɑ³³	dze²¹	ndzɑ⁵¹
丢	ŋɛ⁵⁵	ŋe⁵⁵	nɚ²/nɛ²
找	ʂʊ³³	sʊ²¹	sʊ³³
捡	kɛ³³	kɯ³³	kɚ²²
提	xɯ²¹	xɯ³³	sɚ²¹
挑	vɑ¹³	vɑ¹³	vɑ²

扛	vɑ13	vɑ13	vɑ²
抬	tʂhɛ²¹	tshe²¹	tɕhɚ²¹
举	tu³³	tu³³	tu³³
撑	zɿ⁵⁵	phʊ²¹	phʊ²¹
撬	ŋɔ13	ŋo13	ŋu²
挑	sɿ³³	se³³	ɕɿ²¹
收拾	kɯ²¹ʂʊ²¹	gʊ²¹sʊ²¹	gɯ²sɯ⁵¹
挽	le³³	lɛ³³	li⁵¹
涮	ʐɑ³³	ʐɑ³³	tɕhi²²
洗	tɕhi³³	tɕhi³³	tɕhi²²
捞	ʂʊ²¹	vɑ³³	sʊ²¹
拴	khuɛ⁵⁵	sɛ³³	ȵi²khɯ⁵⁵
捆	ʂe³³	mbe⁵⁵	tshɯ⁵¹
解	tʂhɿ⁵⁵	tʂhɿ⁵⁵	tɕhi²¹
挪	tsɑ²¹	tse²¹	xɯ⁵⁵
端	tɑ³³	tɑ³³	tɕhɚ²¹
摔	ndɛ³³	ndɛ³³	ndzɛ²
掺	tɕho13	tɕho13	lɑ⁵¹
烧	ʈʊ³³	ʈʊ³³	ʈʊ³³
拆	ʈhɑ³³	ʈhɑ³³	ʈhɑ⁵¹
转	ndzo²¹	ndzo²¹	tso³³
捶	ndɛ³³	ndɛ³³	ndu²¹
打	ndu²¹	ndu²¹	ndu²¹
打架	dʐɿ²¹ndu²¹	ndu²¹ndɛ³³	ndu²¹
休息	nʊ³³	nɔ³³	nɒ²²

打哈欠	ʐɿ⁵⁵vɑ³³	ʑɿ⁵⁵vɑ²¹	sɛ⁵⁵dʑɿ²¹
打瞌睡	ʑe¹³ŋo⁵⁵	ʑi¹³ŋo²¹	ʑi²kɯ²²ŋɯ⁵¹
睡	ʑe¹³	ʑi¹³	ʑi²
打呼噜	ʑe¹³hõ⁵⁵mbu²¹	ʑi¹³hã⁵⁵mbu²¹	ʑi²nʊ³³ŋo²²
做梦	ʑe¹³mɑ⁵⁵	ʑi¹³mɑ⁵⁵	ʑi²mɑ⁵⁵to²
起床	ʑe¹³tʊ⁵⁵	ʑi¹³tʊ⁵⁵	ʑi²to⁵⁵
刷牙	dzɛ³³ʐɑ³³	dze³³tɕhi³³	dʒɚ²¹ʐɑ²/dʑɚ²¹ʐɑ²
洗澡	gɯ²¹bu³³tɕhi³³	be²¹gɯ³³tɕhi³³	gɯ²¹tɕhi²²
想	ndi⁵⁵	ndi⁵⁵	ndɿ⁵⁵
想	ȵdʑu³³	ȵdʑu³³	ndzu²²
打算	ne³³tɛ⁵⁵	nɛ³³dɛ³³	ndɿ⁵⁵
记得	khɛ³³	khɯ³³	tshɚ⁵⁵
忘记	mɑ²¹khɛ³³	mɑ²¹khɯ³³	mɑ²¹nɯ⁵⁵
怕	tɕe³³	tɕi³³	dzu⁵¹
相信	ȵdzɛ²¹	ȵdʑiɛ²¹	ndzɛ⁵¹
发愁	ndi⁵⁵sʊ³³	ʔʊ³³tɕɑ²¹	ndɿ⁵⁵sʊ²²
小心	ne³³tɕhiɛ³³	nɛ³³tɕhiɛ³³	nɹ²tshɚ³³
喜欢	guɛ²¹	gue²¹	do²
讨厌	ne³³dzo³³	nɛ³³tso³³	mɑ²¹do⁵¹
舒服	dzo²¹sʊ²¹	dzo³³sʊ²¹	dzo²¹ɕi⁵⁵
难受	to⁵⁵mɑ⁵⁵pi³³	dzo³³mɑ²¹sʊ²¹	dzo²¹sʊ²²
难过	dzo²¹mɑ²¹sʊ²¹	dzo³³mɑ²¹sʊ²¹	ndɿ⁵⁵sʊ²²
高兴	gɯ²¹lɤ³³	gɯ³³lɤ³³	lɒ⁵⁵gɯ²²
生气	ne³³tɕhi⁵⁵	nɛ³³tɕhi³³	ʐɿ⁵¹
责怪	ʑi³³di³³	di¹³	ʐɿ²²

忌妒	ŋo²¹ma⁵⁵de³³	nɛ³³ma²¹ɕi³³	nɹ⁵¹ma²¹ɕɪ²¹
害羞	to³³ʂa¹³	to³³sa⁵⁵	to³³sa²
丢脸	ʈhʊ⁵⁵ŋɯ²¹	ʈhɔ⁵⁵ŋɯ²¹	hɪ²¹du⁵¹
欺负	n̺dʐa³³	n̺dʐa³³	nɒ⁵⁵
疼	ne³³nʊ²¹	n̺dʐu³³	ndzʊ²²
要	lɤ²¹	lɤ³³	ŋo²²
有	dʐo²¹	dzo²¹	ɣo⁵¹
没有	ma²¹dʐo²¹	ma²¹dzo²¹	ma²¹ɣo⁵¹
是	ŋɯ²¹	ŋɯ²¹	ŋɯ²²
不是	ma²¹ŋɯ²¹	ma²¹ŋɯ²¹	ma²¹ŋɯ²²
在	dʐo³³	dzo⁵⁵	dzo²¹
不在	ma⁵⁵dʐo²¹	ma²¹dzo⁵⁵	ma²¹dzo²¹
知道	sɛ⁵⁵	se⁵⁵	sɚ²
不知道	ma²¹sɛ⁵⁵	ma²¹se⁵⁵	ma²¹sɚ²²
懂	nʊ³³bo⁵⁵	se⁵⁵	sɛ²
不懂	nʊ³³ma⁵⁵bo²¹	ma²¹se⁵⁵	ma²¹sɛ²²
会	kʊ¹³	kɔ¹³	kɯ²
不会	ma²¹kʊ¹³	ma²¹kɔ¹³	ma²¹kɯ²²
认识	ʈhʊ⁵⁵sɛ³³	ʈhʊ⁵⁵se⁵⁵	sɛ²
不认识	ʈhʊ⁵⁵ma²¹sɛ³³	ʈhʊ⁵⁵ma²¹se⁵⁵	ma²¹sɛ²²
行	lɤ²¹de¹³	li²¹dɛ¹³	dzo⁵⁵
不行	lɤ²¹ma²¹de¹³	li²¹ma²¹dɛ¹³	ma²¹dzo⁵⁵
肯	nʊ³³	nʊ³³	nu³³
应该	tsha³³dzʊ³³	tsha³³dzʊ³³	ŋo²²
可以	lɤ²¹de¹³	li²¹dɛ¹³	dzo⁵⁵

说	hɣ̃⁵⁵	hɣ̃⁵⁵	hɿ⁵⁵
话	dʊ⁵⁵	dɔ⁵⁵	do⁵⁵
聊天儿	dʊ⁵⁵ɖo³³ŋga¹³	dɔ⁵⁵ɳɖo³³ŋga¹³	ndzɛ²²/ndʐɚ²²
叫	khu³³	ʔɯ²¹	khu³³
吆喝	ʔɣ²¹	ʔɯ²¹	khu³³
哭	ŋɯ³³	ŋɯ³³	ŋɯ³³
骂	dzu³³	dzu³³	mbɚ²²
吵架	khu³³	tse³³	dʑi²¹mbɚ²²
骗	ɖo³³	nʊ⁵⁵	hɯ⁵⁵
哄	nʊ⁵⁵	nʊ⁵⁵	hɯ⁵⁵
撒谎	ɖo³³	dɔ⁵⁵ɖo³³	di⁵¹
吹牛	ȵi³³mʊ³³	ȵi³³mɔ³³	mbu²¹
开玩笑	hɣ̃⁵⁵ȵdʑiɛ³³	hɣ̃⁵⁵ȵdʑiɛ³³	do⁵⁵ko²¹hɿ⁵⁵
告诉	hɣ̃⁵⁵tʊ⁵⁵	hɣ̃⁵⁵tɔ³³	to⁵⁵
谢谢	xʊ⁵⁵	xʊ⁵⁵xʊ³³	mo⁵⁵fu²
对不起	dʊ⁵⁵ma²¹bo²¹	dɔ³³ma²¹ŋɯ²¹	ndzo²²to²
再见	po³³ŋo²¹	xɯ³³dɔ¹³	pu⁵¹lɛ²²
大	ɣɛ³³	ɣɯ³³	ɣɚ²²
小	ba²¹	ba²¹	ŋɒ²¹/bɚ⁵⁵
粗	tɕhi³³	tɕhi³³	tu³³
细	tɕhiɛ³³	tɕhiɛ³³	tshɛ³³
长	ɕiɛ³³	ɕiɛ³³	sɛ³³
短	di³³	di³³	ȵʊ²²
宽	ɖɛ³³	ɖɛ²¹	dɚ²¹
宽敞	ɖɛ³³bu³³	ɖɣ²¹lɣ³³	khʊ²¹dɚ²¹

窄	ɣʊ³³	ɣɔ³³	vu²²
高	tɕho²¹m³³	m²¹	mu²²/tshu²¹mu²²
低	tɕho²¹ȵiɛ³³	ȵiɛ²¹	nə²¹/tshu²¹nə²¹
高	m³³	m²¹	mu²²/tshu²¹mu²²
矮	ȵiɛ³³	ȵiɛ²¹	nɛ²¹/tshu²¹nɛ²¹
远	vu³³	ve³³	vɪ²²
近	nɛ³³dɣ³³	dɣ³³	nə²²
深	nɑ¹³	nɑ¹³	nɑ²
浅	dɣ²¹	dɣ²¹	dɔ²¹
清	dʑiɛ²¹	dʑiɛ²¹	dzɛ²¹
浑	dʐu²¹	dɣ³³	ndə²¹
圆	lɣ²¹	gʊ³³	mʊ²¹lɯ⁵¹
扁	diɛ²¹	ʈɑ³³	ʈɑ⁵¹
尖	tʂʅ²¹	bi²¹	tshɔ²¹
平	do²¹	do²¹	do²
肥	tshu³³	tshu³³	ndzɛ²¹
瘦	ʂʅ²¹	ʂʅ⁵⁵	ɕi⁵⁵
肥	tshu³³	tshu³³	tshu²¹
胖	mbɛ²¹	mbɛ²¹	bə⁵¹
瘦	ʂʅ²¹	ʂʅ²¹	ɕɪ²
黑	nɑ³³	nɑ³³	nɑ⁵¹
白	ʈhu³³	ʈhu³³	thu²¹
红	nɣ²¹	nɣ³³	ȵɪ²¹
黄	ʂɛ³³	sɛ³³	sɛ³³
蓝	ɣo¹³	vɔ¹³	ȵɪ²¹

绿	hũ⁵⁵	hɔ̃⁵⁵	hu⁵⁵
灰	phɛ²¹	phe³³	phɚ²²
多	ŋʊ³³	ŋɔ³³	nʊ²²
少	nɛ³³	ne³³	nɛ²²
重	li³³	li³³	li²²
轻	lo²¹	lo³³	lɔ²¹
直	dzʊ⁵⁵	dzɔ³³	ndzɛ²¹
陡	vɛ³³	ve³³	dɑ⁵¹
弯	go¹³	go¹³	kɚ³³
歪	ʂɿ³³	sɿ³³	vɛ³³
厚	thu³³	thu³³	thu²¹
薄	bu³³	bu³³	bʊ²²
稠	ne³³	fe³³	nɛ⁵¹
稀	dʑiɛ²¹	dʑiɛ²¹	ndɚ⁵¹
密	dze³³	dzɛ³³	thu²¹
稀	tɕɑ³³	tɕɑ³³	bʊ²²
亮	bʊ³³	bʊ²¹	bo⁵¹
黑	m²¹	nɑ³³	nɑ⁵¹
热	tshʊ²¹	tshʊ³³	tshʊ²¹
暖和	tshʊ²¹	tshʊ³³me³³	mo²²
凉	tʂhe¹³	tshɛ¹³	tɕhi²
冷	dʐɑ³³	dʐɑ²¹	tɕhi²
热	tshʊ²¹	tshʊ³³	tshʊ²¹
凉	tʂhe¹³	tshɛ¹³	dzɑ⁵¹
干	fɛ²¹	fe²¹	fɚ²

湿	ndʐɛ³³	ndze²¹	ʑi²¹ti⁵¹
干净	ʋ³³dʐa⁵⁵	ʔʋ³³tɕa³³	xo²¹/xo²¹dza⁵¹
脏	n̩dʐa¹³	pe³³nɛ³³	pʋ²¹nɛ⁵¹
快	pi²¹	pi²¹	pɪ⁵¹
钝	ma²¹pi²¹	ma²¹pi²¹	ma²¹pɪ⁵¹
快	tɕo³³	tɕo³³	po⁵⁵
慢	ʂu³³	li³³	phi²¹
早	ʂɛ³³	se³³	sɛ³³
晚	ɖɛ²¹	ɖe³³	dɛ²¹
晚	khue¹³	khuɛ¹³	dɛ²¹
松	ma²¹tɕi²¹	ɖo²¹	do⁵¹
紧	tɕi²¹	tɕi³³	tsɿ²¹
容易	lɛ²¹	m²¹sʋ²¹	lɛ²¹
难	kha³³	m²¹ma²¹pi³³	sʋ²²
新	xe¹³	xɛ¹³	ɕi²
旧	ɬɤ³³	ɬɤ³³	ɬŋ³³
老	m⁵⁵	m⁵⁵	mo⁵⁵
年轻	kho¹³thɛ²¹tɕhiɛ³³	ɬa¹³	ɬa²
软	nʋ³³	no³³	nɯ²²
硬	kha³³	kha³³	xɚ²¹
烂	ndʐɛ²¹	ndze²¹	ndɛ⁵¹
糊	tʂhʋ³³	tse¹³	ŋɯ²¹
结实	khɯ²¹	khɯ²¹	khɯ²¹
破	gue³³	guɛ³³	phɚ²
富	mbo³³	bo²¹	mbu⁵¹

穷	ʂu³³	su³³	sʊ²²
忙	ndɑ¹³	tɕi²¹	po⁵⁵
闲	mɛ³³	mɛ³³	mɚ³³
累	thi⁵⁵	thi⁵⁵	ndza⁵¹
疼	nʊ²¹	nʊ²¹	nʊ²¹
痒	ʐu³³	ʐu³³	zʊ²²
热闹	ʐɛ³³nɑu¹³	hɤ̃²¹hɤ̃²¹	ɣɯ⁵¹（吵闹）
熟悉	ʈhʊ⁵⁵sɛ⁵⁵	su⁵⁵ɕi⁵⁵	sɛ²
陌生	ʈhʊ⁵⁵mɑ²¹sɛ⁵⁵	ʈhɔ³³mɑ²¹se³³	mɑ²¹mɚ²¹
味道	ȵɛ³³khu³³	ȵiɛ³³khu³³	nɛ³³da²²
咸	khu³³	tshu³³khu³³	bʊ²²
淡	ɖe³³	ɖɛ³³	dɚ⁵¹
酸	tɕi³³	tsɿ³³	tɕɿ³³
甜	tʂʅ³³	tshʅ³³	tshʅ²¹
苦	khu³³	khu³³	khʊ²²
辣	phiɛ²¹	phiɛ²¹	phɚ²¹
香	ȵɛ³³	ȵiɛ³³	nɚ³³
臭	bi⁵⁵nɤ²¹	be³³nɤ³³	bi²²nɒ³³
馋	ʊ⁵⁵	ʔɔ⁵⁵	ɯ⁵⁵
好	ȵʊ³³	ȵʊ³³	tsu²²
坏	dɤ²¹	dɑ³³	bɿ²²
差	mɑ²¹ȵʊ³³	mɑ²¹ȵʊ³³	tshɔ³³
对	dzʊ³³	dzʊ³³	ŋɯ²²
错	ʐɑ¹³	ʐɑ¹³	ndzo²²
漂亮	ʐɑ³³ʐu³³	ʐɑ¹³ʐʊ⁵⁵	ȵdʑi⁵⁵

丑	ʐa³³ma⁵⁵ʐu³³	ʐa¹³ma²¹ʐʊ⁵⁵	hɿ²¹
勤快	vu³³khʊ³³	vu³³khɔ³³	pɿ⁵¹
懒	ʊ⁵⁵lɤ²¹	ʔʊ⁵⁵lɤ²¹	lɛ²²ɻ²¹
乖	ga³³	ga³³	ka²¹
顽皮	ma²¹ga³³	nda¹³	pɚ⁵¹
老实	lʊ²¹sɿ³³	lɔ³³sɿ³³	ndzɛ²¹
傻	ʔo³³	ʔo³³	bo²¹
笨	bʊ³³	bo³³	ŋɚ³³
直爽	dzʊ⁵⁵	dzɔ⁵⁵	ndʐɛ²¹
犟	tɕiaŋ¹³	tɕiaŋ¹³	ku²¹ȵɿ²¹
一	tha²¹	tha²¹	ta²¹
二	ȵi⁵⁵	ȵi⁵⁵	ȵɿ⁵⁵
三	sɿ³³	sɤ³³	suɯ²²
四	ɬi³³	ɬi³³	ɬi²²
五	ŋʊ³³	ŋɔ³³	ŋo²²
六	tɕho¹³	tɕho¹³	tshu²
七	ɕi⁵⁵	ɕi⁵⁵	ɕi⁵⁵
八	hɛ¹³	hɛ̃¹³	hɿ²
九	kɯ³³	kɯ³³	kɯ²²
十	tshɿ²¹	tshɤ²¹	tɕhɿ²¹
二十	ȵi²¹tsɿ³³	ȵi²¹tsɤ³³	ȵɿ²¹tɕɿ³³
三十	sɿ³³tshɿ³³	sɤ³³tshɤ³³	suɯ²²tɕhɿ²²
一百	tha²¹hiʊ̃²¹	tha²¹hõ²¹	ta²¹hʊ²¹
一千	tha²¹tʊ³³	tha²¹tɔ³³	ta²¹tu³³
一万	tha²¹ȵy²¹	tha²¹mi²¹	ta²¹ȵɿ²¹

一百零五	tha²¹hiõ²¹ȵi³³ŋʊ³³	tha²¹hõ²¹ȵi³³ŋɔ³³	ta²¹hʊ²¹lɿ²¹ŋo²²
一百五十	tha²¹hiõ²¹ŋʊ³³tshɿ³³	tha²¹hõ²¹ŋɔ³³tshe³³	ta²¹hʊ²¹ŋo²²tɕhɿ²²
第一	ti³³tha²¹gʊ²¹	ti³³thi⁵⁵	ti²thɿ⁵⁵
二两	ȵi⁵⁵sa²¹	ȵi⁵⁵sa²¹	ȵɿ⁵⁵lo²
几个	khʊ²¹nʊ²¹lʁ³³	khʊ²¹nʊ³³lʁ³³	khʊ²¹no²²dɯ²²
俩	ȵiɛ⁵⁵	ȵi⁵⁵	ȵɿ⁵⁵
仨	sŋ³³	sʁ³³ʐo³³	sɯ²²
个把	tha²¹ȵi⁵⁵ʐo²¹	tha²¹lʁ³³	ta²¹ȵɿ⁵⁵mʊ³³
个	lʁ³³	ʐo²¹	zu²
匹	dzɛ³³	dzʁ³³	tshɛ³³
头	tɕhiɛ³³	tɕhiɛ³³	tshɛ³³
头	lʁ³³	lʁ³³	tshɛ³³
只	tɕhiɛ³³	lʁ³³	tshɛ³³
只	tɕhiɛ³³	tɕhiɛ³³	tshɛ³³
只	tɕhiɛ³³	mʊ³³	tshɛ³³
条	tɕhiɛ³³	tɕhiɛ³³	tshɛ³³
条	tɕhiɛ³³	tɕhiɛ³³	tshɛ³³
张	dʑiɛ³³	lʁ³³	to⁵¹
张	ʈhu³³	ʈhu³³	dzŋ²²
床	gu³³	gu³³	go²²
领	gu³³	gu³³	go²²
双	dzŋ²¹	dzʁ²¹	dzɯ²¹
把	ʈhi²¹	ʈhŋ²¹	bu⁵¹
把	dzʊ³³	dzʊ³³	bu⁵¹
根	tɕhiɛ³³	tɕhiɛ³³	tshɛ³³

附录 1　彝语东部方言词汇对比

支	tsʅ³³	tsʅ³³	tsʅ³³
副	dzʊ³³	dzʊ³³	dzɯ²¹
面	bo²¹	ʈhu³³	to⁵¹
块	khɛ³³	ʈɑ²¹	to⁵¹
辆	tɕɑ¹³	lɤ³³	tɯ³³
座	tɕy³³	dze³³	ŋgu²¹
座	tɕhiɛ³³	tɕhiɛ³³	tɯ³³
条	tɕhiɛ³³	tɕhiɛ³³	tshɛ³³
条	tɕhiɛ³³	tɕhiɛ³³	tshɛ³³
棵	dʑiɛ³³	dʑiɛ³³	dzɛ³³
朵	pu³³	bu³³	phʊ²
颗	mʊ³³	mʊ³³	mʊ³³
粒	mʊ³³	mʊ³³	mʊ³³
顿	ɖʅ²¹	ɖʅ²¹	dɒ²¹
剂	fu¹³	fu³³	ŋgu²¹
股	ku²¹	tshʊ³³	ŋu²¹
行	dʐʊ²¹	dʐʊ²¹	dzo²
块	mbu³³	ko³³	do²
毛	tɕhi³³tɕɑ³³	tɕhi³³	xɔ²¹
件	diɛ²¹	dɔ²¹	tɯ²
点儿	dʑi³³	dʑi³³	dʑi²²
些	gɛ²¹	gɯ²¹	dʑi²²
下	tɕho²¹	ko²¹	hɚ²¹
会儿	ɕi²¹	ɕi³³	thu²¹
顿	guɛ³³	guɛ³³	tshɔ²¹

阵	phʊ³³	ɕi³³	gɯ²²
趟	vu³³	vu³³	dzo²¹
我	ŋʊ²¹	ŋʊ²¹	ŋʊ²¹
你	nɑ²¹	nɑ²¹	nɑ²¹
您	ȵi²¹	ȵi¹³	nɑ²¹
他	thi²¹	thi²¹	tɯ²¹
我们	ŋʊ²¹xɯ³³	ŋʊ²¹xɯ³³	ŋʊ²¹bu²¹
咱们	ɑ³³ɕi⁵⁵	ɑ³³ɕi⁵⁵	ɑ²¹ɕɿ⁵⁵
你们	nɑ²¹xɯ³³	nɑ²¹xɯ³³	nɑ²¹bu²¹
他们	tɕhi²¹xɯ³³	thi²¹xɯ³³	tɯ²¹bu²¹
大家	ɑ²¹dʑiɛ¹³po⁵⁵	ʑi²¹pe³³	ʊ⁵⁵pɑ⁵¹
自己	ʐo²¹ʐo³³	ʐo³³ʐo³³	mɛ⁵⁵mɛ²²
别人	sʊ²¹	phɑ³³dʁ⁵⁵	sɯ²¹
我爸	ŋo¹³bɑ³³	ŋo³³bɑ³³	ŋʊ²¹bɑ²²
你爸	nɑ¹³bɑ³³	nɑ²¹bɑ³³	nɑ²¹bɑ²²
他爸	thiɛ¹³bɑ³³	thiɛ³³bɑ³³	tɯ²¹bɑ²²
这个	tʂʅ²¹lʁ³³	tshʅ²¹lʁ³³	ɑ³³dɯ³³
那个	ɑ⁵⁵lʁ³³	ʔɑ⁵⁵lʁ³³	ʊ³³dɯ³³
哪个	ɑ²¹dʁ⁵⁵lʁ³³	xɑ⁵⁵lʁ³³	khɑ³³dɯ³³
谁	ɑ³³ɕiɛ³³	ɑ³³ɕiɛ³³	khɑ²¹sɯ²¹
这里	tʂho¹³ko³³	tshʅ²¹dʁ³³	ɑ³³kʊ³³
那里	ɑ⁵⁵ko³³	ɑ⁵⁵phɑ³³	ʊ³³kʊ³³
哪里	ɑ²¹dʁ⁵⁵ko³³	xɑ⁵⁵nɑ³³	khɑ³³kʊ³³
这样	tʂʅ²¹sʅ²¹	tshʅ²¹ɕi³³	ɑ³³sɯ⁵⁵
那样	ɑ⁵⁵sʅ²¹	ɑ⁵⁵sʁ²¹	ʊ³³sɯ³³

怎样	khɤ²¹sɿ²¹	khɤ²¹sɤ²¹	kha²¹sɯ⁵⁵
这么	tʂʅ²¹sɿ²¹	tʂʅ²¹sɤ²¹	a³³sɯ⁵⁵
怎么	khɤ²¹sɿ²¹	khɤ²¹sɤ²¹	kho²¹mo²²
什么	ʔɤ²¹tsʅ⁵⁵	mɤ³³lɤ³³	mɯ³³lɯ²²
什么	mɤ³³lɤ³³	mɤ³³lɤ³³	mɯ³³lɯ²²
为什么	ʔɤ²¹tsʅ⁵⁵ʑi³³	me³³lɤ³³ʑi³³	mɯ³³lɯ²²ndɿ⁵⁵
干什么	tʂʅ³³tha¹³m³³	mɤ³³lɤ³³tsɔ¹³	mɯ³³lɯ²²mu²²
多少	khʊ²¹nʊ²¹	khʊ33nʊ21	khʊ²¹no⁵¹
很	ɣo³³	ɣo³³	hɚ²¹
非常	dɤ²¹dɤ²¹	dɤ³³dɤ³³	hɚ²¹
更	ndzu³³	dɤ³³ma²¹bu³³	ʑɿ²kɯ⁵⁵
太	ɣo³³	ɣo³³	hɚ²¹nɚ²²
最	ndzu³³	ndzu³³	tshuei
都	ɔ⁵⁵	di⁵⁵	khʊ²¹
一共	ʑi³³pɛ⁵⁵	tha²¹bo³³	khʊ²¹ɣo⁵¹
一起	tha²¹dzʊ³³	tha²¹dzɔ³³	tha⁵⁵
只	ȵiɛ33	ȵiɛ³³	a²¹dʑi²²/dʑi²²
刚	ȵiɛ¹³	a²¹miɛ¹³	a²¹so⁵¹
才	a²¹ȵiɛ¹³dɤ³³	dɤ³³	li²²
就	dzʊ⁵⁵	dzʊ⁵⁵	nɯ²²
经常	ba³³dɤ²¹	ba³³diɛ²¹	zɛ²¹zɛ²¹
又	ʐo⁵⁵	bu³³	ɕɿ²²
还	ɕi³³	ɕi³³	ɕɿ²²
再	po³³	bu³³	ɕɿ²²
也	ȵi³³	ȵiɛ³³	ȵɿ²²

没有	ma²¹	ma²¹	ma²¹
不	ma²¹	ma²¹	ma²¹
别	tha²¹	tha²¹	ta³³
甭	tha²¹	tha²¹	ma²¹ŋo²²
快	vi³³	fɛ³³	tɿ³³
差点儿	tha²¹dʐi³³dʐi⁵⁵	a³³lʊ²¹	a²¹lɿ⁵¹
故意	ku¹³ʑi⁵⁵	ku²¹ʑi²¹	ka²ka²²mu²²
随便	khʊ²¹te³³	suei³³pian²¹	khʊ²¹ɕi⁵⁵
肯定	khən³³tiŋ¹³	tʊ³³sɿ⁵⁵	ŋɯ²²
一边	tha²¹bo⁵⁵	tha²¹pha³³	dzo²²
和	ɲi³³	bʊ⁵⁵	tɕɿ²²
和	bʊ⁵⁵	bʊ⁵⁵	tha⁵⁵
对	bu²¹	bʊ⁵⁵	tha²
按	ʑi³³	ʑi³³	dʊ⁵⁵mu²²
替	dʊ²¹thi⁵⁵	be²¹	po³³
如果	di⁵⁵no³³	ɲi³³	nɯ⁵⁵
不管	ma²¹thu³³	ma²¹thu³³	kha²¹sɯ²²
天	m³³	m³³	mu²²
阳光	dʐy²¹bʊ²¹	dʐy²¹bo²¹	ndʑi²¹thɔ⁵⁵
日出	dʐy²¹to³³	dʐy²¹do³³	ndʑi²¹du⁵¹
日落	dʐy²¹dʅ²¹	dʐy²¹be²¹	ndʑi²¹gɯ²¹
北极星	hũ²¹tɕhi²¹tɕhiɛ³³	tɕhi³³hũ²¹tɕiɛ³³	kɛ³³mu²²khɛ²²
光	sɿ⁵⁵	bo²¹	bo⁵¹
影子	ɣe³³	ɣɛ³³	ʑi⁵¹
刮风	mi³³hĩ³³mʊ³³	m³³hĩ²¹mɔ³³	mi²²hɿ²²hɿ²¹

风声	hĩ²¹tɕhʊ³³	m³³hĩ²¹tɕhɔ³³	hɿ²²tshu²²
打雷	m³³dʐʅ³³ʈe³³	m³³tsʅ³³ʈɛ³³	mu²²kɯ²²
响雷	m³³dʐʅ³³mʊ⁵⁵	m³³tsʅ³³ʈɛ³³	mu²²kɯ²²mbu²¹
大雨	m³³hũ³³mʊ⁵⁵	m³³hũ²¹mʊ²¹	mu²²hʊ²²ɣə²²
小雨	m³³hũ³³ba⁵⁵	m³³hũ²¹ba²¹	mu²²hʊ²²bə⁵⁵
毛毛雨	m³³tɕhiɛ³³	m³³tɕhiɛ³³	mu²²bɿ⁵⁵
暴风雨	mi³³hĩ³³mʊ⁵⁵	m³³hũ²¹mʊ⁵⁵	mu²²hʊ²²mo⁵⁵
雨声	hũ²¹tɕhʊ³³	hũ²¹tɕhɔ³³	hʊ²¹tshu²²
下雪	vu³³xe³³	vu³³xɛ³³	vʊ²²do⁵¹
雪崩	vu³³gue³³	vu³³gue³³	vʊ²²dʑi⁵¹
雪水	vu³³ʑi²¹	vu³³ʑi²¹	vʊ²²ʑi²²
结冰	vu³³ȵi²¹kɛ²¹	vu³³ȵi²¹ka³³	vʊ²¹ȵɿ²¹xɯ⁵¹
融化	dʑi²¹	dʑi²¹	dʑi²¹
乌云	tiɛ³³na³³	tiɛ³³na³³	ʈɛ³³na⁵¹
彩云	tiɛ³³ndzu⁵⁵	tiɛ³³ndzu⁵⁵	ʈɛ³³ka⁵¹
蒸汽	la¹³ȵi³³sa¹³	sa¹³	ʑi²¹ha²¹sa⁵¹
地	mi³³	mi³³	phu²¹
土地	mi³³dʵ³³	mi³³du³³	mi³³
坡地	bu²¹vɛ³³mi³³	be²¹mi³³	bʊ²¹mi³³
荒地	mi³³ɖʅ⁵⁵	mi³³ndi⁵⁵	mi³³dʵ⁵⁵
山地	bu²¹mi³³	be²¹mi³³	zɛ⁵⁵mi³³
平地	do¹³mi³³	do²¹mi³³	mi³³do²¹
地界	mi³³diɛ⁵⁵	mi³³tiɛ³³	mi³³də²¹
庄稼地	gʊ³³mi³³	gɔ³³mi³³	dzu²¹mi³³
沼泽地	ʑi²¹ʈʅ⁵⁵mi³³	ʑi²¹xɯ³³mi³³	ʑi²¹tɕhɿ²²

坝子	ndi²¹	ndi²¹mʊ²¹	ndɿ²
地陷	mi³³ȵɛ⁵⁵	mi³³hõ³³	mi³³hɯ²¹
海	xɯ²¹	xɯ²¹	xɯ²¹
田	tɛ³³	te³³	tɚ³³
梯田	tɛ³³	tshe³³te³³	tɚ³³tsɔ²²
田坎	tɛ³³bʊ⁵⁵	te³³bu⁵⁵	tɚ³³ŋɚ²¹dɚ²¹
秧田	hũ⁵⁵tɛ³³	hɔ̃⁵⁵te³³	ɬi⁵⁵xʊ²¹
小山	bu²¹ba²¹	be²¹ba²¹	bu²¹bɚ⁵⁵
荒山	mi²¹ɖʐ⁵⁵	mi³³ɖʐ⁵⁵	bu²¹dɯ⁵⁵
雪山	vu³³bu²¹	vu³³be²¹	vʊ²²bu²¹
山顶	bu²¹ʔʊ³³	be²¹ʔʊ³³	bu²¹ʊ²²
山峰	bu²¹ʔʊ³³	be²¹ʔʊ³³	bu²¹lʊ²¹
山腰	bu²¹dzo¹³	be²¹dzo³³	bu²¹dzu²
山脚	bu²¹tɕhi³³	be²¹tɕhi³³	bu²¹tɕhi³³
阴山	ɣɛ³³bu²¹	be²¹no³³	bu²¹khɚ²²
阳山	ŋɯ⁵⁵bu²¹	be²¹thɔ⁵⁵	bu²¹vu²¹
岩洞	fa¹³du³³	fa¹³du³³	fa²du²²
岩石	fa¹³	fa¹³lo³³	fa²
鹅卵石	lo³³ndʊ⁵⁵	ŋo³³ndɔ⁵⁵lo³³	lo²¹mʊ²¹lɯ²²
平原	ndi²¹mʊ²¹	ndi²¹mʊ²¹	ndɿ²
滑坡	bu²¹ʑi³³	be²¹ʑi³³	bu²¹zɯ²²
陡坡	bu²¹vɛ³³	bu²¹ve³³be²¹	bu²¹da⁵¹
悬崖	fa¹³nɣ²¹	fa¹³ve³³	fa²mo⁵⁵
石板	lo³³thi²¹	lo³³ta³³	lo²mo²phɿ⁵⁵
小河	ʑi²¹ba²¹	ʑi²¹ba²¹	ʑi²¹bɛ⁵⁵

河水	ʐi²¹	ʐi²¹	ʐi²¹mo²ʐi²¹
上游	ʐi²¹ʊ³³	ʐi²¹ʔʊ³³	ʐi²¹ʊ²²
下游	ʐi²¹mɛ³³	ʐi²¹me³³	ʐi²¹mɛ²²
漩涡	ʐi²¹le³³	ʐi²¹tɕy³³	ʐi²¹tɕi³³
泡沫	vʊ¹³	ʐi²¹vɔ³³	ʐi²¹vu²
泉水	fɑ¹³ʐi²¹	ʐi²¹	ʐi²¹hɑ⁵¹ʐi²²
清水	ʐi²¹dʑiɛ²¹	ʐi²¹dʑiɛ³³	ʐi²¹dzɛ²¹
草原	ɣo¹³ndi²¹	sʅ³³ndi²¹	ɕi²²ndɿ²
峡谷	lo²¹dzʊ⁵⁵	lɔ²¹dzɔ⁵⁵	bu²¹lɔ²¹
地洞	mi³³du³³	mi³³du³³	mi³³du²²
洞口	du³³khɯ³³	du³³ŋgɔ²¹	du²²khɔ²²
山路	dʑʊ²¹	be²¹dʑʊ²¹	dzo²bɚ⁵⁵
岔路	tʂhɑ¹³lu⁵⁵	dʑʊ²¹fe³³	dzo²sɑ²
大路	dʑʊ²¹mʊ²¹	dʑʊ²¹mʊ³³	dzo²mo²
小路	dʑʊ²¹xɛ²¹	dʑʊ²¹bɑ²¹	dzo²ndzɛ²¹
公路	m³³dʑʊ³³	tshu³³dʑu²¹	dzo²mo²
桥	thɤ³³	thɛ³³	lu²²ku³³
石桥	lo³³thɤ³³	lo³³thɛ³³	lu²²ku³³
渡口	gɯ⁵⁵mʊ²¹	kɯ⁵⁵mʊ²¹	ɬ³³kɯ⁵⁵dɔ²²
菜园	tɕhʊ²¹gʊ³³	tɕhi²¹gɔ²¹	tshɔ²¹gu²¹
果园	se³³mʊ²¹gʊ³³	se³³mʊ³³gɔ²¹	tshɔ²¹gu²¹
尘土	ȵe¹³khʊ⁵⁵	ȵi¹³khʊ⁵⁵	khu⁵⁵phɚ²¹ndʅ²²
红土	ȵe¹³nɤ²¹mi³³	ȵi¹³nɤ²¹	ȵɿ²mu⁵⁵ȵɿ²¹
粉末	m⁵⁵m²¹	xɯ³³m²¹	mu³³
渣滓	pe³³	pɛ³³	po²

煤渣	khʊ⁵⁵m²¹	lo³³pɛ³³	sɒ²¹po²khɚ⁵⁵
锅烟子	phʊ²¹ma¹³	phʊ²¹mɑ¹³	xɔ²¹va²ma²
金	ʂɛ³³	se³³	sɛ³³
银	ʈhu³³	ʈhu³³	thu²¹
铜	dʑi³³	dʑi²¹	dʑi²²
铁	xɯ²¹	xɯ²¹	xɒ²¹
锈	zɿ³³	zɤ³³	su²²
生锈	zɿ³³dzo³³	zɤ³³nɤ³³	su²²
钢	xɯ²¹tʂɑ¹³	xɯ²¹tsɑ¹³	kaŋ²²
硫黄	liou³³xuaŋ²¹	liou³³xuaŋ²¹	liou²¹xuɑŋ²¹
火药	tɕhi³³m²¹	tɕhi³³m²¹	tshu⁵⁵mu²¹
火种	to¹³ʂɿ⁵⁵	to¹³ʂɿ⁵⁵	mʊ²²tʊ⁵⁵ʂɿ⁵⁵
火光	to¹³ʂɿ⁵⁵	to¹³bʊ²¹	mʊ²²tʊ⁵⁵bo²
火焰	me³³ɬʊ⁵⁵	me³³sɑ¹³	mi²¹ɬi⁵⁵
火塘	xo³³thaŋ²¹	khɔ³³du³³	khu⁵⁵du²²
打火石	mɛ³³ndɛ³³lu³³	me³³nde³³lo³³	mʊ²²ndɛ⁵¹lo²¹
火把	to¹³ʂɿ⁵⁵	to¹³tʂɿ²¹	mʊ²²tsʊ⁵⁵
火星	mɛ³³tse¹³	to¹³tɕiɛ³³	mɿ⁵⁵tɕi²
火舌	mɛ³³ɬʊ⁵⁵	me³³ɬʊ⁵⁵	mi²¹ɬi⁵⁵
火灾	to¹³kɯ³³	to¹³kɯ³³bu³³	mu²²tʊ⁵⁵dɯ⁵⁵
火石	mɛ³³lo³³	to¹³lo³³	mʊ²²ndɛ⁵¹lo²¹
油漆	ʑiou²¹tɕhi¹³	mi³³tɕi³³	tɕi²²
井	du³³	ʑi²¹du³³	du²²
沸水	ʑi²¹me³³	ʑi²¹hã³³	ʑi²¹hɑ⁵¹
温水	ʑi²¹me³³	ʑi²¹mɛ³³	ʑi²¹mo²²

附录1 彝语东部方言词汇对比

春天	ŋɛ³³n̩ʑi²¹	nʁ³³n̩ʑi²¹	nɛ³³mu²²
夏天	ɕi²¹n̩ʑi²¹	sŋ³³n̩ʑi²¹	ɕɿ²²mu²²
秋天	tʂho³³n̩ʑi²¹	tsho³³n̩ʑi²¹	tshu²²mu²²
冬天	tshʊ³³n̩ʑi²¹	tshɔ³³n̩ʑi²¹	tshu²¹mu²²
过年	kho¹³xe³³m²¹	kho¹³xɛ³³m³³	khu²ɕɿ²²mu²²
每年	tha²¹kho¹³ma⁵⁵tɕu³³	tha²¹kho¹³ma²¹dʐu³³	ta²¹khu²²
上半年	kho¹³ʊ³³	kho¹³gɯ⁵⁵	tshu²ho⁵¹tɕɿ²
下半年	kho¹³kɯ⁵⁵	kho¹³me³³	tshu²ho⁵¹dʊ⁵⁵
闰月	hõ²¹ti³³	hõ²¹ti³³	ho²n̩ʑ⁵⁵
二月	tha²¹ɬʊ³³hõ³³	ɬo²¹hõ²¹	n̩ʑ⁵⁵ho²
三月	lʊ³³hõ²¹	lɔ³³hõ²¹	sɯ²¹ho²
四月	ʂɛ³³hõ⁵⁵	se³³hõ²¹	ɬi²²ho²
五月	m³³hõ²¹	m³³hõ²¹	ŋo²²ho²
六月	hiõ²¹hõ³³	hõ²¹hõ¹³	tshu²ho⁵⁵
七月	ŋo¹³hõ⁵⁵	ŋo¹³hõ²¹	ɕi⁵⁵ho²
八月	ɣa³³hõ²¹	ɣa³³hõ²¹	hɿ²ho⁵⁵
九月	tɕhy³³hõ²¹	tɕy³³hõ²¹	kɯ²²ho²
十月	va¹³hõ⁵⁵	va¹³hõ²¹	tɕhɿ²¹ho²²
十一月	huã³³hõ²¹	hã³³hõ²¹	tɕhɿ²¹ti²²ho²
十二月	n̩i³³hõ²¹	n̩i³³hõ²¹	tɕhɿ²¹n̩ʑ⁵⁵ho²
每月	tha²¹hõ²¹ma⁵⁵tɕu³³	me³³hõ²¹	ta²¹ho²
月初	da³³ko³³	hõ²¹gɯ⁵⁵	ho²ʊ²²
月底	hõ²¹kɯ⁵⁵	hõ²¹me³³	ho²mɛ²²
初一	da³³thi⁵⁵	da³³thi³³	da⁵¹thɿ⁵⁵
初二	da³³n̩i³³	da³³n̩i⁵⁵	da⁵¹n̩ʑ⁵⁵

219

初三	da³³sʅ³³	da³³se³³	da²²sɯ²²
初四	da³³ɬi³³	da³³ɬi³³	da²²ɬi³³
初五	da³³ŋʊ³³	da³³ŋɔ³³	da²²ŋo²²
初六	da³³tɕho¹³	da³³tɕho¹³	da²²tshu²
初七	da³³ɕi⁵⁵	da³³ɕi⁵⁵	da²²ɕi⁵⁵
初八	da³³hẽ¹³	da³³hɛ¹³	da²²hɪ²²
初九	da³³kɯ³³	da³³kɯ³³	da²²kɯ³³
初十	da³³tshʅ³³	da³³tshɤ³³	da²²tɕhɪ²²
昼夜	n̩i²¹sʅ²¹	m³³n̩i²¹se²¹pi³³	n̩i²¹sɔ²¹
古时候	a²¹ɣɯ⁵⁵thu⁵⁵	a²¹ɣɯ³³thu⁵⁵	a²¹ɣɯ²²
东	fi⁵⁵	fi³³	fɪ⁵⁵
南	ɣo¹³	vɔ¹³	vu²¹
西	ɬo⁵⁵	ɬo⁵⁵	ɬo³³
北	kuɛ²¹	khue³³	khɛ²²
正面	ʈho⁵⁵bo²¹	ʈhɔ⁵⁵bo²¹	ʈho⁵⁵
反面	nʊ³³bo⁵⁵	nʊ³³bo⁵⁵	dɔ²¹
附近	gɯ⁵⁵ga²¹	nɛ³³dɤ³³	nɛ³³dɔ²²
周围	gɯ⁵⁵ga²¹	gɯ³³ga³³	gɪ⁵⁵ga²²
对岸	ma³³pha³³	ʑi²¹pha³³	ma²²pha²²
门上	hĩ²¹ŋʊ³³la³³	ŋɔ²¹ʔʊ⁵⁵	ŋo²khɛ²²
楼上	ʑe¹³gɯ²¹la³³	ʑi¹³nda³³	xɯ²khɛ²²
楼下	ʑe¹³gɯ²¹tho⁵⁵	ʑi¹³tho⁵⁵	xɯ²gɯ⁵⁵
角落	kha³³kha³³	dze²¹tɕhi³³lo³³	khɯ²¹
在……后	dʊ³³	me³³bo⁵⁵	du⁵⁵
在……前	tɕhi³³	ʔʊ³³bo⁵⁵	tɕɪ²

在……之间	tɤ³³tɕi³³	gɔ³³gɔ³³	nɹ̩⁵⁵tsʅ²²
樟树	mʊ³³sʊ³³	m³³sʊ³³dʑiɛ²¹	mu²¹sɔ³³
梧桐	ku³³dʑiɛ²¹	ku⁵⁵dʑiɛ²¹	ko²²
杨树	ɬɤ³³	ɬɤ³³dʑiɛ²¹	ɬɔ³³
桑树	bu³³dzʊ³³	bu³³dzu³³dʑiɛ²¹	bu²²ɕi²²
椿树	ɕiɛ³³miɛ³³	sɛ³³n̠iɛ³³dʑiɛ²¹	ɕi⁵¹sʊ²²
棕树	sʅ³³	se³³dʑiɛ³³	sɔ³³
漆树	tɕi³³	tɕi³³dʑiɛ³³	tɕi²²
树皮	se³³ndʑi²¹ko³³	sɛ³³n̠dʑi²¹	ɕɪ⁵¹ku⁵¹
树枝	se³³ka¹³	sɛ³³ka¹³	ɕɪ⁵¹ka²
树干	se³³dʑiɛ³³	sɛ³³dʑiɛ²¹	ɕɪ⁵¹pu³³
树梢	se³³ʊ³³	sɛ³³ʔʊ³³	ɕɪ⁵¹ʊ²²
根	se³³tʂhʅ²¹	sɛ³³tshʅ²¹	ɕɪ⁵¹ku²¹
树浆	se³³n̠dɛ²¹	sɛ³³n̠diɛ²¹	ɕɪ⁵¹ʑi²¹
年轮	kho¹³thɤ²¹	sɛ³³kho¹³thɤ²¹	ɕɪ⁵¹khu²tha²²
松球	thʊ³³mʊ²¹mʊ²¹	thʊ³³mʊ³³	tho²²mʊ²¹
松针	thʊ³³tshʅ²¹	thʊ³³ʑi¹³	tho²²tɕhə²²
松脂	thʊ³³na³³ti⁵⁵	thʊ³³mi³³	tho²²mi²
松香	thʊ³³na³³ti⁵⁵	thʊ³³mi³³	tho²²mi²
松包	thʊ³³mʊ³³	thʊ³³mʊ³³	tho²²mʊ²¹
松明	thʊ³³phu⁵⁵	thʊ³³na³³du³³	su⁵⁵bu²¹
火麻	m²¹na³³	ndi²¹pe³³	tu⁵⁵mə³³
桃核	ɕiɛ²¹miɛ²¹	ɕiɛ²¹vu³³tu³³	sɔ²¹vʊ²²tu³³
樱桃	ɬɛ³³vu³³	ɬiɛ³³vu³³	ɬo²²hʊ²²
壳	ko³³	ko³³	kɯ²²

核儿	tu³³	tu³³	tu³³
果皮	se³³mʊ³³ndʑi²¹ ko³³	sɛ³³mʊ³³n̪dʑi²¹	mʊ²¹ku⁵¹
杏仁	ɕie²¹kuɛ³³tu³³	ɕie²¹kuɛ³³tu³³	sɔ²¹kɚ²²tu³³
葵花籽	bi²¹tʂo³³mʊ³³	bi²¹tso³³mʊ⁵⁵	a²¹bo²ʑi²²
荆藤	n̪iɛ²¹dʐu²¹	n̪iɛ²¹dʐu²¹	dzɯ⁵⁵bu²²
瓜蔓	liaŋ³³kua³³tɕhiɛ²¹	vɔ¹³mʊ²¹dʑiɛ²¹	a²¹ɣo²¹dzɛ²¹
艾草	tʂhən²¹ŋai¹³	ɛ¹³sʅ³³	fɚ²khʊ²²
狗尾草	ŋo¹³sʅ³³	tɕy³³sʅ³³	tɕhi²²mɚ²¹su²²
草根	ŋo¹³tʂhʅ²¹	sʅ³³tshʅ²¹	ɕi²²tɕhi²¹
青苔	mi²¹	mi²¹	ʑi²¹mi²²
杜鹃花	ma³³ve³³	ma³³vɛ³³	ma³³vi²²
鸡冠花	ɣa³³nɤ³³ve³³	ɣa³³nɤ³³vɛ³³	ʐa⁵¹kɔ³³vi⁵¹
葵花	bi²¹tʂo³³ve³³	bi²¹tso³³vɛ³³	a²¹bo⁵¹ʑi²²
桃花	ɕiɛ²¹vu³³ce³³	ɕiɛ²¹vu³³vɛ³³	sɔ²¹vʊ²²vi⁵¹
花瓣	ve³³pu³³	vɛ³³phu⁵⁵	vi⁵¹ɕɿ²²
花蕊	ve³³ndzʊ¹³	vɛ³³nɛ³³mʊ³³	vi⁵¹nɿ²
鸡棕菌	ɣa³³mu²¹lɤ²¹	ɣa³³m²¹lɤ⁵⁵	tɕhi²¹mʊ³³lʊ²²
红菌	mu²¹lɤ²¹nɤ²¹	m³³pa³³nɤ²¹	mʊ³³lʊ²²n̪ɿ²¹
黄菌	mu²¹lɤ²¹sɛ³³	m³³pa³³se³³	mʊ³³lʊ²²sɛ²²
毒菇	do¹³mu²¹lɤ²¹	do¹³m³³pa³³	du²¹mʊ³³lʊ²²
笋衣	mʊ³³ko³³	mo³³ko³³	mʊ³³ɬɔ²
瓜子	liaŋ³³kua³³tu³³	vɔ¹³mʊ²¹tu³³	a²¹ɣo²¹tu³³
籽	mʊ³³	mʊ²¹	sʅ²²
荷叶	thʊ³³thu³³	ʔe¹³thu³³	ɿ⁵⁵thʊ²²
薤头	ʂʊ²¹phu³³	sʊ²¹phu¹³	su⁵⁵phu²

灵芝	mu²¹lɤ²¹nɤ²¹	ʐo¹³m³³pɑ³³	ɑ²¹ndzu²
竹根	mʊ³³tʂʅ²¹	mo³³tsʅ³³	mʊ³³ku²¹
竹节	mʊ³³tse¹³	mo³³tsɛ¹³	mʊ³³tɕi²
竹竿	mʊ³³du³³	mo³³du³³	mʊ³³pu²²
柳絮	ʑi²¹dʑu²¹ndzʊ¹³	ʑi²¹ndzu⁵⁵vɛ³³	ȵʊ⁵⁵ȵdʑɿ²²
篾条	mʊ³³thi³³phu⁵⁵	mo³³thʅ⁵⁵	mu³³tshɚ²²
发芽	nɤ³³nɤ³³	bi¹³	thʊ²²ndzʅ⁵¹
结果	mʊ²¹ndi¹³	mʊ²¹di¹³	mʊ²¹dɯ²
成熟	miɛ²¹gʊ²¹	miɛ²¹	mɚ⁵¹
开花	ve³³ve³³	vɛ³³phʊ²¹	vi⁵¹
吐须	m²¹tshʅ²¹xɯ²¹	ne³³do³³	tshɔ²¹dzɚ⁵⁵
凋谢	ve³³se¹³	sɛ¹³	vi⁵¹bɚ²¹
粮食	dzʊ²¹mʊ³³	dzʊ³³mʊ³³	dzʊ²¹
种子	ʂʅ⁵⁵mʊ²¹	ʂʅ³³mʊ²¹	ʂʅ⁵⁵
秧	hũ⁵⁵	hũ⁵⁵	ɬi⁵⁵
稻穗	tɕhi²¹nɤ³³	tshʅ²¹nɤ³³	tɕhɿ²¹nɒ³³
抽穗	nɤ³³do³³	nɤ³³do³³	nɒ³³du⁵¹
大米	dzʊ²¹thu³³	dzʊ³³thu³³	tɕhɿ²¹thu³³
小米	ʂʅ³³bɑ⁵⁵	ʂʅ³³mʊ²¹	tshɯ²¹
糯米	tɕhi²¹ȵʊ³³	tshʅ²¹ȵɔ³³mʊ³³	tɕhɿ²¹ȵɔ²²
秕谷	tɕhi²¹to⁵⁵mʊ²¹	tshʅ²¹to⁵⁵mʊ²¹	tɕhɿ²¹tɑ⁵¹
稗子	vi²¹	vi²¹	vɿ²¹
糠	kuɛ³³	khue³³	khɚ²²
粟	ʂʅ³³	ʂʅ³³mʊ²¹	tshʊ²¹
玉米包	ʑi⁵⁵miɛ²¹dʊ³³	ʑi⁵⁵miɛ²¹tɔ³³	ɯ⁵⁵mʊ²²po³³

玉米秆	ʐi⁵⁵miɛ²¹dʑiɛ²¹	ʐi⁵⁵miɛ²¹ɣɛ³³	ɯ⁵⁵mʊ²²pu³³
玉米须	ʐi⁵⁵miɛ²¹m²¹tʂʅ²¹	ʐi⁵⁵miɛ²¹tshe²¹	ɯ⁵⁵mʊ²²tshɔ²¹
燕麦	zʊ²¹gu²¹	zʊ³³gu²¹	ɕi²vi⁵¹
荞麦	ŋgu³³	ŋgu³³tʂʅ³³	ŋgʊ²²
苦荞	ŋgu³³tɕhi²¹	ŋgu³³tɕhi¹³	ŋgʊ²¹khɑ⁵¹
麦芒	ʂʊ³³tɕiɛ³³	zɔ¹³tɕiɛ³³	sʊ³³tshɔ²¹
麦穗	ʂʊ³³nʁ³³	zɔ¹³ne³³	sʊ³³nɔ³³
麦茬	ʂʊ³³ŋo¹³	zɔ¹³ɣɯ³³	sʊ³³tso²
荞花	ŋgu³³ve³³	ŋgu³³vɛ³³	ŋgʊ²²vi⁵¹
荞壳	ŋgu³³ko³³	ŋgu³³ko³³	ŋgʊ²¹kɯ²²
蓖麻	ŋɑ³³ɣe³³	ŋɑ³³ɣɯ³³	pi²mɑ²
豆子	no³³mʊ³³	no³³	nu²²mʊ²²
豆秸	no³³ɣɯ³³	no³³ɣɯ³³	nu⁵¹bʊ²
豆芽	no³³nʁ³³	no³³ne³³	nu²nɒ²²
豆苗	no³³hũ⁵⁵	no³³hũ⁵⁵	nu⁵¹dzə²¹
扁豆	no³³ʈ³³	no³³tɑ³³	nu²²tɑ⁵¹
青菜	ɣʊ⁵⁵ȵi²¹	ɣʊ⁵⁵ȵi²¹	ɣo⁵⁵nɑ⁵¹
菜花	ɣʊ⁵⁵ve³³	vɛ³³ɣʊ⁵⁵	ɣo⁵⁵vi⁵¹
蕨菜	ndʊ²¹lɑ¹³	ndʊ³³me³³	ndɔ²¹pʊ²¹
卷心菜	lian³³xuɑ³³pɛ²¹	nɛ³³lɛ³³ɣʊ⁵⁵	ɣo⁵⁵mʊ²¹lɯ²²
百合	i⁵⁵	ʔi⁵⁵vɛ³³	ɛ²¹ɿ⁵⁵
蒜苗	khɯ³³sʁ³³dʑiɛ²¹	kɯ³³tsʁ³³hũ⁵⁵	kɔ³³sɔ³³dzə²¹
青椒	xɯ²¹tsɛ³³nʊ³³	xɯ³³tsʁ³³ȵi²¹	phə²¹tɕi²²ɕi²
红椒	xɯ²¹tsɛ³³nʁ²¹	xɯ³³tsʁ³³ne³³	phə²¹tɕi²²ȵi²¹
干辣椒	xɯ²¹tsɛ³³fɛ⁵⁵	xɯ³³tsʁ³³fe³³	phə²¹tɕi²²fə²

春笋	nɛ³³mʊ³³me¹³	ne³³mo³³mɛ³³	nɚ³³mʊ³³ndʅ²²
冬笋	tshʊ³³mʊ³³me¹³	tshɔ³³mo³³mɛ³³	tshu²¹mʊ³³ndʅ²²
笋壳	mʊ³³ko³³	mo³³mɛ⁵⁵ko³³	mʊ³³ɬɔ²
笋干	mʊ³³dʑɛ³³	mo³³mɛ⁵⁵fe²¹	mʊ³³ndʅ²²dzu²¹
萝卜干	ʊ⁵⁵phiɛ²¹mɛ⁵⁵	ʔʊ⁵⁵phiɛ²¹fe²¹	ɣo⁵⁵phɚ²¹dzu²¹
萝卜缨子	ʊ⁵⁵phiɛ²¹ndzʊ¹³	ʔʊ⁵⁵phiɛ²¹tʰu³³	ɣo⁵⁵phɚ²¹thʊ²²
根茎	ɣɯ³³ɣɯ³³	tshʅ³³dʑɛ²¹	mʊ²¹
野兽	gɯ³³ȵi⁵⁵	gɯ³³ȵi⁵⁵	ȵi²¹sʅ²¹
狮子	ŋɯ⁵⁵na²¹	ɣɯ⁵⁵ŋo¹³	sʅ²²
豹	ze¹³	zɛ¹³	ʑi²
狗熊	ɣɯ²¹	ɣʵ²¹	ɣɯ²¹tɕhi²²
熊掌	ɣɯ²¹tɕhi³³pu³³	ɣʵ²¹tɕhi³³	ɣɯ²¹la²bu²²
熊胆	ɣɯ²¹tɕi³³	ɣʵ²¹nɛ³³	ɣɯ²¹tɕi³³
野猪	va¹³ȵi⁵⁵	va¹³ȵi⁵⁵	va²ȵɔ³³
豺狗	lu⁵⁵hũ²¹na³³	tɕhy³³ȵi⁵⁵	vɪ²¹
豪猪	pu³³	pu³³	pu³³
鹿	tshʅ²¹ŋɯ²¹	lu²¹	ɕi²²tɕi²
狐狸	dʵ³³	dʵ³³	ɯ⁵⁵dʵ²²
狼	vi³³nʵ³³	vi³³nʵ²¹	lɔ²¹po³³sɛ³³
黄鼠狼	huã³³lu⁵⁵ʂɛ³³	hã³³lu³³se³³	ha⁵¹sɔ³³
水獭	ʑi²¹m³³	ʑi²¹m³³	ʑi²¹sɔ²¹
野牛	lu³³hɛ̃³³	ȵi⁵⁵ȵi³³	zɛ⁵⁵ȵɪ²²
大象	xo²¹mo²¹	xo³³	xo²
象牙	xo²¹dzɛ²¹	xo³³dze³³	xo²dzɛ²¹
象鼻	xo²¹nʊ³³mʊ⁵⁵	xo³³nʊ³³mʊ³³	xo²nʊ³³kɛ³³

松鼠	huã³³ɖʅ³³	hã³³mɛ³³pu³³	ha²mo²bɪ⁵⁵
金丝猴	ŋo¹³nɤ²¹	se³³ŋo¹³	a⁵⁵nu²
啄木鸟	a³³kuɛ³³	a³³kuɛ³³	ŋa⁵¹ɕi⁵¹ɲdʑi⁵¹
布谷鸟	ŋa³³ʂɛ³³lʊ⁵⁵	ŋa³³xɛ¹³	ŋa⁵¹kɯ⁵⁵bʊ²²
斑鸠	pan³³tɕiou³³	pã³³tɕiou³³	bu²¹tɕi³³
燕子	a²¹kho²¹	a³³kho³³	a⁵⁵kho⁵¹
野鸡	ɣa³³tɕi³³	ndi²¹ŋa³³	ŋa⁵¹tsʅ³³bu²²
老鹰	ʈa¹³mʊ⁵⁵	ʈa¹³mʊ³³	ta²mo⁵⁵
鹰爪	ʈa¹³tɕhi³³	ʈa¹³tɕhi³³tɕa³³	ta²mo⁵⁵tɕhi²¹ɕi³³
猫头鹰	ʈa¹³bi⁵⁵dɤ³³	ŋa³³lu⁵⁵se³³	ta²bu²²ɖʅ²²
白鹤	gɯ⁵⁵	gɯ⁵⁵	gɯ⁵⁵thu²¹
鸟蛋	ŋa³³ndʊ⁵⁵	ŋa³³ndʊ⁵⁵	ŋa²²ɬo⁵¹
鸟笼	ŋa³³kha³³	ŋa³³kha³³	ŋa²²kha⁵¹
野兔	tha²¹ɬʊ⁵⁵ɲi⁵⁵	a³³ɬʊ³³ɲi⁵⁵	zɛ⁵⁵a³³ɬo⁵⁵
毒蛇	do¹³bu³³ʂɛ³³	do¹³se³³	du²¹sɛ³³
蟒蛇	lɛ⁵⁵	ʔɯ³³	sɛ³³phɚ²²
水蛇	ʑi²¹bu³³ʂɛ³³	ʑi²¹se³³	ʑi²¹ndʑɚ²²
蛇皮	bu³³ʂɛ³³ɲdʑi³³	bu²¹sɛ³³ɲdʑi²¹	bu²²sɛ³³ku⁵¹
蛇胆	bu³³ʂɛ³³tɕi³³	se³³nɛ³³	bu²²sɛ³³tɕi²²
蛇洞	bu³³ʂɛ³³du³³	se³³du³³	bu²²sɛ³³ɬu²¹
刺猬	pu³³	pu³³	pu³³
田鼠	huã³³	tɛ³³hã³³	ha⁵¹
母老鼠	huã³³mʊ²¹	hã³³mʊ²¹	ha⁵¹mo²
壁虎	hĩ²¹huã³³	hẽ²¹hã³³	ɬo³³mɛ²²tsu³³
蜈蚣	luei²¹kuŋ³³tʂhuŋ²¹	m³³dzɿ³³bu³³	tho²²mʊ²²tɕi²²

头虱	ʋ³³gu⁵⁵ɕi³³	ʔʋ³³ɕi³³	ɕi²¹
虮子	ɕi³³ndʋ⁵⁵	ɕi³³ndʋ⁵⁵	ɕi²¹sɿ²²
蝗虫	ʈhu³³bu³³	no³³tse⁵⁵	dɑ²tsɚ⁵⁵
蟋蟀	no³³tse³³	tɕhy³³thi³³no³³tse⁵⁵	bu²¹vɑ²tɕi⁵⁵
蚕丝	bu³³tɕhiɛ³³	bu³³tɕhiɛ²¹	bu²²tshɛ²²
蚕蛹	bu³³	bu³³ndɔ⁵⁵	bu²²mʋ²²
蜂	ɖu³³	ɖu³³	dʋ²²
蜂窝	ɖu³³tɕhy³³	ɖu³³tɕhy³³	dʋ²²phʋ²²
蜂王	ɖu³³ndʐɿ³³	ɖu³³ɕiɛ²¹	dʋ²²ndʐɿ²²
蜂箱	ɖu³³pʋ³³	ɖu³³pʋ³³	dʋ²¹bu²²
蜂蜡	ɖu³³tɕi³³	ɖu³³se³³	dʋ²¹sʋ²²
白蚁	bu³³ɣɛ⁵⁵ʈhu³³	bu³³ʈhu³³	bi²¹ʑi⁵⁵thu²¹
蚁窝	bu³³ɣɛ⁵⁵du³³	bu³³ve⁵⁵tɕhy³³	bi²¹ʑi⁵⁵khɯ⁵¹
蚁蛋	bu³³ɣɛ⁵⁵ndʋ⁵⁵	bu³³ve⁵⁵ndɔ⁵⁵	bi²¹ʑi⁵⁵ɬo²
田蚂蟥	ve¹³	ʑi²¹ve¹³	vi²
山蚂蟥	ve¹³	be³³ve¹³	vi²
毛毛虫	bi⁵⁵nɤ³³tɕiɛ³³	bi⁵⁵nɤ³³dʑiɛ³³	bu²¹mo⁵⁵bɿ²¹
蛔虫	bi²¹dɤ²¹	bi²¹di²¹	bɿ²¹dɿ²¹
肉蛆	hũ³³bu³³	hũ⁵⁵bu³³	ho²¹bu⁵⁵
屎蛆	hũ³³bu³³	thi³³bu³³	ho²¹bu⁵⁵
滚屎虫	ʈhi³³pu⁵⁵bu³³	ȵi³³thi³³bu³³	bu²¹ɬi²²po²
绿头蝇	bu³³tɕhiɛ³³hũ⁵⁵	bu³³tɕhiɛ³³hɔ̃⁵⁵	bu²²tshɛ²²mo²
蜘蛛网	bi²¹ȵiɛ²¹tɕhiɛ²¹	bu³³ȵiɛ²¹tɕhiɛ²¹	ɑ²¹ȵʋ²¹tshɚ²¹
织网	bi²¹ȵiɛ²¹tɕhiɛ²¹yɑ¹³	tɕhiɛ²¹yɑ¹³	tshɚ²¹ŋo²¹
蜗牛	vi²¹ȵi²¹tɑ²¹	biɛ³³go³³	bu²²ɑ²¹ʐɿ²

田螺	biɛ²¹ku²¹	te³³biɛ³³go³³	bi²¹li²¹ku³³
蝌蚪	nʊ³³bi²¹la⁵⁵	ʔo³³lɤ⁵⁵	ɯ²²lɤ⁵⁵
黄鳝	xuaŋ¹³ʂan¹³	te³³bu³³se³³	ŋo²¹lo²¹sɛ³³
鱼鳍	ŋʊ³³dʊ²¹la¹³	ŋo³³do²¹la¹³	ŋo²²du²¹laʔ
鱼刺	ŋʊ³³dʑi⁵⁵	ŋo33dʑi³³	ŋo²²dʐɯ⁵⁵
鱼子	ŋʊ³³ndʊ⁵⁵	ŋo³³ndɔ⁵⁵	ŋo²²ɬo²¹
鱼苗	ŋʊ33 bi21 la55	ŋo³³hɔ̃³³	ŋo²²sɿ⁵⁵
剖鱼	ŋʊ³³phe¹³	ŋo³³phɛ¹³	ŋo²²xʊ²²
皮子	ȵdʑi²¹	ȵdʑi²¹ko³³	ȵdʑi²¹
毛	tsʰɿ²¹	tsʰe³³	mu²¹
羽毛	tsʰɿ²¹	tsʰe³³	mu²¹
角	tɕhi³³	ʔʊ³³tɕhi³³	khɯ²¹
蹄子	bi²¹	tɕhi³³	bʊʔɕɿ²²
发情	tɕhi³³vu³³	the²¹	ʑi⁵⁵/dzoʔȵaˁ¹
产崽	khu⁵⁵	khu³³	ɬi⁵⁵
开膛	phe¹³	ɣo¹³phɛ¹³	phiʔ
交尾	tɕha³³	ɬo¹³	tɕhɿʔ
蝉脱壳	ɬɛ⁵⁵	bi²¹tɕi³³ko³³	kɯ²²l̩ʔ
水牛	ʊ⁵⁵ȵi³³	ʔʊ⁵⁵ȵi³³	ɯ⁵⁵ȵɪ²²/ɯ⁵⁵ȵɚ²²
黄牛	ȵi³³	nɤ³³ȵi³³	no⁵⁵ȵɪ²²
公牛	ȵi³³lu²¹bʊ³³	ȵi³³lo²¹po³³	loʔbu²²
牛犊	ȵi³³ba²¹	ȵi³³ba²¹	ȵɪ²¹bɚ²²
牛角	ȵi³³v³³tɕhi³³	ȵi³³ʔʊ³³tɕhi³³	ȵɪ²²khɯ²²
牛皮	ȵi³³ȵdʑi²¹	ȵi³³ȵdʑi³³	ȵɪ²²ȵdʑi²²
牛筋	ȵi³³dʐu³³	ȵi³³dʐu³³	ȵɪ²²dʐu²²

牛打架	ȵi³³a²¹dʑiɛ³³ɳdʐi³³	ȵi³³dʑi³³	ȵɿ²²ŋɯ⁵¹
牛反刍	ȵi³³huẽ¹³pho⁵⁵	ɳdʐiɔ¹³pho⁵⁵	ȵɿ²²ŋɯ²¹
公马	m³³to²¹	m³³to²¹	mu²²tu²
母马	m³³mʊ²¹	m³³mʊ²¹	mu²¹mo⁵¹
马驹	m³³bɑ²¹	m³³bɑ²¹	mu²¹bɚ⁵⁵
绵羊	hiõ²¹	hõ²¹	ho²¹
山羊	tʂhe¹³	tshɛ¹³	tɕhi²
公羊	tʂhe¹³lʊ²¹	tshɛ¹³lu²¹	tɕhi²bu²²/ho²¹lo²¹
母羊	tʂhe¹³mʊ⁵⁵	tshɛ¹³mʊ⁵⁵	tɕhi²mo⁵⁵/ho²¹mo⁵¹
羊羔	tʂhe¹³bɑ⁵⁵	tshɛ¹³bɑ⁵⁵	tɕhi²bɚ⁵⁵/ho²¹bɚ⁵⁵
羊毛	hiõ²¹tʂhɿ²¹	tshɛ¹³tshe³³	ho²¹mu²²
羊皮	hiõ²¹ɳdʐi²¹	tshɛ¹³ɳdʐi²¹	ho²¹ɳdʐi²¹
看家狗	hĩ²¹nɑ³³tɕhy³³	hẽ²¹hã¹³tɕhy³³	hɚ²¹hɑ⁵¹tɕhi²²
猎狗	ȵi⁵⁵ŋɑ¹³tɕhy³³	ȵi⁵⁵ŋɑ¹³tɕhy³³	sɿ³³tɕhi²²
疯狗	tɕhy³³vu³³	tɕhy³³vu³³	tɕhi²²vu²²
狗窝	tɕhy³³ʐe¹³dʁ²¹	tɕhy³³tɕhy³³	tɕhi²²ʑi²dɔ²²
冠	nʁ³³	kɯ³³nʁ³³	kɔ³³
鸡崽	ɣɑ³³bɑ²¹	ɣɑ³³bɑ²¹	ʐɑ⁵¹bɚ²²
鸡爪	ɣɑ³³tɕhi³³tɕɑ³³	ɣɑ³³tɕhi³³tɕɑ³³	ʐɑ⁵¹dɑ²
鸡屎	ɣɑ³³thi³³	ɣɑ³³thi³³	ʐɑ⁵¹ɬi²²
鸡胗	ɣɑ³³tʊ¹³	ɣɑ³³tɔ¹³	ʐɑ⁵¹tʅ⁵¹
蛋壳	ɣɑ³³ndʊ⁵⁵ko³³	ndɔ⁵⁵ko³³	ʐɑ⁵¹ɬo²kɯ²²
蛋清	vɑ³³tho²¹thu³³	ɣɑ³³tho²¹thu³³	ʐɑ⁵¹ɬo²thu²¹
蛋黄	ɣɑ³³tho²¹sɛ³³	ɣɑ³³tho²¹se³³	ʐɑ⁵¹ɬo²sɛ³³
嗉囊	ɣɑ³³lʊ³³	ɣɑ³³l³³	ʐɑ⁵¹phɚ²¹ndɚ²²

脚蹼	bɛ⁵⁵tɕhi³³	tɕhi³³ta³³ɳdʐi²¹	bʊ²
蜕皮	ɳdʑi²¹ɬɛ⁵⁵	ɳdʑi²¹ɬe³³	ɬɛ⁵⁵
叮	tʂʊ⁵⁵	tɕhi¹³	khɯ²¹
蜇	ndi⁵⁵	ndi⁵⁵	ndɒ⁵⁵
爬	da³³	da³³	ndɯ²²
叫	mbu²¹	mbu²¹	mbu²¹
楼房	hẽ²¹mʊ²¹	tshɛ²¹hẽ²¹	xɯ²hɚ²¹
木板房	tiɛ³³hẽ³³	sɛ³³hẽ²¹	ɕi²²hɚ²¹
砖瓦房	vɛ²¹hẽ²¹	lo³³hẽ²¹	ŋo²hɚ²¹
碓房	bu²¹sʅ²¹hẽ²¹	be³³se³³hẽ²¹	bɿ²¹ɕɿ²¹hɚ²¹
磨坊	lo³³tʂhu³³hẽ²¹	lo³³tʂhu³³hẽ²¹	ɣɯ²²lʏ²²hɚ²¹
仓库	tʂɛ³³	tse³³	dzʊ²¹hɚ²¹
棚子	tʂho³³	tsho³³	tshɔ²¹
草棚	ɕi³³tʂho³³	sʅ³³tsho³³	ɕi²²tshɔ²¹
山寨	lʊ²¹	lʊ²¹	bʊ²¹lʊ²²
屋檐	ndza³³mɛ³³	hẽ²¹tɕhi³³	hɚ²¹thʊ²²
屋顶	hẽ²¹bu²¹la³³	hẽ²¹ʔʊ³³	hɚ²¹khɚ²²
椽子	ndʊ⁵⁵	ndʊ⁵⁵	hɚ²¹ndo⁵⁵
立柱	ʑe³³	ʑe²¹tu³³	ʑɛ²¹
门	ŋgʊ²¹	hẽ²¹ŋgɔ³³	ŋgo⁵¹
寨门	lʊ²¹ŋgʊ²¹	lʊ²¹ŋgɔ³³	lʊ²²ŋgo⁵¹
门口	hẽ²¹ŋgʊ³³dʊ⁵⁵	ŋgɔ³³khue³³	a²¹dɿ⁵⁵ga²
闩	ʈa²¹tɕhiɛ²¹	ʈa¹³du²¹	ndzu⁵¹
篱笆	tɕhiɛ³³tɕhi⁵⁵	tɕhiɛ²¹gɔ³³	tshɔ²¹tshʅ⁵⁵
桩子	se³³di²¹	sɛ³³ʑiɛ²¹	tshɔ²¹tso⁵¹

级	dʑi²¹	tshe³³	thɚ⁵¹
木料	se³³ʔo³³	sɛ³³mbɔ³³	ɕi⁵¹
圆木	se³³de³³	sɛ³³dɛ³³	ɕi⁵¹mʊ²¹lɤ²²
板子	se³³phu⁵⁵tɑ²¹	sɛ³³phu⁵⁵tɑ²¹	ɕi⁵¹phɿ⁵⁵
楼板	ʐe¹³gɯ²¹phu⁵⁵	ʑi¹³gɯ²¹phu⁵⁵	hɯ²dʑɿ²¹ba²²
木板	se³³phu⁵⁵tɑ²¹	sɛ³³phu⁵⁵tɑ²¹	ɕi⁵¹phɿ⁵⁵
门板	hẽ²¹ŋgʊ³³phu⁵⁵	hẽ²¹ŋɔ³³phu⁵⁵	ŋo⁵¹phɿ⁵⁵
墙壁	hẽ²¹tɕhi³³	hẽ²¹tɕhi³³	hɚ²¹a³³po³³
围墙	vei²¹tɕhiaŋ²¹	ndɤ²¹pɔ³³	ho²ba²²
砌墙	lo³³dʐɛ³³tsɛ¹³	hẽ²¹tɕhi³³tsɛ¹³	ba²²tshɛ²
土墙	dzʊ³³bʊ³³	dze³³bo⁵⁵	ȵɿ²¹ba²²
城墙	lʊ²¹dzʊ³³bʊ³³	lʊ²¹bo⁵⁵	lʊ²²ba²²
石墙	lo³³dzʊ³³bʊ³³	lo³³bo⁵⁵	lo²¹ba²²
房间	hẽ²¹thu³³	hẽ²¹bi³³	hɚ²¹kʊ²²
外间	diɛ²¹bo³³a⁵⁵tɕy³³	diɔ¹³bi³³	bɿ²ti²²bi²²
里间	thi²¹tho¹³a⁵⁵tɕy³³	tɕhi⁵⁵bi³³	bɿ²tɑ²²bi²²
衣柜	tho¹³la¹³tʂɛ⁵⁵	tho¹³tse³³	tho²¹dzɚ²²
饭桌	dʑa³³thɤ³³	dzʊ²¹dzʊ³³the³³	dzʊ²²tɿ²¹
小板凳	se³³phu⁵⁵ba²¹	sɛ³³phu⁵⁵ba²¹	kho²²tɿ²¹
棕垫	sʅ³³to⁵⁵khʊ³³lu³³	se³³tu⁵⁵nɔ³³	kho²tɕɿ⁵⁵
电视	ɬi²¹ȵi³³	ɬi²¹ȵi³³	ɬi²ȵɿ³³
洗衣机	tho¹³tɕhi³³dʑi³³	tho¹³tɕhi³³dʑi³³	tho²¹tɕhi²²dʑi²²
电灯	ɬi²¹to¹³	ɬi²¹to¹³	ɬi²tʊ⁵⁵
电线	ɬi¹³tɕhiɛ²¹	ɬi²¹tɕhiɛ²¹	ɬi²tshɛ²¹
开关	piɛ⁵⁵phʊ²¹lu³³	piɛ³³phʊ²¹lu³³	phu²¹pi⁵⁵

油灯	mi³³to¹³xo³³	mi³³to¹³xo³³	mi²tʊ⁵⁵
灯芯	to¹³ne³³	to¹³nɛ³³	mi²tshɛ²¹
灯花	to¹³ve³³	to¹³dʑi⁵⁵	mi²vi⁵¹
灯笼	to¹³kha³³	to¹³kha³³	mi²kha⁵¹
钟	tʂʊ³³	tsʊ³³	tshu²²
盆	fe³³	fɛ³³	fɚ⁵¹
镜子	ʈhʊ⁵⁵ɣɛ²¹	ʈhɔ³³ɣɛ³³	ʑi⁵¹thɒ²²
风箱	mi³³hĩ³³tʊ¹³	hĩ³³to¹³	xɔ²¹pu³³
篮子	kha³³dʊ³³va⁵⁵	xɯ³³lu²¹	kha²²tshʊ²²
背篓	kha³³dʊ³³	kha³³dɔ³³	kha²²ɳdʑi²²
袋子	hõ²¹tɕhiɛ³³	hõ²¹tɕhiɛ³³	phɚ²¹hɚ²¹
麻袋	phʊ³³hõ²¹tɕhiɛ³³	phʊ²¹hõ²¹tɕhiɛ³³	phɚ²¹ndɚ²²
钩子	kʊ⁵⁵lʊ⁵⁵pa²¹	xɯ²¹go¹³	pa⁵⁵kʊ²¹lu⁵⁵
抹布	tɕhʊ³³phʊ²¹	tɕhɔ³³phʊ²¹	sɿ⁵¹phʊ²¹
手纸	ʈhi³³tɕhʊ³³lu³³	la¹³thʊ²¹ʑi¹³	do²pu⁵⁵sɿ⁵¹du²²
蓑衣	gu²¹tɕi³³	gu⁵⁵ɳdʑi²¹	gɔ⁵¹tsɔ³³
斗笠	ʊ⁵⁵ȵi³³ɬo¹³mʊ²¹tsɿ²¹	ʔʊ³³kho³³	khu²²lu²²
雨衣	hõ²¹tho¹³	hõ²¹tho¹³	hʊ²¹tho²¹
炉子	kʊ²¹du²¹	ku²¹du³³	lu²²tsɚ³³
吹火筒	sa¹³mʊ³³du²¹	sa¹³mɔ³³du²¹	tʊ⁵⁵mu⁵¹du²¹
火钳	xɯ²¹ȵi²¹	xɯ²¹ȵi⁵⁵	xɔ²¹ɳʊ⁵¹
铁锅	xʊ²¹phʊ³³	xɯ²¹la¹³	xɔ²¹va⁵¹
砂锅	tʂo³³gʊ²¹	tsʊ³³gʊ³³	gɔ²¹tɕhi²¹
小锅	tʂo³³gʊ²¹ba⁵⁵	tsʊ³³gʊ⁵⁵ba²¹	xɔ²¹va²bɚ⁵⁵
锅盖	piɛ⁵⁵ɕiɛ³³	piɛ³³sɿ³³	xɔ²¹va²sɯ⁵¹

锅垫圈	phʊ²¹tɕhyɛ²¹	phʊ²¹tɕhyɛ²¹	xɔ²¹nɒ²²du²²
刷子	mʊ³³ʂa³³	tɕhi³³lu³³	fə²sɹ²²
锅刷	mʊ³³ʂa³³	phʊ²¹ʐa³³lu³³	fə²sɹ²²
调羹	ʐo¹³	ʐo¹³	a⁵⁵zu²bə⁵⁵
勺子	a²¹gɯ²¹	ʐo¹³	a⁵⁵zu²
木勺子	se³³a²¹gɯ²¹	a²¹gɯ²¹	ɕi⁵¹a⁵⁵zu²
饭勺	dʐa³³gɯ²¹	dzu²¹a²¹gɯ²¹	dzʊ²¹a⁵⁵zu²
砧板	tshʊ³³tʴ⁵⁵	tshʊ³³tʴ³³	a²¹tɹ²¹
饭碗	dʐa³³di³³	dzu²¹di³³	dzʊ²¹pa⁵¹
大碗	di³³mʊ²¹	di³³mʊ²¹	pa⁵¹mo⁵⁵
小碗	di³³ba²¹	di³³ba²¹	pa⁵¹bə⁵⁵
木碗	sa³³pa³³	sɛ³³gu²¹	ɕi⁵¹pa⁵¹
筷子筒	dʐu²¹pʊ³³	dzu²¹pʊ³³	a³³tsu²¹kha⁵¹
盘子	se³³la¹³	se³³la¹³mʊ⁵⁵	sɛ²²mo⁵⁵
碟子	se³³la¹³	se³³la¹³ba³³	sɛ²²bə⁵⁵
刀	xɯ²¹	xɯ²¹	xɔ²¹
尖刀	dʐɛ⁵⁵xɯ²¹	pi²¹xɯ²¹	xɔ²¹tsɔ²¹
刀刃	xɯ²¹ʐy³³	xɯ²¹vi³³	xɔ²¹ɬɹ³³/ɬe³³
缺口	dʑi⁵⁵	pha³³khu³³	khɛ²
刀面	xɯ²¹tʰʊ⁵⁵	xɯ²¹bo⁵⁵	xɔ²¹tho⁵⁵
刀背	xɯ²¹nʊ³³	xɯ²¹nʊ³³	xɔ²¹nɒ³³
柴刀	se³³xɯ²¹	sɛ³³kɯ³³xɯ²¹	xɔ²¹bʊ²¹
磨刀石	sɛ³³nʊ³³	se³³lo³³	sɛ²²lu²²
瓦罐	gʊ²¹tɕhi²¹	gʊ³³tɕhi³³	ɯ³³lʴ²²
杯子	kuɛ³³	kuɛ³³	kə³³

玻璃杯	po⁵⁵li²¹kuɛ³³	po³³li²¹kuɛ³³	po²²li²kɚ³³
酒杯	n̩dʑi²¹kuɛ³³	ndʐɿ²¹kuɛ³³	n̩dʑi²¹kɚ³³
茶杯	pha²¹ʑi²¹kuɛ³³	dʑi³³kuɛ³³	lo²²kɛ³³
蒸笼	n̩i³³kha³³	n̩i³³kha³³	n̩i²²kha⁵¹
箅子	n̩i³³tho²¹	n̩i³³tho¹³	n̩ɿ³³tho²
瓢子	la¹³n̩i³³	la¹³n̩i³³	la²¹n̩ɿ³³
捞箕	ʂʊ³³tɕi³³	sʊ³³du³³	dzʊ³³tɕhi²²
烧水壶	ʑi²¹hã³³lo³³phu³³	ʑi²¹hã³³lu³³	xu²¹
臼窝	ti¹³tʂʅ²¹	be³³se³³du³³	ɕɿ²¹
碓杵	ti¹³du²¹	ti¹³du²¹	bɿ²¹ɕɿ²¹n̩ɿ²
工具	kʊ²¹dza³³	ku³³dza³³	gu²¹du²¹
铁锤	xɯ²¹tha¹³ko⁵⁵	xɯ²¹tha²¹ko³³	xɔ²¹tha²du⁵⁵
锯子	tsʅ²¹	tse³³	tsɔ²¹
钻子	tʂhu³³du³³	li¹³du²¹	ɕi⁵¹lʴ²
凿子	dzʊ³³	dzʊ³³	thu²¹dzu²²
墨斗	mɛ³³tʴ³³	n̩dʑa²¹se³³	me²tʴ³³
尺子	dʐo²¹du²¹	to³³du²¹	tsa⁵¹zʊ²²
铁丝	xɯ²¹tɕhiɛ²¹	xɯ²¹tɕhiɛ²¹	xɔ²¹tshɛ²²
纺车	tʂhu³³	tshu³³	dʑɿ²tshʊ²²
织布机	ɣa¹³dʑi³³	ɣa¹³dʑi³³	ʐa²dzɔ²²
纺线	tɕhiɛ²¹sʅ³³	tɕhiɛ²¹sʅ³³	dʑɿ²sʅ²²
梭子	po¹³ŋge⁵⁵	pɔ³³ŋgɛ⁵⁵	pʊ²¹ŋgɯ⁵⁵
针眼	ʑi¹³nʊ³³mʊ⁵⁵	ʑi¹³nʊ³³mʊ⁵⁵	ɣɯ²na²²
顶针	ti²¹tʂən³³	ʑi¹³nʊ³³lu³³	ɣɯ²ti²¹
枪	to¹³phu²¹	to¹³phe³³	tshu⁵⁵

子弹	tɕhi³³lo³³mʊ³³	tɕhi³³lo³³mʊ³³	tshu⁵⁵sɛ³³
土铳	ti⁵⁵phu²¹	ti⁵⁵phʊ³³	tshu⁵⁵
炮	to¹³phu²¹	to¹³nɑ³³	tshu⁵⁵mo⁵⁵
长矛	ŋgɛ³³	so³³piɔ³³	ndzɛ²²
弓箭	tɕhɑ¹³	tɕhɑ¹³	tshɑ²nɑ⁵⁵
弓	tɕhɑ¹³kʊ³³	tɕhɑ¹³gʊ³³	tshɑ²
箭	tɕhɑ¹³ŋʊ³³	tɕhɑ¹³du²¹	nɑ⁵⁵
毒箭	do¹³ŋʊ³³	do¹³du²¹	du²¹nɑ⁵⁵
箭绳	tɕhɑ¹³tʂɑ³³	tɕhɑ¹³tɕhiɛ²¹	tshɑ²zu²²
马鞭	m³³ŋgɑ¹³du²¹	m³³ŋgɑ¹³du²¹	mu²²li⁵¹
马鞍	m³³ɣʊ²¹	m³³ɣʊ²¹	mu²²ɣo²
脚蹬	m³³tɕhi³³	tɕhi³³thɤ³³	mu²²ndu⁵¹
缰绳	m³³tʂɑ³³	m³³tsɑ³³	mu²²tsɑ⁵¹
缝纫机	tʂho¹³dze³³dʑi³³	tʂho¹³nɛ¹³dʑi³³	tho²¹ŋɯ²dʑi²²
箍	n̩dzʊ⁵⁵	n̩dzɔ³³	ndzɒ⁵⁵
柴草	tʊ³³lu³³	tʊ³³sʅ³³	ɕi⁵¹
锉子	tsho¹³	tsɤ²¹se³³du²¹	xɔ²¹sɛ²²
槌子	thɑ¹³ko⁵⁵	thɑ²¹ko³³	thɑ²¹du⁵⁵
锥子	tʂuei³³tsʅ²¹	ŋgɔ¹³du²¹	xɔ²¹lɤ⁵¹
铃	ndzʊ³³mʊ³³	dzʊ³³	to³³lo²²
蒲团	pi²¹tɕhy⁵⁵	nɔ³³lu³³	kho²¹du²²
眼镜	nɑ³³dʑi³³	nɑ³³dʑi³³	nɑ²²kɯ⁵¹
扇子	tɕhy²¹	tɕhy²¹	hɿ²¹dɔ²¹
拐杖	to³³du³³	to³³du³³	tɿ²¹tɿ²¹
篦子	ɕi³³tɕʊ³³	ɕi³³tɕʊ³³	ɕɿ²¹tsʊ³³

烟头	ʐiɛ³³ko³³pa³³	ʐiɛ³³ʔʊ³³	ʐɿ²²no²
烟灰	ʐiɛ³³khʊ⁵⁵	ʐiɛ³³khɔ³³	ʐɿ²²khu⁵⁵
烟丝	ʐiɛ³³sʅ³³	ʐiɛ³³m²¹	ʐɿ²²mu²¹
烟斗	ʐiɛ³³ka²¹	ʐiɛ³³ka³³ɣɯ³³	ʐɿ²²khɔ²²
烟嘴	ʐiɛ³³ka²¹ŋue¹³tsʅ²¹	mi¹³tsa¹³du²¹	ʐɿ²²n̠i²¹
烟锅	ʐiɛ³³ka²¹mʊ²¹	ʐiɛ³³ka³³mʊ⁵⁵	ʐɿ²²kɔ²²mʊ²²
竹签	mʊ²¹tɕhiɛ³³	mɔ³³tɕhiɛ³³	mʊ²²ɣɯ²
水桶	ʐi²¹pʊ³³	ʐi²¹pʊ³³	la²¹n̠dʑi⁵⁵
洗衣粉	ʈho¹³tɕhi³³m²¹	ʈho¹³tɕhi³³m²¹	tho²¹tɕhi²²mu²²
花瓶	ve³³lo³³phu³³	vɛ³³phu³³	vi²²xu³³
花盆	ve³³lu²¹fe³³	vɛ³³fɛ³³	vi⁵¹fɛ²
刀架	xɯ²¹dʑi³³	xɯ²¹dʑi³³	xɔ²¹dzə²²
刨花	se³³ve³³	sɛ³³mbo³³	ɕi⁵¹lɛ²bʊ²
锯末	se³³m³³	sɛ³³m²¹	ɕi⁵¹ʐi²mu³³
水磨	ʐi²¹tʂhu³³	ʐi²¹tʂhu³³	ɣɯ²²lɤ²²
筲箕	ʂʊ³³tɕi³³	sʊ³³tɕi³³	tsʊ²²tɕhi²²
剃头刀	v³³tʂho³³xɯ³³	ʔʊ³³tʂho³³xɯ³³	ɣʊ²²tʂhɛ⁵⁵xɔ²¹
剃须刀	ŋue¹³tʂhʅ³³xɯ³³	mi¹³tso³³xɯ²¹	tʂhɔ²¹tʂhɛ²²xɔ²¹
棉被	xe³³mbu³³	ʐi¹³mbe³³	ʐi²¹mbo²²
被里	ɣo¹³nʊ³³	ʐi¹³mbe³³ɣo¹³nʊ³³	ʐi²¹mbo²²ku³³
被面儿	ɣo¹³ko³³	ʐi¹³mbe³³ko³³	ʐi²¹mbo²²ku⁵¹
毯子	than³³tsʅ²¹	khɔ³³lu³³	xɯ²²
水池	ʐi²¹thi⁵⁵	ʐi²¹xɯ²¹	ʐi²¹fə⁵¹
沉淀物	ʐi²¹nʊ³³	ʐi²¹nʊ²¹	no²
大刀	zɯ²¹mʊ²¹	dze³³xɯ²¹	xɔ²¹pʊ²¹mo⁵⁵

小刀	zɯ²¹bɑ²¹	xɯ²¹bɑ²¹	xɔ²¹pʊ²¹bɚ²²
匕首	dzɛ⁵⁵xɯ²¹	dze³³xɯ²¹bɑ²¹	xɔ²¹pʊ²¹bɚ²²
铁箍	xɯ²¹n̻dʐʊ⁵⁵	xɯ²¹n̻dʐɔ⁵⁵	xɔ²¹gɚ²¹lɤ²¹
火镰	mɛ³³nde³³lu³³	me³³nde³³lu³³	mʊ³³ndɛ⁵¹lo²¹
瓶塞儿	tɕhi³³du²¹	tɕhi³³lu²¹	xu³³tʂʅ⁵⁵
水碓	ʑi²¹tʂʅ²¹	ʑi²¹be³³se³³	bɪ²¹ɕɪ²¹
牙刷	ʐɑ²¹ʂuɑ²¹	dzɤ²¹tɕhi³³du²¹	ʐɑ²¹suɑ²¹
牙膏	ʐɑ²¹kɔ⁵⁵	dzɤ²¹tɕhi³³lu³³	ʐɑ²¹kɔ²²
收音机	tɕhʊ³³ʂʊ²¹dʑi³³	tɕhɔ³³sʊ³³n̻dʑi³³	sʊ²²ʑin²²tɕi²²
手机	lɑ¹³dʑi³³	lɑ¹³n̻dʑi³³	sɯ³³tɕi²²
飞机	ɖʐ̩²¹dʑi³³	ɖʐ̩²¹tshu³³	fe²²tɕi²²
布	mi³³mi³³	mi³³mi³³	phʊ²¹
棉布	xe³³mɛ³³	xɛ³³mi³³	mi²phʊ²¹
麻布	phʊ²¹	m²¹phʊ²¹	mu²¹phʊ²¹
线	tɕhiɛ²¹	tɕhiɛ²¹	tshɛ²¹
毛线	tshɪ²¹tɕhiɛ²¹	tshɤ²¹tɕhiɛ²¹	mu²¹tshɛ²¹
棉线	xe³³tɕhiɛ³³	xɛ³³tɕhiɛ²¹	mi²tshɛ²¹
麻线	m²¹tɕhiɛ²¹	m²¹tɕhiɛ²¹	thɑ²²tshɛ²¹
线团	tɕhiɛ²¹thi⁵⁵	tɕhiɛ²¹thi⁵⁵mʊ²¹	tshɛ²¹thɯ⁵⁵
绸子	tʂhɤ²¹tsʅ²¹	po³³	mɚ²²phʊ²¹
皮革	hũ³³n̻dʑi³³	hũ²¹n̻dʑi²¹	ku⁵¹n̻dʑi²¹
上衣	ʈho¹³	ʈho¹³	ʈho²¹
内衣	ʈho¹³	ʈho¹³thu³³	ʈho²¹
长袖	lɑ¹³dʊ⁵⁵ɕiɛ⁵⁵	lɑ¹³to³³ɕiɛ³³	lɑ²du²²sɛ²²
短袖	lɑ¹³dʊ⁵⁵di³³	lɑ¹³tʊ⁵⁵ti³³	lɑ²du²²n̻ʊ²²

扣眼	kue³³tɕi³³	kue³³tse³³	n̩ɹ²²lɤ²na²²
袖口	la¹³dʊ⁵⁵	la¹³tʊ⁵⁵khue³³	la²du²²
衣襟	tho¹³ʂa¹³	tho¹³sa¹³	mo²phɿ²¹
大襟	tho¹³ʂa¹³mʊ⁵⁵	tho¹³sa¹³mʊ³³	mo²phɿ²¹
小襟	tho¹³ʂa¹³ba⁵⁵	tho¹³sa¹³ba⁵⁵	mo²phɿ²¹
裙子	ʂa¹³xɯ²¹	sa¹³xɯ²¹	bɛ⁵⁵
绣花	ti⁵⁵ve³³	vɛ³³lu²¹	vi²lu²tɚ³³
花边	xua³³pian³³	vɛ³³tsʊ³³	tho²¹bu²¹
领子	liɛ²¹khɛ⁵⁵	liɛ²¹khɯ³³	tho²¹kɔ⁵⁵
衣袋	tho¹³ndi³³	tho¹³hũ²¹tɕhiɛ³³	phɚ²¹ndɛ²²
裤裆	ɬu⁵⁵tho²¹	ɬu⁵⁵tho²¹	ɬo²tho⁵¹
布鞋	sa³³ɕi³³	sa³³ɕi³³	phʊ²¹tɕhi³³ndɯ²²
草鞋	tɕhi⁵⁵nɤ³³	tɕhi³³nɤ³³	pʊ²dzɚ²²
皮鞋	hũ³³n̩dʑi³³sa³³ɕi³³	hũ²¹n̩dʑi²¹sa³³ɕi³³	tɕhi³³ndɯ²²
鞋底	sa³³ɕi³³tho⁵⁵	sa³³ɕi³³tho²¹	tɕhi³³ndɯ²²tho⁵¹
鞋后跟	tɕhi³³bɛ⁵⁵mɛ³³	tɕhi³³bi³³nɤ³³	tɕhi³³ndɯ²²ŋgɯ²mi²²
鞋带	sa³³ɕi³³tsʊ⁵⁵	sa³³ɕi³³tsʊ²¹	tɕhi³³ndɯ²²tsa⁵¹
草帽	pi¹³ʊ³³kho³³	sʅ³³ʔʊ³³kho³³	ɕi²²khu²²lu²²
皮帽	n̩dʑi²¹ʊ³³kho³³	hũ²¹n̩dʑi²¹kho³³	n̩dʑi²¹khu²²lu²²
棉帽	xe³³ʊ³³kho³³	xɛ³³ʔʊ³³kho³³	mi²¹khu²²lu²²
手套	la¹³tɕi³³	la¹³thi³³	la²kɯ²²
腰带	dzo¹³ʂe⁵⁵	dzo¹³sʅ⁵⁵	dzu²ɕi⁵⁵
围腰帕	ɣʊ²¹zʊ³³phʊ²¹	dzo¹³ʐo³³phʊ²¹	vu³³tɕhi²¹
绑腿	tɕhi⁵⁵ndo³³	tɕhi³³ndɔ³³	tɕhi²¹ndɔ²²

带子	tʂʊ²¹tʂʊ²¹	tsʊ⁵⁵	dzo⁵¹
头巾	v³³ʐo³³du³³	ʔʊ³³phʊ²¹	ʊ²²ti³³
头绳	v³³ʂe³³tsɑ³³	ʔʊ³³tsa³³	ʊ²²tsa⁵¹
镯子	lɑ¹³dʐʊ²¹	lɑ¹³dʑʊ²¹	lɑ²dzu²¹
耳环	nɣ²¹pi⁵⁵	nɣ²¹bi³³	nɪ²¹dʑi²²
珠子	hõ¹³mʊ²¹	ndzu⁵⁵mʊ²¹	ndzu²¹mu²¹
粉	m⁵⁵m²¹	m²¹	mu²¹
食物	dzu³³lu³³	dzu³³lu³³	dzʊ²¹du²²
肉	fu³³	fu³³	xʊ²²ba²²
肥肉	fu³³tshu³³	fu³³thu³³	xʊ²²thu²²
瘦肉	fu³³sŋ̍⁵⁵	fu³³sŋ̍³³	xʊ²²ɕi⁵⁵
肉皮	fu³³n̩dʑi²¹	fu³³n̩dʑi²¹	xʊ²²kʊ⁵¹
排骨	xo²¹ɣɯ³³	ne²¹ɣɯ³³fu³³	nʊ²¹ɣɯ²²
剔骨头	xo²¹ɣɯ³³xɑ¹³	xɔ²¹ɣɯ³³xɑ¹³	xɔ²¹ɣɯ²²ha²
腊肉	va¹³fu³³mɛ⁵⁵	va¹³fu³³me⁵⁵	xʊ²²ɬ³³
熏腊肉	va¹³fu³³mɛ⁵⁵	va¹³fu³³kɯ⁵⁵	xʊ²²kɯ⁵⁵
炖肉	fu³³tʂɑ¹³	fu³³tsɑ¹³	tsa²xʊ²²
坨坨肉	fu³³khɛ⁵⁵	fu³³mʊ⁵⁵	xʊ²²thu⁵¹
猪腰子	va¹³ʔɣ³³	va¹³ʔɣ³³	va²ɯ³³
粑粑	ŋɑ¹³	ŋɑ¹³	bo²²bo²²
素菜	ɣʊ⁵⁵dè³³	dɛ³³ɣʊ⁵⁵	ɣo⁵⁵də⁵¹
酸菜	ɣʊ⁵⁵tɕi³³	ɣʊ⁵⁵sŋ̍³³	ɣo⁵⁵tɕɪ³³
豆豉	no³³tsŋ̍⁵⁵	no³³tsŋ̍⁵⁵	nu²¹tsŋ̍²²
汤	ɣʊ⁵⁵ʑi²¹	ɣʊ⁵⁵ʑi²¹	ʑi²¹
米汤	dzʊ²¹ʑi³³	dzʊ²¹ʑi²¹	dzʊ²¹ʑi²¹

肉汤	fu³³tʂa¹³ʑi²¹	fu³³ʑi²¹	xʊ²²ʑi²¹
菜汤	ɣʊ⁵⁵ʑi²¹	ɣʊ⁵⁵ʑi²¹	ɣo⁵⁵ʑi²¹
臽汤	ɣʊ⁵⁵ʑi²¹khɯ⁵⁵	ɣʊ⁵⁵ʑi²¹khɯ⁵⁵	ʑi²¹khɯ⁵⁵
豆腐干	no³³ndzɛ²¹mɛ⁵⁵	no³³ndze²¹me⁵⁵	nu²ŋgɯ⁵⁵dzu²¹
糖	tʂʅ³³	tshʅ³³mʊ³³	tshʅ²¹du²²
瓜子儿	liaŋ¹³kua³³tu³³	bi²¹tso³³mʊ²¹	a²¹ɣo²¹tu³³
茶	pha²¹thu³³	dʑi³³	lo²²
浓茶	sɛ¹³tʂha²¹	nɛ¹³dʑi³³	lo²²nɛ⁵¹
油	mi³³	mi³³	mi²
板油	tshɛ³³	tshe³³	va²¹mi²
猪油	va¹³mi³³	va¹³mi³³	va²¹mi²
油渣	mi³³tɕi³³pe³³	mi³³pɛ³³	mi²tɕi³³po²
菜籽油	ɣʊ⁵⁵mi³³	ɣʊ⁵⁵tɕu³³mi³³	ɣo⁵⁵mi²
豆腐渣	no³³pe³³	no³³pɛ³³	nu²¹po²²
面糊	ʂʊ³³ne³³	m³³nɛ³³	dzu²¹nɛ⁵¹
牛奶	ȵi³³tʂhʊ¹³ʑi²¹	ȵi³³tsʊ¹³ʑi²¹	ȵɿ²²bɛ⁵⁵ʑi²¹
酒	ȵdʑi²¹	ndzʅ²¹	ȵdʑi²¹
蛇胆酒	ʂɛ³³tɕi³³ȵdʑi²¹	se³³nɛ³³ndzʅ²¹	sɛ³³tɕi³³ȵdʑi²¹
酒麹	ȵɛ⁵⁵tɕhi³³	ȵiɛ³³tɕhi³³	ndɯ²²
冷水	ʑi²¹tʂhe¹³	ʑi²¹tshe¹³	ʑi²¹tɕhi²
蒸饭	dʐa³³ȵi³³	ȵi³³dzʊ²¹	ȵɿ²²dzʊ²¹
夹生饭	a²¹dʐɛ³³miɛ²¹	pha³³miɛ²¹pha³³dze³³	dzʊ²¹dzɛ²²
白饭	dʐa³³ʈhu³³	ʈhu³³dzʊ²¹	dzʊ²¹thu²²
硬饭	dʐa³³kha³³	kha³³dzʊ²¹	dzʊ²¹kha²²
软饭	dʐa³³nʊ³³	nɔ³³dzʊ²¹	dzʊ²¹nɯ²²

碎米	tɕhi²¹dʐɛ¹³	dzʊ²¹dʐɛ¹³	tɕhɿ²¹dʐi²
咸蛋	tshu³³thʊ³³ndʊ⁵⁵	tshu²¹ndɔ³³	tshʊ²²ɬo²¹
身体	gɯ²¹phi³³	gɯ²¹bu³³	gɯ²¹bo²¹
皮肤	fu³³n̠dʑi²¹	n̠dʑi²¹ko³³	xʊ²²ɕi²²
皱纹	fu³³dʐu²¹	dʐu²¹dʐu²¹	bʊ²²n̠dʑi²²
肌肉	fu³³	fu³³	xʊ²²nɑ²
血液	ɕi³³	ɕi³³ʑi²¹	sɿ²²
骨头	xo²¹ɣɯ³³	xɔ²¹ɣɯ³³	xɔ²¹ɣɯ²²
骨髓	ɣɯ³³ŋo¹³	ɣɯ³³tu³³	ɣɯ²²nʁ²
肋骨	nʁ²¹ɣɯ³³	nʁ²¹ɣɯ³³	nʊ²¹ɣɯ²²
头盖骨	ʊ³³gu⁵⁵phu⁵⁵	ʔʊ³³the¹³phu⁵⁵	ʊ²²go⁵⁵
肩胛骨	lɑ¹³bu²¹ɣɯ³³	lɑ¹³bu²¹ɣɯ³³	ɣɯ²²phɚ²¹
心	ʂʊ³³ne³³	nɛ³³	n̠ɿ²
肝	tɕhi⁵⁵sɛ³³	tɕhi⁵⁵	sɛ⁵⁵
脾	ti³³	ti³³	tɿ³³
肺	tɕhi⁵⁵thu³³	se³³	tshɿ⁵⁵
肾	ʔʁ³³	ʔʁ⁵⁵	ɯ³³
胃	huẽ¹³mʊ⁵⁵	hɛ̃¹³mʊ⁵⁵	hɿ²
胆	tɕi³³	tɕi³³	tɕi³³
筋	dʐu³³	dʐu³³	dzu²²
血管	ɕi³³dʐu³³	ɕi³³dʐu³³	dzu²²ʑi²¹
肠子	vu²¹	vu²¹	vu²¹
大肠	vu²¹nɑ³³	vu²¹nɑ³³	vu²¹mo⁵¹
小肠	vu²¹bɑ²¹	vu²¹tɕhiɛ³³	vu²¹bɚ⁵⁵
发髻	ndzʊ²¹	ʔʊ³³bi¹³	kɔ²¹mo⁵¹

头顶	ʋ³³ndɛ³³	ʔʋ³³dɑ³³	ʋ²²thɿ²²
头顶旋儿	tɕy³³	ʔʋ³³tɕy³³	tɕi³³
脑髓	ʋ³³ŋo¹³tu³³	ʔʋ³³mu³³tu³³	ʋ²²nɤ²¹
白发	ʋ³³tshɿ³³thu³³	tshɤ²¹thu³³	ʋ²²thu²²
睫毛	nɑ³³tɕiɛ³³	nɑ³³tɕiɛ³³	nɑ²²tshɛ²²
气管	tɕhʋ³³lʋ⁵⁵	sa¹³dʐu³³	tshɔ²¹ku²²
食道	tɕhʋ³³tho²¹	dzʋ²¹dʐu³³	tshɔ²¹ku²²
喉结	tɕhʋ³³biɛ²¹kʋ²¹	tɕhɔ³³lu³³	dɚ²¹
眼皮	nɑ³³ndʑi³³ko³³	nɑ³³ko³³	nɑ²²ku⁵¹
眼白	nɑ³³sɛ³³thu³³	nɑ³³thu³³	nɑ²²thu²²
眼屎	nɑ³³ʈi⁵⁵	nɑ³³ʈi⁵⁵	nɑ²ʈi⁵⁵
耳孔	lʋ²¹pʋ³³du³³	lo³³po³³du³³	lo²¹po³³ɬu²¹
耳屎	lʋ²¹pʋ³³thi³³	lo³³po³³thi³³	lo²¹po³³ɬi²²
痰	ʈi³³	ʈi⁵⁵	ʈi⁵⁵
鼻孔	nʋ³³mʋ⁵⁵du³³	nʋ³³mʋ⁵⁵du³³	nʋ²²mu²²ɬu²¹
鼻毛	nʋ³³tshɿ²¹	nʋ³³tshe³³	nʋ²²mu²²mu²¹
鼻屎	nʋ³³mʋ⁵⁵ko³³pa³³	nʋ³³tɕhi³³ko³³pa³³	nʋ²²ɬi²²
门牙	dzɛ²¹mʋ³³	ŋɔ³³dzɛ²¹	ŋgo²dzɛ²¹
齿龈	dzɛ²¹tɕhi³³	dze²¹tɕhi³³	nɛ³³
牙垢	dzɛ²¹ʂɿ⁵⁵	dze²¹ʂɿ⁵⁵	dzɛ²¹ɬi²²
小舌	ɬʋ³³ba⁵⁵	ɬʋ⁵⁵ba⁵⁵	ɬo³³zʋ²²
舌尖	ɬʋ³³ʋ³³mʋ³³	ɬʋ⁵⁵ʔʋ³³	ɬo³³ʋ²²
兔唇	tha³³ɬʋ³³ȵi¹³pu²¹	mi¹³pha⁵⁵	nʋ²²xo²²
乳头	tʂʋ¹³mʋ²¹ʋ³³gu⁵⁵	tsɔ¹³ʔʋ³³	bɛ⁵⁵mʋ²¹
乳汁	tʂʋ¹³ʑi²¹	tsɔ¹³ʑi²¹	bɛ⁵⁵ʑi²¹

胸脯	nɛ³³tu³³	nɛ³³tu³³	n̠ɿ²tɤ²¹tha⁵¹
腰	dzo¹³	dzo¹³	dzu⁵¹
小腹	ɣo¹³mʊ⁵⁵ba²¹	ɣo¹³mʊ⁵⁵ba²¹	a³³po³³bɛ⁵⁵
手心	la¹³ɬi³³	la¹³ɬi³³	la²ɬi³³
手背	la¹³gɯ²¹bu³³	la¹³gɯ²¹bu³³	la²nɒ³³/la²nɔ³³
手茧子	la¹³pi⁵⁵	la¹³pi⁵⁵	la²bu²²
手腕	la¹³liɛ²¹	la¹³liɛ²¹	la²ga²²
汗毛	kɛ⁵⁵mi²¹	kɯ⁵⁵tshe²¹	nu²mu⁵⁵
指纹	la¹³tʂɿ³³dʐu³³	la¹³tʂɿ³³dʐu²¹	la²¹dzo²
倒刺	la¹³n̠dʑi⁵⁵	la¹³n̠dʑi⁵⁵	n̠dʐɿ²²
腋窝	la¹³dʑi²¹tho⁵⁵	la¹³dʑi²¹tho³³	la²ta⁵⁵kɯ⁵⁵
腿肚子	tɕhi³³ɣo¹³mʊ⁵⁵	tɕhi³³ɣo¹³mʊ⁵⁵	tɕhi²¹po³³
脚心	tɕhi³³tho⁵⁵	tɕhi³³tho⁵⁵nɛ³³	khʊ²¹ɬi³³
脚趾	tɕhi³³tʂɿ³³	tɕhi³³tʂɿ³³	tɕhi²¹tʂɿ³³
脚印	tɕhi³³dʊ⁵⁵	tɕhi³³dɔ⁵⁵	tɕhi²¹du²¹
响屁	ʐy³³po³³	vi⁵⁵miɛ²¹	bi⁵⁵ŋɚ²¹
闷屁	ʐy³³ɕo²¹	vi⁵⁵vɔ³³	bi⁵⁵ma²
稀屎	t̠hi³³ʑi³³	thi³³ʑi³³	ɬi²²di⁵¹
膀胱	ʑi³³phu²¹lɤ³³	ʑi³³phe²¹lɤ³³	phʊ²¹lɤ²¹
阴道	be³³	mbɛ³³	pɚ²²
阴毛	be³³tsh̩²¹	mbɛ³³tshe²¹	pɚ²²mu²¹
睾丸	ndʊ⁵⁵ndʊ⁵⁵mʊ²¹	ndɔ⁵⁵ndɔ⁵⁵mʊ²¹	da²ɬo⁵¹
汗	kɛ⁵⁵	kɯ⁵⁵	kɛ⁵⁵ʑi²¹
汗垢	kɛ⁵⁵ʂ̩⁵⁵	kɯ⁵⁵ʂ̩⁵⁵	ɕi⁵⁵ŋo²
唾沫	ti⁵⁵dʑiɛ²¹	ti⁵⁵ʑi²¹	ɛ²¹ʑi²¹

医院	nʊ²¹ŋgu²¹dʑi³³	gu²¹ŋɔ²¹	ŋgo⁵⁵hɚ²¹
药店	tɕhi³³dʑi³³	tɕhi³³hẽ²¹	tɕhi²²hɚ²¹
小病	nʊ²¹bɑ²¹	nʊ²¹bɑ²¹	nʊ²¹bɚ⁵⁵
大病	nʊ²¹na³³	nʊ²¹na³³	nʊ²¹mɔ⁵⁵
药	tɕhi³³	tɕhi³³	khu⁵⁵tɕhi²²
药丸	tɕhi³³lʏ²¹mʊ²¹	tɕhi³³mʊ³³	khu⁵⁵tɕhi²²mʊ²¹
药粉	tɕhi³³m⁵⁵m²¹	tɕhi³³m²¹	khu⁵⁵tɕhi²²mu²¹
药水	tɕhi³³ʑi²¹	tɕhi³³ʑi²¹	khu⁵⁵tɕhi²²ʑi²¹
药酒	ŋuɛ³³tɕhi³³n̩dʑi³³	tɕhi³³ndʐɿ²¹	khu⁵⁵tɕhi²²n̩dʑi³³
草药	ŋo¹³tɕhi³³	sɿ³³tɕhi³³	khu⁵⁵tɕhi²²
蛇药	bu³³ʂɛ³³tɕhi³³	se³³tɕhi³³	sɛ³³tɕhi²²
毒药	do¹³tɕhi³³	do¹³tɕhi³³	du²¹tɕhi²²
熬药	tɕhi³³tsɑ¹³	tɕhi³³tsɑ¹³	khu⁵⁵tɕhi²²tsɑ²
搽药	tɕhi³³mi⁵⁵	tɕhi³³n̩dʐɔ³³	tɕhi²²mi⁵¹
忌口	ŋue¹³pu²¹tɕi⁵⁵	khue³³tɕhi⁵⁵	n̩ɿ²dzɔ²¹
治	ŋgu²¹	ŋgu²¹	ŋgo⁵⁵
呕	go¹³	nɛ³³ŋo⁵⁵	phi²
发冷	dʐɑ³³	dʐɑ³³	tɕhi²¹
打冷战	dʐɑ³³zɿ²¹dʐɑ³³ŋgu³³	dʐɑ³³bi²¹	nʏ²¹
感冒	dʐɑ³³vu⁵⁵	dʐɑ³³ɣɔ³³	bʊ²²tho⁵⁵zu²¹
传染	kɛ⁵⁵nʊ²¹	kɯ⁵⁵	kɛ⁵⁵/kɚ⁵⁵
头晕	ʊ³³n̩yɛ²¹	ʔʊ³³miɛ²¹	vʊ²²ŋɛ²
头疼	ʊ³³gu⁵⁵nʊ²¹	ʔʊ³³gu⁵⁵nʊ²¹	vʊ²²nʊ²¹
发汗	kɛ⁵⁵do²¹	kɯ⁵⁵do³³	kɛ²²ʑi²¹dʏ⁵⁵
牙痛	dzɛ²¹nʊ²¹	dze³³nʊ³³	dzɛ²¹nʊ²¹

哮喘	sa¹³kɯ³³	sa¹³tshɔ³³	tsɿ⁵⁵ɔ²¹lɔ²¹
麻风	lɛ²¹tsɿ²¹	lɛ¹³nʊ²¹	ŋgɚ²²
天花	ɣa³³lo³³	va¹³mʊ²¹	go²¹lo⁵⁵du⁵¹
水痘	ʑi²¹no³³	ʑi²¹lo³³	go²¹lo⁵⁵du⁵¹
疟疾	kɛ⁵⁵nʊ²¹	kɯ⁵⁵nʊ²¹	tɕhi²nɔ²
中风	mi³³hĩ³³nʊ²¹	m³³hĩ³³zo²¹	mi²¹hɿ²²phʊ⁵⁵
骨折	ɣɯ³³dʐ³³	ɣɯ³³dʐ³³	ɣɯ²²dʐ²²
脱臼	ɬo³³	ɣɯ³³ɬo³³	ɬa⁵¹
伤口	nʊ²¹khu³³	nʊ²¹khue³³	mʊ²¹tɕhɿ²²
痂	ko³³bʊ³³	bu³³ko³³	bʊ²²mʊ²²
起泡	ɕiɛ²¹ɬɛ²¹phu²¹dʐ⁵⁵	ɕiɛ³³phe³³do³³	phʊ²¹
水泡	ʑi²¹phu²¹lɤ³³	ʑi²¹phe³³	phʊ²¹
血泡	ɕiɛ²¹ɬɛ²¹phu²¹	ɕi³³phe³³	phʊ²¹
流鼻血	nʊ³³ɕi³³dʐ⁵⁵	nʊ³³ɕi³³dʐ⁵⁵	nʊ³³mu²²sɿ²²dɤ⁵⁵
胀	phu²¹	phe³³	phʊ²
麻	gua³³	fɛ¹³	fi⁵¹
僵硬	kha³³	ɳdʑi⁵⁵kha³³	xɚ²¹kha⁵¹
出血	ɕi³³be¹³	ɕi³³bɛ¹³	sɿ²²dɤ⁵⁵
瘀血	ɕi³³na³³lʊ³³	ɕi³³na³³	sɿ²²lu²²
茧	la¹³pi⁵⁵	la¹³pi⁵⁵	bu²²
结巴	ɬʊ³³di³³	ɬʊ³³di³³	tho⁵¹tɿ²
脚气	tɕhi³³sa¹³	tɕhi³³sa¹³	tɕhi²¹bi²²nɔ³³
癞痢头	dʊ¹³	ʔʊ³³dɔ¹³	vʊ²²bu⁵¹
左撇子	la¹³fɛ³³	la¹³fɛ³³	la²¹fɛ³³tɿ³³
六指	la¹³mʊ⁵⁵ka¹³	la¹³mʊ⁵⁵ka¹³	la²¹bɚ⁵⁵

独眼	nɑ³³tʵ³³	nɑ³³te³³	nɑ²²tɿ²²
斜眼	nɑ³³phiɛ³³	nɑ³³sɿ³³	nɑ²²vɚ³³
歪嘴	khu³³sɿ³³	mi¹³sɿ³³	ȵɿ²vɚ³³
招赘	hẽ²¹ŋgʊ³³da³³	ɕi⁵⁵ɣɯ²¹ŋɔ²¹da³³	zʊ²²sʊ³³
接亲	tɕhi⁵⁵tshʊ⁵⁵	tɕhi³³xɯ³³	tɕhi²²xɯ⁵¹
抢婚	tɕhi⁵⁵khe³³	tɕhi³³khɛ³³	tɕhi²²phɚ²¹
离婚	mɛ⁵⁵dʑi⁵⁵	tɕhi³³fe³³	tɕhi²²fɿ³³
胎衣	ʈho¹³	tsha³³	lɔ²²phʊ²²
脐带	tʂha³³	tsha³³ba²¹	tsha⁵¹
寿命	ʊ³³ko³³	ʔʊ³³ko³³	ko²²zɛ²¹
岁数	kho¹³thʵ²¹	kho¹³the³³	khu²tha²²
送葬	ɕi³³xʊ³³	ɕi³³xʊ²¹	so²²mo³³xʊ²¹
尸体	mo³³	mo³³	mo³³
寿衣	m⁵⁵ʈho¹³	tse³³ʈho¹³	mo³³ʈho²¹
唱丧歌	khe³³ɣɯ³³	khɛ³³ɣɯ³³khɛ³³	mi⁵⁵ŋo²thʵ²²
火葬	ŋue¹³	me³³to³³bi⁵⁵	tʊ⁵⁵tsɿ³³
火葬场	tʂhʊ³³tɕhi³³	tshʊ³³tɕhi³³	mo³³tshu³³dɔ²²
土葬	ti⁵⁵	ȵi¹³ʔɯ⁵⁵	mi²²tsɿ³³
坟地	mi³³xo³³	mi³³xo³³tu³³de³³	mi²²bo²²
灵魂	ɣe³³hũ³³	ɣɛ³³hũ³³	ʑi⁵¹hʊ²¹
命运	dʑi³³lʊ²¹	dʑiɛ²¹lɔ²¹	khɚ²²tʂʅ²²
打卦	mʊ³³pha³³nde³³	pha¹³ʈʂʅ⁵⁵	tsa²¹
拜菩萨	phu³³sa³³tʊ⁵⁵	phu³³phi³³kɯ³³	bu²zʅ²²kɯ³³
鬼	le¹³	le¹³	bo²²su²²
祸	kɯ³³	xo¹³	no²²

仙	ɕi³³	ɕi³³ɬi¹³	ɕi²²
巫师	su³³ŋɛ³³	sʊ²¹ŋɛ²¹	ŋə²¹mo⁵⁵/ŋɛ²¹mo⁵⁵
巫婆	su³³ŋɛ³³mʊ²¹	sʊ²¹ŋɛ²¹mʊ²¹	ŋɛ²¹mo⁵⁵mo²¹
经书	pu³³su³³	pe³³su³³	pɿ³³su²²
龙	lʊ³³	lɔ³³	lu²²
许愿	ndzʊ²¹tu³³	ɕy³³tu³³	ȵɿ²dʐ²¹
还愿	ndzʊ²¹ʂu²¹	ɕy³³tɕhɔ⁵⁵	dʐ²¹su²¹
占卜	tʂɑ³³nɑ³³	ɣɑ³³ndɔ³³nɑ³³	tsɑ⁵¹
供祭品	kɯ³³lu³³	kɯ³³lu³³	ɕɿ³³du²²
鬼火	le¹³m³³to⁵⁵	le¹³to¹³	so²¹hʊ²¹mʊ²²tʊ⁵⁵
凤凰	ŋɑ³³ʂɛ³³	ŋɑ³³se³³	ɣo⁵¹
高个儿	tsho²¹m³³	tsho²¹m³³	khʊ²¹mo⁵¹
光头	ʊ³³ɳɖɑ⁵⁵	ʔʊ³³ndi⁵⁵	vʊ²²ndɯ²¹
老太婆	ɑ³³dɑ³³m⁵⁵	ɑ³³dɑ³³m⁵⁵	ɑ²¹mo²¹mo⁵⁵
老头子	ɑ³³du³³m⁵⁵	ɑ³³be³³m⁵⁵	ɑ²¹bo²²mo⁵⁵
年轻人	ɬɑ¹³su³³	ɬɑ³³su³³	khu²thɑ²²ndʐ²²
小伙子	ɬɑ¹³xe³³	ɬɑ³³bɑ⁵⁵	ɬɑ²ɕɿ²²bə⁵⁵
姑娘	ɑ²¹mɛ³³	ɑ²¹me³³	ɑ²¹mɚ²²
熟人	sɛ⁵⁵su³³	se³³su³³	tho⁵⁵sɛ²²
富人	mbo³³su³³	bo²¹su³³	tsho²¹mbu⁵¹
穷人	ʂu³³su³³	su³³su³³	tsho²¹su²²
工人	lɑ¹³kʊ¹³su³³	gʊ¹³su³³	mu²¹su²²
官	ŋo⁵⁵	ŋo⁵⁵	ndzu⁵¹
头目	ɑ²¹ndzʊ²¹	ʔʊ³³su³³	nɑ²²
土司	ndzu³³m⁵⁵	dʑi²¹m³³	ndzʐ²²

医生	nʊ²¹ŋgu¹³su³³	ŋgu²¹su³³	ŋgo⁵⁵su²²
猎人	ɲi⁵⁵ŋga¹³su³³	sɿ³³su³³	sɿ²²su²²
屠夫	va¹³ndzʊ²¹ʂa³³	va¹³ndu²¹sa³³	xʊ²²su²²
骗子	ɖo³³su³³	ɖo³³su³³	xɯ²²tsho²¹
胖子	mbɛ²¹su³³	tshu³³su³³	tsho²¹tshu²¹
彝族	ɲi⁵⁵phu⁵⁵	ɲi³³phu⁵⁵	lu²²tshu²²/no⁵⁵su²²phʊ⁵⁵
汉族	ʂa³³phu⁵⁵	sa³³phu⁵⁵	sa⁵¹phʊ⁵⁵
老百姓	dzʅ²¹dzo²¹	lʊ³³su³³	tsho²¹su²²
姓	xɯ⁵⁵	xɯ³³	ɕɿ⁵⁵
主人	hɛ̃²¹ɕiɛ³³	ɕiɛ²¹phu³³	sɛ²¹phʊ²²
兵	ma¹³	ma¹³	ma⁵¹
老师	m⁵⁵ɕiɛ²¹	m³³ɕiɛ²¹	mo²sɛ²¹
学生	so³³ba²¹	so³³ba²¹	so²²su²²
伙伴	tʂhʊ⁵⁵pa²¹	tshʊ⁵⁵ba²¹	tsho⁵⁵
裁判	to²¹su³³	gʊ³³gʊ⁵⁵su³³	ka²sʊ²²
摆渡人	gɯ⁵⁵su³³	ɬiɛ³³kɯ⁵⁵su³³	gɯ⁵⁵su²²
酒鬼	ndʑi²¹ʔɛ¹³phu⁵⁵	ndzɿ²¹ʔɛ¹³phu⁵⁵	ndʑi²¹ɿ²bo²²
寡妇	mɛ⁵⁵tʂhɿ³³	me³³tshɿ³³	mɛ⁵⁵tshɿ²²
国王	gʊ²¹ndzu³³mo⁵⁵	dʑi²¹m³³	ndzɿ²²/ndzɿ²²zu²²
王后	ndzɿ³³mʊ²¹	dʑi²¹m³³mʊ²¹	ndzɿ²²mo⁵¹
头人	a²¹ndzʊ²¹	ʔʊ³³su³³	vʊ²²tsho²²
石匠	lo³³dzu³³	lo³³kɔ¹³su³³	lo²¹kɯ²sʊ²²
篾匠	mʊ³³dzu³³	mɔ³³ɣa¹³su³³	mʊ³³kɯ²sʊ²²
铁匠	xɯ²¹dzu³³	xɯ²¹dʐ¹³su³³	xɔ²¹kɯ²sʊ²²
渔夫	ŋʊ³³ŋga¹³ʂa³³	ŋo³³ŋga¹³su³³	ŋo²²zu⁵¹su²²

中人	gʊ³³ŋʊ⁵⁵su³³	gʊ³³gʊ⁵⁵su³³	bo²²tso²
苗族	ma³³hiũ³³	mɛ³³hãn²¹	a²¹la⁵⁵（苗族）
私生子	ba¹³zu³³	ba²¹zu³³	mba²²zʊ²²
赶马人	m³³ŋga¹³ʂa³³	m³³ŋga¹³su³³	mu²²no²¹sʊ²²
长辈	ɣɛ³³tshe¹³	ɣɯ³³tshɛ¹³	mu⁵⁵sʊ²²
曾祖父	a³³ʐa⁵⁵	a²¹ʐa³³phu⁵⁵	a³³phu²²bo²²
曾祖母	a³³ʐa⁵⁵mʊ²¹	a²¹ʐa³³mʊ²¹	a³³phu²²mo²¹
大舅	a²¹ɣɛ³³	a²¹ɣɯ³³	a³³pʊ⁵⁵
小舅	a²¹ɣɯ²¹ȵiɛ³³	a²¹ɣɯ³³ȵia²¹	a³³ɣɯ²¹ȵɪ³³
大舅母	a²¹ɬa¹³ɣɛ³³	a²¹ɬa¹³ɣɯ³³	ɬa²pɚ⁵⁵
小舅母	a²¹ɬa¹³ȵiɛ³³	a²¹ɬa¹³ȵia²¹	ɣɯ²¹mo²²ȵɪ⁵⁵
兄弟	ȵiɛ²¹ba³³	fɛ³³ȵiɛ³³	vi²ȵɪ³³
堂兄	tshe¹³ʑy²¹ʈhu³³a²¹ m³³	tshɛ¹³vi²¹a³³ɣɯ³³	vi²mʊ²²
堂弟	tshe¹³ʑy²¹ʈhu³³ȵiɛ²¹ba³³	tshɛ¹³vi²¹ȵiɛ²¹ba³³	ȵɪ³³kha²²
堂姐	tshe¹³ʑy²¹ʈhu³³a³³nʁ³³	tshɛ¹³vi²¹a³³nʁ³³	a³³vi²²
堂妹	tshe¹³ʑy²¹ʈhu³³tʂhʊ²¹khu³³	tshɛ¹³vi²¹tshɔ³³khue³³	ȵɪ³³kha²²
表姐	a²¹ɣɯ³³mɛ³³	ɣɯ²¹zu³³a³³nʁ³³	ɣɯ²¹vi²²
表妹	a²¹ɣɯ³³mɛ³³	ɣɯ²¹zu³³tshɔ³³khue³³	ɣɯ²¹ȵɪ³³
表哥	a²¹ɣɯ²¹ɬa¹³	ɣɯ²¹zu³³a³³ɣɯ³³	ɣɯ²¹mʊ²²
表弟	a²¹ɣɯ²¹ɬa¹³	ɣɯ²¹zu³³ȵiɛ²¹ba³³	ɣɯ²¹ȵɪ³³
子女	a²¹mɛ³³zu³³	zu³³me³³	zʊ²²mɚ²²
侄女	a²¹mɛ¹³ndu³³	a³³me³³ndu³³	mɚ²²ndu²²
外甥女	su⁵⁵ba²¹	su³³ba²¹me³³	so²bɚ⁵⁵
孙女	ɬi³³ba²¹	ɬi³³ba²¹a²¹me³³	ɬi⁵⁵
外孙女	su⁵⁵ɬi³³ba⁵⁵	su³³ɬi³³ba²¹a²¹me³³	ɬi⁵⁵

重孙	ɬa³³bɑ²¹	ɬa³³bɑ²¹	ɬa⁵¹
祖宗	phu⁵⁵phi³³	phu⁵⁵phi³³	phʊ⁵⁵phi²¹
孤儿	su³³tʂʅ³³bɑ²¹	zu³³tʂʅ³³	zʊ²²tʂʅ²²
母女俩	ȵi⁵⁵mʊ²¹	ȵi⁵⁵mʊ²¹	ȵɿ²²mo²
男朋友	ne³³ʑi⁵⁵	zu³³ne³³ʑi³³	tsho⁵⁵zʊ²²
女朋友	ne³³ʑi⁵⁵	me³³ne³³ʑi³³	tsho⁵⁵mɛ²²
大舅子	ɣɯ²¹ɣɛ³³	a²¹ɣɯ²¹ɣɯ³³	ɣɯ²²ɬa²ɣɚ²²
小舅子	ɣɯ²¹ȵiɛ³³	a²¹ɣɯ²¹ȵia³³	ɣɯ²²ɬa²bɚ⁵⁵
兄弟俩	ȵi⁵⁵fɛ³³ȵiɛ³³	ȵi⁵⁵fɛ³³ȵiɛ³³	ȵɿ⁵⁵fɚ³³
夫妻俩	ȵi⁵⁵mɛ³³ʐo³³	ȵi⁵⁵me³³ʐo³³	ȵɿ⁵⁵mɛ⁵⁵zʊ²²
姐妹俩	ȵi⁵⁵m²¹nʁ³³	ȵi⁵⁵m²¹nʁ³³	ȵɿ⁵⁵fɚ³³
曾孙	ɬa³³bɑ²¹	ɬa³³bɑ²¹	ɬa²¹
母子俩	ȵi⁵⁵mʊ²¹zu³³	ȵi⁵⁵mʊ²¹zu³³	ȵɿ⁵⁵mo²zʊ²²
父女俩	ȵi⁵⁵phu⁵⁵zu³³	ȵi⁵⁵phu⁵⁵me³³	ȵɿ⁵⁵phʊ²²zʊ²²
婆家	bi²¹bo⁵⁵	mbi²¹bo⁵⁵	fu³³hɚ²²
父子	ȵi⁵⁵pu³³	phu⁵⁵zu³³	phʊ²²zʊ²²
父女	ȵi⁵⁵mʊ²¹	phu⁵⁵me³³	phʊ²²zʊ²²
母子	ȵi⁵⁵pu³³	mʊ²¹zu³³	mo²¹zʊ²²
母女	ȵi⁵⁵mʊ²¹	mʊ²¹me³³	mo²¹zʊ²²
种水稻	tɕhʅ²¹te³³	tʂhʅ²¹te³³	mi²²tɚ²²
播种	ʂʅ⁵⁵thʊ²¹	ʂʅ⁵⁵thʊ³³	ʂʅ⁵⁵tho²
点播	khua³³	te³³	tho²
撒播	ʂʅ⁵⁵	ʂʅ⁵⁵thʊ³³	ʂʅ⁵⁵
犁田	tɛ³³ʐy²¹	tɛ³³khɯ³³	tɛ³³go²²
种田	tɛ³³gʊ³³	tɛ³³gɔ³³	tɛ³³go²²

栽种	tɛ³³	te³³	tɛ³³/tɚ³³
耙田	tɛ³³xɯ²¹	xɯ²¹	tɚ³³ɕɿ²¹
挖地	mi³³tɕi⁵⁵	mi³³ndu³³	mi³³ndu²¹
锄地	mi³³ŋo¹³	mi³³tsho³³	mi³³tɕɿ⁵⁵
除草	ŋo¹³ŋo¹³	sɿ³³tsho³³	ɕi²²tɕɿ⁵⁵
收割	ɣe¹³kɯ²¹	sʊ³³ɣɛ¹³	dzʊ²¹kɯ²
开荒	kuɑ³³thʊ⁵⁵	kuɑ³³thʊ³³	mi³³khɚ²²tɕi⁵⁵
浇水	ʑi²¹xɯ⁵⁵	ʑi²¹xɯ⁵⁵	ʑi²¹thɯ⁵⁵
肥料	tɕhi³³	tɕhi³³	tɕhi²²
施肥	tɕhi³³xɯ⁵⁵	tɕhi³³xɯ³³	tɕhi²²tɕɿ⁵¹
沤肥	tɕhi³³ʔʊ³³	tɕhi³³vʊ³³	tɕhi²²u⁵¹
掰玉米	ʑi⁵⁵miɛ²¹xɑ¹³	ʑi⁵⁵miɛ²¹xɑ¹³	ɯ⁵⁵mʊ²²phi²
杠子	tʂhɛ²¹du²¹	vɑ¹³du²¹	du²¹
楔子	se³³ndʐɿ³³	sɛ³³ndʐɿ³³	ɕɿ⁵¹ndzɔ²²
连枷	hiã¹³khʊ³³	xɑ¹³khɔ³³	hɑ²khʊ²²
连枷把	hiã¹³khʊ³³ɣɯ³³	xɑ¹³khɔ³³mʊ²¹	hɑ²khʊ²²mo²
连枷头	hiã¹³khʊ³³zu³³	xɑ¹³khɔ³³zu³³	hɑ²khʊ²²zʊ²²
锄柄	tʂɿ²¹phɛ²¹ɣɯ³³	tshɿ²¹phɑ²¹ɣɯ³³	tɕɿ⁵⁵tɑ²ɣɯ²²
犁头	se³³go¹³	sɛ³³go¹³	dzu²²
犁铧	lu⁵⁵khu³³	lu⁵⁵khue³³	lʊ²¹tɕhɿ²²
犁弓	vu³³du³³	vu³³dʊ³³	dzu²²zu²
犁把	se³³go¹³lɑ¹³	vu³³lɑ¹³du²¹	dzu²²lɑ²¹
耙	xɯ²¹	xɯ²¹	tsɑ²¹xɯ⁵¹
牛轭	liɛ³³kʊ³³	n̩i³³liɛ³³ko³³	lɿ²¹gu⁵¹
打场	dɛ³³dʑiɛ³³	de³³gɯ³³	dɚ²²gɚ²²

晒谷	tɕhi²¹mʊ²¹ɬi¹³	tshŋ²¹ɬi¹³	dzʊ²¹ɬɤ²
晒谷场	ɬi¹³dʑiɛ²¹	tshŋ²¹ɬi¹³gɯ³³	ɬɤ²gɛ²²
风车	hĩ²¹tʂhu³³	hĩ²¹tshu³³	ɬɿ²²tshʊ²²
麻绳	m²¹tʰi³³tʂa³³	m³³tsa³³	mu²¹tsa⁵¹
撮箕	xʊ⁵⁵tɕi³³	xɔ⁵⁵tɕi³³	tɤ⁵¹xo⁵⁵
木耙	sɛ³³lu³³tɕa³³	sɛ³³lu³³tɕa³³	ɕi⁵¹ha²tsha²²
牛鼻绳	nʊ³³pe⁵⁵	ȵi³³nʊ³³tsa³³	lu²²ŋgo²²tsa⁵¹
筐	kha³³	kha³³dʊ³³	kha⁵¹
粗筛	tɕʊ³³kuɛ³³	la¹³tɕʊ³³mʊ⁵⁵	xo⁵⁵tsʊ³³mo²
细筛	la¹³tɕʊ³³	la¹³tɕʊ³³tɕhiɛ³³	xo⁵⁵tsʊ³³
圈儿	ndzɔ³³	ndzɔ³³	bʊ⁵¹
牛圈	ȵi³³ndzɔ³³	ndzɔ³³	ȵɿ²¹bʊ⁵¹
马棚	m³³ndzɔ³³	m³³tsho³³	mu²²ɬo²
羊圈	tʂhe¹³bu²¹	hũ²¹ndzɔ³³	ho²¹bʊ⁵¹/tɕhi⁵¹bʊ⁵¹
鸡窝	ɣa³³bu³³	ɣa³³gu²¹du²¹	ʐa²²kə³³
笼子	phʊ²¹kha³³	gɯ³³lu³³	kha⁵¹
猪槽	va¹³fe⁵⁵	va¹³fe⁵⁵	va²¹sɛ²²
木槽	sɛ³³fe⁵⁵	sɛ³³fɛ⁵⁵	ɕi⁵¹sɛ²²
谷桶	tɕhi³³dɛ³³pʊ³³	tshŋ²¹pɔ³³	dzʊ²¹pu²²
碾米	dzʊ²¹tʰu³³ɣʊ¹³	tshŋ²¹mʊ³³ɣɔ¹³	tɕhɿ²¹ɣɯ²²
舂米	dzʊ²¹tʰu³³di¹³	tshŋ²¹di¹³	tɕhɿ²¹tɿ²
猪草	va¹³ɕi³³	va¹³sʅ³³	va²dzʊ²¹
猪食	va¹³dzʊ²¹	va¹³dzʊ²¹	va²dzʊ²¹
买	vɛ²¹	ve²¹	və²¹
卖	vʊ⁵⁵	vɔ⁵⁵	vu⁵⁵

附录1 彝语东部方言词汇对比

交换	ɬʊ³³	ɬɔ³³	ɬɛ⁵⁵
价钱	phu³³	phu³³	phu²²
借钱	dzo¹³phu⁵⁵ɬɛ⁵⁵	dzo¹³phu³³ɬe⁵⁵	thu²¹tʂʅ²²
还钱	dzo¹³phu⁵⁵tɕhʊ⁵⁵	dzo¹³phu³³tɕhɔ⁵⁵	dʑɿ²²su²¹
讨价	phu⁵⁵ŋgʊ⁵⁵	phu³³ŋgɔ⁵⁵	phu²²khɒ²¹/phu²²khɔ²¹
还价	phu⁵⁵tɕhʊ⁵⁵	phu³³tɕhɔ⁵⁵	phu²²gɑ⁵⁵
出租	to⁵⁵	to⁵⁵	tɑ²tu⁵¹
债	ɳdʑɿ²¹	dʐʅ²¹	ɳdʑɿ²¹
戥子	tən²¹ndʑʅ²¹	tən²¹tsʅ²¹	lo²¹
秤钩	tʂʅ²¹pɑ¹³	dʐʅ²¹go³³lu³³pɑ⁵⁵	tɕi³³pɑ⁵⁵
秤盘	tʂʅ²¹sɛ³³	dʐʅ²¹se³³	tɕi³³sɛ²²
秤星	tʂʅ²¹dʑiɛ³³	dʐʅ²¹tɕiɛ³³	tɕi³³na²²
火车	to¹³tʂhu³³	to¹³tshu³³	tʊ⁵⁵tshu²²
汽车	sɑ¹³tʂhu³³	sɑ¹³tshu³³	sɑ²tshu²²
船	ɬi³³	ɬiɛ⁵⁵	ɬɹ³³
渡船	kɯ⁵⁵ɬi³³	ɬiɛ⁵⁵	ɬɹ³³
划船	ɬi³³kɯ⁵⁵	ɬiɛ⁵⁵kɯ⁵⁵	ɬɹ³³kɯ⁵⁵
电话	ɬi¹³dʊ⁵⁵	ɬi¹³tɔ³³	ɬi²do⁵⁵
子	huã³³	hã³³	ha⁵¹
丑	ȵi³³	ȵi³³	ȵɿ²²
寅	lu⁵⁵	lu⁵⁵	lo²
卯	thɑ²¹ɬʊ²¹	ɬo²¹	ɬo⁵⁵
辰	lʊ³³	lɔ³³	lu²²
巳	ʂɛ³³	se³³	sɛ³³

午	mɿ³³	mɿ³³	mu²²
未	hiõ²¹	hũ²¹	ho²¹
申	ŋo¹³	ŋo¹³	nu²
酉	ɣɑ³³	ɣɑ³³	ʐɑ⁵¹
戌	tɕhy³³	tɕhy³³	tɕhi²²
亥	vɑ¹³	vɑ¹³	vɑ²¹
国家	kuɛ³³tɕɑ³³	go¹³bo⁵⁵	gu²¹
村	lʊ²¹	lʊ²¹	lʊ²²/khɑ²²
记号	su⁵⁵	su⁵⁵	su²²tɤ⁵¹
黑板	nɑ³³phu⁵⁵	nɑ³³phu³³	nɑ⁵¹phɿ⁵⁵
纸	ne³³thu³³	su³³tu³³	tho²¹ʑi²²
书	su³³	su³³	su²²
念书	su³³ɣɯ³³	su³³ɣɯ²¹	su²²ɣɯ²¹
小学	so³³ȵiɛ³³	so³³ȵiɑ³³	so³³bɚ⁵⁵
中学	so³³tɕu⁵⁵	so³³tɕu⁵⁵	so³³tso²²
大学	so³³ɣɛ³³	so³³ɣɯ³³	so³³ɣɚ²²
毕业	so³³gu²¹	ɣɯ³³gu²¹	so³³su⁵⁵
荡秋千	vu²¹lɤ³³ɳɖo³³	vu³³lɤ³³ɳɖo³³	vɪ²¹dzɔ²²vɪ²²
吹口哨	lɑ¹³tʂʅ³³mʊ³³	mi¹³mɔ³³	ɕi³³
翻筋斗	kʊ⁵⁵ti³³pho⁵⁵	ko³³liɛ³³pho³³	kɪ⁵⁵lɪ⁵⁵phu⁵¹
潜水	ʑi²¹ɳɖʊ³³	ʑi²¹ɳɖɔ³³	ʑi²¹tɕi⁵¹
跳舞	khe³³pe³³	khe³³pɛ³³	khɛ²²pi²¹
鼓	dʑiɛ²¹mʊ²¹	dʑiɛ²¹mʊ³³	dzɛ²²
腰鼓	dzo¹³dʑiɛ²¹	dzo¹³dʑiɛ²¹	dzu²dzɛ²²
箫	mʊ³³ɕi³³li³³	mo³³ɕi³³	ɕi³³lu²²vɚ³³

唢呐	mʊ³³hiũ⁵⁵	mo³³hẽ⁵⁵	dzɛ²¹lɛ²²
射击	mbe³³	mbɛ³³	mbɚ⁵¹
图画	ɣɛ³³bu³³	ɣɛ³³bu³³	bu²¹
字	su³³nɑ³³mʊ³³	su³³nɑ³³	su²²
算	tʂɑ³³	to²¹	tsɑ²¹
数	ɣɯ²¹	ɣɯ²¹	ɣɯ²¹
加	bʊ⁵⁵	lu⁵⁵	tɕɪ⁵¹
减	kɛ³³	kɯ³³	kɚ²²
球	lɤ²¹mʊ²¹	lɤ³³	lɤ²²
倒立	tʂo³³hĩ¹³	ko³³tɕi³³tso³³	phu⁵¹hɯ²
唱山歌	tɕhʊ²¹gʊ²¹gʊ²¹	tɕhɔ³³gʊ³³gʊ³³	lu²¹vɚ³³go²
游泳	ʑi²¹bu²¹	ʑi²¹bu³³	ʑi²¹bu²¹
骑马	m³³dzɛ³³	m³³dzɤ³³	mu²²dzɛ²²
钓鱼	ŋʊ³³tiɔ¹³	ŋo³³xɯ²¹	ŋo²²pɑ²
燃烧	dʊ²¹	du³³	tʊ²¹
哈气	sɑ¹³xʊ²¹	sɑ¹³xʊ²¹	hɑ²¹
浮	bu²¹	bu³³	bu²¹
流	bu³³	be³³	lo²
飞	ɖʐ̩²¹	ɖʐ̩²¹	dɔ²¹
住	dzʊ²¹	dzo⁵⁵	ʐɑ²
来	li²¹	li²¹	lɹ²¹
吹	mʊ³³	mo³³	mu⁵¹
拉	ŋgo²¹	ŋgo²¹	ŋgo²¹
挖	ndu³³	ndu³³	ndu²²
捉	ʐu²¹	ʐu²¹	zu²¹

挠	kho³³	tɕɑ³³	tshu²¹
圈	kɯ³³	kɯ³³	kɯ²²
刺	se¹³	se¹³	ŋgɯ²¹
搓	ve¹³	ndzɔ³³	xɯ⁵¹
榨	ɳɖʊ¹³	ɣɔ¹³	dɚ²²
抹	ʂʊ⁵⁵	ɳɖɑ³³	sɯ⁵¹
笑	ɣɛ²¹	ɣɯ²¹	ɣɚ⁵⁵
旋转	ndzo²¹	tso³³	tso³³
沉	ŋo²¹	ŋo²¹	ndɚ²¹
浸	te³³	tɛ³³	ti⁵¹
漏	ndzɑ³³	ndzɑ³³	zɿ²¹
溢	bu⁵⁵	diɛ²¹sɿ³³xo³³	mbɿ⁵⁵
取名	miɛ³³ti¹³	miɛ³³ti¹³	mɚ³³thu²¹
晾衣	tho¹³ɬi¹³	tho¹³ɬi¹³	tho²¹ɮʅ⁵¹
补	do¹³	pu²¹	ɬo²²
剪	tshe¹³	tshɛ¹³	tshɛ²
裁	tshe¹³	tshɛ¹³	tshɛ²
织	ɣɑ¹³	ɣɑ¹³	dzɚ²
扎	ʂɛ³³	sɛ³³	ȵɿ²
砍柴	se³³tho³³	sɛ³³tho³³	dɛ⁵¹
淘米	dzʊ³³tʰu³³ŋo²¹	dzʊ²¹thu³³tɕhi³³	tɕhɿ²¹thu³³tɕhi²²
洗碗	di³³tɕhi³³	di³³tɕhi³³	pɑ⁵¹tɕhi²²
搅拌	ɣo³³	ɣo³³	ɣɚ²¹
焖	vʊ³³	vɔ³³	mu⁵⁵
炖	tʂɑ¹³	tsɑ¹³	ŋɔ²²

烤	ko³³	ko³³	ko²²
腌	mɛ³³	me³³	lɔ²²
饱	mbo³³	mbo³³	mbu⁵¹
醉	ɛ¹³	ʔɛ¹³	ɿ²
打嗝	ɛ¹³phu²¹dʐ̩⁵⁵	ʔɛ¹³phu³³dʐ̩⁵⁵	hɯ²²tʂ̩⁵¹
讨饭	dzʊ³³lɤ²¹	dzʊ²¹lɤ²¹	dzʊ²¹kɯ²
酿酒	ɳdʑi²¹tʂa¹³	ndʐɿ²¹tsa¹³	ɳdʑi²¹tsɑ²
搬家	hẽ²¹tʂʅ⁵⁵	hẽ²¹tshʅ⁵⁵	hɚ²¹tɕhɿ²²
分家	ʑi¹³fu³³	ʑi¹³fe³³	ɣɯ²thu²¹
开门	hẽ²¹ŋgʊ³³phʊ²¹	ŋgɔ²¹pho²¹	ŋgo⁵¹phu²¹
关门	hẽ²¹ŋgʊ³³piɛ⁵⁵	ŋgɔ²¹pi⁵⁵	ŋgo⁵¹pi⁵⁵
洗脸	tʰʊ⁵⁵tɕhi³³	tʰɔ⁵⁵tɕhi³³	tho⁵⁵tɕhi²²
漱口	ŋuɛ¹³pu²¹ʐa³³	mi¹³ʐa³³	ɲɿ²ʐɑ²
伸懒腰	dzo¹³dʑi⁵⁵	dzo¹³dʐʅ⁵⁵ʐa³³	dzu²dʑɿ⁵⁵
点灯	to¹³xo⁵⁵to¹³	to¹³xo⁵⁵to¹³	mi²tu²
熄灯	to¹³xo⁵⁵mʊ³³	to¹³sɛ¹³	mi²mu⁵¹
说梦话	ʑe¹³mba⁵⁵	ʑi¹³mbɑ³³	ʑi²mu²²dɤ⁵⁵
醒	ʑe¹³ɲi⁵⁵	ʑi¹³ɲi⁵⁵	nɤ⁵⁵
晒太阳	m³³tsho¹³ɬɤ³³	ɳdʐʅ³³ɬi¹³	ɲɿ²¹ɳdʑi²¹ko³³
烤火	m³³to⁵⁵ko³³	m³³to³³ko³³	mʊ²²tʊ⁵⁵ko³³
等待	hõ²¹tshʅ⁵⁵	hõ²¹	la²ho⁵¹
走路	dʐʊ²¹kʊ²¹	dʐʊ²¹kʊ³³	dzo²sɯ²²
遇见	dʐʊ³³phu⁵⁵	tɕo⁵⁵phu⁵⁵	phʊ⁵⁵
去	thɯ³³	ʐʊ³³	ʑɿ²²
进	ɳdʊ³³	lɤ⁵⁵	ʑɿ²²

进来	go¹³li²¹	ɳdʊ³³li²¹	vu²¹lɿ²²
上来	dɑ³³li³³	dɑ³³li³³	dɑ⁵¹lɿ²²
下去	zɑ¹³thε³³	zɑ¹³thε³³	ʐɑ²lɿ²²
争	tsɿ³³	tse³³	ndɿ⁵⁵
吃亏	zo²¹dʊ³³	tɕhia¹³khue³³	kɯ⁵⁵gɯ²²
上当	zo²¹dʊ³³	la¹³zo⁵⁵	kɯ⁵⁵gɯ²²
帮忙	la¹³pɑ⁵⁵	la¹³pɑ⁵⁵	lɑ²pɑ⁵⁵
请客	su³³ʐyε⁵⁵tɕhiε²¹	su³³vε³³tɕhiε²¹	so²vε²²tshε²²
送礼	dʐʅ³³xʊ²¹	dʐʅ³³xʊ²¹	dʑɿ²²xʊ²²
告状	ŋo²¹m²¹	ŋo²¹m²¹	ko⁵¹
犯法	ŋʊ⁵⁵tʂʅ⁵⁵	nɔ³³tʂʅ⁵⁵	no⁵⁵thɯ⁵⁵
砍头	v³³gu⁵⁵tho³³	ʔʊ³³tho³³	vu²²dɚ⁵¹
吻	bo¹³	khɯ³³bɔ¹³	bu²
呛	phε⁵⁵	tɕhi³³	ɕi⁵⁵
呼气	sa¹³ŋo²¹	sa¹³ȵdʑi⁵⁵	sɑ²dʑɿ⁵⁵
抬头	ʊ³³tu³³	ʔʊ³³tu³³	vu²²tu³³
低头	ʊ³³ŋo²¹	ʔʊ³³ŋo²¹	vu²²ku²¹
点头	ʊ³³ŋo²¹	ʔʊ³³ŋo²¹	vu²²ŋɯ²¹
摇头	ʊ³³fe³³	ʔʊ³³fe³³	vu²²ɬε⁵¹
摇动	ɬʊ³³lʊ³³	ɬʊ²¹lɔ³³	ɬε²ŋ⁵¹
招手	la¹³ŋo⁵⁵	la¹³fe³³	lɑ²fɿ³³
举手	la¹³tu³³	la¹³tu³³	lɑ²tu²²
拍手	la¹³tɑ³³	la¹³tɑ³³	lɑ²ndzε⁵¹
握手	la¹³tshʊ³³	la¹³vɔ³³	lɑ²zu²¹
弹	mbe³³	mbε³³	mbɚ⁵¹

掐	tshe¹³	tshɛ¹³	tɕhi⁵¹
抠	tɕe¹³	tɕi¹³	kɛ⁵¹/kɚ⁵¹
牵	ɕiɛ²¹	ɕiɛ³³	sɛ²¹
扳	ŋo¹³	ŋo¹³	ŋu⁵¹
捧	ve³³	ti³³	ɯ⁵¹
抛	ŋɯ²¹	ŋɯ³³	ŋɯ⁵¹
掏	ve³³	ʐu²¹	tʂ̩²
骗	tɕhi²¹	tɕhi¹³	mɚ²²tɕhi⁵¹
夹	tɕi³³	tsʅ³³	sa²
抓	ve³³	vɛ³³	tsha⁵¹
甩	fɛ³³	fe³³	fɿ³³
搓	zʋ¹³	vɛ¹³	zʅ²
跟	bʋ⁵⁵	tshu²¹	ʑi⁵⁵
跪	kɯ³³	kɯ³³	kɯ²²
踢	ɳɖo³³	ɳɖo³³	ndu⁵¹
躺	ʑe¹³	ʑi¹³	ʑi²
侧睡	vɛ³³ʑe¹³	vɛ³³ʑi¹³	dzɒ²²ʑi²/dzɔ²²ʑi²
遗失	ȵɛ⁵⁵	ȵe⁵⁵	nɛ²
堆放	pu³³	pe³³	pʋ³³
叠	tse¹³	ti³³	tɯ³³
摆	ʈhʅ⁵⁵	tiɛ³³	tʋ²²
搬	tʂhʅ⁵⁵	tshʅ⁵⁵	ȵdʐɿ²¹
塞	tɕhi⁵⁵	tɕhi⁵⁵	dza⁵¹
抢	khe³³	khɛ³³	phɚ²¹
砸	ndzo¹³	ndɛ³³	ndɛ⁵¹

刮	tʂho³³	tsho³³	tshɛ⁵⁵
揭	lɛ⁵⁵	le³³	phu²¹
翻	pho³³	pho³³	phu⁵¹
挂	tʂhɛ⁵⁵	tshe⁵⁵	tshɛ²²
包	le³³	thi³³	lɒ²²
贴	ʈa³³	ʈa³³	nɛ²
割	ɣe¹³	ɣɛ¹³	xɔ²¹
锯	ɣe¹³	ɣɛ¹³	ʑɪ²
雕	tɕe¹³	tɕi¹³	kɚ²
箍	ɳdʐʊ⁵⁵	ɳdʐɔ⁵⁵	ndzɔ⁵⁵
装	ndi³³	ndi³³	ndɯ⁵¹
卷	le³³	lɛ³³	li⁵¹
染	hũ²¹	hɔ̃²¹	hu⁵¹
吓	tɕo³³	tɕo³³	dzu⁵¹
试	ʂɿ⁵⁵	sɿ⁵⁵	n̠ɿ³³
换	ɬʊ³³	ɬɔ³³	ɬɛ⁵⁵
填	tɕhi⁵⁵	ʈiɛ¹³	tshŋ⁵⁵
留	tsɿ³³	tse³³	tɕɪ³³/tshɑ²¹
使用	ʐy²¹	vi²¹	vɪ²
顶	to³³	ɳdʑi³³	ŋɯ⁵¹
刨食	tɕa³³	tɕa³³	dzʊ²¹tshɑ⁵¹
晒衣	ʈho¹³ɬi¹³	ʈho¹³ɬi¹³	tho²¹ɬʅ⁵¹
择菜	ɣʊ⁵⁵sɿ³³	ɣʊ⁵⁵se³³	ɣo⁵⁵tɕhi⁵¹
切菜	ɣʊ⁵⁵tshʊ³³	ɣʊ⁵⁵tshɔ³³	ɣo⁵⁵ɣɯ²¹
烧开水	ʑi²¹hã³³hã²¹	ʑi²¹hã³³hã³³	ʑi²¹hɑ⁵¹hɑ⁵¹

熬	tʂɑ¹³	tsɑ¹³	tsʊ³³
烘	ɬi¹³	ɬi¹³	ko²²
溅	tʰɑ²¹	tʰɑ²¹	ɕɪ⁵¹
洒水	ʑi²¹xɯ⁵⁵	ʑi²¹xɯ³³	ʑi²¹tʰə⁵¹
返回	tʂo³³go¹³	pʰɔ³³ko¹³li²¹	gu⁵¹
到达	ko³³kɯ²¹	ko³³kʰɯ²¹	kʰɯ⁵¹
招待	zɑ¹³	ve³³ɕi³³	ʐɑ²
认罪	ʐɑ¹³dʊ⁵⁵ʐu²¹	ʐɑ¹³ʐu²¹	vɪ²¹z̩⁵⁵
卖淫	be³³vʊ⁵⁵	be³³vɔ⁵⁵	do²¹pu⁵⁵vu⁵⁵
偷盗	kʰɯ³³s̩³³	kʰɯ³³	kʰɯ²²
毒	do¹³	to¹³	du²¹
听见	ɣʊ²¹dʑu³³	tɕu³³	dʊ⁵⁵dzʊ²²
偷听	kʰɯ³³nʊ³³	kʰɯ³³nʊ³³	kʰɯ²²do⁵⁵no³³
看见	ɣʊ²¹ŋo²¹	mɔ²¹	ɣo⁵¹ŋo²¹
剐蹭	n̩dʐʊ³³zo⁵⁵	n̩dʐɔ³³	xɯ⁵¹zo²
啃	xɑ¹³	tɕʰi¹³	xɑ⁵¹
磕头	kɯ³³	kɯ⁵⁵	vʊ²²tɪ²
拖	xɯ¹³	ŋo²¹	xɯ⁵¹
拍	tɑ³³	tɑ³³	ndzɛ⁵¹
托	tu³³	tɑ³³	tsʰɛ²¹
压	ȵe¹³	ȵi¹³	ȵɪ²
抽	huɛ³³	hɛ̃³³	li⁵¹
勒	ne¹³	nɛ¹³	nɤ²
抖	ʔʊ³³	ʔʊ³³	kʰə⁵¹
挂	to³³	to³³	tu⁵¹

垫	khʊ³³	nɔ³³	nɒ²²/nɔ²²
划	xe³³	xɯ³³	mbʊ²²
锉	ɳdʐʊ³³se³³	se³³	sɛ²²
钻	ɳɖʊ³³	ɳɖɔ³³	mbu²²
捂	ʔʊ³³	tɕhu⁵⁵	ɯ⁵¹
渗	ŋɛ⁵⁵	ʑi²¹	vu⁵¹
滤	ŋo²¹	no²¹	tɕɿ³³
叼	xɯ²¹	me³³	tshɿ⁵¹
敲打	ndе³³ndu²¹	ndɛ³³ndu²¹	dɚ²²
撒娇	ku³³bi⁵⁵ʂʊ³³	ku³³bi⁵⁵	ʐɿ⁵¹
呻吟	ndzɛ³³	ndze⁵⁵	ndzɛ⁵⁵
仰睡	tʰʊ⁵⁵ʐe¹³	ʑi¹³	ʑi²phu²²lɔ²²/phu²²lɔ²²ʑi²
喂草	ɕi³³tʂu³³	sɿ³³hɔ̃³³	ɕi²²tsʊ²²
拔毛	tshɿ²¹tʂe³³	tshe³³tsɛ³³	mu²¹tɕi⁵¹
燎毛	tshɿ²¹ŋe¹³	tshe³³tshɔ³³	mu²¹nɯ⁵¹
剥皮	ɳdʑi²¹tʰʊ¹³	ɳdʑi²¹tʰɔ¹³	ɳdʑi²¹pɚ⁵¹
穿针	ʑi²¹sɛ²¹	ʑi¹³ɳdʑɛ²¹	ɣɯ²sɛ²¹
绣花	vɛ²¹lu²¹ti⁵⁵	vɛ³³dzo³³	vi⁵¹tɿ⁵⁵
缠足	tɕhi³³lе³³	tɕhi³³lɛ³³	tɕhi²¹lɒ²²/tɕhi²¹lɔ²²
磨刀	xɯ²¹sɛ³³	xɯ²¹se³³	xɔ²¹sɛ²²
劈柴	se³³khuɛ³³	sɛ³³xɯ³³	ɕi⁵¹ɳdʑi²
酒醒	dʑi²¹dʑiɛ²¹	ndʑɿ²¹dʑiɛ²¹	ɳdʑi²¹dzɛ²¹
栓门	hɛ̃²¹ŋgʊ³³ta¹³	ŋgɔ²¹ta¹³	ŋgo²ndzu⁵¹
剪指甲	la¹³sɿ³³tshe¹³	la¹³tsɿ³³tshɛ¹³	la²ɕɿ³³tshɚ²

掏耳朵	lʊ²¹pʊ³³tɕe¹³	lo³³po³³tɕi¹³	lo²¹po²²kɛ²/kɚ²
动身	gɯ²¹lʊ³³	kɯ³³lɔ³³	go²²du⁵¹
赶路	dʐʊ²¹ŋɑ¹³	dʐʊ²¹ŋɑ¹³	dzo²ŋɑ⁵¹
让路	dʐʊ²¹pɛ⁵⁵	dʐʊ²¹pe³³	dzo²thɯ⁵⁵
劝架	hɣ̃⁵⁵tʂo³³	hɣ̃⁵⁵ȵi⁵⁵bo⁵⁵kɑ³³	khɯ²²
报恩	ʑi³³tiɛ²¹	sʊ³³tɕhɔ⁵⁵	ŋɛ²²pu⁵¹/ŋɚ²²pu⁵¹
报仇	dze³³tiɛ²¹	ndu²¹tɕhɔ⁵⁵	so²²pu⁵¹
收礼	lɑ¹³ŋɯ³³ʂʊ²¹	dʐ̩³³sʊ³³	dʑi²²khɔ²¹
抢劫	khe³³	khɛ³³	phɚ²¹
杀人	ʊ³³tsho³³se¹³	tsho¹³sɛ¹³	sɯ²¹xʊ²²
鞭打	nde³³ndu²¹	ndu²¹xɛ³³	li⁵¹
拽	ŋgo²¹	ŋgo²¹	ŋgo⁵¹
捋	ʂo³³	so³³	li⁵¹
搁	tu³³	tu³³	tʊ²²
揣	ndi³³	dzɑ¹³	thɣ⁵¹
携带	ʐu²¹tʊ³³	xɯ³³	bu⁵⁵
扒	pɑ³³	vɑ³³	vɚ⁵¹
蹦	pe³³	pɛ³³	bi⁵⁵
跺脚	tɕhi³³di¹³	di¹³	tɕhi²¹bi⁵⁵
打滚	bu³³hɛ¹³	be³³	bʊ⁵⁵
扑	ʐu²¹	ʐu²¹	zu⁵¹
粘	tɕo⁵⁵	tɑ³³	nɛ⁵¹/dɛ⁵⁵
剖	phe¹³	phɛ¹³	phi⁵¹
劈	khue³³	khue³³	ɳdʑi²
漆	tɕi³³	tɕi³³	dʑi²²

搓	ve¹³	vɛ¹³	vɚ⁵¹
钉	ɳɖʊ¹³	ɳɖɔ¹³	tha⁵¹
绞	tɕo²¹	ɣɔ¹³	sɿ²²
蒙	tɕhu⁵⁵	tɕhu⁵⁵	bʊ⁵¹
发脾气	phi²¹tɕhi⁵⁵tʂhu⁵⁵	nɛ³³la³³	phʊ²¹
生长	ʐo³³	ʐo³³	zu⁵¹
打猎	ȵi⁵⁵ŋga¹³	ȵi⁵⁵ŋga¹³	ȵi²¹sɿ²¹ŋga⁵¹
蛀	khu⁵⁵	khu⁵⁵	kho⁵⁵
系围裙	ʊ³³ʐʊ³³di¹³	ɣɯ²¹ʐʊ³³di¹³	dɯ²
打结	thi⁵⁵mʊ²¹thi⁵⁵	thi⁵⁵mʊ²¹thi⁵⁵	thɯ⁵⁵
认得	tʰʊ⁵⁵sɛ⁵⁵	tʰɔ⁵⁵se³³	sɛ²
伤心	ne³³tɕhi⁵⁵	nɛ³³tɕhi³³	ȵɿ⁵¹tɕhi²
讨喜	tʰʊ⁵⁵na²¹vɛ²¹	ɳdʐɔ³³lu³³tɔ¹³	lʊ²²ndzʊ²²
恨	zɿ³³	zɿ³³	so³³
满意	gɯ²¹	nɛ³³ɖu³³	ȵɿ²lu⁵¹
担心	ne³³ma²¹tʰɿ⁵⁵	nɛ³³pa³³	ȵɿ²ba²²
放心	ne³³tʰɿ⁵⁵	nɛ³³tʰɿ⁵⁵	ȵɿ²²lɔ²²
变	tʰe¹³	tʰɛ¹³	tʰɛ⁵¹/tʰɚ⁵¹
恼火	ne³³zɿ³³	nɛ³³zɿ³³	hɿ²la⁵¹
心痛	ne³³nʊ²¹	nɛ³³nʊ²¹	ȵɿ²sʊ²²
害	ɳdʑa³³	sʊ²¹ɳdʑa³³	hɯ⁵⁵
反悔	ne³³pho³³	nɛ³³phʊ³³	ȵɿ²phu⁵¹
声音	tɕhʊ³³ɬʊ³³	tɕhɔ³³	tshʊ²²
喊	ʔʊ²¹	ʔɯ²¹	khʊ³³
问	dʊ⁵⁵nʊ³³	dɔ⁵⁵nu³³	nʊ³³

答应	dʊ⁵⁵tʂhɛ⁵⁵	dɔ⁵⁵tshe³³	o³³
介绍	dʊ⁵⁵thʊ²¹	tɕu³³	hɿ⁵⁵
回答	dʊ⁵⁵tʂhɛ⁵⁵	dɔ⁵⁵tshe³³	do²²pu⁵¹
造谣	dʊ⁵⁵dzo¹³	dɔ⁵⁵dzo³³	do²²di⁵⁵
打听	dʊ⁵⁵nʊ³³	dɔ⁵⁵nu³³	dʊ²²nʊ³³
凸	phu²¹	bu³³	ŋgɯ²²
凹	hõ¹³	ɣo¹³	hɯ⁵¹
正	tʰʊ⁵⁵	tʰɔ⁵⁵	ndzɛ²¹
反	nʊ³³	no³³	phu⁵¹
斜	ʂʅ³³	ʂʅ³³	ʂʅ²
横	vɛ³³	ve³³	və³³
竖	ɳdʐu³³	ɳdʐu³³	ndzɛ²¹
活	ɖʐʅ⁵⁵	ɖʐʅ⁵⁵	su³³
满	dɛ²¹	diɛ²¹	dɛ²¹
足	lo¹³	lo¹³	lo⁵¹
光滑	ʑi³³tu²¹	du²¹lʁ⁵⁵lʁ²¹	ndi⁵¹
冷清	ʂu³³dʐɑ³³	bʊ³³di³³	mɑ²
浊	nɛ³³	ŋɛ³³du²¹	ndɚ²¹
空	kʊ⁵⁵	gʊ³³	ko⁵⁵
嫩	nʊ³³	nɔ³³	ndʐ²²
生	dzɛ³³	dzʁ³³	dzɛ²²
熟	miɛ²¹	miɛ²¹	mɚ²
乱	dɑ³³	li⁵⁵	li⁵⁵
真	dʑiɛ²¹	dʑiɛ²¹	dzɛ²¹
假	ɳdʑiɛ³³	ɳdʑiɛ³³	go²

破	nde³³	ɖɑ³³	phɚ²¹
缩	ŋgo²¹	dʐu²¹	ɯ²¹
困了	thi⁵⁵	thi⁵⁵	ndzɑ⁵¹
瘪	tɑ³³	tɑ³³	tɑ⁵¹
倒	tʂo³³	phɔ³³	phu⁵¹
枯	to⁵⁵	ɖo²¹	ndzu²¹
潮	ȵi⁵⁵	ȵi⁵⁵	nʁ⁵⁵
强	ndzu³³	ndzu³³	tsu⁵⁵
弱	ȵdʑo³³	ȵdʑo³³	dɯ⁵¹
焦	tʂe¹³	tshɔ³³	mɚ²²dɯ²
清楚	dʑiɛ²¹tɕhu³³	dʑiɛ²¹tɕho³³	sɛ²¹dzɛ²¹
模糊	mɑ²¹dʑiɛ²¹mɑ²¹tɕhu³³	me²¹de³³	phɑ²²sɛ²phɑ²²mɑ²¹sɛ²²
准确	dʑiɛ²¹dʑiɛ²¹khɯ²¹khɯ²¹	dʑiɛ²¹khɯ²¹	dʑi²²dzɛ²¹
耐用	ʐy²¹tʂhɛ³³	vi²¹tshe²¹	vɿ²tshɛ²¹
空闲	mɛ³³thu⁵⁵	ȵi⁵⁵	mɚ³³
涩	sɛ¹³	se¹³	tsʅ²
脆	tshue¹³	tshue¹³	dzʅ⁵¹
霉烂	v⁵⁵tʂhɿ⁵⁵	ʔʊ⁵⁵tshʅ⁵⁵	tshʅ⁵⁵hu²¹
不要紧	mɑ²¹ʑo³³	mɑ²¹ʑo²¹	mɑ²¹kɛ³³
方便	tsʊ¹³sʊ²¹	sʅ³³sʊ²¹	ɕi⁵⁵
浪费	ȵdʑɑ³³	dzʊ²¹ȵdʑɑ³³	go⁵¹
聪明	ne³³go³³	dʑʊ²¹dʊ²¹	ɕi²²
狡猾	ɖo³³ɕi²¹	ɳɖɑ¹³	ndi⁵¹
大胆	ne³³ʁɛ³³	nɛ³³ʁɯ³³	ȵɿ²ʁɚ²²
胆小	ne³³tɕhiɛ³³	nɛ³³tɕhiɛ³³	ȵɿ²tshɛ³³

麻利	tɕhi³³tɕo³³lɑ¹³nɛ⁵⁵	tɕo³³nɛ³³	lɑ²lɔ²¹
节俭	to²¹dʐʅ²¹	ɕiɛ³³to²¹	sɛ³³
厉害	li¹³xɛ¹³	ndzu³³ndi²¹	pɿ⁵¹
勇敢	ne³³ɣɛ³³	nɛ³³ɣɯ³³	ɕi²¹mɑ²¹dʑi⁵¹
可怜	ʂu³³miɛ³³	su³³miɛ³³	su²²mɚ³³
贪心	ne³³nɑ¹³	nɛ³³nɑ¹³	ɲɿ²nɑ²²
拖拉	ŋgo²¹ɕiɛ²¹	ŋgo²¹xɯ²¹	phi²¹
十一	tshʅ²¹ti³³	tshe²¹ti³³	tɕhɿ²¹ti²²
十二	tshʅ²¹ɲi⁵⁵	tshe²¹ɲi⁵⁵	tɕhɿ²¹ɲi⁵⁵
十三	tshʅ²¹sʅ³³	tshe²¹se³³	tɕhɿ²¹sɯ²²
十四	tshʅ²¹ɬi³³	tshe²¹ɬi³³	tɕhɿ²¹ɬi²²
十五	tshʅ²¹ŋʊ³³	tshe²¹ŋɔ³³	tɕhɿ²¹ŋo²²
十六	tshʅ²¹tɕho¹³	tshe²¹tɕho¹³	tɕhɿ²¹tshu⁵¹
十七	tshʅ²¹ɕi⁵⁵	tshe²¹ɕi⁵⁵	tɕhɿ²¹ɕi⁵⁵
十八	tshʅ²¹hɛ¹³	tshe²¹hɛ̃¹³	tɕhɿ²¹hɿ²
十九	tshʅ²¹kɯ³³	tshe²¹kɯ³³	tɕhɿ²¹kɯ²²
二十一	ɲi²¹tsʅ³³thi⁵⁵	ɲi²¹tsɤ³³thi⁵⁵	ɲi²¹tɕɿ³³thi⁵⁵
四十	ɬi³³tshʅ³³	ɬi³³tshe³³	ɬi²²tɕhɿ²²
五十	ŋʊ³³tshʅ³³	ŋɔ³³tshe³³	ŋo²²tɕhɿ²²
六十	tɕho¹³tshʅ²¹	tɕho¹³tshe³³	tshu²tɕhɿ²¹
七十	ɕi⁵⁵tshʅ²¹	ɕi⁵⁵tshe³³	ɕi⁵⁵tɕhɿ²¹
八十	hɛ¹³tshʅ²¹	hɛ̃¹³tshe³³	hɿ²tɕhɿ²¹
九十	kɯ³³tshʅ³³	kɯ³³tshe³³	kɯ²²tɕhɿ²²
一百零一	thɑ²¹hõ²¹ɲi³³thi⁵⁵	thɑ²¹hõ²¹ɲi³³thɑ²¹	tɑ²¹hʊ²¹lɿ²¹tɑ²¹
百把个	hiõ²¹lɤ²¹ɲi³³thi⁵⁵	hõ²¹lɤ³³sʅ³³	tɑ²¹hʊ²¹gɿ⁵⁵gɑ²²

千把个	tʊ³³lɤ³³sʅ⁵⁵dʐa³³	tɔ³³lɤ³³sʅ³³	ta²¹tu³³gɿ⁵⁵ga²²
左右	ʊ³³mɛ³³	fɛ³³ɕi⁵⁵	gɿ⁵⁵ga²²
三四个	sʅ²¹⁴ɬi⁵⁵lɤ³³	sɤ²¹⁴ɬi⁵⁵lɤ³³	sɯ²¹ɬi²²dɤ²²
十几个	tshʅ²¹ndze³³lɤ³³	tshe²¹ndze³³lɤ³³	tɕʅ²¹n̠dʑi⁵¹dɤ²²
十多个	tshʅ²¹ndze³³lɤ³³	tshe²¹ndze³³lɤ³³	tɕʅ²¹n̠dʑi⁵¹dɤ²²
第二	di³³n̠i⁵⁵gʊ²¹	ti³³n̠i⁵⁵	thi²¹n̠ɿ²²
第三	di³³sʅ³³gʊ²¹	ti³³sɤ³³	thi²¹sɯ²²
半个	pha³³lɤ³³	tha²¹pha³³	ta²¹pha⁵¹
串	n̠dʑɛ²¹	ndzu²¹	ndzɛ²¹
间	tɕy³³	bi⁵⁵	bi⁵⁵
堆	bu²¹	be³³	bʊ²¹
节	tse¹³	tsɛ¹³	tɕi²²
本	phe²¹	phɛ²¹	phɿ²²
句	khu³³	khu³³	tɕi²²
庹	lɤ²¹	to¹³	lɔ²¹
拃	thɤ²¹	thɤ²¹	thɤ²¹
斤	tsʅ²¹	tsʅ²¹	tɕi³³
两	sɑ²¹	sɑ²¹	lo²
分	fɛ³³	fɛ³³	fə³³
钱	zʅ³³	ze³³	tshɛ³³
斗	tɤ³³	tu²¹	tɤ²²
升	ɕiɛ³³	ɕiɛ³³	sɯ³³
寸	tse¹³	tsɛ¹³	n̠i³³
尺	tɕhi³³	tshʅ³³	tsɑ²
里	tsɑ³³	tsɑ³³	tsɑ⁵¹

步	bu²¹	bɪ²¹	bɪ²¹
次	tɕho²¹	tɕho²¹	hɛ²¹
这些	tʂʅ²¹gɛ²¹	tshʅ²¹gɯ²¹	tsha³³lɤ²²/a³³lɤ²²
那些	na⁵⁵gɛ²¹	na⁵⁵gɯ²¹	ʊ³³lɤ²²
那些	a⁵⁵gɛ²¹	a⁵⁵gɯ²¹	va⁵⁵lɤ²²
哪些	dɤ⁵⁵gɛ²¹	a²¹dɤ⁵⁵gɯ²¹	kha³³lɤ²²
我俩	ŋʊ²¹ȵiɛ⁵⁵	ŋʊ²¹ȵi⁵⁵	ŋʊ²¹ȵɪ⁵⁵
咱俩	a²¹ɕi⁵⁵ȵiɛ⁵⁵	a³³ɕi⁵⁵ȵi⁵⁵	a²¹ɕɪ⁵⁵ȵɪ⁵⁵
他俩	thi²¹ȵiɛ⁵⁵	thi²¹ȵi⁵⁵	tɯ²¹ȵɪ⁵⁵
人家	sʊ²¹po⁵⁵	sʊ³³bo⁵⁵	sɯ²¹
每人	tha²¹ʐo²¹ȵi⁵⁵ma²¹ȵi⁵⁵	me³³ʐo³³	ta²¹zu⁵¹
多久	khʊ²¹dʑi²¹	khʊ³³dʑʅ²¹	khʊ²¹nʊ²¹
人们	tsho²¹xɯ³³	tsho³³xɯ³³	ʊ²²tsho²²
到底	dʊ⁵⁵dʑiɛ²¹	dʊ⁵⁵dʑiɛ²¹	kha²¹sɯ⁵⁵
马上	ma³³ʂaŋ¹³	di²¹dʊ³³	nɤ⁵¹
先	tɕi⁵⁵	ʔʊ³³tha³³	ɕɪ²²
后	nʊ³³	mɛ³³dʊ³³	du⁵⁵
一直	tha³³ze²¹	tha²¹zɛ²¹	ta²¹ȵɪ²²
从前	a²¹ɣɯ³³	a²¹zɛ³³	ɣa²¹ɣɯ²²
后来	dʊ²¹mɛ⁵⁵	ʔʊ³³dʊ⁵⁵	du⁵⁵tsho²
来不及	li²¹ma⁵⁵mɛ³³	li³³ma⁵⁵me³³	lɪ²¹ma²¹mɚ³³
来得及	li²¹mɛ³³	li³³me³³	lɪ²¹mɚ³³
偷偷地	khɯ³³khɯ³³m³³	khɯ³³khɯ³³m²¹	khɯ²¹khɯ²²mu²²
真	dʑiɛ²¹	dʊ⁵⁵dʑiɛ²¹	dzɛ²¹
好	ȵʊ³³	ȵʊ³³	ɕi⁵⁵

难	ʂu³³	su³³	sʊ²²
完全	ʑi³³pɑ²¹	di²¹di³³	dʑi²¹dʑi²²
全部	thɑ²¹po²¹	thɑ²¹bɔ³³	khʊ²¹vɔ⁵¹
究竟	dʊ⁵⁵dʑiɛ²¹	dʊ⁵⁵dʑiɛ²¹	khɑ²¹sɯ²²
互相	ɑ²¹dʑiɛ¹³	ɑ²¹dʑiɛ³³	ɑ²¹dʑi²²
趁	tʏ⁵⁵	tʏ⁵⁵	phʊ⁵⁵
像	ɕi⁵⁵	ɕi⁵⁵	sɯ⁵⁵
归	dzʊ³³	bi⁵⁵	kɛ³³

附录2　彝语东部方言语法一百句

三官寨彝语

1. 老师和学生们在操场上玩。
   m⁵⁵ɕiɛ²¹ɲ̩i³³so³³ba²¹gɛ²¹tshɔ⁵⁵ tʂhaŋ²¹ko³³ndʑiɛ³³dʐo³³.
   老师　和　学生　们　操场　　里　玩　在

2. 老母猪下了5头小猪崽。
   va¹³mʊ⁵⁵m⁵⁵ va¹³va⁵⁵ ŋʊ³³lɤ³³khu⁵⁵kɔ³³dʊ³³.
   老母猪　　小猪崽　5　个　下　了

3. 我爸爸教他们的孩子说汉语。
   ŋʊ²¹a³³ba³³ thi²¹xu³³ bu¹³ a³³ŋa⁵⁵ m⁵⁵ ʂa³³dʊ⁵⁵ hɤ̃⁵⁵.
   我爸爸　　他们　的　孩子　教　汉语　说

4. 村子里事事都有人做，人人都很高兴。
   lʊ²¹ko³³nʊ⁵⁵khʊ²¹di⁵⁵ʔɔ⁵⁵ʊ³³tsho³³m²¹xɯ³³dʐo²¹, ʐo²¹ʐo³³ʔɔ⁵⁵gɯ²¹ɣo³³.
   村里　事　所有　都　人　做　的　有，个个　都　高兴　很

5. 咱们今天上山去吧。
   a³³ɕi⁵⁵ ʔɤ²¹ɲ̩i²¹ da³³bu¹³nde³³lɤ⁵⁵ma²¹.
   咱们　今天　上　山顶　去　吧

6. 你家有几口人？
   na³³bo⁵⁵ʊ³³tsho³³khʊ²¹ŋʊ²¹ʐo³³dʐo²¹
   你家　人　多少　个　有

7. 你自己的事情自己做。
   na²¹ʐo²¹ʐo³³bu¹³ŋʊ⁵⁵ʐo²¹ʐo²¹dʑʊ¹³.
   你　自己　事　自己　做

8. 这是我的手镯，那是你的手镯。
   tʂʅ¹³no³³ŋʊ²¹bu¹³la¹³dʐʊ²¹, na⁵⁵no³³na²¹bu¹³la¹³dʐʊ²¹.
   这　是　我的　手镯，那　是　你的　手镯。

9. 这些问题他们说自己去解决。
   ȵʊ⁵⁵tʂɿ²¹gɛ²¹thi²¹xɯ³³hɤ̃⁵⁵thi²¹xɯ²¹ʐo²¹ʐo³³gɯ⁵⁵dzʊ¹³ .
   事　这些　　他们　说　　他们　自己　去　做

10. 他是谁？
    thi²¹　ʂɿ⁵⁵　a³³ɕiɛ³³ ?
    他　　是　　谁

11. 你想吃点什么？我什么也不想吃！
    na²¹ʔɤ²¹tʂɿ⁵⁵dʑi²¹dzʊ³³ȵdzʊ³³? ŋʊ²¹ʔɤ²¹tʂɿ⁵⁵ȵi⁵⁵dzʊ³³ma⁵⁵ȵdzʊ³³!
    你　什么　点　吃　想？　我　什么　也　吃　不　想！

12. 他们从哪儿来的？
    thi²¹xɯ³³a²¹dɤ⁵⁵ko³³ka³³li²¹xɯ³³ .
    他们　　何处里　从　来　的？

13. 你想怎么样？
    na³³khɯ²¹sɿ²¹ȵdzʊ³³ .
    你　怎么　想

14. 你家有多少头牛？
    na²¹bo⁵⁵ȵi³³khʊ²¹ŋʊ²¹tɕhiɛ³³dzo²¹ .
    你家　　牛　几　　条　有

15. 客人什么时候到？
    su³³ʐyɛ⁵⁵ ʔɤ²¹tʂɿ⁵⁵thu⁵⁵ko³³khɯ³³ .
    客人　　什么　　时里　到

16. 今天的会就开到这里。
    ʔɤ²¹ȵi³³bu¹³gʊ²¹ndʐɿ²¹dzʊ⁵⁵ndʐɿ²¹tʂɿ²¹ko³³khɯ³³ .
    今天　的　会议　就　议　　这里　到

17. 粮食运来后就分给大家了。
    dzʊ³³mʊ⁵⁵ go¹³li²¹dʊ³³dzʊ⁵⁵ fu³³a²¹dʑiɛ¹³bi⁵⁵kɔ³³dʊ³³.
    粮食　　运来　　了　就　分　大家　给　了　了

18. 人家的事情咱们别多管。
    sʊ³³bu¹³ŋʊ⁵⁵a³³ɕi⁵⁵ŋʊ⁵⁵ m³³tha²¹thu³³ .
    人的事　咱们　多　的　别　管

19. 这件事我也不清楚，你去问别人吧！
    ȵʊ⁵⁵tʂɿ²¹diɛ²¹ŋʊ²¹ȵi²¹ma²¹sɛ⁵⁵, na²¹gɯ⁵⁵pha²¹dɤ³³dʊ⁵⁵nʊ³³ma²¹.
    事　这件　　我　也　不　知，你　去　别处　　问　吧

20. 今天是2015年10月1日。
    ʔɤ²¹ȵi³³sɿ⁵⁵ȵi⁵⁵dʊ³³tsh²¹ŋʊ³³ kho¹³va⁷⁵hũ⁵⁵ta²¹thi⁵⁵ȵi²¹ .
    今天　　是　二　千　十　五　年　十　月　初　一　日

21. 那个老太婆 94 岁了，是我年龄的两倍左右。
 ɑ³³dɑ³³m⁵⁵ɑ⁵⁵ʐo²¹kɯ³³tshŋ³³ɬi³³kho¹³dʊ³³,
 老太婆 那个 九 十 四 岁 了
 ʂŋ⁵⁵ŋʊ²¹kho¹³thɤ²¹bu¹³n̻i⁵⁵tʂɛ¹³sɿ³³dzɑ³³.
 是 我 年龄 的 两倍 似样（左右）。
22. 山下那群羊有 108 只。
 bu²¹tɕhi³³tʂhe¹³ɑ⁵⁵ndi²¹thɑ²¹ hiõ²¹n̻i³³hɛ¹³tɕhie³³dzo²¹.
 山 下 山羊 那群 一 百 零 八 只 有
23. 我排第一，你排第二，他排老末。
 ŋʊ²¹lɑ¹³thɑ⁵⁵hĩ²¹, nɑ²¹ŋʊ²¹dʊ³³ ŋgɑ²¹, thi²¹nɑ²¹dʊ³³ŋgɑ²¹.
 我 前 站， 你 我 后 赶， 他 你 后 赶
24. 我今天买了一只鸡、两条鱼、三斤肉。
 ŋʊ²¹ʔɤ²¹n̻i³³ɣɑ³³tɕhie³³, ŋʊ³³n̻i⁵⁵tɕhie³³, fu³³ʂŋ³³tʂŋ²¹vɛ²¹ko³³.
 我 今天 鸡 一 只， 鱼 二 条， 肉 三 斤 买 了
25. 这本书我看过三遍了。
 su³³tʂhŋ²¹phe²¹ŋʊ²¹ʂŋ³³tɕho²¹nɑ³³ŋʊ⁵⁵dʊ³³.
 书 这 本 我 三 次 看 过 了
26. 你数数看，这圈里有几头猪？
 nɑ²¹ɣɯ²¹ɣɯ²¹nɑ³³, tʂho¹³bu²¹ko³³vɑ¹³kho²¹ŋʊ²¹lɤ³³dzo²¹?
 你 数 数 看， 这 猪圈里 几 个 有
27. 这两把雨伞是我的。
 tsho¹³ɣe⁵⁵tʂhŋ²¹n̻i⁵⁵bo²¹ʂŋ⁵⁵ŋʊ²¹bu¹³.
 雨伞 这 两把 是 我 的
28. 他年年都回家。
 thi²¹thɑ²¹kho³³n̻i⁵⁵mɑ²¹n̻i³³gɯ⁵⁵ʐɤ²¹.
 他 一年 也 不 空 回 去
29. 他要去街上买肉。
 thi²¹gɯ⁵⁵tɕhi³³ko³³lɤ⁵⁵fu³³vɛ²¹ve³³.
 他 去 街 里 去 肉 买 要
30. 我正在山上砍柴。
 ŋʊ²¹bu²¹nde³³se³³tho³³dzo³³.
 我 山 上 柴 砍 在
31. 昨天我背粮食去了。
 ɑ²¹n̻i²¹ŋʊ²¹dzʊ²¹mʊ³³bu⁵⁵the³³.
 昨天 我 粮食 背 去

32. 你们俩一定要好好地学习。
    na²¹n̠iɛ⁵⁵dʊ⁵⁵dʑiɛ²¹khʊ²¹n̠ʊ⁵⁵m²¹so³³xʊ⁵⁵ .
    你俩　　一定　　好好地　　学 要（必须）。

33. 他们看电影去了。
    thi²¹xɯ³³ɬi¹³ɣe³³na³³the³³dʊ³³.
    他们　　电影　　看　去　了

34. 他在山上看见过野牛。
    thi²¹bu²¹nde³³ko³³lu³³hɛ̃³³ɣʊ²¹ŋo²¹n̠ʊ⁵⁵.
    他　山　上　里　牛　野　得　见　过

35. 你们今后一定要互相学习，互相帮助，互敬互爱！
    na²¹xɯ³³ɣʊ²¹dʊ⁵⁵dʊ⁵⁵dʑiɛ²¹a²¹dʑie¹³bu²¹so³³,
    你们　　今后　　一定　　互相　　跟　学，
    a²¹dʑiɛ¹³la¹³pa⁵⁵, a²¹dʑiɛ¹³dʐ̩¹³n̠dʐu³³
    互相　　帮忙，　　互相　　相　爱

36. 请你帮他把衣服收起来。
    na²¹tɕhiɛ³³thi²¹la¹³pa⁵⁵ʈho¹³kɛ³³kɯ²¹ʂʊ²¹tu³³ .
    你　请　他　帮　　衣　把　收拾　起（搁）。

37. 地震把新修的路震垮了。
    ndu³³xɯ³³dʐʊ²¹xe¹³ka³³mi³³lʊ³³bi⁵⁵lʊ³³gue³³dʊ³³.
    挖的　　路　新　把　地震　被　震　垮　了

38. 你们俩把鸡杀了。
    na²¹n̠iɛ⁵⁵ɣa³³kɛ³³ndu²¹xʊ²¹.
    你俩　　鸡　把　杀　了

39. 你看见那个乞丐了吗？
    na²¹dzʊ²¹lʁ²¹phu⁵⁵a⁵⁵lʁ³³ɣʊ²¹ŋo²¹dʊ³³nʊ³³ma²¹?
    你　乞丐　　那个　得见　了　呢　不

40. 他笑了。我把他的小孩逗笑了。
    thi²¹ɣɛ³³dʊ³³。ŋʊ²¹thi²¹bu¹³a³³ŋa⁵⁵ka³³nʊ⁵⁵ɣɛ²¹dʊ³³.
    他　笑　了。　我　他的　孩子　把　逗笑　了

41. 那个猎人进来以后又出去了，随后拿回来一只野鸡。
    ʂ̩⁵⁵su³³ a⁵⁵ʐo²¹go¹²li²¹dʊ³³ʐo⁵⁵pe¹³the³³dʊ³³,
    猎人　　那个　回来　后　又　出　去　了，
    ɣʊ²¹dʊ⁵⁵ŋa³³tɕi³³tha²¹tɕhiɛ²¹kɛ³³tʊ³³go¹³li²¹.
    随后　　野鸡　　一只　　　拿着　回来

42. 我亲眼看见那只花狗跳上跳下，可好玩了。
    ŋʊ²¹na³³to³³to³³ɣʊ²¹ŋo²¹tɕhy³³kua⁵⁵a⁵⁵tɕhiɛ³³pe³³da³³pe³³za¹³,
    我　眼睁睁　　得见　狗　花　那条　跳上跳下，
    dɤ²¹dɤ²¹n̩dziɛ³³bu³³ɣo³³.
    特别　　玩　好　很（语气）

43. 朝上背四十里，朝下背五十里。
    bu²¹da³³lɤ⁵⁵ɬi³³tʂhʅ³³tsa¹³bu⁵⁵, bu²¹thi³³lɤ⁵⁵ŋʊ³³tʂhʅ³³tsa¹³bu⁵⁵.
    上面　去四十　　里背，下面　去　五十　里背。

44. 这个东西拿来拿去太费事了，你就别拿了。
    kʊ²¹dza³³tʂʅ²¹lɤ³³ʐu²¹the³³ʐu²¹li²ŋʊ⁵⁵nd̩³³ɣo³³,
    东西　这个　　拿去　拿来　事耽搁很，
    na²¹dzʊ⁵⁵tha²¹ʐu²¹dʊ³³.
    你　就　别　拿　了。

45. 那个穿破衣裳的家伙一会儿过来、一会儿过去的，到底在做什么？
    ʈho¹³gue³³ve¹³xɯ³³tsho²¹da³³a⁵⁵ʐo²¹tha²¹ɕi²¹n̩dzʊ²¹li²¹,
    衣　破　穿　的　家伙　那个　一会　过来，
    tha²¹ɕi²¹n̩dzʊ²¹the³³m³³, thi²¹dʊ⁵⁵dziɛ²¹ʔɤ²¹tʂʅ⁵⁵m²¹dzo²¹?
    一会　过　去　的，　　到底　什么　做　在

46. 他是藏族，不是回族。
    thi²¹ʂʅ⁵⁵tsaŋ¹³tsu²¹, ʂa³³na³³ma⁵⁵ŋɯ²¹.
    他　是　藏族，　回族　不　是

47. 他们家有三个孩子，一个在学校，一个在家里，还有一个已经工作了。
    thi²¹xɯ³³bo⁵⁵a³³ŋa³³ʂʅ³³lɤ³³dzo²¹, tha²¹lɤ³³so³³hẽ²¹dzo⁵⁵,
    他　家　孩子　三个　有，　一个　学校　在，
    tha²¹lɤ³³hẽ²¹ʈhu³³dzo³³, tha²¹lɤ³³ŋʊ⁵⁵dzʊ¹³dʊ³³
    一个　家里　在　一个　事　做　了

48. 我们很愿意听爷爷讲故事。
    ŋʊ²¹xɯ³³a²¹dɤ³³dɤ²¹a³³bu³³lʊ²¹mən²¹tʂən¹³pɛ²¹dʊ⁵⁵nʊ³³.
    我们　特别　　爷爷　龙门阵　摆　听　愿意。

49. 这只狗会咬人。
    tɕhy³³tʂʅ²¹tɕhiɛ³³sʊ²¹tɕhe¹³kʊ¹³.
    狗　这个　别人　咬　会

50. 她不敢一个人睡觉。
    thi²¹tha²¹ʐo²¹n̩iɛ³³ʐe¹³m³³kɯ³³ma⁵⁵ku³³.
    她　一个　只　瞌睡　敢　不

51. 你能来吗？我能来。
    na²¹li²¹dʊ²¹mo⁵⁵? ŋʊ²¹li²¹dʊ²¹.
    你 来 能 吗？ 我 来 能

52. 这些人我恨透了。
    ʊ³³tsho³³tʂʅ²¹gɛ²¹ŋʊ²¹ne³³tso³³ɕi³³dʊ³³.
    人   这些   我 心恨 死 了

53. 达娃家的稻子收完了，但格西家的稻子还没有收完。
    ta²¹wa²¹ɔ⁵⁵bu¹³tɕhi²¹ʂʊ²¹gu²¹dʊ³³,
    达娃家   的 稻子 收 完 了
    di⁵⁵dʐ²¹kɛ²¹ɕi⁵⁵ɔ⁵⁵bu¹³tɕhi²¹ʂʊ²¹ma²¹gu²¹ɕi³³.
    但是 格西家   的 稻子 收 没 完还

54. 我找了一遍又一遍，终于找着了。
    ŋʊ²¹tha²¹tɕho²¹dʊ³³tha²¹tɕho²¹m²¹ʂʊ³³dʊ³³, ɣʊ²¹dʊ⁵⁵ʂʊ³³ɣʊ⁵⁵dʊ³³.
    我 一次 后 一次   地 找 了, 后来 找 得 了

55. 你先休息休息，我试着跟她谈谈。
    na²¹tɕi⁵⁵tha¹³ɕi²¹nʊ³³tʂʅ³³, ŋʊ²¹tɕi⁵⁵thi²¹bu²¹hr̃⁵⁵sʅ⁵⁵na³³.
    你 先 一会 休息 着, 我 先 他 很一会 说 试 看

56. 他们边唱边跳，玩得可高兴了。
    thi²¹xɯ³³gʊ²¹lo⁵⁵pe³³lo⁵⁵m²¹, ȵdʑiɛ³³dʐ³³dʐ²¹dʐ²¹gu²¹yo³³.
    他们   唱 边 跳 边地, 玩 得 特别 高兴。

57. 吃的、穿的都不愁。
    dzu³³xɯ³³, ve¹³xɯ³³ɔ⁵⁵ma²¹ʂu³³.
    吃的、 穿的 都 不 愁

58. 这些猪呢，肥的宰掉，瘦的放到山上去。
    va¹³tʂʅ²¹gɛ²¹no³³, tshu³³xɯ³³ndu²¹kɔ³³,
    猪 这些 呢, 肥的   杀 了,
    ʂʅ²¹xɯ³³tʂʅ⁵⁵dʐ²¹bu²¹ndo³³lʐ⁵⁵.
    瘦的 放 到 山上 去

59. 他的脸红起来了。
    thi²¹bu¹³thʊ⁵⁵na²¹nʐ²¹li²¹dʊ³³.
    他的 脸 包 红 来 了

60. 碗里的饭装得满满的。
    di³³ko³³dʑa³³ndi³³dʐ³³dɛ²¹dɛ²¹ŋɯ⁵⁵.
    碗里 饭 装 的 满满 是

61. 山边的雪是白的，山坡上的雪更白，而山顶的雪最白。
    buʔ²¹tɕhi³³buʔ¹³vu³³ʂɿ⁵⁵thu³³xɯ³³，buʔ²¹vɛ³³buʔ¹³vu³³thu³³ndʑu³³，
    山　脚　的雪是白　的，山坡　的雪白　　更，
    di⁵⁵dʐ³³buʔ²¹ndɛ³³buʔ¹³vu³³dʐ²¹dʐ²¹thu³³.
    但是　山顶上的　雪　特别　白

62. 这把刀好是好，就是太贵了点。
    xɯ³³tʂʂɿ²¹thi³³ɳʊ³³na³³ɳʊ³³，dʊ¹³ʂɿ⁵⁵thaʔ²¹dʑi³³phu³³kha³³the³³.
    刀　这　把　好　呢　好，就是　一点　价　贵　去

63. 弄坏了人家的东西是一定要赔偿的。
    sʊ²¹buʔ¹³kʊ²¹dza³³mʔ²¹da³³ʂɿ⁵⁵dʊ⁵⁵dʑɛ²¹kɛ³³sʊ²¹tɕhʊ⁵⁵xʊ⁵⁵xɯ³³.
    别人的　东西　弄坏　是　一定　给别人归还　要　的

64. 他经常去北京出差。
    thi²¹ba³³dʐ²¹tshu³³thu³³lʊ²¹lʐ⁵⁵ŋgʊ²¹do³³.
    他　经常　北京　去　门　出

65. 昨天他答应了我的要求，说是明天再来玩。
    thi²¹a³³ɲi²¹ŋʊ²¹buʔ¹³khu³³tʂʂɿ³³dʊ⁵⁵tʂhɛ⁵⁵dʊ³³，
    他　昨天　我　的　要求　答应　了，
    hʐ̃⁵⁵no³³a²¹ŋɯ²¹ɲi³³po³³li²¹ndʑi³³
    说　是　明天　再　来　玩

66. 我一会儿就回来。
    ŋʊ²¹tha²¹ɕi²¹ɕi⁵⁵dzʊ⁵⁵go¹³li²¹.
    我　一会　就　回来

67. 村长可是个好人。
    tshən⁵⁵tʂaŋ²¹tʊ³³ʂɿ⁵⁵tsho²¹ɳʊ³³tha²¹ʐo²¹.
    村长　就是　人　好　一个

68. 这条鱼至少有五斤重。
    ŋʊ³³tʂʂɿ²¹tɕhiɛ³³nɛ³³di⁵⁵ɔ⁵⁵ŋʊ³³tʂʂɿ²¹dzo²¹.
    鱼　这条　少说都　五斤　有

69. 这条河最多有五米宽。
    ʐi²¹tʂʂɿ²¹tɕhiɛ³³ŋʊ³³ndzu³³vʊ³³mi³³dʑɛ²¹dzo²¹.
    河　这条　多　最　五米　宽有

70. 他全家人我都熟悉。
    thi²¹bo⁵⁵tha²¹hɛ̃²¹na³³lʐ⁵⁵lʐ²¹ɲi³³ŋʊ²¹ɔ⁵⁵thu⁵⁵sɛ⁵⁵.
    他家　一房　呢　个个　也　我　都　熟悉。

71. 妈妈不会来了。妈妈还没回来。你别回去了。
    a³³ma³³li²¹ma²¹kʊ¹³dʊ³³, a³³ma³³go¹³ma⁵⁵li²¹ɕi³³,
    妈妈 来 不 会 了， 妈妈 回 没 来 还，
    na²¹gɯ⁵⁵tha²¹ʐɤ²¹dʊ³³.
    你 回 别 去 了

72. 客人们都在悄悄地议论这件事。
    su³³ʑyɛ⁵⁵gɛ²¹ɔ⁵⁵ba²¹di⁵⁵di⁵⁵m²¹nʊ⁵⁵tʂʅ²¹diɛ²¹hɤ̃⁵⁵ndʐʅ²¹dzo²¹.
    客人   们 都 悄悄   地 事 这件   说议   在

73. 你们究竟来了多少人？
    na²¹xɯ³³dʊ⁵⁵dʑiɛ²¹ʊ³³tsho³³khʊ²¹nʊ³³ʐo³³li²¹dʊ³³?
    你们   究竟   人   多少   来 了

74. 他不去也行，但你不去不行。
    thi²¹ma²¹ʐɤ²¹n̩i³³lɤ²¹de¹³, di⁵⁵dɤ²¹na²¹ma²¹ʐɤ²¹ma²¹de¹³.
    他 不 去 也行， 但 你 不 去 不行

75. 这是我的衣服，那是你的，床上摆着的是人家的。
    tʂʅ²¹ʂʅ⁵⁵ŋʊ²¹bu¹³tho¹³, na⁵⁵ʂʅ⁵⁵na²¹bu¹³,
    这 是 我 的 衣， 那 是 你 的，
    dʑi³³ko³³ndu³³xɯ³³ʂʅ⁵⁵sʊ²¹bo⁵⁵bu¹³.
    床 上 搁 的 是 别人家 的

76. 猎人打死了兔子。/猎人把兔子打死了。/兔子被猎人打死了。
    ʂʅ⁵⁵su³³tha³³ɬʊ⁵⁵ndu²¹ɕi³³kɔ³³,
    猎人   兔子 打 死 了,
    ʂʅ⁵⁵su³³tha³³ɬʊ⁵⁵ka³³ndu²¹ɕi³³kɔ³³,
    猎人   兔子 把 打 死 了,
    tha³³ɬʊ⁵⁵ka³³ʂʅ⁵⁵su³³bi⁵⁵ndu²¹ɕi³³kɔ³³.
    兔子 把 猎人 被 打 死 了

77. 他给了弟弟一支笔。
    thi²¹su³³khuɛ³³tha²¹tsʅ³³kɛ³³n̩iɛ²¹ba³³bi⁵⁵kɔ³³.
    他 笔   一支 把 弟弟 给 了

78. 妈妈为我缝了一件新衣服。
    a³³ma³³ŋʊ²¹bu²¹tho¹³xe¹³tha²¹thi²¹ne¹³kɔ³³.
    妈妈 我 为 衣 新 一件 缝 了

79. 学生们用毛笔写字。我用这把刀切肉。
    so³³ba²¹gɛ²¹tsʅ²¹khue³³ʐy²¹sa³³na³³ŋo³³,
    学生 们 毛笔   用 字 写,

ŋʊ²¹xɯ²¹tʂɻ̩²¹tʰi²¹ʐy²¹fu³³tsʰʊ³³.
我　刀　这把　用　肉　切

80. 人们用铁锅做饭。
ʊ³³tsho³³gɛ²¹xʊ²¹pʰʊ³³ʐy²¹dʑa³³m²¹.
人们　　铁锅　用　饭　做

81. 树上拴着两匹马。
se³³dʑɛ³³ko³³m³³n̠i⁵⁵dʑɛ³³kʰuɛ⁵⁵tsʰɻ̩³³.
树　　上　马　两匹　拴　　着

82. 水里养着各色各样的鱼。
ʐi²¹ko³³tʰa²¹tʂʰʊ³³tʰa²¹tʂʰʊ³³ma⁵⁵ɕi³³xɯ³³ŋʊ³³kɛ³³hiõ³³.
水　里　一样　　一样　　不　像　的鱼　养着

83. 桌子下躺着一只狗。
dʐɻ̩³³tʰɛ³³tʰo⁵⁵tɕhy³³tʰa²¹tɕʰiɛ³³ko³³ʐe¹³.
桌子　　下　狗　一条　　这里　睡

84. 山上到山下有三十多里地。
bu²¹ndɛ³³ka³³bu²¹tɕʰi³³kʰɯ²¹sɻ̩³³tsʰɻ̩³³ndʑe³³tsa³³mi³³dzo²¹.
山　上　从　山　下　到　三十　　余　里　地　有

85. 哥哥比弟弟高多了。
a³³m³³tɕʰo²¹m³³n̠iɛ²¹ba³³dɛ⁵⁵ma²¹bu³³dʊ³³.
阿哥　高　　弟弟　比　不只　了

86. 小弟跟爷爷上山打猎去了。
n̠iɛ²¹ba²¹a³³bu³³bʊ⁵⁵bu²¹nde³³lʀ⁵⁵n̠i⁵⁵ŋa¹³tʰe³³dʊ³³.
弟　　爷爷　跟　山上　去　野兽　追　去　了

87. 今天、明天和后天都有雨，爷爷和奶奶都不能出门了。
ʔʀ²¹n̠i²¹a²¹ŋge¹³n̠i³³tsʰɻ̩³³n̠i³³ɔ⁵⁵m³³hũ³³dzo²¹,
今天、明天　和　后天　都　雨　有，
a³³bu³³n̠i³³a³³da³³ɔ⁵⁵ŋʊ²¹do³³ma⁵⁵dʊ²¹dʊ³³
爷爷　和　奶奶　都　门　出　不　能　了

88. 买苹果或香蕉都可以。
piŋ⁵⁵ko³³vɛ²¹n̠i³³ɕiaŋ⁵⁵tɕiɔ⁵⁵vɛ²¹ɔ⁵⁵lʀ²¹de¹³.
苹果　　买　或　香蕉　　买　都　要得

89. 哎呀！好疼！
ɛ³³ʐa²¹!nʊ²¹ɣo³³!
哎呀！疼很！

90. 昨天丢失的钱找到了吗？
    a²¹n̪i²¹nɛ⁵⁵xɯ³³dzo¹³phu⁵⁵ʂʊ³³ɣʊ⁵⁵dʊ³³nʊ³³ma²¹?
    昨天　丢 的　　钱　　　找　得　了　或　没

91. 他们早已经走了吧？
    thi²¹xɯ³³ʂɛ³³thu⁵⁵bu³³lo²¹kʊ²¹dʊ³³pha¹³?
    他们　　早时　　已经　　走　了　吧

92. 我走了以后，他们又说了些什么？
    ŋʊ²¹kʊ²¹the³³dʊ³³, thi²¹xɯ³³ʐo⁵⁵mɤ²¹lɤ³³gɛ²¹hɤ̃⁵⁵.
    我　走　　后　　　他们　又　什么　　些　说

93. 叔叔昨天在山上砍柴的时候，看见一只大大的野猪。
    a²¹vɛ²¹a²¹n̪i²¹bu¹³nde³³ko³³se³³tho³³ɕi³³thu⁵⁵,
    叔叔　　　昨天　　山上　里　柴　砍　之时，
    khʊ⁵⁵ɣɛ²¹ɣɛ²¹xɯ³³va¹³n̪i⁵⁵tha²¹lɤ³³ɣʊ²¹ŋo²¹.
    大大　　　　　的　野猪　　一只　　得　见

94. 藏族住在上游，纳西族住在下游。
    tsaŋ²¹tshu³³ʑi²¹ʊ³³ko³³dzo³³, la¹³ɕi³³tshu³³ʑi²¹mɛ³³ko³³dzo³³.
    藏族　　　　上游　　　住，　纳西族　　　　下游　　　　住

95. 他不单会说，而且也很会做。
    thi²¹hɤ̃⁵⁵kʊ¹³n̪iɛ³³ma⁵⁵ŋɯ²¹, thi²¹ʐo⁵⁵m²¹kʊ¹³yo³³ɕi³³.
    他　说　　会　只不是，　　他　又　做　会　很　还

96. 是扎西留下，还是卡佳留下？
    ʂɿ⁵⁵tʂa⁵⁵ɕi⁵⁵tsɿ³³zɿ²¹nʊ³³xɛ²¹ʂɿ⁵⁵kha³³tɕia³³tsɿ³³zɛ²¹.
    是　扎西　　　留下　　呢还是　　卡佳　　　留下

97. 虽然我也不想去，但又不便当面说。
    ŋʊ²¹n̪i³³ʐɤ²¹ma⁵⁵n̪dʑʊ²¹di⁵⁵dɤ²¹, ʐo⁵⁵thi²¹na³³tha³³hɤ̃⁵⁵ma²¹sʊ²¹.
    我　也　去　不　想　说呢，　又　他　跟前　说　不　好

98. 因为我实在太累了，所以一点都不想去。
    ŋʊ²¹dʊ⁵⁵dʑiɛ²¹thi⁵⁵ɣo³³la³³ʑi³³, dʊ⁵⁵dʑiɛ²¹tha²¹dʑi³³
    我　实在　　累　很　因为　　确实　　一点
    n̪i³³ʐɤ²¹ma⁵⁵n̪dʑʊ²¹.
    都　去　不　想

99. 如果天气好的话，我们就收玉米去。
    m³³n̪ʊ³³di⁵⁵no³³, a²¹ɕi³³dzʊ⁵⁵ʑi⁵⁵miɛ²¹xa¹³ʐɤ²¹.
    天　好　的话，　咱们　就　玉米　掰　去

100. 我们现在多积肥，是为了明年多打粮食。
a²¹ɕi³³a²¹n̠iɛ²¹thu⁵⁵tɕhi³³ŋʊ³³m³³kɛ³³no³³,
咱们　现在　　　　肥　多　地　积　呢，
ʂ̩⁵⁵na⁵⁵n̠i²¹kho¹³dzʊ²¹ŋʊ³³m³³kɯ²¹ʑi²¹
是　明年　　　　粮　多　地　收　为

大方百纳彝语

1. 老师和学生们在操场上玩。
m³³ɕiɛ²¹ n̠i³³ so³³ba²¹ xɯ³³ n̠dziɛ³³dziɛ²¹ ko³³ n̠dziɛ³³.
老师　　和　学生　　们　　　操场　　　上　玩

2. 老母猪下了5头小猪崽。
va¹³mʊ⁵⁵m⁵⁵ va¹³ba⁵⁵ ŋɔ³³ lʴ³³ khu⁵⁵ xʊ²¹dɔ¹³.
老母猪　　　小猪崽　5 头　　下　了

3. 我爸爸教他们的孩子说汉语。
ŋʊ²¹ a³³ba³³ thi²¹xɯ³³ be²¹ a³³ŋa⁵⁵ba²¹ m⁵⁵ sa³³dɔ⁵⁵ hɹ̃⁵⁵.
我　爸爸　　他们　　的　孩子　　　教　汉语　　说

4. 村子里事事都有人做，人人都很高兴。
lʊ²¹ko³³ khʊ²¹ nʊ⁵⁵ ʔʊ³³tsho³³ ve³³ xɯ³³ dzo²¹,
村　里　每　事　人　　　做　的　有，
mɛ²¹mɛ⁵⁵ su³³ n̠i³³ gɯ²¹ɣo³³.
人人　　都　高兴　很

5. 咱们今天上山去吧。
a³³ɕi⁵⁵ ʔɯ²¹n̠i²¹ be²¹ da³³ lʴ⁵⁵ ʐʴ²¹ ma²¹.
咱们　　今天　　　山　爬　去　去　吧

6. 你家有几口人？
na²¹ bo⁵⁵ ʔʊ³³tsho³³ khʊ²¹nʊ²¹ ʑo³³ dzo²¹.
你　家　人　　　　几　　　　口　有

7. 你自己的事情自己做。
na²¹ ʑo²¹ʑo³³be²¹ ŋɔ⁵⁵n̠i³³ ʑo²¹ʑo³³ tsɔ¹³.
你　自己的　　　事情　　　自己　　做

8. 这是我的手镯，那是你的手镯。
tsh̩²¹ lʴ³³ ŋʊ²¹ be³³ la¹³dzʊ²¹ ŋɯ²¹, na⁵⁵ lʴ⁵⁵ na²¹ be³³ la¹³dzʊ²¹ ŋɯ³³.
这　个　我　的　手镯　　　是，　那　个　你　的　手镯　　　是

9. 这些问题他们说自己去解决。
    nɔ⁵⁵n̠i³³tʂʅ²¹gɯ²¹thi²¹xɯ³³hɤ⁵⁵ʐo²¹ʐo³³gɯ⁵⁵tsɔ¹³.
    问题　这些　　他们　说　自己　去　做
10. 他是谁？
    thi²¹a³³ɕiɛ³³ŋɯ²¹.
    他　谁　　是
11. 你想吃点什么？我什么也不想吃！
    na²¹me³³lɤ³³tha²¹tɕi⁵⁵dzu³³n̠dʐu³³?
    你　什么　一点　　吃　想
    ŋʊ²¹me³³lɤ³³n̠i³³dzu³³ma²¹n̠dʐu³³.
    我　什么　也　吃　不　想
12. 他们从哪儿来的？
    thi²¹xɯ³³ha⁵⁵na³³ka³³li²¹di⁵⁵xɯ³³.
    他们　　哪里　从　来　说　的
13. 你想怎么样？
    na²¹ndi⁵⁵khɯ²¹sɤ²¹m²¹.
    你　想　怎么样
14. 你家有多少头牛？
    na²¹bo⁵⁵n̠i³³khʊ²¹nʊ³³tɕhiɛ³³dzo²¹.
    你家　牛　多少　　头　有
15. 客人什么时候到？
    su³³ve³³xɯ³³me³³lɤ³³thu⁵⁵ko³³khɯ²¹.
    客人　们　何时　　这里　到
16. 今天的会就开到这里。
    ʔɯ²¹n̠i²¹be³³gʊ²¹ndzɛ²¹dzʊ⁵⁵ndʐʅ²¹de³³tsho¹³khɯ²¹.
    今天　的　会　　就　开　到　这儿　到
17. 粮食运来后就分给大家了。
    dzʊ²¹mʊ²¹ŋo²¹li²¹dʊ⁵⁵dzʊ⁵⁵fe³³ʐi²¹pɛ⁵⁵bi⁵⁵dʊ¹³.
    粮食　拉　来　后　就　分　大家　给　了
18. 人家的事情咱们别多管。
    sʊ²¹bo⁵⁵be³³nʊ⁵⁵n̠i³³a³³ɕi⁵⁵ŋʅ³³m³³tha²¹thu³³.
    别人家　的　事情　　咱们　多　地　不　管
19. 这件事我也不清楚，你去问别人吧！
    nʊ⁵⁵tʂʅ²¹dɔ²¹ŋʊ²¹n̠i³³ma²¹se⁵⁵, na²¹gɯ⁵⁵pha³³dɤ⁵⁵su³³dʊ⁵⁵nu³³ma²¹.
    事　这件　我　也　不　知道，你　去　别人　　问　吧

20. 今天是 2015 年 10 月 1 日。
ʔɯ²¹n̩i²¹n̩i⁵⁵tɔ³³tshe²¹ŋɔ³³kho¹³va¹³hʊ⁵⁵da³³thi⁵⁵ŋɯ²¹.
今天　两千十　五年　十月　初 一　是

21. 那个老太婆 94 岁了，是我年龄的两倍左右。
a³³da³³m⁵⁵a⁵⁵zo²¹kɯ³³tshɤ³³ɬi³³kho¹³dɔ¹³,
老奶奶　那个　九 十　四　岁了，
ŋʊ²¹kho¹³thɤ²¹be³³n̩i⁵⁵dze¹³ɕi³³dza³³ŋɯ²¹.
我 年龄　的 两倍　左右　是

22. 山下那群羊有 108 只。
be²¹tɕhi³³tshe¹³a⁵⁵ndi²¹tha²¹hʊ²¹n̩i³³hɛ¹³tɕhiɛ³³dzo²¹.
山　下 山羊 那群 一　百 零 八　只　有

23. 我排第一，你排第二，他排老末。
ŋʊ²¹ʔʊ³³tha³³hĩ²¹, na²¹ŋʊ²¹dʊ³³hĩ²¹, thi²¹me²¹dʊ⁵⁵me²¹dʊ⁵⁵hĩ²¹.
我　第一 站，你 我 后 站，他 老末　　　站

24. 我今天买了一只鸡、两条鱼、三斤肉。
ʔɯ²¹n̩i²¹ŋʊ²¹ɣa³³tha²¹tɕhiɛ³³、ŋo³³n̩i⁵⁵tɕhiɛ³³、fu³³se³³tsŋ²¹ve¹³dɔ¹³.
今天　我 鸡　一只　　鱼 两条　肉 三斤 买了

25. 这本书我看过三遍了。
su³³tshŋ²¹phɛ²¹ŋʊ²¹se³³tɕho²¹na³³nɔ⁵⁵dɔ¹³.
书 这本　我　三遍 看 过 了

26. 你数数看，这圈里有几头猪？
na²¹ɣɯ²¹ɣɯ²¹na³³, va¹³be²¹tshŋ²¹lɤ³³ko³³va¹³khʊ²¹nʊ²¹lɤ³³dzo²¹.
你 数数 看，猪圈　这里　　猪 几头　有

27. 这两把雨伞是我的。
tsho²¹ɣɛ³³tshŋ²¹n̩i⁵⁵bo²¹ŋʊ²¹be³³ŋɯ⁵⁵.
雨伞　　 这 两把 我 的 是

28. 他年年都回家。
thi²¹tha²¹kho¹³ma⁵⁵tɕu³³n̩i³³go¹³li²¹.
他 年年　　　 都 回家

29. 他要去街上买肉。
thi²¹tɕhi³³ka³³lɤ⁵⁵fu³³ve³³fɛ³³.
他 街 上　去 肉 买 要

30. 我正在山上砍柴。
ŋʊ²¹be²¹tɕi³³ko³³sɛ³³tho³³dzo³³.
我 山　上 柴 砍 正在

31. 昨天我背粮食去了。
    a²¹n̠i²¹xɯ³³ŋʊ²¹dzʊ²¹mʊ²¹bu⁵⁵thɛ³³dɔ¹³.
    昨天　　我　粮食　背　去　了

32. 你们俩一定要好好地学习。
    na²¹n̠iɛ⁵⁵dʊ⁵⁵dʑiɛ²¹khʊ²¹n̠ʊ⁵⁵n̠ʊ⁵⁵m²¹so³³ŋɔ³³.
    你们俩　一定　　好好　　地 学习要

33. 他们看电影去了。
    thi²¹xɯ³³ɬi¹³ɣɛ³³na³³thɛ³³dɔ¹³.
    他们　　电影　看　去　了

34. 他在山上看见过野牛。
    thi²¹bɛ³³tɕi³³ko³³n̠i³³n̠i⁵⁵mo³³nɔ⁵⁵.
    他　山　　上　牛野　看见　过

35. 你们今后一定要互相学习，互相帮助，互敬互爱！
    na²¹xɯ³³ɣʊ²¹dʊ⁵⁵dʊ⁵⁵dʑiɛ²¹a²¹dʑiɛ¹³bo⁵⁵so³³n̠i³³, a²¹dʑiɛ¹³la¹³pa⁵⁵,
    你们　　今后　　一定 互相　　间 学习, 互相　　帮助,
    a²¹dʑiɛ¹³n̠dzu³³ɕi³³ŋɔ³³.
    互相　　爱护　　要

36. 请你帮他把衣服收起来。
    na²¹tɕhiɛ²¹thi²¹la¹³pa⁵⁵tho¹³kɯ³³sʊ²¹kɯ³³tu³³.
    你 请　　他　帮忙　衣服　把　收　起来

37. 地震把新修的路震垮了。
    mi³³lʊ³³a²¹miɛ¹³dʐ³³ndu³³xɯ³³dzʊ²¹kɯ³³lɔ³³guɛ³³dɔ¹³.
    地震　　刚才　　修　的　路　把　震垮　了

38. 你们俩把鸡杀了。
    na²¹n̠i⁵⁵ɣa³³kɯ³³ndu²¹xʊ²¹.
    你俩　鸡　把　杀　了

39. 你看见那个乞丐了吗？
    na²¹dzʊ²¹lʐ²¹phu⁵⁵a⁵⁵lʐ³³mo²¹mo²¹dɔ¹³.
    你　乞丐　　那 个 看见 看见 了

40. 他笑了。我把他的小孩逗笑了。
    thi²¹ɣɯ²¹dɔ¹³。ŋʊ²¹thi²¹bɛ³³a²¹ŋa³³kɯ³³du⁵⁵ɣɯ²¹dɔ¹³.
    他　笑 了　我 他 的　小孩　把　逗笑　　了

41. 那个猎人进来以后又出去了，随后拿回来一只野鸡。
    sɿ³³su³³a⁵⁵ʐo²¹ŋdʐ³³go¹³li²¹dɔ³³, ʐo⁵⁵bɛ¹³thɛ³³dɔ¹³,
    猎人　那个　进 来　　后, 又　出去　了,

ɣʊ²¹dʊ⁵⁵ɣa³³n̠i⁵⁵tha²¹tɕhiɛ³³ʐu²¹go¹³li²¹.
随后　野鸡　一只　拿回来．

42. 我亲眼看见那只花狗跳上跳下，可好玩了。
ŋʊ²¹na³³to³³to³³m³³tɕhy³³dʑi⁵⁵a⁵⁵tɕhiɛ³³pɛ³³da³³pɛ³³za¹³m²¹ɣʊ²¹mo²¹,
我　直瞪瞪　地　狗　花　那只　跳上　跳下地　得见，
dʑiɛ²¹dʑiɛ²¹n̠dʑiɛ³³bu³³ɣo³³.
确实　好玩　很

43. 朝上背四十里，朝下背五十里。
bu⁵⁵bɛ²¹da³³lʁ⁵⁵ɬi³³tshʁ³³tsa¹³, bu⁵⁵bɛ²¹thi³³lʁ⁵⁵ŋɔ³³tshe³³tsa¹³.
背　山上去　四十　里，背　山下去　五十　里

44. 这个东西拿来拿去太费事了，你就别拿了。
ku²¹dza³³tshŋ²¹lʁ³³ʐu²¹thɛ³³ʐu²¹li³³m²¹ŋɔ⁵⁵n̠dʐ̩³³ɣo³³,
东西　这个　拿去　拿来地　事　耽搁很，
na²¹thi²¹tha²¹ʐu²¹.
你　它　别拿

45. 那个穿破衣裳的家伙一会儿过来、一会儿过去的，到底在做什么？
tho¹³da³³ve¹³hʁ³³tsho²¹su³³a⁵⁵lʁ³³tha²¹ɕi³³n̠dʐʊ³³li³³,
衣服　破　穿的　家伙　那个　一会　过来，
tha²¹ɕi³³n̠dʐʊ³³thɛ³³m³³, me³³lʁ³³m²¹lo²¹ma²¹se⁵⁵.
一会　过去　的，什么　干在　不知道

46. 他是藏族，不是回族。
thi²¹tsaŋ³³tshu²¹ɯ²¹, xue²¹tshu²¹ma²¹ŋɯ²¹.
他　藏族　是，回族　不　是

47. 他们家有三个孩子，一个在学校，一个在家里，还有一个已经工作了。
thi²¹xɯ³³bo⁵⁵a³³ŋa³³ba²¹sʁ²¹lʁ³³dzo²¹, tha²¹lʁ³³so³³hẽ²¹dzo⁵⁵,
他们　家　孩子　三个有，一个　学校　在，
tha²¹lʁ³³hẽ²¹fe³³dzo⁵⁵, tha²¹lʁ³³ dzo²¹ ɕi³³ ʑi²¹tɕi³³ kuŋ³³tso²¹ dɔ¹³.
一个　家里　在，一个　有已经　已经　工作　了

48. 我们很愿意听爷爷讲故事。
ŋʊ²¹xɯ³³a³³be³³dʊ⁵⁵lʁ³³hʁ⁵⁵dʊ⁵⁵nʊ³³n̠dʑʊ³³ɣo³³.
我们　爷爷　故事　讲　听　爱很

49. 这只狗会咬人。
tɕhy³³tshŋ²¹tɕhiɛ³³ʔʊ³³tsho³³tɕhi¹³kɔ¹³.
狗　这只　人　咬会

50. 她不敢一个人睡觉。
    thi²¹tsho²¹tha²¹ʐo²¹ȵiɛ³³zi¹³tʰʊ⁵⁵ma²¹kue³³.
    她 人 一 个 只 睡觉 不 敢

51. 你能来吗？我能来。
    na²¹li²¹ɣʊ⁵⁵dʊ²¹dʊ²¹? ŋʊ²¹ɣʊ²¹li²¹dʊ²¹.
    你 来 得 能能   我 得 来 能

52. 这些人我恨透了。
    ʔʊ³³tsho³³tsʅ²¹gɯ²¹ŋʊ²¹nɛ³³dzo³³ɣo³³.
    人   这 些 我 恨   很

53. 达娃家的稻子收完了，但格西家的稻子还没有收完。
    ta¹³ua²¹bo⁵⁵be³³tsʅ²¹sʊ²¹gu²¹dɔ¹³,
    达娃 家 的 稻 收 完了，
    di⁵⁵dʐ³³kɯ²¹ɕi³³bo⁵⁵be³³tsʅ²¹sʊ²¹ma²¹gu²¹ɕi³³.
    但是 格西 家 的 稻 收 没 完 还

54. 我找了一遍又一遍，终于找着了。
    ŋʊ²¹tha²¹tɕho³³no³³tha²¹tɕho³³m²¹sʊ²¹xʊ²¹, ɣʊ²¹mɛ³³sʊ²¹ɣʊ⁵⁵dʊ¹³.
    我 一 遍 又 一 遍 地 找了, 终于 找 得了

55. 你先休息休息，我试着跟她谈谈。
    na²¹ɕian³³pa²¹tha²¹sʅ²¹nɔ³³ɕi³³, ŋʊ²¹ɕian³³pa²¹thi²¹be²¹hʅ⁵⁵sʅ³³na³³.
    你 先   一会 休息, 我 先   她 跟 说 试试

56. 他们边唱边跳，玩得可高兴了。
    thi²¹xɯ³³gɔ²¹lo²¹pɛ³³lo⁵⁵m²¹, ndziɛ³³dʐ³³gɯ²¹lʅ³³ɣo³³.
    他们   唱 边 跳 边 地, 玩 得 高兴 很

57. 吃的、穿的都不愁。
    dzu³³hʅ̃³³、ve¹³hʅ̃³³ȵi³³ma²¹ su³³.
    吃 的、 穿 的 都 不 愁

58. 这些猪呢，肥的宰掉，瘦的放到山上去。
    va¹³ tsʅ²¹ gɯ²¹ no³³, tshu³³ hʅ̃³³ ndu²¹ xʊ²¹,
    猪 这 些 呢, 肥 的 杀 了,
    sʅ²¹ hʅ̃³³ tʅ³³ dʐ³³ be²¹ tɕi³³ lʅ⁵⁵.
    瘦的 放 到 山 上 去

59. 他的脸红起来了。
    thi²¹ be³³ tʰɔ⁵⁵na²¹ ne²¹ li²¹ dɔ¹³.
    他 的 脸   红 来 了

60. 碗里的饭装得满满的。
    di³³ ko³³ be³³ dzʊ²¹ ndi³³ dɤ³³ diɛ²¹diɛ²¹ ŋɯ⁵⁵。
    碗　里的　饭　装　得　满满　　存在
61. 山边的雪是白的，山坡上的雪更白，而山顶的雪最白。
    be²¹dzɤ³³ ko³³ vu³³ tʰu³³ hɤ̃³³ ŋɯ²¹, bu²¹ve³³ nda³³ vu³³
    山边　　　里　雪　白的　是，　山坡　　上　雪
    tʰu³³ndzu³³, di⁵⁵dɤ³³ be²¹ʔʊ³³ ko³³ vu³³ dɤ²¹dɤ²¹ tʰu³³.
    白　更，　　但是　　山顶　　里　雪　特别　白
62. 这把刀好是好，就是太贵了点。
    xɯ²¹ tʂʰɿ²¹ tʰɿ²¹ n̪ʊ³³ ŋa³³ n̪ʊ³³, di⁵⁵dɤ³³ tʰa²¹tɕi³³ pʰu³³ kʰa³³ tʰɛ³³。
    刀　　这把　　　好　是　好，　但是　　一点　　贵　去
63. 弄坏了人家的东西是一定要赔偿的。
    sʊ²¹bo⁵⁵ be³³ kʊ²¹dza³³ m³³ tʰa³³ xʊ²¹, dʊ⁵⁵dʑɛ²¹ sʊ²¹ tɕʰɔ³³ ŋɔ³³。
    人家　　的　东西　　弄　坏　　了，　一定　　别人　还　要
64. 他经常去北京出差。
    tʰi²¹ ba³³di²¹ tʂʰʊ³³tʰu³³ lʊ²¹ lɤ⁵⁵ ŋɔ⁵⁵ m²¹。
    他　经常　　　北京　　　城　去　事情　做
65. 昨天他答应了我的要求，说是明天再来玩。
    a³³n̪i²¹ tʰi²¹ ŋʊ²¹ be³³ ʑiɔ⁵⁵tɕʰʊ³³ dɔ⁵⁵tʂʰɛ³³ dɔ¹³,
    昨天　他　我　的　要求　　　答应　　了，
    hɤ̃⁵⁵ dɤ³³ a²¹ŋɯ²¹n̪i³³ po³³ li²¹n̪dʑɛ³³。
    说　到　明天　　　再　来玩
66. 我一会儿就回来。
    ŋʊ²¹ tʰa²¹ɕi³³ dɤ³³ go¹³ li²¹。
    我　一会　　就　回　来
67. 村长可是个好人。
    tʂʰun³³tsaŋ³³ dʊ⁵⁵dʑɛ²¹ tʂʰo²¹ n̪ʊ³³ tʰa²¹ zo²¹ ŋɯ²¹。
    村长　　　　　确实　　　人　　好　一个　是
68. 这条鱼至少有五斤重。
    ŋo³³tʂʰɿ²¹ tɕʰiɛ³³ ne³³n̪i³³ ŋɔ³³ tsɿ²¹ dzo²¹。
    鱼　这条　　　至少　　　五　斤　有
69. 这条河最多有五米宽。
    ʑi²¹ tʂʰɿ²¹ tɕʰiɛ³³ ŋɔ³³ ndzu³³ ŋɔ³³ mi³³ dɛ²¹。
    河　这条　　　多　最　五　米　宽

70. 他全家人我都熟悉。
    thi²¹ tha²¹ ʑi²¹ bo⁵⁵ʔʊ³³tsho³³ ŋʊ²¹ ȵi³³ tʰʊ⁵⁵se⁵⁵。
    他　一　户　家　人　　　我　都　认识
71. 妈妈不会来了。妈妈还没回来。你别回去了。
    a³³ma³³ li²¹ ma²¹ kɔ¹³ dɔ¹³。a³³ma³³ go¹³ ma³³ li²¹ ɕi³³。
    妈妈　来　不　会　了　妈妈　回　没　来　还
    na²¹ gɯ⁵⁵ tha²¹ ʐɤ²¹ dɔ¹³。
    你　回　不　去　了
72. 客人们都在悄悄地议论这件事。
    su³³ve³³ xɯ³³ ȵi³³ be¹³di⁵⁵di³³ m²¹ nɔ⁵⁵ tsʰɿ²¹ dɔ²¹ hɻ̃⁵⁵ dzo²¹。
    客人　们　都　悄悄　　地　事　这　件　说　在
73. 你们究竟来了多少人？
    na²¹xɯ³³ dʊ⁵⁵dʑiɛ²¹ ʔʊ³³tsho³³ khʊ²¹nʊ³³ ʐo³³ li²¹ dɔ¹³？
    你们　究竟　　人　　　多少　　个　来　了
74. 他不去也行，但你不去不行。
    thi²¹ ma²¹ ʐɤ²¹ ȵi³³ lɤ²¹de¹³，di⁵⁵dɤ³³ na²¹ ma²¹ ʐɤ²¹ ma²¹ de¹³。
    他　不　去　也　要得，但　你　不　去　不　行
75. 这是我的衣服，那是你的，床上摆着的是人家的。
    tsʰɿ¹³，ŋʊ²¹ be³³ tho¹³ ŋɯ²¹，a⁵⁵，na²¹ be³³ ŋɯ²¹，
    这，　我　的　衣服　是，　那，　你　的　是，
    dʑi³³ fa³³ ko³³ tu³³ hɻ̃³³ sʊ²¹bo⁵⁵ be³³ ŋɯ²¹。
    床上　里　摆的　别人　　的　是
76. 猎人打死了兔子。/猎人把兔子打死了。/兔子被猎人打死了。
    sɿ³³su³³ a³³ɬu⁵⁵ ndu²¹ ɕi³³ xʊ²¹。sɿ³³su³³ a³³ɬu⁵⁵ kɯ³³ ndu²¹ ɕi³³ xʊ²¹。
    猎人　兔子　打　死　了　猎人　兔子　把　打　死　了
    a³³ɬu⁵⁵ kɯ³³ sɿ³³su³³ bi⁵⁵ ndu²¹ ɕi³³ xʊ¹³。
    兔子　被　猎人　被　打　死　了
77. 他给了弟弟一支笔。
    thi²¹ su³³khuɛ³³ tha²¹ tɕhiɛ³³ kɯ³³ ȵiɛ²¹ba³³ bi⁵⁵ dɔ¹³。
    他　笔　　一　支　把　弟弟　给　了
78. 妈妈为我缝了一件新衣服。
    a³³ma³³ ŋʊ²¹ be³³ tho¹³ xɛ¹³ tha²¹ tʰɿ²¹ ȵɛ¹³ dɔ¹³。
    妈妈　我　的　衣服　新　一　件　缝　了
79. 学生们用毛笔写字。我用这把刀切肉。
    so³³ba²¹ xɯ³³ tshe³³khuɛ³³ vi²¹ su³³na³³ ŋo³。
    学生　们　毛笔　用　字　写

ŋʊ²¹ xɯ²¹ tshʅ²¹ tʂʅ²¹ vi²¹ fu³³ tshɔ³³.
我　刀　这　把　用　肉　切

80. 人们用铁锅做饭。
tsho²¹xɯ³³ xɯ²¹phʊ¹³ vi²¹ dzʊ²¹ tsɔ¹³。
人们　　铁锅　　用　饭　做

81. 树上拴着两匹马。
sɛ³³dʑiɛ³³ nda³³ m³³ ȵi⁵⁵ tsɤ³³ sɛ³³ khue⁵⁵ ŋɯ⁵⁵。
树　　　　上　马　两　匹　拴　住　着

82. 水里养着各色各样的鱼。
ʑi²¹ ko³³ a²¹dʑiɛ³³mɑ²¹ɕi⁵⁵ hɤ̃³³ ŋo³³ba²¹ hɔ̃³³tsʅ⁵⁵ ŋɯ⁵⁵。
水里　各色各样　　　　　的　鱼　　　养　　着

83. 桌子下躺着一只狗。
dzɤ³³thɤ³³ tɕhi³³ tɕhy³³ tha²¹ tɕhiɛ³³ ko³³ ʑi¹³ ŋɯ⁵⁵。
桌子　　　下　狗　一　只　里　躺　着

84. 山上到山下有三十多里地。
be²¹ ʔʊ³³ gɯ⁵⁵ be²¹ tɕhi³³ lɤ⁵⁵ sɤ³³ tshɤ³³ ndzɛ³³ ndza¹³ dzo²¹。
山　上　到　山　下　去　三十　　多　里　有

85. 哥哥比弟弟高多了。
a³³ɣɯ³³ tɕho²¹m³³ ȵiɛ²¹ba³³ de³³ma²¹bu³³.
哥哥　高　　　弟弟　　超过

86. 小弟跟爷爷上山打猎去了。
ȵiɛ²¹ba³³ a³³be³³ bʊ⁵⁵ be²¹tɕi³³ lɤ⁵⁵ ȵi⁵⁵ŋa¹³ thɛ³³ dɔ¹³.
小弟　　　爷爷　　跟　山　　去　野兽　　赶　去了

87. 今天、明天和后天都有雨，爷爷和奶奶都不能出门了。
ʔɯ²¹ȵi²¹ a²¹ŋɯ²¹ȵi³³ tshɤ³³ȵi²¹ m³³hɔ̃³³ dzo²¹,
今天　　　明天　　　　后天　　　雨　　有,
a³³be³³ a³³da³³ ŋgɔ³³ do³³ ma²¹ dɛ³³ dɔ¹³.
爷爷　　奶奶　　门　出　不　能　了

88. 买苹果或香蕉都可以。
phi³³ko³³ nɔ³³ ɕia³³tɕiɔ³³ ve³³ ȵi³³ li²¹dɛ¹³.
苹果　　　或　香蕉　　　　买　都　可以

89. 哎呀！好疼！
ɛ³³ʐo³³!nʊ²¹ ɣo³³!
哎呀　疼　很

90. 昨天丢失的钱找到了吗？
    a²¹n̪i²¹xɯ³³ ŋɤ³³ xɯ³³ dzo²¹phu³³ sɯ³³ ɣu²¹ dɔ¹³ nɔ³³ ma²¹.
    昨天　　　　丢　的　钱　　　找　得　了　或　没

91. 他们早已经走了吧？
    thi²¹xɯ³³ se³³ m²¹ thu³³ gʊ²¹ thɛ³³ dɔ¹³ sa³³.
    他们　　　早　的　时候　走　去　了　吧

92. 我走了以后，他们又说了些什么？
    ŋʊ²¹ gʊ²¹ thɛ³³ dʊ³³, thi²¹xɯ³³ me³³lɤ³³ gɯ²¹ hɤ̃⁵⁵ lo²¹ pɔ³³?
    我　走　去　后，他们　　　什么　　些　说　了　又

93. 叔叔昨天在山上砍柴的时候，看见一只大大的野猪。
    a³³ve³³ a²¹n̪i²¹ be²¹tɕi³³ sɛ³³ tho³³ ɕi³³ thu⁵⁵,
    叔叔　　昨天　　山上　　树　砍　之时，
    va¹³n̪i⁵⁵ ɣɯ³³ɣɯ³³ m²¹ tha²¹ lɤ³³ ɣu²¹ mo³³.
    野猪　　大大　的　　一只　　得　见

94. 藏族住在上游，纳西族住在下游。
    tsaŋ³³tshu²¹ zi²¹ʔʊ³³ dzo⁵⁵, la²¹ɕi⁵⁵tshu²¹ zi²¹mɛ³³ dzo⁵⁵.
    藏族　　　　上游　　在，纳西族　　　　下游　　在

95. 他不单会说，而且也很会做。
    thi²¹ hɤ̃⁵⁵ kɔ¹³ n̪iɛ³³ma²¹ŋɯ³³, tsɔ¹³ kɔ¹³ ɕi³³di⁵⁵ ɣo³³.
    他　说　会　不只是，　　　做　会　还　说　很

96. 是扎西留下，还是卡佳留下？
    tsa³³ɕi³³ tse³³tu³³ ŋɯ²¹ nɔ³³, kha³³tɕia³³ tse³³tu³³xɯ³³?
    扎西　　　留下　　是　或，卡佳　　　　留下　　嘞

97. 虽然我也不想去，但又不便当面说。
    ŋʊ²¹ n̪i³³ ʐɤ²¹ ma²¹ ndʑu³³, di⁵⁵dɤ³³ sʊ²¹ na³³tha³³ hɤ̃⁵⁵ ma²¹ sʊ²¹.
    我　也　去　不　想，　但是　别人　眼前　　说　不　方便

98. 因为我实在太累了，所以一点都不想去。
    ŋʊ²¹ dʊ⁵⁵dʑiɛ²¹ thi⁵⁵ ɣo³³ di⁵⁵zi³³, a⁵⁵sʅ²¹dɤ³³,
    我　实在　　　累　很　因为，　那样子，
    tha²¹ dʑi³³ n̪i³³ ʐɤ²¹ ma²¹ ndʑu³³.
    一点　　　也　去　不　想

99. 如果天气好的话，我们就收玉米去。
    m³³ko³³ n̪ʊ³³ di⁵⁵nɔ³³, ʔa³³ɕi⁵⁵ gɯ⁵⁵ zi³³miɛ²¹ sʊ²¹.
    天气　　　好　的话，咱们　去　玉米　收

100. 我们现在多积肥,是为了明年多打粮食。
ŋʊ²¹xɯ³³ a²¹miɛ²¹ tɕhi³³ n̠ia³³ ŋɔ³³ no³³,
我们　　现在　　肥　积　多　呢,
na⁵⁵n̠i²¹kho¹³ ŋɔ³³ m³³ dzʊ²¹mʊ²¹ gɯ²¹ di⁵⁵ʐi³³.
明年　　　　多　地　粮食　　收获　为了

盘县彝语

1. mo⁵⁵sɛ²¹tɕɿ²²so³³su²²go²gɛ²²kʊ³³go⁵¹. 老师和学生们在操场上玩。
   老师　　和　学生　操场　上　玩
2. va²mo⁵⁵ va²bə⁵⁵ ŋo²² tshɛ²² ɣo⁵¹ ɬi⁵⁵. 老母猪下了5头小猪崽。
   老母猪　小猪仔　五头　　有　下
3. ŋʊ²¹ba²² tɯ²¹bu²¹ nʊ²²bɛ⁵⁵ mo² sa²²ŋʊ²¹ hɿ⁵⁵.
   我爸爸　他们　　孩子　　教　汉语　　说
   我爸爸教他们的孩子说汉语。
4. 村子里事事都有人做,人人都很高兴。
   kha² n̠ɿ⁵⁵tsɿ²² no⁵⁵ khʊ²¹ɣo⁵¹ n̠ɿ²² mu²¹ la²kɯ²² ɣo⁵¹,
   村子　中间　　事　所有　　也　做的　人　　有,
   kho²¹ ɣɯ⁵⁵pa⁵¹dzɛ⁵⁵ lɔ²²gɯ²² dʐ².
   所有　大家　都　　　高兴　　很
5. a²¹ɕɿ⁵⁵ ha²¹n̠ɿ²¹ bu²¹da⁵¹ ʑɿ²² ba³³. 咱们今天上山去吧。
   咱们　　今天　　山　爬　去　吧
6. na²¹hə²² kho² no²² zu²² ɣo⁵¹. 你家有几口人?
   你家　　　多少　　个　　有
7. na²¹ mɛ⁵⁵mə²² mɛ⁵⁵mə²² no⁵⁵mu²¹. 你自己的事情自己做。
   你　自己　　　自己　　　事情　做
8. tsha⁵⁵ŋʊ²¹ la²dzu²¹ ŋɯ⁵⁵, ɯ⁵⁵ na²¹ la²dzu²¹ ŋɯ⁵⁵.
   这, 我　手镯　　是, 那, 你　手镯,　　是。
   这是我的手镯,那是你的手镯。
9. 这些问题他们说自己去解决。
   no⁵⁵tsha³³lʐ²² tɯ⁵¹bu²¹ kɛ²² hɿ²² mɛ⁵⁵mə²² hɿ²²tsu⁵⁵ di⁵⁵.
   事情 这些　　他们　　　说　自己　　　解决　　语气
10. tɯ²² kha²¹sɯ²² ŋɯ²²? 他是谁?
    他　　谁　　　是
11. 你想吃点什么?我什么也不想吃!
nɛ²² mɯ³³lɯ²² ta²¹dʑi²² dzʊ²² ndʑ⁵⁵?ŋʊ²² mɯ³³lɯ²² n̠ɿ²² dzʊ²² ma²¹ndʑ⁵⁵.
你　什么　　　一点　　　吃　　想?　我　　什么　　　也　　吃　　不　想

12. tɯ²¹bu²¹ kha⁵⁵na³³ dʑi²² do²² lɒ²¹? 他们从哪儿来的？
    他们　　哪里　　　从　　来　的

13. nɛ²² khɑ²¹sɯ⁵⁵ ndʐ⁵⁵ lɒ²¹? 你想怎么样？
    你　　怎么　　想　　呢

14. nɚ²¹hɚ²² ɲɪ²² kho²no²² tshɛ²² ɣo⁵¹ lɒ²¹? 你家有多少头牛？
    你家　　牛　　多少　　头　　有　啊

15. 客人什么时候到？
    sʊ²vɚ²² khɑ²¹thʊ⁵⁵ do²² lɒ²¹? /sʊ²vɚ²² khɑ²¹thʊ⁵⁵ a³³khɯ²¹ dʐ²¹?
    客人　何时　　来　的　　客人　何时　　到此　说

16. hɑ²¹ɲɪ²¹ gu²¹so²¹ no²² tshɑ⁵⁵/a⁵⁵ na⁵¹ khɯ²? 今天的会就开到这里。
    今天　　会　开　就　　这里　到

17. 粮食运来后就分给大家了。
    dzʊ²¹mʊ²¹ ŋo²¹ lɪ²² gu²²du⁵⁵ nɤ⁵⁵ fɪ³³ khʊ²¹ ɣɯ⁵⁵pa² go⁵⁵ hʊ²².
    粮食　　　拉来　　后　　就　　分　　大家　给　　了

18. sɯ²¹ no⁵⁵ a²¹ɕɪ⁵⁵ ka⁵¹ta²²nʊ²². 人家的事情咱们别多管。
    别人　事情　咱们　　管别多

19. 这件事我也不清楚，你去问别人吧！
    no⁵⁵ tshɑ³³dɤ³³ ŋʊ²¹ ɲɪ²² tɯ³³ ma²¹sɛ²²,
    事　　这件　　我　也　它　不　知道，
    nɛ²² pha²²tɔ²² dʊ⁵⁵nɔ³³ ʑɪ²² vɛ²¹.
    你　别人　　问　　去　　吧

20. 今天是2015年10月1日。
    hɑ²¹ɲɪ²¹ɲɪ⁵⁵tu³³tɕhɪ²¹ŋʊ²² khu² tɕhɪ²¹ho²² da⁵¹ thɪ⁵⁵ ŋɯ²².
    今天　　2015　　　　　年　十月　　一日　　是

21. 那个老太婆94岁了，是我年龄的两倍左右。
    a²¹mo²¹mo⁵⁵ ʊ³³dɤ²² kɯ²²tɕhɪ²² ɬ²²khʊ² lu²¹a²²,
    老婆婆　　　那个　　　94　　　　岁够啊，
    ŋʊ²¹ khʊ²¹tha² ɲɪ⁵⁵ bʊ²¹ gɪ⁵⁵ga²² ŋɯ²².
    我　年龄　　二　倍　左右　　是

22. bʊ²¹kɯ⁵⁵ ho²¹ ɯ⁵⁵pho²² ta²¹hʊ²¹lɪ²¹hɪ² tshɛ²¹ɣo⁵¹.
    山下　　羊　那群　　108　　　　　只有
    山下那群羊有108只。

23. 我排第一，你排第二，他排老末。
    ŋʊ²¹tɕɪ²dzo⁵⁵ hɚ², nɛ²² ku³³go²² hɚ², tɯ²² du⁵⁵tsho² hɚ².
    我　前面　　站，你　中间　　站，他　后面　　站

24. 我今天买了一只鸡、两条鱼、三斤肉。
    ŋʊ²¹ ha²¹ȵɪ²¹ ʐa⁵¹ ta²¹tshɛ³³, ŋo²¹ ȵɪ⁵⁵ tshɛ³³,
    我   今天   鸡   一只,   鱼   两条,
    xʊ²² suɯ²²tɕi³³ vɚ²¹hʊ²².
    肉   三斤   买 了

25. sʊ²² tsha⁵⁵phɪ²² ŋʊ²² suɯ²²dzo⁵¹ na²²ȵɪ³³ nʊ²² ʊ²².
    书   这本   我   三遍   看   过   了
    这本书我看过三遍了。

26. 你数数看，这圈里有几头猪？
    nɛ²²ta²¹ɣɯ²¹ȵɪ³³, bʊ² tsha³³dʑ³³ kʊ³³ va² kho²no²² tshɛ²²
    你 数数 看,   圈   这个   里   猪   多少   只
    ɣo⁵¹ lɒ²¹?
    有 啊

27. tshŋ⁵¹ʐŋ⁵⁵ tsha³³ȵɪ⁵⁵ bʊ² ŋʊ²¹bu²¹ ŋɯ²². 这两把雨伞是我的。
    雨伞   这 两把   我   的   是

28. tɯ²² kha⁵⁵khu²² nɪ²² a²¹gɪ²² ʐɪ²². 他年年都回家。
    他   年年   都   家   回

29. tɯ²² khɯ⁵¹khɛ²²ʐɪ²² xʊ²² vɚ²¹ tɪ³³. 他要去街上买肉。
    他   街上   去   肉   买 将要

30. ŋʊ²² a³³thʊ⁵⁵/tsha³³thʊ⁵⁵ bʊ²¹ kɛ²² dzo²² ɕɪ⁵¹dɚ⁵¹.
    我   此时   山上   在   柴   砍
    我正在山上砍柴。

31. a²¹ȵɪ²¹ ŋʊ²² dzʊ²¹mʊ²¹ bʊ⁵⁵ to⁵¹+lɪ³³/lɒ²². 昨天我背粮食去了。
    昨天   我   粮食   背   去   咯

32. na²¹ȵɪ⁵⁵dʑ³³ kha²¹suɯ³³phɪ²² tsu⁵⁵tsu²² mu²² so²² ŋo²².
    你们俩   一定   好好   地   学   要
    你们俩一定要好好地学习。

33. tɯ²¹bu²¹ tiɛn⁵⁵ʑiŋ³³ na²²ȵɪ³³ to² lɒ²². 他们看电影去了。
    他们   电影   看   去 了

34. tɯ²² bʊ²¹kɛ²² tʊ²² ʐɛ⁵⁵ȵɪ²² ɣo⁵¹ŋo²¹ no⁵¹. 他在山上看见过野牛。
    他   山上   在   野牛   看见   过

35. 你们今后一定要互相学习, 互相帮助, 互敬互爱!
    na²¹bu²¹a³³du⁵⁵ kha²¹suɯ⁵⁵phɪ²² a²¹dʑi²¹du⁵⁵ so²² ŋo²²,
    你们   今后   一定   互相   学习 要,

a²¹dʑi²¹ po²² ŋo²², a²¹dʑi²¹ ndzʊ²² ŋo²².
互相　帮助　要，　互相　爱　要

36. na²¹tshɛ²² tɯ²¹po²² tho²¹ kɯ⁵¹ hʊ²². 请你帮他把衣服收起来。
你　请　他帮　衣服　收　了

37. mi²²ɻ̍²² dzo² ndu²² ɕi² po²² ɻ̍²² da⁵¹ hʊ²².
地震　路　挖　新　把　震　垮　了
地震把新修的路震垮了。

38. na²¹ɲɹ⁵⁵dʐ³³ ʐa⁵¹tɯ²¹ po²² xʊ²² hʊ²². 你们俩把鸡杀了。
你　们　俩　鸡　它　把　杀　了

39. nɛ²² sɯ²¹kɯ⁵¹phʊ⁵⁵ ʊ³³dʐ³³ yo⁵¹ŋo²¹ ŋo⁵¹? 你看见那个乞丐了吗？
你　乞丐　　　　那个　看见　见

40. 他笑了。我把他的小孩逗笑了。
tɯ²² ɣə⁵⁵do²². ŋʊ²² tɯ²¹ nʊ²²bɛ⁵⁵ po²² hɯ⁵⁵ ɣə⁵⁵ do²².
他　笑　了。　我　他　小孩　把　逗　笑　了

41. 那个猎人进来以后又出去了，随后拿回来一只野鸡。
sɹ̍³³sʊ²² ʊ³³dʐ³³ do²² gu²²du⁵⁵ sɯ²² to², tʐ²¹du⁵⁵ ŋa²¹tsɹ̍³³bu²² ta²¹
猎人　那个　来　之后　走　了，随后　野鸡　　　一
tshɛ³³ kɛ²² do²².
只　拿　来

42. 我亲眼看见那只花狗跳上跳下，可好玩了。
ŋʊ²² na²²thɹ²²thɹ⁵⁵mu²² tɕhi²²ka⁵¹ ʊ⁵⁵tshɛ³³ pi⁵¹tha²²pi⁵¹ti²² mu²²
我　眼睁睁地　　　狗　花　那只　　跳上跳下　地
ɣo⁵¹ŋo²¹, go² ɕi⁵⁵ hə²¹ lɹ³³.
看见，　好玩　很　了

43. 朝上背四十里，朝下背五十里。
bɹ²ta²² mo⁵⁵ ɬi²²tɕhɹ²²tsa² bʊ⁵⁵, bi²¹ti²² mo⁵⁵ ŋo²²tɕhɹ²²tsa² bʊ⁵⁵.
上面　朝　四十　里　背，　下面　朝　五十　里　背

44. 这个东西拿来拿去太费事了，你就别拿了。
mɛ³³mɛ³³ tsha³³dʐ³³ kɛ²² a³³lɹ²² kɛ²² ʊ³³ʑi²² ndza⁵¹ hɛ²¹,
东西　这　个　拿　来　拿　去　麻烦　很，
na²¹ no²² ta³³ kɛ²² ʊ²².
你　就　别　拿　了

45. 那个穿破衣裳的家伙一会儿过来、一会儿过去的，到底在做什么？
tho²¹phə⁵¹go⁵⁵ la² kɯ²² ʊ³³dʐ³³ ta²¹hə²¹ a³³lɹ²² ta²¹hə²¹ ʊ³³ʑi²²,
衣　破　穿　家伙　那个　一会　这来　一会　那去，

dʑi²¹dʑi²¹ mɛ³³lɛ²² mu²² lɔ²¹?
到底　　　什么　　做　呢

46. tɯ²² tsaŋ⁵⁵ phʊ⁵⁵ ŋɯ²², na⁵¹phʊ⁵⁵ ma²¹ŋɯ²².
    他　藏族　　是　, 回族　　不　是
    他是藏族，不是回族。

47. 他们家有三个孩子，一个在学校，一个在家里，还有一个已经工作了。
    tɯ²¹bu²¹hɚ²² nʊ²²bɛ⁵⁵ sɯ²²dʑɚ²²ɣo⁵¹, ta²¹dʑɚ³³ so³³gu²¹dzo²²,
    他们家　　孩子　　三个　有,　一个　　学校　在,
    ta²¹dʑɚ³³hɚ²¹kʊ³³ dzo²², xɔ³³ no⁵⁵tsɿ² to⁵¹ ta²¹dʑɚ³³ ɣo⁵¹ɕɿ²².
    一个　家里　　在, 已经　工作　了　一个　　有　还

48. ŋʊ²¹bu²¹ a²¹bo²² bʊ²¹dʑɚ²²hɿ⁵⁵ dʊ⁵⁵no³³ nʊ²² hɚ²¹.
    我们　爷爷　故事　　讲　听　肯　很
    我们很愿意听爷爷讲故事。

49. tɕhi²² a⁵⁵tshɛ³³ sɯ²¹ khɯ² kɯ². 这只狗会咬人。
    狗　这只　　人　　咬　会

50. tɯ²² ta²¹zu² ʑi²kɯ²² ma²¹tɕi²¹. 她不敢一个人睡觉。
    她　一个　睡觉　　不　敢

51. nɛ²² lɿ²¹ ko² ko²²? ŋʊ²² lɿ²¹ ko². 你能来吗？我能来。
    你　来　能　能?　我　来　能

52. tsho²¹ tsha⁵⁵ɳɿ² ŋʊ²² tʑɚ²¹ ma²¹ do⁵¹hɚ²¹. 这些人我恨透了。
    人　　这些　　我　他　不　喜欢　很

53. 达娃家的稻子收完了，但格西家的稻子还没有收完。
    ta²²va⁵¹hɚ²²tɕhɿ²¹ kɯ² gu²² ʊ²²,
    达瓦　家　稻子　捡　完　了,
    kɯ²²ɕi²²hɚ²²tɕhɿ²¹ no²² kɯ² ma²¹ gu²¹ ɕɿ²².
    格西家　　稻子　则　捡　没　完　还

54. 我找了一遍又一遍，终于找着了。
    ŋʊ²² ta²¹dzo⁵¹ sʊ³³ gu²²dʊ⁵⁵ ta²¹dzo⁵¹ sʊ³³,
    我　一遍　找　完　后　一遍　找,
    dʑi²¹mu²² sʊ³³ zo²¹ to⁵¹.
    终于　　找　中　了

55. 你先休息休息，我试着跟她谈谈。
    nɛ²² ta²¹nɔ²²ɕɿ²¹, ŋʊ²² tʑɚ²¹ tha⁵⁵ ta²¹hɿ⁵⁵ na²² ɳɿ³³.
    你　休息　暂时,　我　她　跟　一说　　看看

56. 他们边唱边跳，玩得可高兴了。
    tɯ²¹bu²¹ go²² dzo²² pɪ⁵¹ dzo²² mu²², go² lɛ²² lɔ⁵⁵gɯ⁵¹ hɛ²¹ lɔ²².
    他们   唱   在   跳   在   地，玩 得 高兴 很 咯

57. dzʊ²²du²² go⁵⁵du²² ȵɪ²² ma²¹ ndʅ⁵⁵. 吃的、穿的都不愁。
    吃的、   穿的   也   不   愁

58. 这些猪呢，肥的宰掉，瘦的放到山上去。
    va² a³³lɤ²² no²², tshu²¹ no²² xʊ²²hʊ²², ɕɪ no²² thɯ²²
    猪 这些 呢， 肥   就 宰掉， 瘦 就 放
    bʊ²¹ khɛ²² tɕɪ⁵¹ zɪ²².
    山   上   到   去

59. tɯ²¹tho⁵⁵ ȵɪ²¹ do²² lɪ²²/ʊ²². 他的脸红起来了。
    他 脸   红 来 了

60. pa²¹ kʊ³³ dzʊ²¹ ndɯ⁵¹ lɛ²² dɛ²¹dɛ²²mu²². 碗里的饭装得满满的。
    碗   里 饭   装   得 满满的

61. 山边的雪是白的，山坡上的雪更白，而山顶的雪最白。
    bʊ²¹tɛ³³ thu²¹no²²vʊ²² ŋɯ²², bʊ²¹ khɛ²²vʊ²² thu⁵¹hɚ²¹,
    山边   白   呢   雪 是， 山坡   雪   白 很，
    kɯ⁵⁵ thu²¹ no²² bʊ²¹ʊ²² vʊ²² ŋɯ²².
    最   白   呢 山顶   雪 是

62. 这把刀好是好，就是太贵了点。
    xɔ²¹ a⁵⁵bu⁵¹ tsu⁵⁵ nɯ²² tsu⁵⁵ sɛ³³ ta²¹dʑi²²phu²²kha⁵¹ to⁵¹.
    刀   这把 好 是 好 语气 一点   贵   了

63. 弄坏了人家的东西是一定要赔偿的。
    sɯ²¹ mɚ³³mɚ³³ tsho⁵⁵bɪ²¹ hʊ²² no²² kha²²sɯ²²phi²² tshu²² ŋo²².
    人家 东西   弄坏   了 呢 一定   赔偿   要

64. tɯ²² zɛ²¹zɛ²¹ ŋo²du⁵¹ tshʊ²²thu²² zɪ²². 他经常去北京出差。
    他   经常   出门   北京   去

65. 昨天他答应了我的要求，说是明天再来玩。
    a²¹ȵɪ²²tɯ²¹ ŋʊ²¹ do⁵⁵dʅ⁵¹ hʊ²², ŋa²¹ȵɪ²² go² lɪ²² ɕɪ²¹ dɪ⁵⁵.
    昨天 他 我 话   许 了， 明天   玩 来 再 说

66. ŋʊ²² ta²¹thu²¹bɛ⁵⁵ nɤ⁵⁵ tso³³ gu²lɪ²². 我一会儿就回来。
    我   一会儿   就 转 回来

67. kha²²sɛ²² nɤ⁵⁵ tsho²¹ tsu⁵⁵ ta²¹dɤ³³ŋɯ²². 村长可是个好人。
    寨主   就是 人   好   一个 是

68. ŋo²² tsha⁵⁵ tshɛ³³ nɛ²²nɛ⁵⁵hɿ²² ŋo²² tɕi³³ ɣo⁵¹.
    鱼 这条   少少   五 斤 有
    这条鱼至少有五斤重。

69. ʐi²¹ tsha⁵⁵tshɛ³³ nʊ²²nʊ²²hɿ²² ŋo²² mi³³ dɛ²¹ ɣo⁵¹ ko⁵¹.
    河   这条   多多   五 米 宽 有 能
    这条河最多有五米宽。

70. tɯ²²hə²¹ tsho²¹ khʊ²¹ɣo²² ŋʊ²² ȵi²² tɯ³³ sɛ².
    他家   人   全部   我   都   他   知
    他全家人我都熟悉。

71. 妈妈不会来了。妈妈还没回来。你别回去了。
    a³³ma³³ lɿ²² ma²¹kɯ²² lɿ²².a³³ma³³a²¹gɿ²² ma²¹do²² ɕɿ²².
    妈妈   来 不 会 了 妈妈   回   没 来 还
    nɛ²² a²¹gɿ²² ta³³ʐɿ²¹lɛ³³.
    你   回   别 去 了

72. 客人们都在悄悄地议论这件事。
    su²²vɛ²² khʊ²¹ɣo⁵¹dzɛ⁵⁵ khɯ²¹khɯ²¹mu²² no⁵⁵ a³³dɤ³³ hɿ⁵⁵ lɿ³³.
    客人   所有   都   悄悄   地   事情 这件 说 在

73. na²¹bu²¹dʑi²¹dʑi²¹ mu²² kho²no²²zu²² do²²?
    你们   究竟   多少 个   来
    你们究竟来了多少人？

74. 他不去也行，但你不去不行。
    tɯ²² ma²¹ʐɿ²¹ nɿ²²dzo⁵⁵, sɛ³³, nɛ²² ma²¹ʐɿ²¹ ma²¹dzo⁵⁵.
    他 不   去   也 行， 语气 你   不 去 不 行

75. 这是我的衣服，那是你的，床上摆着的是人家的。
    tsha⁵⁵ɬɤ⁵¹ŋʊ²¹ tho²¹ŋɯ²², ʊ⁵⁵ɬɤ⁵¹ na²¹ bu²¹ ŋɯ²²,
    这件 我 衣服 是，   那件   你   的 是，
    dzɔ²²khɛ²² bu²² ʊ⁵⁵ɬɤ⁵¹ sɯ²² bu²¹ ŋɯ²².
    床上   摆   那件   人家 的   是

76. 猎人打死了兔子。/猎人把兔子打死了。/兔子被猎人打死了。
    sɿ³³su²²a³³ɬo⁵⁵ ndu²¹ ɕi²¹ hʊ²².sɿ³³su³³ a³³ɬo⁵⁵po³³ ndu²¹ɕi²¹hʊ²².
    猎人 兔子   打 死 了 猎人   兔子 把   打 死 了
    a³³ɬo⁵⁵ sɿ³³su²² kɛ²² ndu²¹ɕi²¹hʊ²².
    兔子   猎人   被   打 死 了

77. tɯ²² pi²¹ ta²¹tsɿ³³ ȵi²kha²² gɔ⁵⁵hʊ²². 他给了弟弟一支笔。
    他 笔 一支   弟弟   给 了

78. a³³ma³³ŋʊ²¹ po³³ thɔ²¹ɕi²¹ ta²¹ɬɤ⁵¹ gɯ² hʊ²².
    妈妈 我 为 衣服 新 一件 缝 了
    妈妈为我缝了一件新衣服。

79. 学生们用毛笔写字。我用这把刀切肉。
    so²²sʊ²²bu²¹su²²ŋo⁵¹ mɔ²¹pi² vɿ⁵¹. ŋʊ²¹ xʊ²²ba²² ɣɯ²¹ xɔ²¹ tsha⁵⁵
    学生 们 字 写 毛笔 用 我 肉 切 刀 这
    bu² vɿ².
    把 用

80. ʊ²²tshɔ²²dzʊ²¹ŋo⁵⁵xɔ²¹va²vɿ⁵¹. 人们用铁锅做饭。
    人们 饭 做 铁锅 用

81. ɕɿ⁵¹khɛ²¹mu²²n̩ɿ⁵⁵tshɛ³³n̩ɿ²dɛ²². 树上拴着两匹马。
    树上 马 两匹 栓 连接

82. zi²¹kʊ³³ŋo²²ka⁵¹ta²¹n̩ɿ²²ŋu²²hu³³ʐɿ. 水里养着各色各样的鱼。
    水里 鱼 花 几种 养 着

83. tɕhɿ²² ta²¹tshɛ²² khɔ²¹mo²² kɯ⁵⁵ zɿ². 桌子下躺着一只狗。
    狗 一只 桌子 下 躺

84. 山上到山下有三十多里地。
    bʊ²¹khɛ²²tɕɿ² bʊ²¹kɯ⁵⁵ khɯ⁵¹ sɯ²²tɕhɿ²²n̩dzɿ⁵¹ tsa² mi²² ɣo⁵¹.
    山上 从 山下 到 三十 多 里地 有

85. a⁵⁵mʊ²² lo²po⁵⁵ n̩ɿ³³kha²² mo⁵¹ma²¹bʊ²². 哥哥比弟弟高多了。
    哥哥 很多 弟弟 高过

86. 小弟跟爷爷上山打猎去了。
    n̩ɿ³³kha²² a²¹bo²² tha⁵⁵bʊ²¹khɛ²² dɤ²² n̩ɿ²¹sɿ²² ŋa²¹ to⁵¹.
    弟弟 爷爷 跟 山上 去 野兽 赶 了

87. 今天、明天和后天都有雨，爷爷和奶奶都不能出门了。
    ha²¹n̩ɿ²¹ ŋɔ²¹n̩ɿ²¹ tɕɿ²² pha²n̩ɿ⁵⁵ dzɛ⁵⁵ mu²² hʊ²² ɣo⁵¹,
    今天、明天 和 后天 都 雨 有,
    a²¹bo²² tɕɿ²² a⁵⁵mo²¹ dzɛ⁵⁵ ŋo² du⁵¹ ma²¹ dzo⁵⁵ lɿ²¹.
    爷爷 和 奶奶 都 门 出 不 能 了

88. piŋ²²ko²² tɕɿ²² ɕiaŋ²² tɕiɔ²² kha⁵⁵tɕhɿ²¹ vɛ²¹ n̩ɿ²² dzo⁵⁵.
    苹果 和 香蕉 哪种 买 都 行
    买苹果或香蕉都可以。

89. ɿ²²ʐa²¹, nʊ²¹hɚ²¹. 哎呀！好疼！
    哎呀！疼 很

90. a²¹ȵɪ²² nɛ²to⁵¹ dʑɪ²²dʑɪ²² ɣo⁵¹ su³³su³³?
    昨天 丢了 钱   有 找 找
    昨天丢失的钱找到了吗？

91. tɯ²¹bu²¹ xɔ³³ sɯ²² do⁵¹ la²¹? 他们早已经走了吧？
    他们   早   走   了   吧。

92. 我走了以后，他们又说了些什么？
    ŋʊ²²sɯ²²gu²²/to⁵¹ du⁵⁵, tɯ²¹bu²¹ mɤ³³lɤ³³hɪ⁵⁵ ɕɪ²² lɔ²¹?
    我   走 完/ 了 后，   他们   什么   说   还 了

93. 叔叔昨天在山上砍柴的时候，看见一只大大的野猪。
    a³³və²¹ȵ⁵⁵a²¹ȵɪ²¹ bʊ²¹khɛ²² dzo²² ɕɪ⁵¹də⁵¹ thʊ⁵⁵,
    叔叔   昨天   山 上   在   柴   砍   时,
    va²ɲɔ²² khʊ²¹ɣə⁵¹ mu²² ta²¹tshɛ³³ ɣo⁵¹ŋo²¹.
    野猪   大大   一只   看见

94. tsaŋ⁵⁵phʊ⁵⁵ ʑi²¹ ʊ²² ȵɪ²², na²ɕi²²phʊ⁵⁵ ʑi²¹mɛ²² ȵɪ²².
    藏族   上游 住,   纳西族   下游   住
    藏族住在上游, 纳西族住在下游。

95. tɯ²² hɪ⁵⁵ ȵɪ²² kɯ⁵¹, mu²¹ ȵɪ²² kɯ⁵¹ hə²¹ ɕi²² a²².
    他   说   也   会,   做   也   会   很 还 啊
    他不单会说, 而且也很会做。

96. 是扎西留下，还是卡佳留下？
    tsa²²ɕɪ²² a³³dzo²² du³³ no²², kha²²tɕa²² a³³dzo²² du²² lɔ⁵⁵?
    扎西   在此   留   呢,   卡佳   在此   留   呢

97. 虽然我也不想去, 但又不便当面说。
    ŋʊ²¹ nɤ⁵⁵ ʑi²¹ȵɪ²² ma²¹ndʐ⁵⁵, sɛ,
    我   虽   去 也   不 想,   但,
    tɤ²¹na²²tha²¹ tʊ²² ȵɪ²² hɪ⁵⁵ ma²¹ ɕi⁵⁵.
    他面   当   也   说 不   方便

98. 因为我实在太累了，所以一点都不想去。
    ŋʊ²² ta²¹dʑi²² ȵɪ²² ʑi²¹ma²¹ ndʐ⁵⁵sɛ³³,
    我   一点   也   去 不   想 语气,
    ŋʊ²² dʑi²¹dʑi²²mu²² ndza⁵¹ hə²¹ ʊ⁵⁵ no²².
    我   确实   累   很 语气 因为
    ŋʊ²² dʑi²¹dʑi²²mu²² ndza⁵¹ hə²¹ no²²,
    我   确实   累   很   因为,

ta²²tshɛ³³ ta²¹dʑi²² n̠ɪ²² ʑɪ²¹ma²¹ ndʐ⁵⁵.
如此　　一点　也　去　不　想

99. mu²² tsu²² nɤ⁵⁵, a²¹ɕɪ⁵⁵ no²² ɯ⁵⁵mʊ²² xa⁵¹ ʑɪ²².
　　天　好　如果, 咱们　就　玉米　收　去
　　如果天气好的话，我们就收玉米去。

100. 我们现在多积肥，是为了明年多打粮食。
　　　a²¹ɕɪ⁵⁵a²¹ŋɛ²¹tɕhi²²tsɯ⁵⁵nʊ²²,
　　　咱们　现在　肥　收　多,
　　　na⁵⁵khu²² dzʊ²¹ nʊ²²mʊ²² dɛ²² ndʐ⁵⁵.
　　　明年　　粮食　多　　打　为

参考文献

中文论文：

陈康：《彝语的声调对应》,《民族语文》1986年第5期。

——：《彝语韵母方音对应研究》,《语言研究》1987年第2期。

——：《彝语的紧调类》,《民族语文》1988年第1期。

——：《彝语自动词和使动词的形态标志及其由来》,《民族语文》1990年第2期。

——,《凉山彝语句子的语气及表达》,《民族语文》1996年第2期。

陈士林,《凉山彝语的泛指和特指》,《民族语文》1989年第2期。

陈文汉,《彝语方位词的由来及演变初探》,《西南民族学院学报》(社科版)1990年第3期。

储泽祥、谢晓明,《汉语语法化研究中应重视的若干问题》,《世界汉语教学》2002年第2期。

戴庆厦：《我国藏缅语族松紧元音来源初探》,《民族语文》1979第1期。

——,《缅彝语的结构助词》,《语言研究》1989年第2期。

——,《"十五"期间我国少数民族语言研究评述》,《云南民族大学学报》(哲社版)2006年第1期。

戴庆厦、胡素华：《凉山彝语的体词状语助词》,《语言研究》1998年第1期。

——,《彝语 ta^{33} 的多功能性》,《民族语文》1998年第2期。

戴庆厦、蒋颖：《"参考语法"编写的几个问题》,《云南师范大学学报》(哲学社会科学版)2007年第1期。

戴庆厦、曲木铁喜：《彝语义诺话的撮唇音和长重音》,《中央民族学院学报》1991年第2期。

顾阳：《时态、时制理论与汉语时间参照》,《语言科学》2007年第6卷第4期。

胡素华：《彝语结构助词语义虚化的层次》,《民族语文》2000年第2期。

——：《彝语与彝语支亲属语言的结构助词比较研究》,《中央民族大学学报》(哲学社会科学版) 2000 年第 6 期。

——,《彝语动词的体貌范畴》,《民族语文》2001 年第 4 期。

——,《彝语结构助词在不同层面上的多功能性》,《语言研究》2001 年第 2 期。

——,《彝语指示代词 ko^{33} 的语法化历程》,《中央民族大学学报》(社会科学版) 2000 年第 5 期。

——,《凉山彝语的话题结构》,《民族语文》2004 年第 3 期。

——,《凉山彝语被动义的表达》,《语言研究》2005 年第 4 期。

——,《凉山彝语的差比句》,《民族语文》2005 年第 5 期。

——,《彝语诺苏话的连动结构》,《民族语文》2010 年第 2 期。

胡素华、沙志军,《凉山彝语类别量词的特点》,《中央民族大学学报》(社会科学版) 2005 年第 4 期。

纪嘉发,《云南墨江彝语结构助词初探》,《语言研究》1992 年第 2 期。

金立鑫,《关于"时"的定位和"体"的类型的一点意见》,《东方语言学》2009 年第 1 期。

拉玛兹偓,《试论彝语次高调产生的原因》,《民族语文》1991 年第 5 期。

李民,《凉山彝语的主动句和被动句》,《西南民族大学学报》(人文社科版) 1984 年第 1 期。

李永燧,《缅彝语言声调比较研究》,《民族语文》1992 年第 6 期。

——,《缅彝语语素比较研究》,《民族语文》1994 年第 3 期。

——,《论缅彝语调类及其在彝南的反映形式》,《民族语文》1995 年第 1 期。

——,《缅彝语调类:历史比较法的运用》,《民族语文》1996 年第 5 期。

——,《共同缅彝语声母类别探索》,《民族语文》1996 年第 1 期。

——,《先喉塞鼻音声母的考察》,《语言研究》1996 年第 1 期。

——,《共同缅彝语韵类刍论》,《民族语文》2000 年第 4 期。

——,《缅彝语:一种声调祖语》,《民族语文》2008 年第 3 期。

李天元,《贵州彝语地名与生态环境》,《民族语文》2002 年第 1 期。

李文华,《彝语合成词构成分析》,《西南民族学院学报》1991 年第 3 期。

蔺璜,《状态形容词及其主要特征》,《语文研究》2002 年第 2 期。

刘鸿勇、顾阳,《凉山彝语的引语标记和示证标记》,《民族语文》2008 年第 2 期。

刘应珍、武自立,《尼苏彝语塞边音在方言和亲属语言中的对应》,《民族语文》1997 年第 3 期。

马兴国,《彝语疑问语气词辨析》,《西南民族学院学报》(哲学社会科学版）1990 年第 1 期。

马学良，《边疆语文研究概况》，《文讯》1948 年第 8 卷第 6 期。

——，《倮文作祭献药供牲经译注》，《中央研究院历史语言研究所集刊》1948 年第二十本。

——，《彝语"二十、七十"的音变》，《民族语文》1980 年第 1 期。

——，《倮文作斋经译注》，《中央研究院历史语言研究所集刊》1949 年第十四本。

木乃热哈，《凉山彝语形容词词缀分析》，《中央民族大学学报》1994 年第 1 期。

普忠良，《彝族自称与彝语氏族地名》，《民族语文》2003 年第 1 期。

潘正云，《彝语阿都话唇软腭复辅音声母比较研究》，《民族语文》2001 年第 2 期。

曲木铁西，《彝语义诺话植物名词的语义分析》，《语言研究》1993 年第 2 期。

——，《试论彝语名量词的起源层次》，《民族语文》1994 年第 2 期。

——，《彝语义诺话颜色词的语义分析》，《中央民族大学学报》（社会科学版）1997 年第 2 期。

石锋、周德才，《南部彝语松紧元音的声学表现》，《语言研究》2005 年第 1 期。

唐黎明，《浅谈凉山彝语的语法化现象》，《民族语文》2005 年第 1 期。

小门典夫，《凉山彝语语气助词 su^{33} 的功能》，《西南民族学院学报》（哲学社会科学版）2000 年第 1 期。

——，《凉山彝语的性质形容词和状态形容词》，《民族语文》2002 年第 4 期。

——，《凉山彝语的被动句》，《语言研究》2003 年第 4 期。

熊仲儒，《彝语名词短语内部语序》，《民族语文》2005 年第 4 期。

徐世璇，《缅彝语几种音类的演变》，《民族语文》1991 年第 3 期。

——：《缅彝语言塞擦音声母初探》，《民族语文》1995 年第 3 期。

英树人，《凉山彝语名词的特点》，《西南民族学院学报》（人文社会科学版）1982 年第 3 期。

泽登孝、马锦卫，《藏彝语同源词及语音比较研究》，《西南民族大学学报》（人文社会科学版）2007 年（第 6 期）。

朱建新，《试论凉山彝语词头 a-》，《民族语文》1984 年第 6 期。

——：《简论凉山彝语附加式构词法》，《民族语文》1986 年第 2 期。

朱文旭，《凉山彝语复辅音声母探源》，《民族语文》1989 年第 3 期。

——,《凉山彝语中的汉语借词》,《民族语文》1997年第4期。

——,《彝语句法中的语序问题》,《民族语文》2004年第4期。

朱文旭、张静,《彝语被动句式研究》,《语言研究》2004年第3期。

巫达,《彝语动物名词的"性"的表达方式》,《西南民族学院学报》(哲学社会科学版)1999年第1期。

——,《凉山彝语动词的种类及其标记》,《民族语文》2009年第2期。

王继超,《"遑耶"一词的彝语含义及功用考释》,《中央民族大学学报》2007年第5期。

王天佐,《彝语 mo²¹ "女"词义演变初探》,《民族语文》1986年第1期。

——,《试说汉语嘴头话的人称代词与彝语的关系》,《民族语文》1986年第4期。

武自立,《阿细彝语形容词的几个特征》,《民族语文》1981年第3期。

——,《阿细彝语基数词的连读音变》,《民族语文》1987年第4期。

武自立、纪嘉发,《彝语数词的构成和用法》,《民族语文》1982年第6期。

张伯江,《现代汉语的双及物结构式》,《中国语文》1999年第3期。

张国宪,《制约夺事成分句位实现的语义因素》,《中国语文》2001年第6期。

翟会锋,《彝语语序中的几个问题》,《毕节学院学报》2104年第5期。

——,《三官寨彝语形容词修饰语与名词中心语的语序》,《贵州工程应用技术学院学报》2015年第5期。

——,《彝语东部方言八堡话的是非疑问句》,《黔南民族师范学院学报》2014年第4期。

中文专著：

陈康、巫达：《彝语语法》,中央民族大学出版社1998年版。

陈士林：《彝语语言学讲话》,四川民族出版社1985年版。

陈士林、边仕明、李秀清：《彝语简志》,民族出版社1985年版。

戴庆厦,《二十世纪的中国少数民族语言研究》,书海出版社1998年版。

——,《藏缅语族语言研究(三)》,云南民族出版社2004年版。

戴庆厦、徐悉艰,《景颇语语法》,中央民族学院出版社1992年版。

丁椿寿,《彝语通论》,贵州民族研究所1985年版。

丁文江,《爨文丛刻》,商务印书馆1936年版。

高华年,《彝语语法研究》,科学出版社1958年版。

贵州省毕节地区彝文翻译组等,《简明彝汉词典(贵州本)》,贵州民族出版社1991年版。

胡素华，《彝语结构助词研究》，民族出版社 2002 年版。
黄成龙，《蒲溪羌语研究》，民族出版社 2007 年版。
李民、马明，《凉山彝语语法》，民族出版社 1981 年版。
李云兵，《中国南方民族语言语序类型研究》，北京大学出版社 2008 年版。
刘丹青，《语序类型学与介词理论》，商务印书馆 2003 年版。
刘丹青编著，《语法调查研究手册》，上海教育出版社 2008 年版。
柳远超，《盘县次方言彝语》，民族出版社 2009 年版。
马学良，《撒尼彝语研究》，商务印书馆 1951 年版。
时建，《梁河阿昌语参考语法》，中国社会科学出版社 2009 年版。
王桂馥、李生福，《彝文文法》，中央民族学院语言所彝族历史文献编译室油印本 1983 年版。
温宾利，《当代句法学导论》，外语教学与研究出版社 2002 年版。
徐烈炯，《指称、语序和语义解释——徐烈炯语言学论文选译》，商务印书馆 2009 年版。
徐烈炯、刘丹青，《话题的结构与功能》，上海教育出版社 1998 年版。
袁家骅，《阿细民歌及其语言》，中国科学出版社 1953 年版。
张余蓉，《现代凉山彝语语法》，西南民族学院少数民族语言文学系油印本 1987 年版。

译著：

沈家煊译，《现代语言学词典》，商务印书馆 2004 年版。
——：《语言共性与语言类型》，华夏出版社 1989 年版。

博士学位论文：

普忠良，《禄劝彝语研究》，上海师范大学，2016 年。
王国旭，《新平拉鲁彝语研究》，中央民族大学，2011 年。
翟会锋，《三官寨彝语参考语法》，中央民族大学，2011 年。

后　记

　　踏入彝语的调查研究领域，是由于 2008 年考入中央民族大学，师从胡素华教授学习语言学及应用语言学，胡老师是中国彝语学界很有建树的学者，她师从戴庆厦先生，深得语言研究和描写的真谛，多次作为哈佛大学燕京学者进行访学。这几年我坚持对彝语东部方言进行田野调查，深感田野调查的不易，这本书是对这几年田野调查的总结和检验，希望该书的出版能够给彝语东部方言的调查和研究做一点贡献。同时，想通过这本书的出版能作为自己田野调查工作的一个小结，今后我的研究方向将主要集中到彝文文献和现代汉语的研究中去。现代汉语研究是我的老本行，2001 年在山西大学攻读现代汉语方向的硕士研究生，导师蔺璜先生手把手地教我如何读文献、写论文，在河南师范大学也主要从事现代汉语方面的教学和研究工作，博士期间的锻炼，让我在语言学理论等方面也有了不少提升，真正体会到了硕士期间的学习顶多就是个入门，而博士阶段的学习才真正要思考一些语言问题。从现代汉语跨入彝语的调查和研究，这是一个全新的领域，一切都是从零基础开始的。经过这几年的摸爬滚打，现在自己觉得可以进入一些被大家忽视和自己感兴趣的领域了。彝文文献的语法研究是彝语研究的薄弱环节，我自己也申请了贵州省社科方面的课题，想通过自己的努力来做一些对彝语研究有帮助的事情。此外，现代汉语也是我一直感兴趣的领域，希望今后在这方面能有所积累，也作出一些成果来。

　　2018 年入职贵州财经大学文学院工作以来，整理田野调查，并把教育部人文社科青年项"彝语东部方言参考语法"结项，2019 年 12 月该成果获得贵州财经大学出版基金资助。

　　感谢贵州财经大学有远见的学校各级领导，能够拿出经费资助学术研究成果，感谢文学院的领导能够大力推荐该研究成果，并最终使得该成果得到学校党委办公会的批准。

　　最后，还要感谢中国社会科学出版社，在当前学术出版非常不容易的情况下，来出版这本民族语言学的专著，对中国社会科学出版社能够坚持服务学术的精神表示钦佩；还要感谢中国社会科学出版社编辑部的任明老师，该书能够在中国社会科学出版社出版，离不开任老师的辛勤劳动和无私帮助。

路漫漫其修远兮，吾将上下而求索。我相信在这么多帮助我、爱护我的人的帮助下，在自己不断地努力下，将逐渐达到自己期待的目标。

在此，再次向各位关心和帮助我的领导和老师们表示感谢！

翟会锋于贵州财经大学斗篷山下

2020 年 10 月 25 日